Gairing · Organisationsentwicklung

Fritz Gairing

Organisationsentwicklung als Lernprozeß von Menschen und Systemen

Zur Rekonstruktion eines Forschungs- und
Beratungsansatzes und seiner metadidaktischen
Relevanz

Deutscher Studien Verlag · Weinheim 1996

Über den Autor:
Fritz Gairing, Dr. phil., Diplom-Pädagoge, Jg. 55, ist Leiter des Fachgebietes Bildung und Beratung im Ressort Personal der Mercedes-Benz AG in Stuttgart.

Druck nach Typoskript (DTP)

© 1996 Deutscher Studien Verlag · Weinheim
Druck: Druck Partner Rübelmann, 69502 Hemsbach
Buchbinderische Verarbeitung: Druckhaus »Thomas Müntzer«,
99947 Bad Langensalza/Thüringen
Seriengestaltung des Umschlags: Atelier Warminski, 63654 Büdingen
Printed in Germany

ISBN 3 89271 661 7

Meinem Vater,
der mich den Blick hinter die Kulissen lehrte.

Vorwort

Die „Lernende Organisation" ist zum Mythos avanciert. Aber wer lernt tatsächlich? Was wird gelernt? Und wie?

Das vorliegende Buch entwickelt aus den zentralen Ansätzen der Organisationsentwicklung ein didaktisches Konzept der Veränderung und des Lernens von Menschen und Systemen. Dazu wird die Geschichte der Organisationsentwicklung als Forschungsgeschichte nachgezeichnet, werden zentrale aktuelle OE-Ansätze vorgestellt und vor allem die für das Lernen von Individuen und sozialen Systemen relevanten Theorieansätze und daraus resultierende praktische Konsequenzen beschrieben. Damit wendet sich dieses Buch an alle, die ganzheitliche Veränderungsprozesse in Organisationen, soziales Lernen und die Förderung von Schlüsselqualifikationen - ob in Betrieben, Schulen oder Hochschulen - theoretisch verstehen und methodisch gestalten wollen.

Schreiben ist ein einsames Geschäft. Diese Arbeit wäre jedoch nie entstanden ohne die Unterstützung, die Anregungen, Impulse, Gespräche und Gedanken von Menschen, die auf ihre jeweilige persönliche Art das Entstehen dieses Buches begleitet haben. Ihnen möchte ich an dieser Stelle danken.

Der erste Dank geht an an meine Lehrer Reinhard Heinz, C. Wolfgang Müller und Hans Jellouschek, die mich neben, zwischen oder auch vor der Vermittlung von sozialwissenschaftlicher Theorie und Praxis, von Beratung und Therapie als Menschen beeindruckt und geprägt haben, und dabei Lernen in „Tiefenschichten" anstießen.

Bedanken möchte ich mich auch bei meinen Vorgesetzten bei Mercedes-Benz, Christoph Glathe und Jürgen Pieper, die mir Freiräume einräumten und Forschungsfelder ermöglichten, und damit wesentliche Rahmenbedingungen für das Entstehen dieser Arbeit geschaffen haben.

Ganz besonderer Dank gilt vielen Berater-Kollegen. Die Zusammenarbeit und der Erfahrungsaustausch mit ihnen haben meine Gedanken und Überzeugungen bezüglich des Lernens von Menschen und Systemen nachhaltig inspiriert und beeindruckt. Dank an: Wolfgang Bachl, Jürgen Boss, Peter Brunner, Cornelia Edding, Wolfgang Dehm, Lothar Duhl, Hartmut Fritz, Klaus Götz, Heinz-Werner Lüders, Klaus Lumma, Christa Schardt, Heinz Scheiderer, Dietmar Simon und Irene Unland-Schlebes-Brunow.

Bei Karin Otter und Karin Dornheim möchte ich mich für das sorgfältige und mitdenkende Korrekturlesen bedanken.

Danke meinen Freunden von „Panta Rhei" (der vielleicht besten Jazz-Rock-Combo auf der Schwäbischen Alb). Der Spaß beim gemeinsamen Musikmachen gab und gibt mir immer wieder neue Impulse und Energien.

Ganz besonders zu Dank verpflichtet bin ich C. Wolfgang Müller und Peter Heintel. Durch den kritisch-kollegialen Diskurs während der Arbeit an diesem Buch haben sie mich in einer fruchtbaren Weise unterstützt und durch wertvolle Anregungen, Kommentare und Kritik angespornt und in einem guten Sinn begleitet.

Herzlichen Dank an Petra, Jonas und Vincent. Ohne Euch wäre dieses Projekt sowieso nie was geworden...

Köngen im Sommer 1996

Fritz Gairing

Inhaltsverzeichnis

Kapitel 1 Einleitung

1.1 Meine Geschichte mit Organisationsentwicklung

Nach dem Studium der Sozialpädagogik, Soziologie und Philosophie an der Technischen Universität Berlin begann ich meine berufliche Entwicklung 1985 als „Schulungsleiter" in der betrieblichen Bildungsarbeit bei Daimler-Benz in Stuttgart. Nach ersten Erfahrungen in der sozialpädagogischen Arbeit mit Auszubildenden übernahm ich ein Jahr später die Aufgabe, die pädagogische Weiterbildung der etwa fünfhundert hauptamtlichen Berufsausbilder zu konzipieren und durchzuführen.

1989 wurde mir die Stelle des Verantwortlichen für die pädagogische Qualifizierung der internen Trainer („train-the-trainer") angeboten und nach anfänglichem Zögern reizte mich die Herausforderung, dieses neue Aufgabegebiet zu übernehmen. Die Konzepte in der betrieblichen Erwachsenenbildung waren zu dieser Zeit sehr stark von gruppendynamischen und prozeßorientierten Ansät-zen geprägt, weil vor allem im Managementtraining verhaltensorientierte Arbeit - bezogen auf individuelles Verhalten wie auch Verhalten in Gruppen - im Vordergrund stand und auch heute noch große Bedeutung hat. Diese Konzepte für die Qualifizierung solcherart kompetenter Trainer waren für mich eine große Herausforderung. Besonders die Entwicklung der Trainings-Designs für entsprechende Weiterbildungsmaßnahmen für (Verhaltens-)Trainer, die gleichzeitig selbst verhaltensorientiert sein sollten und parallel Methoden zur Gestaltung von Verhaltens-Trainings vermitteln sollten, waren didaktisches Neuland für mich.

Während dieser Zeit befaßte ich mich im Rahmen meiner eigenen Weiterbildung mit verschiedenen Konzepten der Humanistischen Psychologie. Ich machte eine Ausbildung in Transaktionsanalyse und absolvierte in den darauffolgenden Jahren Weiterbildungen in Gruppendynamik sowie in Systemischer Organisationsberatung.

Zunehmend wurde mir während meiner Trainingsarbeit deutlich, daß Individual-Qualifizierungs-Maßnahmen zwar den Einzelnen in seiner beruflichen Kompetenz fördern können, die Interdependenz zwischen der realen Arbeitskultur und den individuellen professionellen Haltungen dabei jedoch die persönlichen Entwicklungsschritte relativieren oder gar zunichte machen können.

Die von einem pädagogischen Optimismus gespeiste Hoffnung, wenn nur genügend Teilnehmer einer Bildungsabteilung qualifiziert würden, würde die

Gesamtkultur des Unternehmens irgendwann - wenn die kritische Masse erreicht wäre - sich ebenfalls verändern, erwies sich als trügerisch.

Eher war die Gefahr groß, daß die Alltagskultur die persönlichen kleinen Veränderungsschritte der Seminarteilnehmer relativ schnell wieder dem kulturellen Standard gemäß zurechtschliff. Diese Erfahrung und die parallele Entwicklung von durch die wirtschaftliche Rezession bedingten Organisations-Restruk-turierungsprozessen und ein damit verbundener Bedarf an entsprechend qualifizierten „Organisations-Beratern" führten mich ab 1989 dazu, die methodischen und theoretischen Konzepte der Organisationsentwicklung sukzessive im Rahmen meines Arbeitsfeldes zu rezipieren und zu implementieren. Dabei stieß ich neben den „klassischen" Konzepten der Organisationsentwicklung aus dem Dunstkreis der Gruppendynamik und der Aktionsforschung vor allem auf die Ansätze der systemischen Beratung, wie sie insbesondere von der Heidelberger Schule der systemischen Familientherapie, einer Forscher- und Beratergruppe um den inzwischen emeritierten Psychiatrieprofessor Helm Stierlin, vertreten wird.

Die Auseinandersetzungen mit den Konzepten der Organisationsentwicklung - egal ob gruppendynamisch, aktionsforscherisch oder systemisch geprägt - , meine Weiterbildungen in diesem Feld sowie meine eigenen Erfahrungen als Akteur, als Berater kleinerer und größerer Organisationsentwicklungsprozesse, haben mir deutlich gemacht, daß die prozessuale Arbeit in sich selbst reflektierenden Gruppen hervorragende Möglichkeiten für konkretes soziales Lernen bietet. Denn auf diese Weise können sowohl interpersonale wie auch intrapersonale Themen und Probleme integrativ und simultan bearbeitet werden und zwar an realen, konkreten „Echt"-Themen, die weit weg von Labor-Konstellationen, Lernen im Alltag, Lernen im real existierenden Arbeitsumfeld ermöglichen.

Sehr verbunden fühle ich mich mit meiner Haltung Kurt Lewin, der schreibt:
> „Diese und ähnliche Erfahrungen haben mich überzeugt, daß wir Handeln, Forschung und Erziehung als ein Dreieck betrachten sollten, das um jeder seiner Ecken willen zusammenzuhalten ist". (Lewin 1963:291)

Auch Gregory Bateson in seiner Definition des Deutero-Lernens ist mir damit nahe. Er beschreibt einen Lernprozeß, der über die Veränderung des bestehenden Systems hinaus den Lernkontext hinterfragt, in dem Lernen erfolgt. Denn erst - so Bateson - durch das Aufdecken förderlicher und hinderlicher Bedingungen im Lernprozeß kann dieser zukünftig nutzbringender gestaltet werden (Bateson 1988: 219 ff.).

1.2 OE als Lernprozeß für Menschen und Systeme

1.2.1 Was ist Organisationsentwicklung

Organisationsentwicklung zu definieren ist schwierig. Robert Kahn meint sogar: „Organisationsentwicklung ist kein Begriff, zumindest nicht im wissenschaftlichen Sinne des Wortes" (Kahn 1977:286). Die Tatsache, daß Organisationsentwicklung eine Konzeption einer angewandten Sozialwissenschaft, also eine praxisbezogene Konzeption ist, hat dazu geführt, daß nahezu jeder Berater, Autor oder Forscher seine eigene Definition abgibt. Kahn beschreibt dies süffisant so:

> „Der Beruf, die Mächtigen dabei zu beraten, wie sie ihre Ziele besser erreichen können ist sehr alt. Organisationsentwicklung andererseits ist ein neues Etikett für ein Konglomerat von Dingen, die eine wachsende Zahl von Beratern unternehmen, während sie gleichzeitig darüber schreiben. Was sich hinter diesem Etikett versteckt, hängt in hohem Maße vom jeweiligen „Täter" bzw. „Schreiber" ab". (Kahn 1977:281)

Und auch der deutsche OE-Pionier Karsten Trebesch hat bereits 1982 einen Artikel zur OE-Definitions-Problematik geschrieben. Titel: „50 Definitionen der Organisationsentwicklung - und kein Ende" („und es hätten leicht hundert werden können").

Aus diesem Grund soll hier erst gar nicht der - per se - untaugliche Versuch unternommen werden, die richtige oder wenn schon nicht das, dann doch alle wesentlichen Definitionen von Organisationsentwicklung hier aufzuführen. Vielmehr möchte ich die - aus meiner Sicht - treffendsten Definitionen zitieren und in einer Liste der Beschreibung der aus meiner Sicht relevanten Wesensmerkmale zusammenfassen.

Wendell French und Cecil Bell jr. definieren in ihrem Standardwerk „Organisationsentwicklung" das gleichnamige Konzept präzise und konzentriert als

> „...eine langfristige Bemühung, die Problemlösungs- und Erneuerungsprozesse in einer Organisation zu verbessern, vor allem durch eine wirksamere und auf Zusammenarbeit gegründete Steuerung der Organisationskultur - unter besonderer Berücksichtigung der Kultur formaler Arbeitsteams - durch die Hilfe eines OE-Beraters oder Katalysators und durch Anwendung der Theorie und Technologie der angewandten Sozialwissenschaften unter Einbeziehung von Aktionsforschung". (French/Bell 1990:31)

Der Begriff „Organisationsentwicklung" (im englischen: „Organization Development" (OD)) taucht erst in den fünfziger Jahren in den USA auf. Das Konzept basiert historisch im wesentlichen auf zwei Quellen, die in dieser Untersuchung noch ausführlich dargestellt werden: Die Laboratoriumsmethode, die sich aus der Aktionsforschung Kurt Lewins ab Ende der vierziger Jahre in den USA entwickelte und die „survey-feedback"-Methode, entwickelt am Institute for Social Research an der University of Michigan, die die Erkenntnisse der

Laboratorien auf den realen Praxiskontext von komplexen Organisationssystemen transferierte.

Burkhard Sievers, Inhaber des ersten und einzigen deutschen Lehrstuhls für Organisationsentwicklung an der Universität Wuppertal, gibt folgende Beschreibung:

> „Von anderen wirtschafts- und sozialwissenschaftlichen Teildisziplinen unterscheidet sich die Organisationsentwicklung vor allem durch ihren unmittelbaren Anwendungscharakter. Sie ist darauf ausgerichtet, Theorien, Modelle und Methoden zu entwickeln und anzuwenden, die eine erfolgreiche Veränderung von Organisationen durch geplanten sozialen Wandel ermöglichen... (Sievers 1977:11)

Die Gesellschaft für Organisationsentwicklung e.V. (GOE) bezieht sich bei ihrer Definition von Organisationsentwicklung auf drei Schwerpunkte (vgl. Abbildung 1).

O Die GOE versteht Organisationsentwicklung als einen längerfristig angelegten Entwicklungs- und Veränderungsprozeß von Organisationen und der in ihr tätigen Menschen.

O Der Prozeß beruht auf Lernen aller Betroffenen durch direkte Mitwirkung und praktische Erfahrung.

O Sein Ziel besteht in der gleichzeitigen Verbesserung der Leistungsfähigkeit der Organisation (Effektivität) und der Qualität des Arbeitslebens (Humanität)

Abbildung 1: Definition von Organisationsentwicklung der GOE
(Trebesch 1982)

Friedrich Glasl und Leopold de la Houssaye vom „Niederländischen Pädagogischen Institut" (NPI) - neben dem Tavistock-Institut in London (vgl. Seite 72 ff.) das einzige europäische Institut, das bereits in den fünfziger Jahren OE-Programme (u.a. bei Philipps und in der niederländischen Verwaltung) entwickelte und durchführte (Comelli 1985:81 f.) - geben folgende Definition:
Helfen, eine qualifizierte Veränderung einer Organisation zustande zu bringen, und zwar dergestalt, daß die Betreffenden lernen, den Entwicklungsprozeß in ihrer eigenen Organisation zu leiten und zu beherrschen" (Friedrich Glasl / Leopold de la Houssaye 1975: 4 f.)

Wesensmerkmale der Organisationsentwicklung

1. Ganzheitlicher Ansatz

Organisationen werden in der Organisationsentwicklung als offene Systeme betrachtet, wobei Umwelt, Ziele und Strukturen sowie Verhalten und Kommunikation der Organisationsmitglieder in gegenseitiger Abhängigkeit gesehen werden. Erfolgversprechende Entwicklungsbemühungen erfordern deshalb einen ganzheitlichen und umfassenden Ansatz. In diesem Sinne arbeitet die Organisationsentwicklung interdisziplinär, wobei sie auf die Erkenntnisse der verschiedenen sozialwissenschaftlichen Disziplinen und nötigenfalls auch der technischen Disziplinen zurückgreift.

2. Doppelte Zielsetzung

Organisationsentwicklung verfolgt zwei gleichrangige und interdependente Ziele: (1) Die Verbesserung der Leistungsfähigkeit der Organisation und (2) die Verbesserung der Qualität des Arbeitslebens für die in ihr tätigen Menschen.

3. Beteiligung der Betroffenen

Die einzelnen Schritte der Organisationsentwicklung - Analyse, Planung, Durchführung und Auswertung - vollziehen sich auf der Grundlage offener Information und aktiver Mitwirkung der Betroffenen. Ein Organisationsentwicklungs-Projekt muß von der Gesamtheit der Mitglieder der betroffenen organisatorischen Einheit (eine Abteilung, ein Kollegium, ein Werk etc.) getragen werden.

4. Prozeßorientiertes Vorgehen

Organisationsentwicklung ist ein Lern- und Entwicklungsprozeß der Organisation und der in ihr tätigen Menschen. Die Einflußnahme auf die Gestaltung und Entwicklung der Organisation erfolgt im weitesten Sinne durch eine Verbesserung der Kommunikation, insbesondere durch das Einleiten von Teamarbeit, durch das Schaffen von Lernsituationen und durch die Erweiterung von Handlungsspielräumen. Organisationsentwicklung ist damit Hilfe zur Selbsthilfe.

5. Diagnose als Ausgangspunkt von Veränderungszyklen

Jeder Maßnahmenplanung geht eine eingehende, gemeinsame Problemerhebung, -definition und -analyse voraus. Im Rahmen der Organisationsentwicklung hat die Diagnose insofern einen besonderen Stellenwert, als sie nicht nur einmal erstellt wird, sondern im Rahmen des zyklischen Phasenmodells in den längerfristigen OE-Prozeß eingebunden ist und sowohl den Ausgangs- als auch den Endpunkt jeder Veränderung bildet.

Abbildung 2: Wesensmerkmale der Organisationsentwicklung
Quelle: Richter 1994:39

Richter (1994) hat eine Liste der Wesensmerkmale zusammengestellt (vgl. Abbildung 2), die eine gute Zusammenfassung der gängigen Kriterienlisten darstellt (French Bell 1990: 31; Becker/Langosch 1984:32 ff.; Doppler 1986; GOE /in: Trebesch 1982). Im akademischen Kontext wird Organisationsentwicklung im deutschsprachigen Raum weitestgehend als ein betriebswirtschaftlicher Ansatz angesehen, der als Teildisziplin von Organisationstheorie und Organisationspsychologie dazu benutzt werden kann, strategische Veränderungsprozesse in Wirtschaftsunternehmen wissenschaftlich fundiert und systematisch zielgerichtet zu gestalten.

Dieses Verständnis der Organisationsentwicklung hängt mit der Rezeption der Organisationsentwicklung im deutschsprachigen Raum zusammen. Burkhard Sievers spricht dabei von einer eigenartigen Diskrepanz zwischen der OE-Praxis und der akademischen Diskussion um Organisationsentwicklung, wonach „...die theoretische und praktische Thematisierung und Verarbeitung der Organisationsentwicklung bislang relativ unabhängig und voneinander getrennt erfolgen. Die wissenschaftliche Rezeption und Diskussion, die im deutschen Raum vorwiegend innerhalb der Betriebswirtschaftslehre erfolgt, scheint... die sich abzeichnenden Anwendungsverfahren in der Praxis zu ignorieren." (Sievers 1977:11)

In den Erziehungswissenschaften ist die Rezeption der Organisationsentwicklung - abgesehen von einigen wenigen Vertretern der Gruppendynamik und Gruppenpädagogik (Brocher 1967; Belardi 1992; Vogel et.al. 1994; Müller 1962;1970; Heintel 1986) - bislang ein weitgehend weißes Feld. Es gibt einige beachtliche Versuche, die Lehr-/Lern-Potentiale der Gruppendynamik für die Didaktik fruchtbar zu machen (z.B. Brocher 1967 ; Heintel 1986) und auch die jüngst veröffentlichte „Subjektive Didaktik" des Freiburger Didaktikers Edmund Kösel (1993) möchte ich in in diesem Zusammenhang nennen. Kösel unternimmt dabei den respektablen Versuch, eine „neue Didaktik" aufbauend auf den Grundlagen der humanistischen Psychologie, der Gruppendynamik und der Systemtheorie zu entwickeln. Doch diese Arbeiten scheinen den erziehungswissenschaftlichen Diskurs nicht immens beeindruckt zu haben. Dort wird augenblicklich eher „Langeweile" und ein synkretistischer Trend zur Fusion didaktischer Theorien konstatiert (Jank/ Meyer 1991:127).

Didaktische Konstrukte, die sich explizit auf die Erkenntnisse und Konzepte der Organisationsentwicklung beziehen, gibt es nach meinem Wissen nicht. Diesem Mangel an pädagogischer Rezeption des OE-Ansatzes möchte ich mit dieser Arbeit etwas abhelfen. Im folgenden soll die Bedeutung der Organisationsentwicklung für die erziehungswissenschaftliche und insbesondere didaktische Diskussion erörtert und mit entsprechenden Begründungen unterlegt werden.

1.2.2 Lernen im Rahmen von Organisationsentwicklung

In der aktuellen Diskussion der Organisationsentwicklung wird der „lernenden Organisation" eine zentrale Rolle zugemessen. (Sattelberger 1990; Schein 1995; Doppler/Lauterburg 1994; Senge 1990;1993; Sackmann 1993).

Dabei geht es beim „Lernen von Organisationen" immer um das Lernen der Individuen und das Lernen der Organisation als Gesamtsystem. Es geht um das Lernen von Menschen und Systemen. Und das bedeutet,

> „daß einerseits Organisationen als soziale Systeme nicht durch eine bloße Veränderung der personalen Systeme ihrer Mitglieder veränderbar sind, und daß andererseits gelernte Verhaltensweisen, die sich für Individuen und Kleingruppen als funktional und adäquat erweisen mögen, zur Realisierung von Organisationszielen häufig dysfunktional sein können. Über die Veränderung und das Lernen personaler Systeme hinaus bedarf es vielmehr eines nachhaltigen Wandels der jeweiligen Organisationskultur, der ihr zugrunde liegenden Erwartungen, Ideologien und Werte sowie der daraus abgeleiteten Strategien der Zielverwirklichung." (Sievers 1977:11 f.)

Peter Senge, ein amerikanischer OE-Forscher/-Berater, beschreibt die Interdependenz dieser Dyade:

> „Organizations learn only through individuals who learn. Individual learning does not guarantee organizational learning. But without it no organizational learning occurs". (Senge 1990:139)

Nach Senge kommt es also darauf an, daß sich das Lernen der Mitglieder der Organisation und das Lernen der Organisation gegenseitig stützt und dadurch die „lernende Organisation" kreiert. Es ist das Thema dieser Arbeit, diese Dyade des Lernens und ihre Interdependenz in der Organisationsentwicklung zu beschreiben und die Bedeutung dieses „Lern-Modells" für die erziehungswissenschaftliche Diskussion zu begründen.

Die Rezeption der Organisationsentwicklung im deutschsprachigen Raum hat bislang - im Gegensatz zu den USA (vgl. dazu 3.1.) - vorwiegend in der Betriebswirtschaft (Kieser/Kubicek 1978; Gebert 1974; Gebhardt 1989), zum Teil in der Arbeits- und Organisationspsychologie (Wunderer 1980; Bleicher 1979; v. Rosenstiel 1983) und wie oben bereits kurz dargestellt in jüngster Zeit im Zusammenhang mit sozialer Arbeit und Supervision (Fatzer 1990; Belardi 1994; Vogel et.al. 1994) stattgefunden..

Während die methodischen Grundkonzepte der Organisationsentwicklung wie Laboratorium- und Gruppendynamik-Training vor allem in den siebziger und achtziger Jahren in der Bildungs- und Beratungsarbeit, in Schule, Fortbildung und Hochschule (vgl. dazu z.B. Brocher 1967; Schmid 1976) einen wahren Boom im pädagogischen Bereich erlebten (Fengler 1978: 629 ff.), der aber genauso schnell wie er boomte wieder abflaute (Doppler/Voigt 1977:36 ff.), ist eine Rezeption der Organisationsentwicklung in der Pädagogik nach meinem Wissen bislang - bis auf die oben beschriebenen Ansätze in der Supervision - ausgeblieben.

Sehr wohl hat die Gruppendynamik - wie auch die aus ähnlichen Wurzeln stammende und in Deutschland dennoch ein sehr eigenes Profil entwickelnde Gruppenpädagogik[1] - die pädagogische Arbeit bis heute sehr beeinflußt. Doch die spezifische Bedeutung des Lernens durch die konkrete Erfahrung der Veränderung von Personen und komplexen sozialen Systemen in ihrem alltäglichen konkreten „real existierenden" Arbeitsumfeld, diese theoretischen und praktischen Implikationen des Lernens in der Organisationsentwicklung sind bislang in der pädagogischen Diskussion weitgehend ignoriert worden.

Dies ist um so erstaunlicher, als allenthalben nach Methoden und didaktischen Konzepten gefahndet wird, die in der Lage sein könnten, soziales Lernen oder die Förderung sogenannter Schlüsselqualifikationen[2] in Schule, Hochschule und Weiterbildung zu unterstützen (von Hentig 1993:189 ff.; Butsch et. al. 1991:41)

Siegfried Bernfeld hat bereits 1925 in seinem Buch „Sysyphos oder die Grenzen der Erziehung" die Bedeutung des institutionellen Kontextes für die didaktische Arbeit erkannt, wenn er schreibt:

> "...die Institution Schule ist nicht aus dem Zweck des Unterrichts gedacht und nicht als Verwirklichung solcher Gedanken entstanden, sondern ist da, vor der Didaktik und gegen sie." (Bernfeld zitiert in : Müller, C.W. 1982:15)

Auch C.W. Müller beklagt diesen Tatbestand in seiner Merthodengeschichte der Sozialarbeit „Wie helfen zum Beruf wurde" (Müller C.W. 1982:15) in seiner Beschreibung der „Didaktiker":

> „...das sind die weniger berühmten, praktischen Leute, welche die Kinder konkret belehren und sich dabei „wissenschaftlicher Methoden und wissenschaftlicher Fragestellungen bedienen" - aber sie bedenken nicht, daß Lehren und Lernen nicht zwischen ihnen und den Kindern in einem zwischenmenschlichen Kommunikationsprozeß geschieht, sondern im Rahmen der Institution Schule. Über diese Institution Schule, das ist die Kritik Bernfelds an den Didaktikern, müsse noch gesondert und intensiv nachgedacht werden." (Müller C.W. 1982: 15)

---

[1] Vgl. dazu Nando Belardis Beschreibung der „Episode der Gruppenpädagogik" (Belardi 1994:87 f.) sowie C.W. Müllers Ausführungen über die Entstehung und Entwicklung der Gruppenpädagogik in Deutschland (Müller, C.W. 1970 und 1988)

[2] Schlüsselqualifikationen ist ein von dem Arbeitspädagogen Dieter Mertens (1974) eingeführter Terminus, der Kompetenzen beschreibt, die außerhalb der eigentlichen funktionalen Qualifikationen des engeren Berufsfeldes liegen. Dieser Begriff hat vor allem die Didaktik der Berufsausbildung und die Lehrpläne der 1988 neu geordneten Metall- und Elektroberufe stark beeinflußt. Mertens geht von der Tatsache aus, daß wegen der stetigen und schnellen Veränderungen im Berufs- und Arbeitsleben niemand mehr erwarten kann, die einmal erworbenen beruflichen Fähigkeiten ein Leben lang unverändert anwenden zu können. Vielmehr muß jeder auf permanente Veränderungen eingestellt sein. Zur Vobereitung auf diese ständige Veränderung seien neben den fach-funktionalen Qualifikationen auch Schlüsselqualifikationen notwendig. Diese extra-funktionalen Qualifikationen betonen neben der fachlichen Kompetenz vor allem auch die soziale und methodische Dimension der Qualifikation (Gairing 1994:147 ff.).

Burkhard Sievers hat bereits 1977 einen Ansatz vorgeschlagen, der in dem von mir vorgeschlagenen Sinn pädagogisch-didaktische Arbeit in der Lehrerfortbildung mit der kritischen Reflexion des institutionellen Kontextes der Schule im Rahmen eines Organisationsentwicklungs-Prozesses verzahnt und beides integrativ weiterentwickelt. Er nennt sein Thema „Organisationsentwicklung als Strategie der Integration von Schulreform und Lehrerfortbildung" (Sievers 1976). Nach meiner Einschätzung hat dieser Ansatz weder in der Ausbildung noch in der Fortbildung von Lehrern wirklich Fuß gefaßt.

Kösel konstatiert gar das Gegenteil, wenn er schreibt:
> „Hinzu kommt noch, daß wir in den Lehrerfortbildungsstätten immer noch die Prinzipien der „Schwarzen Pädagogik" versteckt oder offen antreffen und daß von dort kaum Impulse für eine neue Lernkultur kommen." (Kösel 1993: 21)

Meine Ausgangsthese ist nun folgende.
Das Konzept der Organisationsentwicklung bietet eine sozialwissenschaftlich elaborierte Palette an Theoriekonstrukten und praxeologischen Erkenntnissen, die die pädagogische und didaktische Theorie und Praxis bedeutend befruchten und Impulse für ein metadidaktisches Modell liefern kann, das zu einem neuen Nachdenken über die Dimensionen menschlichen Lernens, über dazu notwendige Lern-Arrangements und die hinderlichen oder förderlichen Einflüsse der Organisations-Kultur der Lerninstitution anregt. Dies wäre möglich, wenn die in der Organisationsentwicklung entworfenen theoretischen - auch epistemologischen - Grundlagen in einem „kultur"-übergreifenden Diskussionsprozeß - die Formel interdisziplinär scheint mir hier zu schwach - zwischen Organisationsentwicklung und Pädagogik zu einer neuen Sichtweise von Lernen führte. Diesen Diskussionsprozeß möchte ich mit dieser Untersuchung gerne anstoßen und befördern.

1.3 Das Untersuchungsdesign dieser Arbeit

Mein Untersuchungssansatz ist einem hermeneutischen Forschungsverständnis verpflichtet. Ich möchte durch die Rekonstruktion von unterschiedlichen Theorie-Ansätzen und praxeologischen Facetten vor dem Hintergrund ihrer forschungsgeschichtlichen Entwicklung sowie meiner eigenen Erfahrungen als OE-Berater ein Modell einer angewandten Sozialwissenschaft - der Organisationsentwicklung - nachzeichnen und durch das Herausarbeiten konkreter Theorie- und Praxis-Konstrukte - deren bislang weitgehend ignorierte Bedeutung für eine andere Sozialwissenschaft - die Pädagogik - begründen.

Ich beziehe mich mit dieser Arbeitsform der Rekonstruktion auf eine Methdode der sozialwissenschaftlichen Forschung, die der Schweizer Sozialwissenschaftler Emil Walter-Busch folgendermaßen beschreibt:

„von Menschen produzierte Texte haben ihre Vorläufer und Nachfahren. Sie bilden, nach dem Zeitindex ihrer Entstehung geordnet, ganze Serien von Texten. So wie ihre Produzenten sind sie stets Bestandteil von Entwicklungszusammenhängen. Diese können „ontogenetisch" die Lebensgeschichte eines einzelnen Individuums dokumentieren (biographisch geordnete Textfolgen). Sie können aber auch „phylogenetisch" überindividuelle Textentwicklungen (beispielsweise solche wirkungsgeschichtlicher Art) beinhalten. Die Analyse von Textserien, die sozialkontextuelle Entwicklungen dokumentieren, erfolgt entweder intern-ideengeschichtlich oder eher extern-sozialhistorisch. So kann etwa die Geschichte der angewandten Sozialforschung einerseits wissenschaftshistorisch als Argumentationsgeschichte, andererseits extern-sozialhistorisch als Professionsgeschichte (...) dargestellt werden. Das erste Untersuchungsziel wird primär mittels sinnverstehenden, das zweite mittels kausalanalytisch-erklärenden Methoden erreicht. Die Grenze zwischen interner und externer Sozialkontextgeschichte ist dabei nicht einfach mit derjenigen zwischen hermeneutisch angeleiteter Textauslegung und kausaler Realfaktorenanalyse identisch. Denn einerseits werden zahlreiche Textstellen erst als Folge oder „Symptom" bestimmter Realfaktorenkonstellationen verständlich. Die unzufriedenen Äußerungen eines Kollegen erklärt man sich im Alltag ohne lange zu überlegen beispielsweise damit, „daß ihn sein Vorgesetzter übermäßig unter Druck setzt". Andererseits erschließen sich die meisten (...) Kausalzusammenhänge in Sozialkontexten nur demjenigen, der den Sinn der Texte, die sie laufend produzieren, zu verstehen sucht. Texte und Sozialkontexte stehen mit anderen Worten normalerweise in sowohl sinnverstehend wie auch kausal zu analysierenden („verstehend zu erklärenden") hermeneutischen Verweisungszusammenhängen." (Walter-Busch 1989:17 ff.)

Zudem sehe ich diese Untersuchung in der Tradition der Methodengeschichte der angewandten Sozialwissenschaften, deren Notwendigkeit für die erziehungswissenschaftliche Arbeit C. Wolfgang Müller in seiner Methodengeschichte der Sozialarbeit auf den Punkt bringt: „Ich halte es für unerträglich, wenn Sozialpädagogik-Studenten mit pädagogischen Verfahrensweisen vertraut gemacht werden, ohne daß sie gleichzeitig mit der historischen Situation und den gesellschaftlichen Umständen vertraut gemacht werden, welche diese pädagogischen Verhaltensweisen hervorgebracht haben. Weil nur dies Studenten in die Lage versetzt, die so rezipierte fremde Praxis kritisch zu rekonstruieren, d.h. auf ihre Rationalität (Vernünftigkeit) und Funktionalität (Zweckmäßigkeit) im Rahmen der eigenen sozialpädagogischen Ziele zu befragen und anschließend produktiv anzuwenden. (C.W. Müller 1982:8).

Neben der Rekonstruktion des Forschungs- und Beratungsansatzes der Organisationsentwicklung habe ich mir die Beschreibung der metadidaktischen Bedeutung des Lernens von Menschen und Systemen im Rahmen von Organisationsentwicklung vorgenommen. Der Begriff „Meta-Didaktik" ist, soweit mir bekannt, bislang in der erziehungswissenschaftlichen Diskussion nicht etabliert. Ich habe diesen Begriff gewählt, um einen Unterschied deutlich zu machen: Es geht mir in dieser Arbeit nicht darum, aus den Lehr-/Lern-Implikationen der OE-Arbeit utilitaristische Konzepte für die Didaktik abzuleiten oder eine neue didaktische Theorie zu entwerfen. Vielmehr geht es mir darum, das zugänglich zu machen, was an Grundannahmen, an Wirklichkeitsbildern an Kontextdiagnosen „hinter" einer Didaktik - mehr oder weniger unbedacht - vorhanden ist. Ich habe dabei das Verhältnis von Physik und Meta-Physik im Kopf. Mir scheint es in besonderem Maße von Bedeutung zu sein, daß und auf welche Weise sich ein Lehrender mit den eigenen subjektiven meta-didaktischen Grundannahmen kritisch auseinandersetzt, um die subjektiven Dispositionen seiner didaktischen Arbeit ausreichend und im Sinne von pädagogischer Professionalität einsetzen zu können. Meta-Didaktik in diesem Sinn, könnte also eine Disziplin genannt werden, die bildlich gesprochen „hinter" oder in einer zeitlichen Sicht „vor" der Didaktik ihren Platz hätte. Nach meiner Einschätzung liefert die Organisationsentwicklung Konstrukte, die sich mit eben solchen meta-didaktischen Phänomenen beschäftigen und ein neues Verständnis des Lehr-/Lern-Prozesses beschreiben. Letztlich geht es mir mit der Einführung des begriffs der Meta-Didaktik auch um eine reflektierte didaktische Epistemologie.

Unter Epistemologie (von griechisch: επιστεμε = Erkenntnis) der „Wissenschaft der Erkenntnis" verstehe ich nicht im Sinne der Philosophie das wissenschaftliche Bemühen um die „reine" Erkenntnis, sondern meine These lautet, daß es eine signifikante Korrelation gibt zwischen der Art wie Menschen ihre „Wirklichkeit" konstruieren, also sich und die Welt wahrnehmen und „erkennen" und der Art ihres sozialen Handelns. Diese - noch wenig spektakuläre - Behauptung gilt natürlich ganz besonders für professionelle „Sozial-Arbeiter", wie Lehrer, Pädagogen, Ärzte, Sozialarbeiter, etc.. Mir geht es in dieser Arbeit darum, die Implikationen aus der Organisationsentwicklung zu entwickeln, die Impulse geben können für ein Verständnis für die dem „Lehren und Lernen" zugrundeliegende Wirklichkeits-Landkarte. Und weiterhin, auch ein Verständnis dafür zu entwickeln, wie diese „subjektive" oder „kulturelle" Landkarte die Entwicklung von didaktischer Theorie und Praxis determiniert.

Diese Dimension einer Didaktik zugrundeliegenden Wirklichkeits-„Landkarte" meine ich, wenn ich von Meta-Didaktik spreche. Das Präfix Meta steht somit in diesem Zusammenhang also für ein zwiefaches: zum einen die Unter-Scheidung zur Didaktik, zum anderen für die Be-Scheidung auf kontextuelle und epistemologische Grundlagen der Didaktik. Natürlich können und sollen aus der bewußten Reflexion dieser meta-didaktischen Dimensionen wiederum Implikationen für das konkrete Lehr-/Lerngeschehen und/oder auch für die Theorieentwicklung der Didaktik abgeleitet werden können. Aber dies wäre ein nächster Schritt, zu dem diese Arbeit einen ersten Impuls geben kann.

Die metadidaktischen Relevanz der Organisationsentwicklung will ich begründen durch theoretische und praxeologische Konstrukte aus dem Forschungsfeld der Organisationsentwicklung, die wie ich meine einen sinnvollen, im oben genannten Sinn meta-didaktischen Beitrag zur erziehungswissenschaftlichen Diskussion liefern können.

Meine These ist dabei, daß die rekonstruierten und - vor dem Hintergrund ihrer metadidaktischen Relevanz - gebündelten Erkenntnisse der Organisations-entwicklung übertragen auf die pädagogische Arbeit eine sozialwissenschaftliche Hintergrundfolie aufscheinen lassen, die - wenn sie denn zur Kenntnis genommen wird - neue und überraschende didaktische Entwicklungen zur Folge haben kann.

Dazu will ich versuchen, die unterschiedlichen Quellen der Organisations-entwicklung aus Wissenschaftstheorie, Forschungsgeschichte, Therapietheorie, Sozialpsychologie, Gruppendynamik und Systemtheorie als einen integrierten Entwurf zu fassen und einige sich daraus ableitenden Implikationen für eine metadidaktische Relevanz zu diskutieren.

Die Arbeit gliedert sich in insgesamt vier Teile. Im ersten Teil habe ich meine eigenen Interessen, meine Geschichte und meine Vernetzungen mit dem gewählten Thema dargestellt sowie den Gegenstand der Arbeit und das Untersuchungskonzept beschrieben. Im zweiten Untersuchungsgang werde ich die Wurzeln und Quellen der Organisationsentwicklung recherchieren, nachzeichnen und im Lichte der Thematik dieser Arbeit rekonstruieren. Der dritte Teil widmet sich der Rezeption der aktuellen praxeologischen und theoretischen Entwicklungen der Organisationsentwicklung. Dabei werde ich neben aktuellen amerikanischen und deutschsprachigen Vertretern der Organisationsentwicklung vor allem Hintergründe, Quellen und aktuelle Konzepte einer systemischen Organisationsentwicklung - die ich momentan als besonders einflußreiche, kreative und vitale Konzeption erlebe - darstellen und diskutieren. In einem vierten Schritt sollen dann konkret mögliche metadidaktische Implikationen der Organisationsentwicklung aufgezeigt und diskutiert werden, um damit den Bogen zur erziehungswissenschaftlichen Theorie und Praxis zu schlagen. Weiter werde ich in diesem Teil der Arbeit auch über Grenzen, Risiken, Mißverständnisse und Verführungen des Konzeptes der Organisationsentwicklung kritisch reflektieren und zuletzt eine Bilanz meiner eigenen Untersuchungsergebnisse ziehen sowie einen kurzen Ausblick wagen.

Kapitel 2
Die Geschichte der Organisationsentwicklung als Forschungsgeschichte

Dieses Kapitel soll die Geschichte der Organisationsentwicklung als Forschungsgeschichte nachzeichnen und rekonstruieren. Dabei sollen neben den historischen Fakten vor allem die ideengeschichtlichen Wurzeln wie auch die Entwicklungsgeschichte der Organisationsentwicklung beschrieben und erörtert werden. Wichtig ist mir dabei auch die Beschreibung der engen Verzahnung der Forschungsgeschichte sowie der Theorieentwicklung mit der Lebens- und Forschungsgeschichte der Menschen, die als „Väter" der Organisationsentwicklung gelten.

Der erste Teil dieses Kapitels beschäftigt sich mit den ideengeschichtlichen Wurzeln der Organisationsentwicklung. Dabei habe ich mich auf drei zentrale Forscher bezogen, die nach meinem Ermessen grundlegende Bedeutung für die Entwicklung der Organisationsentwicklung haben: John Dewey, Jakob L. Moreno und Kurt Lewin.

Daß neben Kurt Lewin auch Jakob Moreno und John Dewey zu den zentralen und prägenden Vätern der Organisationsentwicklung zu rechnen sind, haben Wendell L. French und Cecil H. Bell jr. in ihrer „History of organization development" (French/Bell 1985) formuliert.

Sie schreiben folgendes über die prägenden Einflüsse auf die Lewin-Schüler Bradford, Lippitt und Benne, die bereits 1946 zusammen mit Lewin den ersten gruppendynamischen Workshop des Research Center for Group Dynamics als Forscher begleiteten und 1947 nach Lewins Tod das erste Laboratorium-Training in Bethel / Maine durchführten und somit als bedeutsame Mitgestalter der Organisationsentwicklung gelten:

> „ In addition to Lewin and his work, influences on Bradford, Lippitt and Benne relative to the intervention of the T-group (Trainingsgruppenarbeit im Laboratorium-Training / Anmerkung F.G.) and the subsequent emergence of OD (Organization Development / Anmerkung F.G.) included extensive experience with role playing **and Moreno's psychodrama.** Further Bradford and Benne had been influenced by **John Dewey's philosophy of education,** including concepts about learning and change and about the transactual nature of humans and their invironment."(Hervorhebungen durch mich /F.G.) (French/Bell 1985:19)

Auch Marc Richter (1994:41) nennt in seinem Band über „Organisationsentwicklung" Dewey, Moreno und Lewin als die „wichtigsten Wegbereiter" der Organisationsentwicklung.Diese Auswahl an OE-Gründervätern bleibt natürlich trotzdem unvollständig und auch selektiv. Eine Übersicht über die Entwicklungsstränge der Organisationsentwicklung (vgl. **Abbildung 9**) gibt einen Eindruck über die Vielfalt und Vielschichtigkeit der Einflüsse, die zur Entstehung und Entwicklung der Organisationsentwicklung beigetragen haben. Ich bin allerdings während der Arbeit an dieser Untersuchung zunehmend in meiner Überzeugung bestätigt worden, daß John Deweys Arbeiten mit seiner Konzeption des Erfahrungslernens, seiner philosophischen Begründung des Pragmatismus und der Implementierung der angewandten Sozialwissenschaften sowie die Ansätze Jakob L. Morenos, der entscheidende - oft unterschätzte - Impulse für die sozialpsychologische Theorie und Praxis gegeben hat, neben dem herausragenden Werk Kurt Lewins zum Nucleus des ideengeschichtlichen Kanons der Organisationsentwicklung gehören.

Der zweite Abschnitt des Kapitels widmet sich dann der Entstehung und Entwicklung der Organisationsentwicklung von den Anfängen der Arbeit am Research Center for Group Dynamics am MIT in 1945 bis zu den methodischen und inhaltlichen Ausdifferenzierungen der Organisationsentwicklung Anfang der sechziger Jahre.

2.1 Ideengeschichtliche Wurzeln

2.1.1 John Dewey - Pragmatismus und angewandte Sozialwissenschaften

Die Entwicklung der Organisationsentwicklung ist ohne die philosophischen Grundlagen des amerikanischen Pragmatismus, als dessen Hauptvertreter John Dewey gilt, nicht denkbar. Ein kurzer Abriß der Lebensgeschichte von John Dewey sowie der zentralen Ansätze seines Werkes sollen dies verdeutlichen.

2.1.1.1 Leben

John Dewey wurde am 20.10.1859 in Burlington in Vermont geboren. Er studierte Pädagogik, Psychologie und Philosophie an der Universität von Vermont und der John Hopkins University in Baltimore.1884 promovierte er mit einer Arbeit über „the psychology of Kant". 1886 veröffentlichte er das erste amerikanische Lehrbuch für Psychologie (Martens 1981:242 f.). Als Professor an der Universität von Chicago war er prägend für die Entwicklung der Psychologie in den USA. Ebenso hatte er großen Einfluß auf die Reform des amerikanischen Schulwesens (Schultz 1969:125). Von 1904 bis zu seiner Emeritierung 1930 lehrte Dewey an der Columbia University in New York. Hauptschwerpunkt seiner

Arbeit war dabei die Umsetzung seiner psychologischen und philosophischen Erkenntnisse in die soziale Praxis.

2.1.1.2 Werk

John Dewey ist zurecht als interdisziplinärer Forscher und Lehrer zu bezeichnen, der in drei verschiedenen Disziplinen, Psychologie, Philosophie und Pädagogik eigenständige Beiträge erarbeitet hat, die sich jedoch sehr schlüssig aufeinander beziehen.

2.1.1.2.1 Psychologie

Deweys Arbeit „The reflex arc concept in psychology" (1896) wird als Initialwerk des amerikanischen Funktionalismus betrachtet (Schultz 1969:125). Dewey kritisiert in dieser Abhandlung den Reduktionismus der damals vorherrschenden strukturalistischen Psychologie. Verhalten sollte nicht als künstliches wissenschaftliches Konstrukt, sondern in seiner Bedeutung für den Menschen bei Interaktion mit seiner Umwelt untersucht werden (Richter 1994:43). Der eigentliche Untersuchungsgegenstand der Psychologie sollte deshalb die Funktionsweise des Organismus in seiner Umwelt sein (Schultz 1969:125). Seine funktionelle Betrachtungsweise und sein Interesse an der praktischen Anwendung der Psychologie wurde zwar von den Strukturalisten verpönt, brachte aber der Psychologie als „angewandter" Wissenschaft neue Bedeutung und setzte sich auch und vor allem in Deweys philosophischem und pädagogischem Werk durch, das letztlich seine Bedeutung für das gesellschaftliche und politische Bewußtsein begründete (Richter 1994:43).

2.1.1.2.2 Philosophie

John Dewey gilt zusammen mit Charles C. Pierce und William James als Begründer des amerikanischen Pragmatismus (Martens 1981). Zentraler Ansatz des Pragmatismus ist die kritische Bewertung der wissenschaftlichen Forschung und ihrer theoretischen Konstrukte hinsichtlich der praktischen Auswirkungen auf unsere Lebenswelt. Dabei ist die wissenschaftliche Forschung der einzige Weg, um zu gesicherten philosophischen Erkenntnissen zu kommen. Diese Erkenntnisse werden - so Dewey- durch experimentelle Methoden erreicht (Martens 1981:225 ff). Diese Methoden sind gekennzeichnet durch: Vorurteilsfreie Bestandsaufnahme, kritisches Denken, Verzicht auf absolute Gewißheit, ungehinderte Kommunikation und Bereitschaft zu „reconstruction", d.h. Hinterfragen traditioneller Werte und Reform sozialer Einrichtungen. Die Aufgabe der Philosophie ist es, Probleme, die die soziale und kulturelle Entwicklung dem menschlichen Denken und Verhalten schaffen, zu erkennen und zu lösen (Lilge 1970:291). Seine erkenntnistheoretischen Grundlagen hat Dewey vor allem in seinem Werk „The theory of inquiry" (1938) entwickelt. Dabei beschreibt Dewey eine Forschungslogik, die sich auf die Bedürfnisse und Interessen von handelnden Individuen in konkreten Situationen beziehen. Dewey beschreibt damit eine Einheit von Situations- und Forschungslogik (Richter: 1994:44), die Kurt Lewin später als wesentlichsten Bestandteil seines Handlungsforschungsansatzes fortführen wird.

Dieser an konkreten Handlungssituationen orientierte „experimentellfunktionalistische" Forschungsansatz Deweys hat zum Ziel, jeweils bei einzelnen Ereignissen und Handlungen mögliche Zusammenhänge, Entwicklungstendenzen und Ausgleichsmöglichkeiten in angemessener Weise zu berücksichtigen. Mittel und Zweck sind dabei relative Begriffe aus einer je unterschiedlichen Nah- oder Fernperspektive. Die erreichte Lösung eines Problems als angesteuerter Zweck wird als potentielle Ursache eines erneuten Problems wieder Mittel für einen neuen Zweck. Vor allem diese zirkuläre Interdependenz von Mittel und Zweck hat sich später in der Aktionsforschung deutlich niedergeschlagen (Richter 1994:45).

2.1.1.2.3 Pädagogik

In seinem Buch „Demokratie und Erziehung"[3] (1930) fokussiert Dewey seine pragmatische Pädagogik folgendermaßen: Lebenslanges Lernen, Gruppenarbeit, Projektmethoden, Integration von Bildung und Ausbildung sowie von „Kopf" und „Hand", Erfahrungsbezug, soziales Lernen und Erziehung als Prozeß der Selbstverwirklichung (Martens 1981:245 ff).

Die überraschende Aktualität nicht nur der Terminologie Deweys, sondern auch seiner pädagogischen Kerne - Lernen durch Erfahrung sowie soziales Lernen sind in der modernen Bildungsarbeit zentrale Prämissen - belegen die grundlegende Bedeutung seiner Erkenntnisse. So schreibt er:
> „Das Ergebnis des Erziehungsvorganges ist die Fähigkeit, weiter erzogen zu werden. Diese Auffassung steht im Gegensatz zu anderen Auffassungen, die die Erziehungswirklichkeit stark beeinflußt haben. Die...entgegenstehende Auffassung ist die, Erziehung bedeute Vorbereitung für die Erfüllung zukünftiger Pflichten oder den Genuß zukünftiger Vorrechte. Dieses Erziehungsziel lenkt die Aufmerksamkeit der Erziehenden sowohl wie der Erzogenen von dem einzigen Punkt ab, auf den sie gerichtet sein muß, wenn die Erziehung Früchte tragen soll: von der Auswertung der Bedürfnisse und Möglichkeiten der unmittelbaren Gegenwart...Wir haben gezeigt, daß diese Theorie hinführt zu einer übermäßigen Betonung enger, spezialisierter Formen von Fertigkeiten auf Kosten der Entwicklung von Initiative, Erfindungskraft und Umstellungsfähigkeit - Eigenschaften, die auf der breiten und dauernden Wechselwirkung verschiedener Betätigungen miteinander beruhen." (Dewey 1930:111 ff.)

---

[3] Original: Democracy and education (1916)

24

Erfahrungs-Lernen beschreibt Dewey folgendermaßen:

"Durch Erfahrung lernen heißt das, was wir den Dingen tun, und das, was wir von ihnen erleiden, nach rückwärts und vorwärts miteinander in Verbindung zu bringen. Bei dieser Sachlage aber wird das Erfahren zu einem versuchen, zu einem Experiment mit der Welt zum Zwecke ihrer Erkennung. Das sonst bloß passive „Erleiden" wird zum „Belehrt-werden", d.h. zur Erkenntnis des Zusammenhanges der Dinge. Daraus folgen zwei pädagogisch wichtige Schlüsse: 1. Erziehung ist in erster Linie eine Sache des Handelns und Erleidens, nicht des Erkennens. 2. Der Maßstab für den Wert der Erkenntnis liegt in der größeren oder geringeren Erkenntnis der Beziehungen und Zusammenhänge, zu der sie uns führt." (Dewey 1930:218)

Immer wieder betont Dewey auch den politischen, besonders den demokratischen Aspekt von Erziehung und Pädagogik. So auch, wenn er schreibt:

"Die Feststellung, daß Erziehung eine soziale Funktion ist, die die Leitung und Entwicklung der Unreifen durch ihre Teilnahme am Leben ihrer Gruppe sicherstellt, umschließt bereits die weitere, daß die Erziehung je nach Art des Gruppenlebens in den verschiedenen Gemeinschaften verschieden ist. Im besonderen ist wichtig, daß eine Gesellschaft, die nicht nur im Wandel begriffen ist, sondern diesen Wandel - zum Besseren - als ihren Lebenszweck betrachtet, andere Normen und Methoden der Erziehung haben muß als eine, die lediglich ihren unveränderten Fortbestand erstrebt...Da eine demokratische Regierung den Grundsatz der von außen wirkenden Autorität zurückweist, muß sie durch freiwillige Bereitschaft zur Unterordnung aus Interesse ersetzen; dies kann nur durch Erziehung geschaffen werden....Eine bewegliche Gesellschaft, die von zahllosen Kanälen durchzogen ist, durch die eine irgendwo innerhalb ihres Bereiches entstehende Veränderung überall wirkt, muß darauf halten, daß ihre Mitglieder zu persönlicher Initiative und Anpassungsfähigkeit erzogen werden. Sonst werden sie durch die Umgestaltung, in die sie verwickelt werden, überwältigt, weil sie ihre Bedeutung und ihre Beziehungen nicht verstehen. (Dewey 1930:130 ff.)

Weil nach Deweys pädagogischem Konzept der Lernstoff von dem Lernenden als Problem erfahren werden und als Projekt bearbeitet werden muß, hat es gleichzeitig einen demokratischen Charakter (Bohnsack 1979:88). Der Lehrplan darf, so Dewey, kein Programm mit unveränderlichen Lerninhalten sein, weil man von der kindlichen Neugier ausgehen muß, die sich das Erfahrungsmaterial verschafft, wenn auch durch die Einflüsse der sozialen Umwelt, der Eltern, Lehrer oder anderen Kindern. Gerade diese Partizipation aufgrund der Mündigkeit des Lernenden unterscheidet Erziehung von Dressur oder Manipulation (Bohnsack 1979:91). Lernen muß sich weg von einer passiv-intellektuellen Denkschulung zu handlungsorientiertem aktivem Lernen durch Projekte und Gruppenarbeit orientieren. Lernen bedeutet für Dewey demgemäß einen Interaktions- und Kommunikationsprozeß aller Beteiligten, der seine Disziplin und Führung aus sich selbst und der Autonomie und Rationalität seiner Projekte ableitet (Bohnsack 1979:95).

Dewey schreibt dazu:

"Woher kommt es, daß das eintrichternde Lehren, das passiv aufnehmende Lernen trotz ihrer allgemeinen Verurteilung in der Praxis so verwurzelt sind? Die Grundanschauung, daß Bildung nicht eine Sache des Anredens und Angeredetwerdens ist, sondern ein aktiver und aufbauender Vorgang, wird in der Theorie ebenso allgemein anerkannt wie in der Praxis verletzt. Ist diese bedauerliche Tatsache nicht auf den Umstand zurückzuführen, daß diese Lehre selbst nur ausgesprochen wird? Man predigt sie, trägt sie vor, schreibt darüber. Ihre Verwirklichung in der Praxis verlangt, daß die „Schule" genannte Umwelt mit Hilfsmitteln für wirkliche Tätigkeit, mit Werkzeugen und Stoffen in einem bisher kaum erreichten Ausmaß ausgestattet wird. Sie verlangt, daß die Methoden des Unterrichtes und der Schulverwaltung so umgestaltet werden, daß sie dauernde und unmittelbare Beschäftigung mit den Dingen sicherstellen...Denn wenn sich die Schule von den außerhalb der Schule wirksamen Erziehungsbedingungen entfernt, so setzt sie notwendig an die Stelle des sozialen Geistes einen pseudo-intellektuellen Büchergeist. Gewiß gehen die Kinder zur Schule, um zu lernen; daß man aber am besten lernt, wenn aus dem Lernen eine abgesonderte, mit Bewußtsein betriebene Beschäftigung gemacht wird, soll erst noch bewiesen werden. Wenn ein so betriebenes Lernen die Tendenz hat, den sozialen Sinn auszuschließen, der der Beteiligung an einer gemeinsam interessierenden und für alle wertvollen Tätigkeit innewohnt, so widerspricht die Bemühung um das isolierte Lernen ihrem eigenen Zweck...Wir können spezielle technische Fertigkeiten in Algebra, in Latein oder Botanik erreichen, nicht aber diejenige Art von Verständnis, die die Fähigkeit für ein nützliches Ziel einsetzt. Eine soziale Führung der Disposition ist nur erreichbar durch Mitwirkung an einer gemeinsamen Tätigkeit, bei der jeder Gebrauch, den er von Stoffen und Werkzeugen macht, bewußt auf den Gebrauch bezieht, den andere von ihren Fähigkeiten und Hilfsmitteln machen. (Dewey 1930:69 f.)

Als Kernaussage der Pädagogik John Deweys kann festgehalten werden: Für Dewey ist das Lernen durch Erfahrung dann sinnvoll, wenn Erziehung als bewußte Kontinuität gestaltet wird, aus dem rein Subjektiven heraustritt und in Auseinandersetzung mit der sozialen Gegenwart in der Interaktion zwischen Menschen geschieht. (Lilge 1970:291).

2.1.1.3 John Deweys Einfluß auf die Organisationsentwicklung

Dewey war über Jahrzehnte der bedeutendste und prägendste Pädagoge in den USA. Seine Bücher waren „Pflichtlektüre" an den amerikanischen Universitäten (Martens 1981:245). Seine besondere Bedeutung verdankt Dewey allerdings seiner gebündelten theoretischen Kraft durch die interdisziplinäre Argumentation seiner Forschungsergebnisse sowie seinen großen praktischen Einflüssen auf die amerikanische Gesellschaft, auf das Bewußtsein und auch die amerikanische Politik, die er aktiv mitgestaltete (Richter 1994:46).

John Deweys theoretisches und praktisches Werk hatte große Bedeutung für die Entwicklung der Organisationsentwicklung. Durch seinen pragmatisch-funktionalistischen Ansatz angewandter Sozialwissenschaften ermöglichte er es späteren (angelsächsischen) Wissenschaftlergenerationen, Forschung in einer Theorie-Praxis-Verzahnung zu verstehen und zu gestalten, die die besondere Relevanz der Organisationsentwicklung als angewandte sozial-psychologische und sozialpädagogische Disziplin für die Organisations-**Praxis** erst möglich machte. Die pragmatische Instrumentalität der Forschung, wonach ein erreichtes Ziel immer nur ein Schritt auf einer längerfristigen gesellschaftlichen und phylogenetischen

Entwicklung ist, wurde später bei Lewin konstitutives Merkmal der Aktionsforschung.

Neben den wissenschaftstheoretischen Merkmalen hat aber auch Deweys pädagogisches Konzept des Erfahrungslernens eine ganz besondere Bedeutung für die Organisationsentwicklung. Die These, daß bedeutsames Lernen immer vor dem Hintergrund des realen Kontextes des Lehr-/Lernprozesses verstanden werden muß, der von einer der aktuellen Situation immanenten Rationalität und Dynamik gespeist wird, hat sowohl die amerikanische Tradition des Handlungslernens (learning by doing) wie auch die dieser Untersuchung zugrundeliegende Hypothese, daß Lernen immer ein Prozeß der Veränderung von Individuen und der sie umgebenden Systeme sei, wesentlich beeinflußt.

Deweys bereits 1916 in seinem Buch „Democracy and Education" formulierten Postulate bezüglich sozialem Lernen, Projektlernen, Gruppenarbeit und Erfahrungslernen sind heute im Umfeld der Erwachsenenbildung und des Organisationslernens hochaktuelle und zentrale pädagogische und methodische Prämissen. Diese Lernformen spielen in der operativen Umsetzung von Organisationsentwicklungs-Prozessen in den OE-Workshops eine entscheidende Rolle.

In diesem Zusammenhang ist auch eine Einschätzung von Gordon W. Allport - einem Schüler Kurt Lewins - interessant, der schrieb:

> „Obwohl Lewin niemals mit John Dewey zusammengetroffen ist, gab es doch eine geistige Gemeinsamkeit zwischen dem deutschstämmigen Psychologen und dem in Amerika geborenen Philosophen. Beiden war die Funktionsfähigkeit der Demokratie ein ernstes Anliegen. *Beide erkannten, daß jede Generation die Demokratie erneut lernen muß* (Hervorhebung durch mich /F.G.). Beide erkannten die dynamische Beziehung zwischen der Demokratie und der Sozialwissenschaft und wie wichtig es für die Sozialwissenschaft sei, daß sie ihre Forschungsarbeit in Freiheit entfalten kann, in einer Freiheit, die nur durch eine demokratische Umwelt gesichert werden kann. Wenn Dewey der herausragende Philosoph der Demokratie genannt werden kann, war Lewin der wichtigste Theoretiker und Forscher unter den Psychologen." (Allport/ in: Marrow 1977:250 f.)

Zusammenfassend möchte ich zweierlei festhalten:

Erstens: Deweys Bedeutung für das gesellschaftliche, politische und wissenschaftliche Bewußtsein in den USA ist immens. Sein pragmatischfunktionalistischer Grundansatz hat diese Felder nachhaltig beeinflußt und damit auch und besonders die angewandten Sozialwissenschaften geprägt, die bei der Entstehung der Organisationsentwicklung nach dem Zweiten Weltkrieg wesentlich beteiligt waren.

Zweitens: Deweys explizite Aussagen zu Erziehung und Lehr-/Lernprozessen sind heute genauso aktuell wie vor 80 Jahren. Die pädagogischen Konzepte Deweys sind für die aktuelle OE-Praxis von ganz besonderer Bedeutung.

2.1.2 Jakob Moreno - Soziometrie und Psychodrama

Jakob Moreno ist einer der großen Protagonisten sozialwissenschaftlicher Theorie und Praxis diese Jahrhunderts. Seine Arbeiten zur Gruppentherapie, zur Soziometrie und die Entwicklung des Psychodramas haben entscheidenden Einfluß auf die aktuellen Ansätze von Theorie und Praxis der Organisationsentwicklung.

2.1.2.1 Leben

Als Kind von jüdischer Eltern wurde Jakob Moreno 1889 in Rumänien geboren und wuchs in Wien auf. 1917 promovierte er in Medizin, hatte aber bereits während seiner Studienzeit engen Verbindungen zur Wiener Literaten- und Künstlerszene (Leutz/Engelke 1983:1009). In der von Alfred Adler, Franz Werfel und anderen herausgegebenen expressionistischen Zeitschrift „Der Daimon" schrieb er einige Beiträge, die bereits die ersten einschlägigen Kennzeichen seiner späteren Theorie trugen. In dieser Zeit führte er auch bereits Stegreifexperimente mit Schauspielern durch, die als Vorläufer des Psychodramas gelten können. Diese ersten Schritte der Psychodramaarbeit hat Moreno in seinem anonym erschienenen Buch „Das Stegreiftheater" (Moreno 1924) aufgezeichnet. Als Arzt des Flüchtlingslagers Mitterndorf Ende des ersten Weltkriegs erkannte und erforschte Moreno die Zusammenhänge zwischen den sozialen Verhältnissen und ihren pathogenen Wirkungen. Nach dem ersten Weltkrieg arbeitete er als Gemeindearzt in Bad Vöslau und gleichzeitig als Betriebsarzt der Vöslauer Kammgarnfabrik. Dabei setzte er sich weiter intensiv mit der sozialen Not in Zusammenhang mit den Gesundheitsschäden seiner Patienten auseinander, was ihm bei politischen und akademischen Repräsentanten den Ruf eines hoffnungslosen Weltverbesserers einbrachte (Leutz/Engelke 1983:1009 f.).

1925 wanderte Moreno in die USA aus. In New York hatte er die Möglichkeit, Studien in Schulen, Gefängnissen und Erziehungsanstalten zu betreiben. Als eine zentrale Konsequenz der Ergebnisse dieser Forschungen schlug er bei der Jahrestagung der „American Psychiatric Association" 1932 die Einführung der „Gruppenpsychotherapie für Strafgefangene und Anstaltsinsassen vor (Leutz/Engelke 1983:1010). 1994 veröffentlichte Moreno sein klassisches Werk „Who shall survive", in dem er seine soziometrischen Untersuchungen und die Rekonstruktion der Erziehungsanstalt für Mädchen in Hudson /N.Y. beschrieb. 1936 gründete er in Beacon/N.Y. eine Einrichtung für Geisteskranke, eine Schule und ein Theater, das erste Theater für Psychodrama. Ende der dreißiger Jahre wurde Moreno Herausgeber der Zeitschrift „Sociometry", die ebenso wie die ab 1947 von Moreno herausgegebene Zeitschrift „Sociatry" (heute:„Group Psychotherapie and Psychodrama") heute noch erscheint (Leutz/Engelke 1983: 1011).

1942 gründete Moreno die „American Society of Group Psychotherapy and Psychodrama". Im selben Jahr wurde auch das „Sociometric Institute" und das „New York Institute of Psychodrama" gegründet. Kurz vor seinem Tod am 14. Mai 1974 wurde durch Morenos Einfluß beim „V. Internationalen Kongreß für Gruppentherapie" 1973 in Zürich die „International Association of Group Psychotherapy" (IAGP) gegründet (Leutz/Engelke 1983: 1012).

2.1.2.2 Werk

Als Hauptwerk Morenos wird die Entwicklung des sogenannten „Triadischen Systems" betrachtet, das aus den Elementen Soziometrie, Psychodrama und Gruppenpsychotherapie besteht (Hörmann/Langer 1987:185ff).

Grundprämisse des Triadischen Systems ist die These, daß der „latente Genius" des Menschen durch die Sozialisation verkrüppelt ist durch Unterdrückung der Spontaneität und die Übernahme von Rollenstereotypen. Diese Unterdrückung des „Urkatalysators" Spontaneität und die daraus resultierende Verkrüppelung manifestiert sich - so Moreno- in der formellen „Oberflächenstruktur" eines sozialen Systems. Diese Oberflächenstruktur des Systems will Moreno durch eine „soziometrische Revolution", die zum Durchbruch der „informellen Tiefenstruktur" verhilft, verändern (Dollase 1975:83). Moreno beschreibt diese Tiefenstruktur als ein Netz von „sozialen Atomen", den affektiven und sozialen Beziehungen eines Menschen zu anderen Menschen, die in irgend einem sozialen Verhältnis zu ihm stehen.

Um das Delta zwischen der Oberflächenstruktur und der Tiefenstruktur zu reduzieren, entwickelt Moreno die triadische Gruppenpsychotherapie. Dabei verbindet Moreno die diagnostische Möglichkeit der Soziometrie als „Methode welche die zwischenmenschlichen Beziehungen und die psychischen Probleme mehrerer Individuen einer Gruppe bewußt im Rahmen empirischer Wissenschaft behandelt" (Moreno 1959:52) mit dem therapeutischen Effekt des Psychodramas, das sich in szenischer Darstellung mit den Interaktionen der Gruppenmitglieder bzw. des einzelnen Menschen als Handelndem in seinem zwischenmenschlichen Beziehungsgeflecht befaßt (Leutz/Engelke 1983:1011).

Insgesamt gliedert Moreno die triadische Gruppenpsychotherapie in fünf Phasen (Moreno 1932: zitiert nach Leutz 1978:831):

Die fünf Phasen der Triadischen Gruppenpsychotherapie

1. Der soziometrische Test

2. Die Erstellung und Analyse des Soziogramms

3. Das Soziometrische Interview

4. Das Psychodrama

5. Die soziometrische Rekonstruktion der Gemeinschaft

Abbildung 3: Die fünf Phasen der triadischen Gruppenpsychotherapie nach Jakob L. Moreno

2.1.2.2.1 Der soziometrische Test

Moreno definiert den soziometrischen Test als „...eine Methode der Erforschung sozialer Strukturen durch Messung der Anziehung und Abstoßung, die zwischen einer Gruppe bestehen" (Moreno 1959: 20). Dabei ist es für ihn wichtig, daß die Antworten aus der rhetorischen Unverbindlichkeit herauskommen. Aus diesem Grund ist es für Moreno wichtig, daß das Wahlkriterium, nach welchem diese Erhebung erfolgen soll, ganz konkrete Folgen in einer konkreten Situation des sozialen Kontakts haben muß. Als gutes Beispiel wird dabei der soziometrische Test in einer Schulklasse beschrieben (Richter 1994:50). Dabei soll nicht gefragt werden: „Wen magst Du am meisten?", sondern „Neben wem möchtest Du sitzen?" und dann wird die Sitzordnung tatsächlich entsprechend der Antworten geändert. Diese Forderung, daß die Soziometrie unbedingt mit einer konkreten sozialen Konsequenz - im Sinne von Aktionsforschung - verbunden werden muß, wenn tatsächlich verhaltensrelevante Ergebnisse zustande kommen sollen, ist ein zentraler Ansatz, der die konkrete methodische Arbeit hinsichtlich sozialen Lernens entscheidend geprägt hat.

2.1.2.2.2 Das Soziogramm

Erstellen und Analyse des Soziogramms sind in Morenos triadischer Gruppen-psychotherapie die Schritte zwei und drei. Unter Soziogramm versteht Moreno „...das Bild des Hin und Her der Beziehungen zwischen den Individuen einer Gruppe.." (Moreno 1959:20). Das Soziogramm wird durch Symbole visualisiert. Frauen werden als Kreise, Männer als Dreiecke gezeichnet. Die soziale Interaktion, Ablehnung oder Wahl wird durch gestrichelte oder durchgezogene Linien mit Pfeilen dargestellt.

Das Soziogramm wird durch Befragen der Gruppenmitglieder nach Ablehnung bzw. Anziehung bezogen auf die jeweiligen anderen Gruppenmitglieder erstellt.

Ein solches Soziogramm ist ein hervorragendes diagnostisches Instrument, denn „...dieses Soziogramm gibt dem Gruppentherapeuten konkrete Fingerzeige, wo die therapeutische Aufgabe liegt. Analysen von Soziogrammen müssen sorgfältig gemacht werden, ehe diagnostische Schlüsse gezogen werden." (Moreno 1959:26) Zur Analyse gehört vor allem die Klärung der Rollen in der Gruppe, dabei sind insbesondere die Schlüsselpersonen der Gruppe relevant, die sogenannten Stars der Anziehung oder der Ablehnung. Weiterhin sind aber auch gruppenspezifische Auffälligkeiten, wie zum Beispiel Subgruppen, Minderheiten etc. durch das Soziogramm schnell zu erfassen.

2.1.2.2.3 Das soziometrische Interview

Das soziometrische Interview soll die bereits erhobenen Gruppenstrukturen durch weitere Informationen abklären. Dabei spricht der Therapeut die Gruppenmitglieder noch einmal gezielt an und fragt sie nach Hintergründen und Motiven für ihre ablehnende bzw. anziehende Beurteilung in der Qualität und Intensität der sozialen Beziehung zu den anderen Gruppenmitgliedern. Diese Interview-Informationen sind für Moreno weder sehr zuverlässig noch haben sie eine dezidiert therapeutische Wirkung, weshalb die Aussagen durch die Darstellungen im Psychodrama abgeklärt werden sollen.

2.1.2.2.4 Das Psychodrama

Nach Moreno kann das Psychodrama „...als diejenige Methode bezeichnet werden, welche die Wahrheit der Seele durch Handeln ergründet" (Moreno 1959:77): Als Aktionsmethode dient sie der Darstellung und Behandlung interpersoneller und intrapsychischer Konflikte, hat also sowohl eine individual- wie auch sozialpsychologische Dimension. Die wichtigsten Elemente des Psychodramas sind „... die Bühne (Schauplatz), der Protagonist (Hauptdarsteller), der therapeutische Leiter, der Stab der therapeutischen Hilfskräfte („Hilfs-Iche") und das Publikum" (Moreno 1959:77). **Das Psychodrama verläuft in drei Phasen** (ebenda:82):

1. Erwärmungsphase

In dieser Phase geschieht das sogenannte „Warming-up". Es soll ein Klima der Geborgenheit schaffen, das es den Gruppenmitgliedern ermöglicht aus sich herauszugehen und ins Spiel einzusteigen.

2. Spielphase

In der Spielphase folgt die szenische Darstellung von Problemen, Phantasien, Träumen, Befürchtungen usw. Wichtig für die Spielphase ist die imaginäre Realität des Spiels. Die Spieler erleben die Spielszene und soziale Interaktion als sinnliche und affektive Realität, obwohl weder Zeit, Ort noch Konfliktpartner real sind. In dieser Spielszene können deshalb nicht nur die faktischen Problemsituationen intellektuell beschrieben, sondern vor allem emotional und mental erlebt werden. Mit der Beendigung der Szene erfolgt die Rückkehr in die Realität der Gruppe. Aus dieser Distanz wird das Spielgeschehen bearbeitet.

3. Abschlußphase

Die Abschlußphase umfaßt die Nachbereitung des Erlebten durch „Sharing", d.h. durch Mit-Teilen, durch Rollen-Feedback und Prozeß-Analyse. Im „Sharing" teilen die Gruppenmitglieder dem Hauptdarsteller mit, was sie soeben erlebt haben, Erinnerungen an ähnliche Situationen, Gefühle, Konflikte, etc. und schildern ihre augenblicklichen Gefühle. Der Darsteller erfährt dabei, daß er/sie mit seinem „Problem" nicht alleine ist, sondern daß andere ganz ähnliche „Probleme" teilen. Im Rollen-Feedback berichten die Mitspieler, wie sie den Hauptdarsteller aus ihren jeweiligen Rollen heraus erlebt haben. Danach gehen Therapeut und Gruppenmitglieder noch einmal gemeinsam in der Prozeßanalyse die Szene durch und erörtern, was geschehen oder auch nicht geschehen ist.

2.1.2.2.5 Die soziometrische Rekonstruktion

Entsprechend der Analyse des Soziogramms soll als Abschluß der triadischen Gruppenpsychotherapie die Gruppenkonstellation so umgestaltet werden, daß es sowohl für den Einzelnen wie auch die Gesamtgruppe am günstigsten erscheint. Diese Rekonstruktion der Gruppe ist ein weiterer entscheidender Schritt in Morenos therapeutischem Konzept, denn durch die Umgestaltung sollen therapeutische Kräfte aktiviert werden, die eine Gesundung der Gruppe als Ganzes und der einzelnen Gruppenmitglieder fördern.

2.1.2.3 Morenos Bedeutung für die Organisationsentwicklung

Morenos gruppentherapeutischer Ansatz, der sich im Konzept der triadischen Gruppenpsychotherapie fokussiert, hat zentrale Elemente der Theorie und Praxis der Organisationsentwicklung vorweggenommen. Besonders deutlich wird dies durch die Tatsache, daß bei Moreno immer Individuum und Gruppe zugleich und interdependent verknüpft Ziel und Thema der therapeutischen Arbeit sind. Moreno hat weder eine isolierte Einengung hinsichtlich der Einzelperson noch bezüglich der Gesamtgruppe betrieben. Für ihn ist die Gesundung des Einzelnen immer abhängig von der Gesundung der Gruppe. In der Organisationsentwicklung

- und dies ist das grundlegende Thema meiner Arbeit - ist genau diese Korrelation der Entwicklung von Individuum und Organisation - hier: das Lernen von Menschen und Systemen - das bestechende Merkmal des theoretischen und methodischen Konzeptes.

Bisher war die Bedeutung Morenos für die Organisationsentwicklung wenig bekannt (Richter 1994:56). Als zentraler Pionier der Gruppendynamik wurde vor allem Kurt Lewin genannt. Dies hat auch weiterhin seine Richtigkeit, allerdings darf dabei die Arbeit Jakob L. Morenos und sein Einfluß auch auf Lewin und insbesondere auf die Organisationsentwicklung nicht vernachlässigt werden. Viele der von Moreno entwickelten Methoden, wie z.B. das Rollenspiel oder auf der Soziometrie basierende Methoden wie die Gestaltung einer Gruppenskulptur oder einer Skulptur der Herkunftsfamilie sind wesentliche konzeptionelle Elemente der methodischen Arbeit im Rahmen der Organisationsentwicklung.

Daß Moreno dabei auch im Rahmen der Forschung und der Theoriebildung wegweisend war, ist noch weniger bekannt. Hilarion Petzold (1978/ 1980a/1980b) hat in mehreren Artikeln auf die beinahe ideologische Nicht-Beachtung dieser Tatsache hingewiesen. Dabei weist Petzold akribisch nach, daß es Moreno war, der wesentliche Termini und mit ihnen theoretische Konzepte der psychologischen Gruppenarbeit geprägt und entwickelt hat: Begriffe wie „Gruppendynamik", „Training group", „Hier und Jetzt" sind konstitutive Grundlagen jeder Form von sozialpsychologischer Arbeit mit und in Gruppen.[4] Auch die Aktionsforschung, die Kurt Lewin 1946 in seiner Arbeit „Action research and minority problems" auf den Begriff bringt, hat Moreno bereits in der Beschreibung seiner Arbeit seinem Werk „Who shall survive" als sozialwis-senschaftliche Forschungsform verwendet. Er schreibt:

> „Der teilnehmende Beobachter des sozialen Laboratoriums, das Gegenteil des wissen-schaftlichen Beobachters im physikalischen Laboratorium, muß sich einer profunden Veränderung unterziehen... Wenn es dem teilnehmenden Beobachter gelingt, seine Beob-achterrolle mehr und mehr aufzugeben und statt dessen jedem Individuum der Gruppe bei der Verwirklichung seiner Bedürfnisse und Interessen zu helfen, erfährt er eine Verän-derung vom Beobachter zum Hilfs-Ich (*Mitspieler im Psychodrama, die der Hauptdar-steller zur Darstellung seiner Bezugsperson auswählt/ Anmerkung F.G.).* Die beobach-tenden Personen werden zu Förderern des Projekts, anstatt mehr oder weniger wider-willig, etwas über sich selbst oder jemand anderen zu enthüllen. Das Projekt wird zum gemeinsamen Anliegen. (Moreno 1937:39 f).

Mit diesen theoretischen, konzeptionellen und forschungsmethodischen Grund-lagen sowie seinen kreativen, praktischen Methoden für die psychologische Arbeit mit Gruppen hat Moreno eine enorme Wirkung auf die Entwicklung der Organisationsentwicklung gehabt, ohne daß er seine Arbeit je explizit auf das Feld „Organisation" bezogen hätte. Auch Morenos Idee einer nutzbringenden Re-Konstruktion der Gruppenkonstellation, um deren Zusammenspiel zu opti-

---

[4] Petzold hat diese These in seinem Aufsatz „Moreno - nicht Lewin - der Begründer der Aktionsforschung (Petzold 1980b:143ff.) durch viele Quellenrecherchen begründet.

mieren, ist heute ein Grundgedanke der Organisationsentwicklung.[5] Dabei geht es Moreno allerdings weniger um die pragmatische Entwicklung einer sozialen Einheit, wie dies Dewey oder auch Lewin verstehen, sondern vorrangig um die therapeutische Arbeit mit individuellen Persönlichkeiten.

Moreno und Lewin haben sich zum ersten Mal 1935 durch die Vermittlung von Alfred Marrow, dem Lewin-Schüler und Verfasser einer bekannten Lewin-Biographie, getroffen. Moreno (1955:93) behauptet denn auch in seiner Auto-biographie, Lewins Interesse für die Gruppenpsychologie geweckt zu haben, da sich Lewin bis dahin primär mit individualpsychologischen Problemen befaßt hatte.

Die Zusammenarbeit Morenos und Lewins zu gruppenpsychologischen Themen war sehr fruchtbar und zeigte sich auch in der beachtlichen Anzahl gemeinsamer Schüler, die allesamt bedeutende Vertreter der Gruppendynamik und Organisa-tionsentwicklung wurden: Ronald Lippitt, Alvin Zander, John R. P. French, Alex Bavelas, Leland P. Bradford, Charles Hendry, Margaret Barron und Kenneth D. Benne (Moreno 1955:94). Diese Wissenschaftler wie auch Lewin veröffent-lichten ihre sozialwissenschaftlichen Forschungsergebnisse in Morenos Zeitschrift „Sociometry". Auch das von Lewin und seinen Schülern gegründete „Research Center for Group Dynamics" am MIT in Boston hat sich - wie Hilarion Petzold durch den Vergleich der jeweiligen Instituts-Konzepte nachweist - sehr deutlich am „soziometrischen Institut" Morenos in Beacon/N.Y. orientiert (Petzold 1980a: 2 ff.).

Nach dem Tod Lewins 1947 brachen die beiden Schulen auseinander und Moreno fokussierte seine Arbeit auf den therapeutischen Bereich. Dieser Bruch führte zu verhärteten Fronten, die zur Folge hatten, daß die Schüler Lewins die Forschungen zur Gruppendynamik und zur Organisationsentwicklung für sich reklamierten, Morenos Anteil an der Entwicklung der Organisationsentwicklung in Vergessenheit geriet und „ ...der Name Moreno bis heute kaum in der Literatur zur Gruppendynamik und Organisationsentwicklung erscheint." (Richter 1994:58)

2.1.3 Kurt Lewin - Feldtheorie und Aktionsforschung

Nahezu alle einschlägigen Literaturquellen nennen Kurt Lewin als den eigentli-chen Begründer der Organisationsentwicklung (French/Bell 1990:42 f.; Bennis/Benne/Chin 1975:14; Sievers 1977:10 ff.; Comelli 1985:50 ff.; Fatzer 1993:13f.; Glasl/Lievegoed 1993:14 f.).

---

[5] Vgl. Dazu auch die begriffliche Parallele zu aktuellen OE-Konzepten wie Re-Engineering und Re-Strukturierung.

Wie bereits im vorhergehenden Kapitel ausgeführt hat Lewin durch seine sozial-wissenschaftliche Forschungsarbeit eine zentrale Bedeutung in der Entwicklungs- und Forschungsgeschichte der Organisationsentwicklung. Wenn, wie French und Bell behaupten, das Laboratoriumstraining und die Survey-Feedback-Methode als die zwei wesentlichen Quellen der Organisationsentwicklung verstanden werden können,

> „...dann ist sicherlich Kurt Lewin mit seiner Entwicklung der sozialpsychologischen Feld-forschung der eigentliche Initiator. Sowohl die Laboratoriumsmethode als auch die Survey-Feedback-Verfahren gehen wesentlich auf sein nachhaltiges Interesse an den angewandten Sozialwissenschaften zurück." (French/Bell 1990: 42)

2.1.3.1 Leben

Meine Beschreibung der Lebensgeschichte Kurt Lewins basiert wesentlich auf der Lewin-Biographie „Kurt Lewin - Leben und Werk" von Alfred Marrow (1977). Kurt Lewin wurde am 9. September 1890 als Sohn jüdischer Kaufleute in Mogilno in der preußischen Provinz Posen geboren. 1905 zog die Familie nach Berlin. Lewin studierte in Freiburg, München und Berlin Philosophie und Wissenschaftstheorie. 1916 nach einem Einsatz als Kriegsfreiwilliger im ersten Weltkrieg und einer ernsthaften Verwundung promovierte Lewin mit einer Arbeit über die „Psychologische Tätigkeit bei der Hemmung von Willensvorgängen und das Grundgesetz der Assoziation". 1920 habilitierte er sich mit einer „Experimentellen Untersuchung zum Grundgesetz der Assoziation". 1921 erhielt Kurt Lewin eine Stelle als Privatdozent am Psychologischen Institut der Universität Berlin, wo er im Kreise der Berliner Gestaltpsychologen Koffka, Köhler und Wertheimer arbeitete. Köhler und Wertheimer waren mit der Entwicklung der Gestalttheorie dabei, psychologisches Neuland zu betreten. Lewin fand am Institut ideale Bedingungen für seine Arbeit:

> „...es schien ihm, als stießen Köhler und Wertheimer Türen auf, die von den älteren verehrten Gestalten der deutschen Psychologie allzu lange zugehalten worden waren." (Marrow 1977: 26)

Grundpostulat der Gestalttheorie und auch der Gestaltpsychologie war die These, daß Ganzheiten etwas anderes sind als die Summe ihrer Teile. Sie nehmen zusätz-liche Merkmale und zusätzliche Qualitäten an.

Diese These, die im naturwissenschaftlichen Forschungsdiskurs der zwanziger Jahre als Extrakt der Heisenbergschen Quantentheorie auftaucht, hat die Arbeit Lewins bezogen auf die Analyse der Dynamik von Gruppen wesentlich beein-flußt.

Nach einem Vortrag 1929 beim Internationalen Psychologie-Kongreß in Yale erhielt Lewin eine Einladung als Gastdozent an die Stanford University. Während der Rückreise von dieser Tätigkeit erfuhr er 1933 von der Machtergreifung Hitlers. Sofort nach seiner Ankunft in Berlin beschloß er, Deutschland zu verlassen. Über seine amerikanischen Freunde Fritz Heider und Donald

MacKinnon betrieb Lewin seine Suche nach einer geeigneten Stelle in den USA. Im Mai 1933 kündigte er seinen Lehrauftrag an der Universität Berlin und kam damit einer Amtsenthebung zuvor. Im Juli 1933 wurde Lewins Sohn Daniel geboren und im August verließ Kurt Lewin mit seiner Familie Deutschland, um eine Gastprofessur anzunehmen, die ihm von der Cornell University angeboten worden war.

Auch seine drei Freunde und Kollegen am Psychologischen Institut - die gesamte Gruppe der „Berliner Gestaltpsychologie"- emigrierten in die USA. Köhler war der letzte der 1935 Berlin verließ, als die Nazis das Institut übernahmen.

Nach drei Jahren an der Cornell University wechselte Lewin auf eine Stelle bei der „Iowa Welfare Research Station". In dieser Zeit - auch nach dem Zusammentreffen mit Jakob Moreno - wandte sich Lewin immer mehr der sozialen Dimension der psychologischen Forschung zu. Die Arbeiten aus dieser Zeit gelten heute als die Anfänge von Gruppendynamik und Aktionsforschung. 1940 erhielt Kurt Lewin die amerikanische Staatsbürgerschaft; er galt während dieser Zeit bereits „...als einer der führenden experimentellen und theoretischen Psychologen des Landes" (Marrow 1977:137).

Während des Zweiten Weltkriegs arbeitete Lewin zusammen mit anderen Sozialwissenschaftlern an interdisziplinären Forschungsprojekten, die sich mit den sozialen und psychologischen Aspekten des Krieges auseinandersetzten. Dabei arbeitete er mit Margaret Mead, Paul Lazarsfeld und Rensis Likert zusammen.

1944 gründete Lewin das „Research Center for Group Dynamics" am Massachusetts Institute of Technology (MIT) in Boston. Am MIT hatte Lewin geradezu ideale Möglichkeiten zur Gestaltung seiner Forschungsarbeit:

> „Das MIT gab den idealen Rahmen für Lewin ab. Die Flexibilität seiner Verwaltungsstruktur gestattete Lewin, das Programm des Zentrums so zu planen, wie er es für das Beste hielt. Er war vergleichsweise ungehindert, seine Interessen zu verfolgen, wohin immer sie ihn führen mochten, und er nahm diese Möglichkeit mit großer Freude wahr. Das Zentrum war dem Fachbereich für Wirtschafts- und Sozialwissenschaften angegliedert, der sich wenig um die Grenzen der Einzeldisziplinen innerhalb der Sozialwissenschaften kümmerte. Dies kam Lewin entgegen, der, da er sich gegenüber den Verfahren der Versuchsplanung und Methodologie eklektisch verhielt, diesen Rahmen für die vielfältigen Forschungsinteressen und Präferenzen seiner Gruppe als ideal empfand." (Marrow 1977: 202)

Die Arbeit an diesem Institut gab Lewin zudem Gelegenheit zu einer engen Zusammenarbeit mit Douglas Mc Gregor vom MIT und mit Gordon Allport von der Harvard University. Im selben Jahr konnte er auch noch seinen ehemaligen Schüler John R. P. French Jr. für den Lehrkörper des Zentrums gewinnen. Das Ziel Lewins mit dem „Research Center for Group Dynamics" war, Gruppenverhalten als Ausgangspunkt sozialer Veränderungsmaßnahmen experimentell zu erforschen. Dabei war er überzeugt, daß es eine enge Beziehung zwischen der Gestaltung von Sozialforschung und sozialem Handeln geben mußte.

„Lewin war bestrebt, am MIT ein gleichgewichtiges Programm zu entwickeln, das sowohl die Notwendigkeit einer verifizierbaren Theorie als auch die praktischen Erfordernisse der Gesellschaft berücksichtigte." (Marrow 1977:204)

1944 wurde Kurt Lewins Mutter von den Nazis in einem „Vernichtungslager irgendwo in Polen" (Marrow 1977:156) ermordet. Er hatte davor verzweifelt versucht, für sie eine Ausreisemöglichkeit aus Deutschland und eine Einreisebewilligung der amerikanischen Behörden zu erhalten.

Ab 1945 arbeitete Lewin zusammen mit anderen maßgeblichen amerikanischen Verhaltenswissenschaftlern in der Commission in Community Interrelations zusammen[6]. Aufgabe dieses interdisziplinären Instituts mit Sitz in New York war es, prinzipielle soziale Probleme des kommunalen Zusammenlebens zu erforschen und politische Empfehlungen abzugeben. Die Ergebnisse der CCI wurden allen Kommunen in den USA zugänglich gemacht. Zu den Forschungsthemen gehörten Fragen des kulturellen Pluralismus, Probleme von rassischen oder religiösen Minderheiten, Konsequenzen der sozialen Schichtung, Bekämpfung von Diskriminierung. Besonders spannend war die Arbeit im CCI auch deshalb, weil die unmittelbare Verknüpfung von Forschung und politischer Einflußnahme eine besondere Herausforderung für die sozialwissenschaftliche Arbeit und insbesondere für die von Lewin programmatisch forcierte Form der Aktionsforschung war. Aus diesem Grund wurde im CCI auch die Methode der Aktionsforschung weiter ausgearbeitet und differenziert, um damit ein Optimum in der Gestaltung der Theorie-Praxis-Problematik zu erreichen. Dabei war Lewin klar, daß bei der Arbeit in der CCI nicht auf endgültige Forschungsergebnisse und Beweise gewartet werden konnte.

„Es mußte mit dem verfügbaren Wissen ein Beginn gemacht werden. Die Aktion würde zu verläßlichen Erkenntnissen führen. Aktion würde Forschung werden, und Forschung Aktion. Die CCI würde nicht immer die Tatsachenforschung abwarten können. Sie würde sich auf die Anwendung gewisser Postulate der Gruppendynamik verlassen müssen, um öffentliche Spannungen abzubauen." (Marrow 1977: 216)

Im Sommer 1946 leitete Kurt Lewin ein weiteres bahnbrechendes Experiment von zentraler, sozialer Bedeutung. Im Auftrag der Connecticut State Interracial Commission führte er im Juni 1946 zusammen mit Ronald Lippitt, Kenneth Benne und Leland Bradford am Teachers College in New Britain in Connecticut das erste T-Gruppen-Training durch. Aufgrund der positiven Erfahrungen sollte

---

[6] Ganz oder teilweise bei der CCI beschäftigt waren Alex Bavelas, Barbara Bellow, Milton Blum, Dorwin Cartwright, Isidor Chein, Kenneth B. Clark, Morton Deutsch, Leon Festinger, John Harting, Maria Jahoda, Lillian Kay, Ronald Lippitt, Marian Radke, Gerhart Saenger , Stuart Cook und Godwin Watson. Zum Beratungsausschuß der CCI gehörten Gordon W. Allport, Harvard University; Nathan E. Cohen, University of New York; Franklin Fearin, UCLA; Charles Johnson, Fis University; Rennis Likert, University of Washington D.C.; Howard Y. Mc Clusky, University of Michigan; Douglas Mc Gregor, MIT; Margaret Mead, American Museum of National History; Lois B. Murphy, Sarah Lawrence College, Fritz Redl, Wayne State University; Robert R. Sears, University of Iowa; Edward O. Tolman, University of California Berkeley; W.Lloyd Warner, University of Chicago und Alfred A. Marrow als Ausschußvorsitzender (Marrow 1977: 213 f.)

das Training im Sommer 1947 wiederholt werden. Dieses Training konnte Kurt Lewin allerdings nicht mehr miterleben, er starb - erst 57jährig - am 11. Februar 1947 an einem Herzanfall.

Die Verbindung zwischen Lewins Leben und seinem Werk sind offensichtlich. Seine eigene Erfahrung mit Faschismus und Unmenschlichkeit prägten zutiefst seine Arbeit.

Heijo Rieckmann beschreibt diese Tatsache folgendermaßen:
> „Nicht wenige sozialwissenschaftliche Forscher - vor allem Lewin - standen in den 30er Jahren unter dem schockierenden und existenzbedrohenden Erlebnis von Hitlerdeutschland... Die Entdeckung der Wirksamkeit jenes...partizipativen (=demokratischen), (sozial)-wissenschaftlichen lernorientierten und verhaltenspraktischen Veränderungsansatzes ließ jedoch wieder aufatmen und neue Chancen sehen. Lewin widmete dieser Aufgabe demzufolge seinen ganzen weiteren (Lebens-) Einsatz...“(Rieckmann 1991:128)

2.1.3.2 Werk

Kurt Lewin war - er hatte Wissenschaftstheorie und Philosophie bei Ernst Cassirer in Berlin studiert und dann auf Anraten Cassirers in Psychologie promoviert- zeitlebens ein Grenzgänger zwischen den wissenschaftlichen Disziplinen. So ist sich sein Biograph und Schüler Alfred J. Marrow nicht klar darüber, ob Lewin nun „...in erster Linie Psychologe und erst in zweiter Linie ein Philosoph...“ war oder ob er „... im Herzen immer ein Philosoph (blieb) unabhängig von der Richtung, die seine Interessen nahmen“ (Marrow 1977:30 f.).

Unzweifelbar ist jedoch die Tatsache, daß Lewins Interesse für die Philosophie und die Wissenschaftstheorie seine spezifische Art der psychologischen Forschung nachhaltig beeinflußt hat. Dies wird insbesondere deutlich, wenn er über Forschungsmethoden und Prinzipien wissenschaftlichen Arbeitens schreibt. So zum Beispiel in einer Reminiszenz für seinen Lehrer Ernst Cassirer, in der er schreibt:
> „Wenn der Forscher über einen gegebenen Wissenstand hinausgelangen möchte, muß er sich zur Regel machen, mit den methodologischen Tabus zu brechen, die eben jene Methoden oder Begriffe als „unwissenschaftlich“ oder „unlogisch“ ächten, die sich später als die Voraussetzung für den nächsten wesentlichen Schritt nach vorne erweisen.“ (Lewin 1949 zitiert in Marrow 1977:23)

Auch in einer seiner wichtigsten frühen theoretischen Schriften „Der Begriff der Genese in Physik, Biologie und Entwicklungsgeschichte“ (Lewin 1922) ist diese wissenschaftstheoretische Grundhaltung programmatisch erkennbar. Diese Arbeit liefere - so Lewins Schüler Donald Adams -
> „...einen Schlüssel für seine Produktivität, den Umfang seiner Forschungsinteressen und seine Wirkung auf die Psychologie. Diese Untersuchung verleiht seinem fundamentalen Interesse an der vergleichenden „Wissenschaft der Wissenschaft“ Ausdruck...(und so sei) ..Lewins gesamte Tätigkeit auf dem Gebiet der Psychologie...ein einziges Experiment auf

diesem historisch-methodologischen Feld...Daß er sich dieser Forschungsarbeit so intensiv gewidmet hat, erwuchs aus seiner Überzeugung, daß die Psychologie an einem Galileischen Wendepunkt gelangt sei und nur noch des Anstoßes durch eine sorgfältige Begriffsbildung und eine phantasievolle experimentelle Arbeit bedürfe, damit ihr der Durchbruch gelinge." (Marrow 1977:31)

Diese wissenschaftstheoretische Position ist meines Erachtens eine grundlegende Prämisse zum Verständnis des Werkes von Kurt Lewin.

Bis zu seiner Emigration im Sommer 1933 war Lewins Forschungsinteresse vorwiegend an der Psychologie des Individuums orientiert. Seine Promotions- und auch seine Habilitationsschrift befassen sich mit der psychischen Tätigkeit und dem Zusammenhang mit dem Grundgesetz der Assoziation. Zwischen 1929 und 1934 entstanden dann die zwanzig Arbeiten, die als „Berliner Arbeiten" weltbekannt wurden. Auch der Inhalt dieser Forschungsprojekte war individualpsychologischer Natur. Lewin arbeitete in dieser Zeit mit seinen Studenten und Doktoranden über die Wiederaufnahme unterbrochener Tätigkeiten, über unerledigte Aufgaben und Ersatzhandlungen, über Anspruchsniveau, Realitätsgrad und psychische Sättigung. Dabei war er beeindruckt von der Gestalttheorie, die seine Kollegen Köhler, Koffka und Wertheimer am Psychologischen Institut der Universität Berlin entwickelt hatten.

Und „...obwohl er niemals ein gänzlich orthodoxer Gestaltpsychologe war, wurde er eine treibende Kraft in der neuen Bewegung und steuerte seine besondere Auffassung bei. Die Gestalttheorie schien Lewin der tatsächlichen Erfahrung näherzukommen als die fragmentarische Analyse, die die Psychologie während seines Vorkriegsstudiums beherrscht hatte. Die vielfältige Bedeutung der Gestaltprinzipien für den Wahrnehmungsprozeß und das Denken war vielversprechend, besonders wenn man sie auf den arbeitenden Menschen anwenden konnte" (Marrow 1977:27)

Mit seiner Emigration in die Vereinigten Staaten veränderte sich das Forschungsinteresse Lewins zusehends in eine sozialpsychologische Richtung. Daran waren wohl neben dem deutlich besseren Forschungsstandard in diesem Thema in den USA und dem Zusammentreffen mit renommierten Vertretern der Sozialpsychologie - darunter auch Jakob L. Moreno - auch und vor allem die biographische Zäsur im Leben Lewins bedingt durch antisemitische Diskriminierung im Hitler-Deutschland, Emigration und Neuanfang in einem fremden Land ausschlaggebend, sich zunehmend auf die Anwendung psychologischer Forschung auf soziale, politische und gesellschaftliche Probleme zu konzentrieren.

Die drei Konstrukte, die Lewins Ruf als Pionier der Sozialpsychologie dieses Jahrhunderts begründeten, wurden auf der Basis der oben beschriebenen wissenschaftstheoretischen und forschungsmethodischen Grundhaltungen Lewins entwickelt: Feldtheorie, Gruppendynamik und Aktionsforschung. Diese Kernkonzepte des Lewinschen Werkes gelten auch heute noch als konstitutive Theorie-Grundlagen der Organisationsentwicklung.

2.1.3.2.1 Feldtheorie

Im Berliner Kreis der Gestaltpsychologen war es Lewins Aufgabe, die Phänomene des menschlichen Verhaltens zu erforschen. Er setzte sich dabei vor allem mit Fragen der Motivation und mit Spannungssystemen auseinander (Lewin 1926). Das Ergebnis dieser Forschungen war die Entwicklung der psychologischen Feldtheorie. Wesentliches Merkmal der Feldtheorie ist der Ansatz, das menschliche Verhalten in seiner Gesamtheit zu verstehen und zu erklären. Die menschliche Persönlichkeit und ihre Entwicklung, das Erleben und Handeln sowie die zwischenmenschlichen Prozesse sind in der Lewinschen Feldtheorie die Summe einer Gesamtheit von Bedingungen, in welcher die Gegebenheiten der Person und der Umwelt ein strukturiertes und dynamisches System bilden. Dieses System nennt Lewin „Lebensraum" oder auch das Psychologische Feld. (Lang 1978:51)

Lewin selbst hat sein gesamtes wissenschaftliches Werk im Rückblick der vierziger Jahre als schrittweise Konstruktion einer psychologischen Feldtheorie interpretiert. Die prägnanteste Definition Lewins der Feldtheorie findet sich in einem Seminar-Skript aus dem Jahr 1944 mit dem Titel „Feldtheorie und Geometrie" (Lewin 1944):

1. Die Feldtheorie geht von der Annahme aus, daß das Verhalten, welches jede Art von Handeln, von Affekt oder Denken umfaßt, von einer Vielzahl gleichzeitig vorliegender Faktoren abhängt, die das psychologische „Feld" ausmachen. Dieses Feld enthält Tatsachen, wie etwa die Bedürfnisse der handelnden Person, die Ziele und Wünsche des Individuums, die Art und Weise, wie das Individuum Vergangenheit und Zukunft sieht, die Art und die Lage von Schwierigkeiten, ferner die Gruppen, zu denen das Individuum gehört; seine Freunde und seine eigene Position unter ihnen. Das Feld ist demnach kein „abstraktes" Bezugssystem, wie etwa die graphische Darstellung der Relation von Eigenschaften (z.B. von Gewicht und Alter); hierbei steht jede Koordinate für ein Kontinuum von Ähnlichkeiten. Vielmehr repräsentiert es eine Vielzahl von Bereichen, die alle zur gleichen Zeit existieren und die untereinander in Wechselwirkung stehen. Die graphische Darstellung des Feldes bringt die „räumlichen" Beziehungen (also die relativen Positionen) dieser Bereiche, wie sie zu einem bestimmten Zeitpunkt bestehen, zum Ausdruck. Eine solche Darstellung macht nicht notwendigerweise von Koordinaten Gebrauch.
2. Jedem Individuum entspricht zu einem bestimmten Zeitpunkt ein anderes psychologisches Feld, das wir den Lebensraum des Individuums nennen. Es schließe sowohl die Person wie die Umwelt ein, und zwar die Umwelt, wie sie das Individuum sieht.
3. Die Veränderung in einem Teil des Feldes beeinflußt bis zu einem gewissen Grade jeden anderen Teil des Feldes. Jede Veränderung innerhalb des Feldes hängt von der Konstellation diese Gesamtfeldes ab.
4. Veränderungen in einem Feld können durch psychologische oder nichtpsychologische Einwirkungen hervorgerufen werden. Der Stein, der den Kopf einer Person trifft, oder der „Reiz" eines Lichtstrahls auf der Retina sind solche nicht-psychologischen, „fremden" Faktoren, welche das psychologische Feld beeinflussen, ohne selbst das Resultat psycholo-

gischer Vorgänge zu sein. Es handelt sich hierbei um Determinanten, die wir als „Randbedingungen des Lebensraumes" bezeichnen können.

5. Vom Standpunkt der Feldtheorie aus kann festgestellt werden, daß der Sachgegenstand der Psychologie sich aus zwei Problemkreisen zusammensetzt: a) Wie beeinflussen Randbedingungen die Eigenschaften des Feldes (dies ist die Kernfrage der traditionellen Psychophysik und ist auch grundlegend für die Auswirkungen der Kultur auf das Individuum) und b) in welcher Weise stehen die verschiedenen Teile innerhalb des Feldes in einem gegenseitigen Abhängigkeitsverhältnis und was sind die Bedingungen für eine Veränderung (zahlreiche Motivationsprobleme gehören zu diesem letzten Typ)? Die traditionellen psychologischen Disziplinen haben alle mit beiden Problemarten zu tun.

6. Die Feldtheorie ist keine „Theorie" in der gleichen Bedeutung wie etwa das Gravitationsgesetz oder die Maxwellschen Gleichungen Theorien sind. Die letzteren bestehen aus Aussagen, welche getroffen werden, um Geschehnisse zu erklären oder vorauszusagen. Schreitet man von spezifischer zu immer allgemeiner werdenden Theorien fort, so gelangt man niemals zur Feldtheorie. Insoweit befindet sich die Feldtheorie außerhalb jeder Kontroverse, die über spezifische psychologische Hypothesen ausgetragen wird. Sie legt die Voraussetzungen fest, die für die „Form" einer begründeten Theorie, aber nicht für ihren Inhalt erforderlich sind. Auf der anderen Seite ist die Feldtheorie nicht bloß ein technisches Werkzeug, dank dem psychologische Relationen durch geometrische (statt algebraische) Hilfsmittel dargestellt werden können, sondern sie schließt auf irgendeine Weise die Aussage über die „Eigenart" des psychologischen Materials mit ein.

In diesem kurzen Abschnitt nennt Lewin noch einmal die wichtigsten Aspekte der psychologischen Feldtheorie:in den ersten vier Punkten vor allem das, was er unter „Feld" versteht, nämlich die Person, die Umwelt, wie das Individuum sie sieht, die Dynamik, die durch die Wechselwirkung der einzelnen Feldelemente entsteht und die Randbedingungen.

Aufgabe der Psychologie ist es - so Lewin - das psychologische Feld als Bedingungsgrundlage des Verhaltens eines Individuums für jeden Zeitpunkt seiner Entwicklung zu „rekonstruieren". Dazu gehört die Analyse aller aktuell für das Individuum wirksamen Gegebenheiten in der eigenen Person und in der Umwelt. Die Kenntnis der im psychologischen Feld herrschenden Gesetzmäßigkeiten erlaubt dann die Konstruktion des Lebensraumes und erklärt so das Verhalten (Lang 1978:51).

Allerdings ist diese Rekonstruktion des Lebensraumes einer konkreten Person infolge der immensen Komplexität der Gegebenheiten immer nur annähernd möglich. Deshalb ist die Feldtheorie - wie bereits oben beschrieben - keine Theorie im traditionellen Sinn, sondern „.. eine Methode der Kausalbeziehungen und der Synthese wissenschaftlicher Konstrukte" (Lewin 1963:87) als ein heuristisches, ein forschungsmethodisches Instrument.

Lewin formuliert sechs zentrale Merkmale der Feldtheorie (Lewin 1942:157 ff.).

1. Die konstruktive Methode

Das Wesen der konstruktiven Methode liegt in der Darstellung eines konkreten Falles unter Einbeziehung einiger „Konstruktionselemente". Dies können in der Psychologie der psychologische „Ort", die psychologische „Kraft" und ähnliche Elemente sein. Nun sind die allgemeinen psychologischen Gesetze nach Lewin

> „...Sätze über die empirischen Beziehungen zwischen diesen Konstruktionselementen...Im Sinne dieser Gesetze ist es möglich, eine unendliche Anzahl von Konstellationen zu bilden, jede einzelne Konstellation entspricht einem individuellen Fall zu einer gegebenen Zeit." (Lewin 1942:158).

Die konstruktive Methode bietet damit die Möglichkeit, durch die konkrete und spezifische Wahl der „Konstruktionselemente" einer spezifischen - letztlich einmaligen - Situation sowohl das Augenmerk auf dieses konkret Besondere als auch auf die dahinterliegenden allgemeinen Gesetzmäßigkeiten zu werfen.

2. Der dynamische Ansatz

Lewin beschreibt die Notwendigkeit, daß ein psychologischer Ansatz nicht nur phänomenologisch-deskriptiv das Verhalten eines Menschen zu untersuchen hat, sondern es bedürfe „... wissenschaftlicher Konstrukte und Methoden, welche die dem Verhalten zugrunde liegenden Kräfte behandeln...Der Ausdruck „dynamisch" bezieht sich in diesem Zusammenhang auf den Begriff δυναμιξ = Kraft, eine Interpretation der Veränderungen als das Ergebnis psychologischer Kräfte." (Lewin 1942 :158) Die Idee, daß Verhalten nur als dynamischer Akt zu verstehen sei, zieht sich als zentrales Konstrukt durch die gesamte Lewinsche Sozialpsycholgie, insbesondere im Konzept der Gruppendynamik, aber auch im Ansatz der Aktionsforschung ist der dynamische Ansatz grundlegend.

3. Der psychologische Ansatz

Mit der Beschreibung des „psychologischen Ansatzes" als Kernelement für die psychologische Feldtheorie - für einen Sozialpsychologen beinahe schon eine Tautologie - grenzt sich Lewin vor allem gegen diejenigen Psychologen ab, „...die ihre Forschungsgegenstände und -ergebnisse in „Begriffen der Physik definieren."

Lewin schreibt dazu:

> „Nach meinem Dafürhalten liegt eines der grundlegenden Kennzeichen der psychologischen Feldtheorie in der Forderung, das Feld, durch welches ein Individuum bestimmt ist, nicht in „objektiv physikalischen" Begriffen zu beschreiben, sondern in der Art und Weise, wie es für das Individuum zu gegebener Zeit existiert...Nie wird ein Lehrer ein Kind mit Erfolg angemessen leiten können, wenn er nicht die psychologische Welt versteht, in der das individuelle Kind lebt. Eine Situation „objektiv" beschreiben heißt in

der Psychologie in Wirklichkeit: die Situation als die Gesamtheit jener Fakten und ausschließlich jener Fakten beschreiben, die das Feld des betreffenden Individuums ausmachen."
(Lewin 1942:159)

Lewin sieht es als die fundamentale Aufgabe der Psychologie an, wissenschaftliche Konstrukte zu finden, die eine angemessene Darstellung psychologischer Konstellationen erlaubt, damit das Verhalten des Individuums daraus abgeleitet werden kann.

4. Der Ausgang der Analyse von der Gesamtsituation

In diesem Merkmal der Feldtheorie folgt Lewin der Gestalttheorie, die er zusammen mit Koffka, Köhler und Wertheimer während seiner Forschungszeit in Berlin mitentwickelt hatte und vertrat. Wichtig ist für Lewin dabei die Vorgehensweise in der psychologischen Forschung und der sozialwissenschaftlichen Analyse. Er postuliert dies folgendermaßen:

„Anstatt das eine oder andere isolierte Element einer Situation, dessen Bedeutung ohne Berücksichtigung der Gesamtsituation nicht beurteilt werden kann, herauszugreifen findet es die Feldtheorie in der Regel vorteilhafter, mit einer Charakterisierung der Gesamtsituation zu beginnen. Nach dieser Approximation werden die verschiedenen Aspekte und Teile der Situation nach und nach einer spezifischeren und eingehenderen Analyse unterzogen." (Lewin 1942:160)

Wesentlich ist also die Grundannahme einer komplexen Gesamt-Situation, die zuallererst als eine Gesamtheit erkannt und anerkannt werden muß, bevor einzelne Teilphänomene sinnvoll erforscht werden können.

5. Das Verhalten als eine Funktion des je gegenwärtigen Feldes

Die Bedeutung von Zukunft und Vergangenheit auf das gegenwärtige Verhalten sind für Lewin zweitrangig. Die Feldtheorie bezeichnet die Wirkung der Vergangenheit als unklar und letztlich „metaphysisch", weil

„vergangene Ereignisse jetzt nicht existieren und daher jetzt keine Wirkung haben können. Die Wirkung des Vergangenen auf das Verhalten kann nur indirekt sein." (Lewin 1942:160)

Wenn aber überhaupt die Vergangenheit sinnvoll und redlich in die psychologische Forschung mit einbezogen werden soll, dann setzt dies voraus,

„...daß hinreichend bekannt ist, wie vergangene Ereignisse das Feld zu jener Zeit verändert hatten und ob in der Zwischenzeit andere Ereignisse das Feld wieder verändert haben oder nicht. (Lewin 1942:160)

Für Lewin ist also der Schwerpunkt seiner Analyse und Intervention das „Hier und Jetzt" im Verhalten des Individuums, das er als methodisch-konzeptionelle Prämisse - der Arbeit an konkretem Verhalten im je gegenwärtigen Augenblick - zu einem zentralen programmatischen Grundsatz seiner Trainingsgruppen-Arbeit gemacht hat.

6. Mathematische Darstellungen psychologischer Situationen

Die Redlichkeit der wissenschaftlichen Arbeit war für Lewin der Ausgangspunkt für seine bekannte methodische Vorgehensweise, psychologische Phänomene in mathematischer, meist geometrischer Form zu visualisieren. Damit es möglich ist, wissenschaftliche Ableitungen zu machen,

„...muß die Psychologie eine logisch zwingende und zugleich mit den konstruktiven Methoden übereinstimmende Sprache verwenden." (Lewin 1942:160)

Obwohl in der empirischen und statistischen Psychologie Zahlen und algebraische Formeln inzwischen absoluter Standard sind (manchmal wird heute fast nicht mehr recht deutlich, ob nun die Zahlen oder die damit symbolisch substituierten Menschen der eigentliche Forschungsgegenstand dieser Disziplin sind), betrat Lewin mit seiner Einführung von geometrischen Darstellungsformen Neuland. Er begründet diese Verwendung geometrischer Figuren damit, daß „...die Geometrie ein Zweig der Mathematik (ist) und als solcher jeder Wissenschaft als Werkzeug verfügbar. Gewisse Arten der Geometrie, wie etwa der Topologie, sind zur Darstellung der Struktur von psychologischen Situationen sehr nützlich...Die topologischen und Vektorbegriffe vereinigen in sich die Macht der Analyse, der begrifflichen Präzision, die Nützlichkeit für Ableitungen und die Adäquatheit im gesamten Bereich psychologischer Probleme auf eine Art und Weise, welche sie meiner Meinung nach allen anderen in der Psychologie bekannten begrifflichen Hilfsmitteln überlegen sein läßt." (Lewin 1942:160 f.)

Dieses methodische Element der Feldtheorie, die geometrische Darstellungsform, soll anhand einer Darstellung Lewins (vgl. Abbildung 4) veranschaulicht werden, die die zentralen Kennzeichen der Feldtheorie noch einmal komprimiert skizziert.

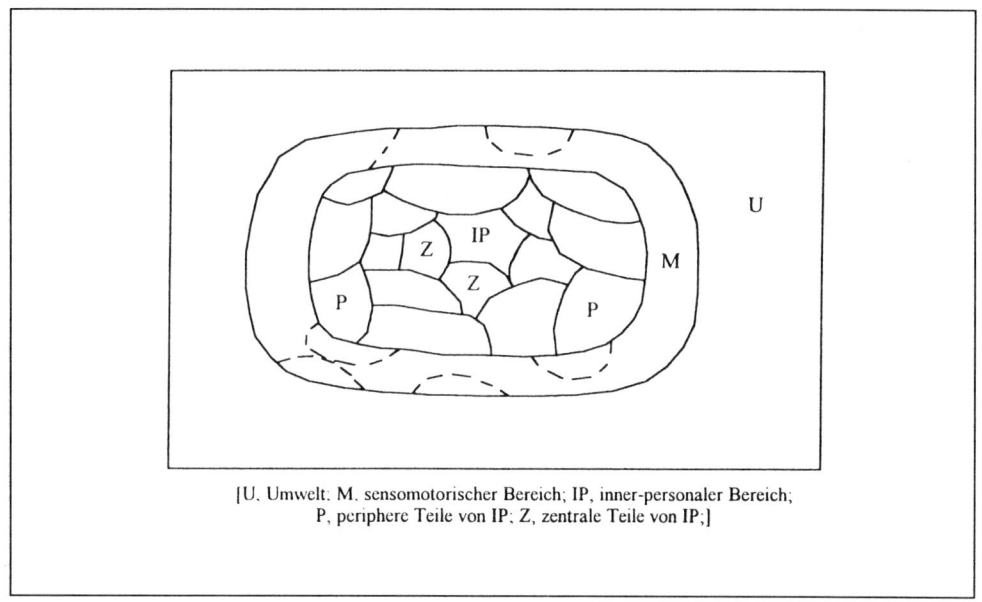

[U, Umwelt; M, sensomotorischer Bereich; IP, inner-personaler Bereich; P, periphere Teile von IP; Z, zentrale Teile von IP;]

Abbildung 4: Kurt Lewin: Topologie der Person

Lewin erläutert diese Darstellung folgendermaßen:

> „Topologisch läßt sich die Person darstellen als eine verbundene Region, die sich gegenüber der Umwelt durch eine Jordankurve abgrenzen läßt. Innerhalb dieser Region gibt es Teilregionen wie zum Beispiel die innerpersonale und die perzeptivmotorische Region. Letztere nimmt die Stelle einer Grenzzone zwischen der Region der inneren Person und der Umwelt ein." (Lewin 1936: 177).

Mit diesem Schaubild gelingt es Lewin, das Spannungssystem des Individuums zwischen Intra-Personalem und Umwelt sowohl präzise zu beschreiben als auch eine angemessene Visualisierung der Wechselwirkungen der verschiedenen Wirkfaktoren zu erzielen. Dies hat Lewin zusammengefaßt in der Formel $V=f(LR)=f(P,U)$, das heißt Verhalten (V) ist eine Funktion des Lebensraums (LR), welcher wiederum ein Produkt der Wechselwirkung von Person (P) und ihrer Umwelt (U) ist. (Lewin 1963: 69)

2.1.3.2.2 Aktionsforschung und Sozialpsychologie

Mit seiner Emigration in die Vereinigten Staaten und den damit verbundenen schmerzhaften persönlichen Erfahrungen, als jüdischer Wissenschaftler zu einer diskriminierten Minderheit zu gehören, dessen einzige Möglichkeit der existentiellen Bedrohung zu entgehen darin besteht, seine Heimat zu verlassen, konzentrierte sich Lewins Forschungsinteresse zunehmend auf sozialpsychologische Problemstellungen. Dabei war er in besonderem Maße an einer konkreten Veränderung - nicht nur an einer akademischen Analyse der Phänomene -

der Probleme interessiert (siehe auch 2.1.3.1). Im Vorwort zur deutschen Ausgabe einer Aufsatzsammlung Lewins (1968) „Die Lösung sozialer Konflikte" schreibt Max Horkheimer:

> „Der Name Kurt Lewin wird immer unabtrennbar mit der Vorstellung verbunden sein, daß man es vermöge, die Sozialpsychologie mit der Lösung praktischer Probleme in Zusammenhang zu bringen...Die in den USA außerordentlich erfolgreiche sozialwissenschaftliche Schule des „action research" hat in Kurt Lewin ihren Urheber. Wir sehen heute sein Verdienst nicht allein darin, Methoden erarbeitet zu haben, durch die man befähigt wird, zu möglichen Anweisungen für die Verbesserungen von Beziehungen der Menschen zu gelangen. „Action research" - das ist unsere Überzeugung - liegt bereits im Vollzug der Forschung selbst vor und nicht bloß dort, wo Untersuchungen unmittelbar auf späteres Handeln gerichtet sind. Die Inangriffnahme solcher Themen wie die, mit denen sich dies Buch beschäftigt, wirkt sich als solche unmittelbar wohltätig aus: schon das Angehen der Probleme ist „action". Liegt doch die breiteste Wirkung mancher Forscher nicht sosehr in dem spezifischen Inhalt dessen, was sie als Praxis vorschlagen, als vielmehr in der Substanz der von ihnen angestellten Untersuchungen selbst." (Lewin 1968: 7 f.)

Diese Beschreibung der wechselseitig fruchtbaren Verzahnung von Theorie und Praxis in der sozialpsychologischen Forschungsarbeit Lewins, die im methodischen Konzept der Aktionsforschung ihre klare Bestimmung fand, gibt meines Erachtens einen treffenden Eindruck hinsichtlich der Bedeutung Lewins für die Theorie und Praxis der Sozialpsychologie dieses Jahrhunderts. Es waren eben nicht nur die - ohnehin sozial und gesellschaftspoltisch hochrelevanten Themen, die er mit seinen Kollegen und Mitarbeitern erforschte, sondern insbesondere auch die Art *wie* er diese Forschung betrieb: Also nicht in einem Laborexperiment über ein isoliertes Verhaltenssegment, sondern als breit und konkret angelegte „Feld"-Forschung, in welcher die Komplexität der Einflußfaktoren für menschliches Verhalten angemessen abgebildet und analysiert werden konnte.

Für Lewin war Aktionsforschung „„...eine vergleichende Erforschung der Bedingungen und Wirkungen verschiedener Formen des sozialen Handelns und eine zu sozialem Handeln führende Forschung." (Lewin 1963: 280)

In diesem Sinne waren Gruppen das bevorzugte Forschungs-Szenario der Aktionsforschung. Lewin konstatiert in seinem Aufsatz „Psychologische Probleme einer Minderheitengruppe"[7] (Lewin 1968: 204 ff.):

> „Einer der wichtigsten Bestandteile des Bodens, auf dem der einzelne Mensch steht, ist die soziale Gruppe, zu der er „gehört" (und)... die längste Zeit seines Lebens handelt der Erwachsene nicht rein als Einzelwesen, sondern als Mitglied einer sozialen Gruppe."
> (Lewin 1968:205 f.)

Die Fokussierung auf sozialpsychologische Themen bedeutete für Lewin eine Übertragung seiner individualpsychologischen Konzepte auf den „sozialen Raum", auf das soziale Geschehen, das sich zentral in der Interaktion einer Gruppe äußert.

---

[7] Original „Psycho-sociological problems of a minority group" (Lewin 1936)

In seinem Aufsatz „Experimente über den sozialen Raum"[8] (1968:112 ff.) beschreibt Lewin seinen Anspruch an sozialpsychologische Gruppenforschung am Beispiel des sehr zentralen Themas der Führung oder des sozialen Ranges:

> „Ein wirklicher Versuch, diesen Problemen…experimentell nachzukommen, verlangt technisch, daß man verschiedene Typen von Gruppen schafft und experimentell eine Fülle von sozialen Faktoren aufzubieten hat, die diesen Rang ändern könnten. Der mit Experimenten arbeitende Sozialpsychologe wird sich mit der Aufgabe vertraut zu machen haben, experimentell Gruppen zu bilden, ein soziales Klima oder einen Lebensstil zu schaffen." (Lewin 1968: 113)

In diesem Aufsatz verwendet Lewin auch zum ersten Mal den Begriff der „Gruppendynamik". Er schrieb, daß das Ziel seines Experiments

> „…darin besteht, über die zugrundeliegende *Gruppendynamik* (Heraushebung durch mich /F.G.) Aufschluß zu geben." (Lewin 1968:117)

Daß Lewin auf derselben Seite dieses Aufsatzes auch einen Gruppentest Jakob Morenos beschreibt, unterstützt die Aussagen von Hilarion Petzold, daß nicht Lewin, sondern Moreno den Begriff „Gruppendynamik" zuerst benutzte (Petzold 1980a:2 ff.).

Um eine Veränderung in einem Individuum zu bewirken, muß nach Lewins Einschätzung zuallererst eine Veränderung der Kultur der Gruppe bewirkt werden, deren soziale Mitgliedschaft für das Individuum wichtig ist. In seinem Aufsatz „Das Verhalten, die Kenntnis und die Übernahme neuer Werte"[9] (1968) macht Lewin deutlich, weshalb die Gruppenkultur einen solch großen Einfluß auf individuelle Verhaltensveränderungen hat:

> „Nur indem es sein eigenes Verhalten in etwas verankert, das so groß, so gehaltvoll und so überindividuell ist wie die Kultur einer Gruppe, kann das Individuum seine neuen Ansichten genügend festigen, um sie gegen die täglichen Stimmungsschwankungen und Einflüsse immun zu erhalten, denen es als Individuum ausgesetzt ist" (Lewin 1968:96)

Als Methode für eine Kultur-Veränderung sieht Lewin die „Umerziehung", die allerdings eine „…zusätzliche Einsicht in die Dynamik des Vorgangs, die spezifische Konstellation der Kräfte, mit denen unter wechselnden Bedingungen zu rechnen ist…" (Lewin 1968:96) voraussetzt.

Wie die Veränderung eines sozialen Prozesses und einer Kultur-Entwicklung zu verstehen ist, hat Lewin in seinem Aufsatz von 1943 „Der Sonderfall Deutschland" (Lewin 1968:74 ff.) erläutert:

> „Eine Kultur ist kein Gemälde, sie ist ein lebendiger Vorgang, aus zahllosen sozialen Wechselwirkungen zusammengesetzt. Gleich einem Fluß, dessen Form und Schnelligkeit von dem Ausgleich der Kräfte bestimmt werden…ergibt sich das kulturelle Zusammen-

---

[8] Original "Experiments in social space (Lewin 1939)

[9] Original zusammen mit Paul Grabbe: „Conduct, knowledge and acceptance of values" (Lewin/Grabbe1945)

spiel eines Volkes zu einem bestimmten Zeitpunkt durch einen Ausgleich gegeneinander wirkender Kräfte...Sobald ein bestimmtes Niveau erreicht ist, kommen gewisse Vorgänge der Selbstregulierung zum Zuge, die das Leben der Gruppe auf diesem Niveau zu halten suchen... die Grundkonstellation der Kräfte wird die alten Formen des Alltagslebens ... (immer)... wiederherstellen...Um überhaupt eine Veränderung herbeizuführen, ist der Ausgleich zwischen den Kräften zu beseitigen, die die soziale Selbstregulierung auf einem bestimmten Niveau regulieren....Hand in Hand mit der Vernichtung der Kräfte, die das alte Gleichgewicht herstellen, muß die Schaffung (oder die Befreiung) von Kräften gehen, die auf ein neues Gleichgewicht zielen. **Es ist daher nicht nur wesentlich, die für eine Veränderung nötige Fluidität zu schaffen und die Veränderung selbst herbeizuführen; es ist ebenso unerläßlich, daß Schritte unternommen werden, um auf die Dauerhaftigkeit der neuen Situation durch Selbstregulierung auf dem neuen Niveau herzustellen.**" (Heraushebung durch mich/F.G.) (Lewin 1968:79 f.)

Die hier bereits skizzierten drei Phasen eines Veränderungsprozesses hat Lewin später in seiner programmatischen Formel „Unfreezing-Moving-Refreezing" zum Grundmuster für OE-Prozesse gemacht. Lewin beschreibt diese drei Phasen so :

„A change toward a higher level of group performance is frequently short lived; after a „shot in the arm", group life soon returns to the previous level. This indicates that it does not suffice to define the objective of planned change in group performance as the reaching of a different level. Performancy of the new level, or performancy for a desired period, should be included in the objective. A successful change includes therefore three aspects: unfreezing (if necessary) the present level L^1, moving to the new level L^2, and the freezing group life on the new level. Since any level is determined by a force field, permancy implies that the new force field is made relatively secure against change." (Lewin 1989a:87)

2.1.3.3 Lewins Bedeutung für die Organisationsentwicklung

Kurt Lewin gilt als Begründer der Organisationsentwicklung. Und dieser Ruf wird auch nicht dadurch geschmälert, daß bestimmte Termini und Forschungsergebnisse auch von anderen Sozialpsychologen und Gruppenpsychologen - insbesondere Jakob Moreno - in ähnlicher Weise vertreten wurden (vgl. dazu Seite 33). Die Originalität der Lewinschen Arbeit sowie der herausragende theoretische und praktische Einfluß auf die Entwicklung der Organisationsentwicklung bleibt unbestritten. Es gibt sogar Autoren, die Organisationsentwicklung und Aktionsforschung als nahezu identische Ansätze beschreiben (Sievers 1977: 25 f.).

Sowohl seine forschungsmethodischen Grundlagen wie die frühen Ansätze der topologischen und Vektor-Geometrie, die Konstrukte der Gestalttheorie und schließlich die Aktionsforschung sind Eckpfeiler der Organisationsentwicklung.

Grundlegend für die Theorie und Praxis der Organisationsentwicklung sind schließlich die sozialpsychologischen Analysen, Erkenntnisse und Ergebnisse der Gruppen-Forschung, die Lewin zusammen mit seinen Mitarbeitern am „Research Center for Group Dynamics" am MIT in Boston erarbeitete.

Ohne diese Arbeit ist das Konzept der Organisationsentwicklung schlechterdings nicht denkbar. Und zwar nicht nur wegen der inhaltlichen Ergebnisse und wissenschaftlichen Erkenntnisse, sondern vor allem, weil durch diese Arbeit - durch die Methode des „action research" - eine Verzahnung von Theorie und Praxis erreicht wurde, die eine eigene Dynamik entwickelte, deren Ergebnisse nicht zuvorderst nur akademische Einsicht bedeutete, sondern konkrete praktische Konsequenzen für Reflexion und Veränderung im Verhalten von Menschen, Gruppen und Organisationen.

Diese Synergie der Lewinschen Forschungsarbeit - das fruchtbaren Zusammenwirken der Konstrukte der Gestalttheorie, der Feldtheorie, der Aktionsforschung und der Gruppendynamik - macht das Werk Lewins zu einer „ganzheitlichen" Theorie-Praxis- Forschung.

Dabei ist die Wirkung der Arbeit Lewins jedoch nicht in vorderster Linie durch die akademischen Ergebnisse seiner Forschungen angemessen dokumentiert, sondern durch ihre Bedeutung für die soziale Realität, für gesellschaftspolitische Erkenntnisse und Entwicklungen und nicht zuletzt für die Metatheorie, für Forschungsinstrumente und praktische Methodik angewandter Sozialwissenschaften. Vor allem von letzterem hat die Entwicklung der Organisationsentwicklung profitiert.

Leon Festinger hat die spezifische Leistung der Arbeit Lewins treffend charakterisiert; er ist dabei vor allem von der Idee beeindruckt...

„...Dinge dadurch zu studieren, daß man sie verändert und den Effekt beobachtet. Dieses Motiv- daß man eine Veränderung hervorrufen müsse, um eine Einsicht in den Prozeß gewinnen zu können, und daß man seine variablen Effekte und seine neue Dynamik beobachten müsse - zieht sich durch das ganze Werk Lewins. Für Lewin ist das Leben nicht statisch, sondern verändert sich; es ist dynamisch und fließend. Lewins Veränderungsbegriff, der den Dreierschritt Auftauen, Stabilisieren, Einfrieren umfaßt, ist heute noch sehr aktuell. Die Weise, wie er die Bedeutung der Veränderung erfaßte, war Teil seines philosophischen Wissenschaftsverständnisses und ein grundlegender Bestandteil seiner „Metatheorie". Insofern trug er wesentlich dazu bei, daß sich die Sozialpsychologie aus einer „Kunst" zu einer Wissenschaft gewandelt hat." (Festinger/ in: Marrow 1977:251 f.)

Die Organisationsentwicklung verdankt Lewin ganz konkret Einsichten in komplexe Gruppenprozesse, in Gesetzmäßigkeiten des sozialen Verhaltens und die Erkenntnis, daß Veränderung des Individuums immer auch eine Veränderung seiner sozialen Umgebung bedeutet. Lewin hat insbesondere auf die Bedeutung von informellen oder auch formellen Führern in Gruppenkonstellationen hingewiesen. Ihnen wies er eine ganz besondere Rolle bei der Veränderung von Gruppen-Kulturen zu. Die Art und Weise des „Führungsverhaltens" war für ihn ein Schlüssel zur Gestaltung und zur Veränderung solcher „Kulturen".

Seine Vorstellung von einer Gruppen-Kultur war die, daß dort ein offenes, vorurteilsfreies und demokratisches Verhalten herrschen müsse, das es dem Einzelnen erlaube, seine Interessen offen zu vertreten. Daß die Gruppen-Kultur (oder auch die Kultur eines Landes) von den Macht-Konstellationen geprägt ist und eine Veränderung immer auch eine Veränderung der Macht-Konstellation innerhalb der Gruppe bedeutet, war eine weitere Erkenntnis Lewins, die noch heute eine zentrale Bedeutung im Rahmen der Organisationsentwicklung hat.

Eine weitere herausragende Bedeutung für Praxis und Theorie der Organisationsentwicklung hat der methodische Ansatz des prozeßorientierten Arbeitens, den Lewin vor allem in seiner MIT-Arbeit mit Trainingsgruppen und in Laboratorien entwickelte. Die Tatsache, daß soziale Prozesse nicht mit mechanistisch-curricularer Präzision geplant und gesteuert werden können, sondern daß die eigentliche Qualität sozialer Prozesse in eben dieser ihr eigenen offenen Dynamik liegt, ist ein zentrales Merkmal der methodischen Vorgehensweise im Rahmen von OE-Prozessen.

Argyris und Schön haben dieses prozeßorientierte Lernen „Double-Loop"-Lernen genannt (Argyris/Schön 1978), das sich dadurch auszeichnet, daß nicht innerhalb des gegebenen Systems von Annahmen, Prioritäten und Regeln angepaßt und optimiert wird, sondern über das bestehende System reflektiert und dieses verändert wird. Diese Form des Double-Loop-Lernens ist heute die zentrale methodische Prämisse in der Arbeit der Organisationsentwicklung .

Lewin selbst hat zwar nicht von Organisationsentwicklung gesprochen, doch seine Schüler (vor allem die Mitarbeiter am MIT: Marian Radke, Leon Festinger, Ronald Lippitt, Douglas McGregor, John R.P. French jr., Dorwin Cartwright, Morton Deutsch, Rensis Likert und Floyd Mann), die nach seinem frühen Tod 1947 seine Forschungsideen besonders am MIT, aber auch an vielen anderen Hochschulen und Forschungseinrichtungen der USA weiterführten, gelten als die Entwickler und Vertreter der Organisationsentwicklung als angewandter Sozialwissenschaft (Bennis/Benne/Chin 1975; French/Bell 1990), die wichtigsten - auch heute noch hochaktuellen - theoretischen und methodischen Grundlagen dazu hat Kurt Lewin geschaffen.

Diese Entwicklung der Organisationsentwicklung soll in den folgenden Abschnitten ausführlich beschrieben werden.

2.2 Anfänge und Entwicklung der Organisationsentwicklung

Die inzwischen umfangreiche Literatur zu Organisationsentwicklung verweist bei der Entwicklung der Organisationsentwicklung einheitlich auf zwei wesentliche Quellen (Sievers 1977:33; French/Bell 1990.37; Fatzer 1993:13).

Dies sind zum einen die Entwicklungen, die aus der sogenannten Laboratoriumsmethode hervorgegangen sind, als zweite Quelle wird das Survey-Feedback-

Verfahren genannt. Beide Quellen sind eng mit der von Kurt Lewin entwickelten Aktionsforschung verknüpft.

Daneben gibt es zwei frühe soziapsychologische Projekte im Bereich der Arbeit, die bereits Aktionsforschung und Organisationsentwicklung im Sinne einer angewandten sozialwissenschaftlichen Feldforschung und handelnden Intervention betrieben, ohne die später entwickelten Begriffe oder methodischen Konzepte zu kennen oder zu benutzen. Diese Projekte kann man zurecht als Vorläufer und Wegbereiter der Organisationsentwicklung beschreiben. Sie haben neben den im letzten Kapitel beschriebenen ideengeschichtlichen Wurzeln auf ganz andere - sehr konkrete - Weise zur Entstehung und Entwicklung des Konzeptes der Organisationsentwicklung beigetragen.

Deshalb sollen hier stellvertretend für diese Kategorie der OE-Vorläufer die wohl bedeutendsten beiden Projekte beschrieben werden. Zum einen das „Hawthorne-Projekt" von Roethlisberger und Mayo aus dem Jahr 1927 sowie die Arbeitslosenforschung im österreichischen Marienthal, die unter der Leitung von Maria Jahoda und Paul Lazarsfeld 1931/32 betrieben wurde.

Danach folgen Ausführungen zu den bereits erwähnten zwei zentralen Quellen der Organisationsentwicklung, nämlich die Laboratoriumsmethode mit der Forschungs- und Trainingsarbeit am „Research Center for Group Dynamics" am MIT später am „Institute of Social Research" an der University of Michigan und den National Training Laboratories" (NTL) sowie ein Abschnitt über die Survey-Feedback-Methoden.

Ein letzter Abschnitt wird noch die in England parallel zu den amerikanischen Forschungen gelaufenen Entwicklungen am Tavistock-Institut in London beschreiben.

2.2.1 Das Hawthorne-Projekt

Als Ausgangspunkt für die wissenschaftliche Erforschung von Arbeit und Management gelten die Arbeiten von Frederic Taylor. 1911 führte er mit seinem Ansatz des Scientific Management eine wichtige Innovation in der methodischen Gestaltung von Organisationen ein (Kieser 1989:345). Sein Ansatz hatte sich vor allem die Optimierung der Produktion zur Aufgabe gestellt. Zur Erreichung dieses Zieles empfahl Taylor ein Spektrum von Methoden, das von gestuftem Leistungslohn bis zur Leistungsoptimierung anhand der Durchführung von Zeit- und Bewegungsstudien reichte. Dabei entwickelte Taylor Methoden zur Analyse von Arbeitsprozessen, um den gesamten Arbeitsprozeß in möglichst kleine Aufgabenbenelemente zu zergliedern, die dann von verschiedenen Arbeitern erledigt werden konnten (Macharzina 1993:45 f.).

Damit war der „Taylorismus" geboren und der Weg geebnet für Fords Fließband-Produktion. Taylors Augenmerk galt ausschließlich der funktionalen Optimierung der Arbeitsabläufe - eine Methode, die im übrigen heute vom Verband für Arbeitsstudien (REFA) weiter gepflegt und angewandt wird - um damit eine Verbesserung der Arbeitsökonomie und der Produktivität zu erreichen. Dabei waren für ihn neben der Produktionstechnologie die Arbeiter nur funktionale „Stellgrößen" zur optimalen Konfiguration des Arbeitsprozesses. Psychologische und soziale Faktoren hatten dabei keine Bedeutung.

Erst mit der Erkenntnis der zwanziger Jahre, daß Management „getting things done with and through people" (Macharzina 1993:47) entwickelte sich eine Management- und Organisationstheorie, für die der Mensch und sein Verhalten im Mittelpunkt des Arbeitsprozesses stehen. Dieser Theorieansatz wurde vor allem von Mayo, Roethlisberger und Dickson (Roethlisberger /Dickson 1966) entwickelt.

1927 bis 1933 wurde in den Hawthorne-Werken der Western Electric Company in Hawthorne in der Nähe von Chicago ein Experiment zur Arbeits-Optimierung durchgeführt. Sie standen unter der Leitung des Harvard-Professors Elton Mayo. Mayo und seine Kollegen Fritz Roetlisberger und William Dickson untersuchten dabei die Folgen der Veränderung von Arbeitsbedingungen auf die Arbeits-leistung[10]. Konkret ging es in einem dieser Experi-mente um die Bestimmung der optimalen Beleuchtung für die Arbeitsplätze der Arbeiterinnen, die Telefonrelais zu montieren hatten.

Dabei stießen die Ingenieure auf ein zunächst unerklärliches Phänomen: Sowohl in der Experimentiergruppe, wo die Wirkung von unterschiedlichen Beleuch-tungsarten untersucht wurde, wie auch in der Kontrollgruppe, wo an der alten Beleuchtung nichts geändert wurde, stiegen die Leistungen der Arbeiterinnen kontinuierlich an (Kieser 1989: 46). Die Arbeitsleistungen stiegen also in beiden Gruppen, obwohl nur in einer Gruppe die technischen Rahmenbedingungen der Arbeit verändert wurden. Und sie gingen in der Experimentiergruppe erst zurück, als die Arbeiterinnen bei schummriger Beleuchtung fast nichts mehr sehen konnten (Kieser 1089:46).

An diesem Punkt „...erkannten Mayo und sein Team, daß die Annahmen, von denen sie ausgegangen waren, sich nicht halten ließen. Sie hatten das Experiment begonnen, um den Einfluß äußerlicher Arbeitsbedingungen ...quantitativ zu bestimmen. An seinem Ende stand die Entdeckung eines neuen Faktors, der psychischen und vor allem der sozialen Begleitphänomene der industriellen Arbeit." (Burisch 1971:46 f.)

---

[10] Als kleine wissenschaftshistorische Anmerkung ist es erwähnenswert, daß bei den Interviews im Rahmen der Hawthorne-Untersuchungen auch Carl Rogers, der Vater der klientzentrierten Gesprächstherapie, mitwirkte.

Der Münchner Organisationspsychologe Lutz von Rosenstiel bringt dies auf folgenden Nenner:

„In den meisten der experimentellen Untersuchungen erbrachte die Variation der Arbeitsbedingungen - zumindest für einige Zeit - einen Leistungsanstieg. Dieser wird aber z.T. von den Autoren nicht auf die systematisch variierten Arbeitsbedingungen zurückgeführt, sondern auf damit kovariierende soziale Beziehungen, z.B. auf eine erlebte Konkurrenz zwischen den verschiedenen Untersuchungsgruppen...Die Autoren interpretieren dies (auch) so, daß die Arbeitsleistungen in starkem Maße von den Sozialbeziehungen abhängig sind, die zwischen Vorgesetzten und Unterstellten bestehen." (von Rosenstiel 1991:127))

Elton Mayo beschreibt diesen Tatbestand im Vorwort zu Roethlisbergers und Dicksons „Management and the worker" (Roethlisberger/ Dickson 1966) in einer treffenden und sehr aktuellen Analogie:

„ It is often assumed that almost any young university graduate of sufficient intelligence can charge out of university and into industry and, armed with some rags and tatters of scientific method borrowed mainly from physics or chemistry, can proceed to make interesting findings. The belief ignores completely the natural dependence and complexity of the facts of human association." (Mayo 1939 /in: Roethlisberger / Dickson 1966:XI)

Dieses Phänomen, die Bedeutung des sozialen Kontextes für die Arbeitsproduktivität, das dabei eher zufällig entdeckt wurde, ging als „Hawthorne-Effekt" in die sozial- und wirtschaftswissenschaftliche Literatur ein und begründete die sogenannte „Human-Relations-Bewegung"; eine Forschungsrichtung, die über die Verbesserung der sozialen Rahmenbedingungen versuchte, die Motivation der Mitarbeiter und die Arbeitsleistung zu steigern. Rosenstiel kritisiert diese „vereinseitigende Rezeption der Hawthorne-Studie" durch die Praxis der Human-Relations-Bewegung, der er unterstellt, sie arbeite nach der Maxime „Glückliche Kühe geben mehr Milch" (Rosenstiel 1991:129)

Neben den Erkenntnissen und Untersuchungsergebnissen des „Hawthorne-Experiments", daß den sozialen und psychologischen Dimensionen im Arbeitsprozeß einer Organisation eine für die Arbeitsleistung hoch signifikante Bedeutung zukommt, ist vor allem der sozialwissenschaftliche Forschungsansatz der Hawthorne-Untersuchungen ein Novum. Ein dermaßen aufwendiges Feldforschungsprogramm in einem Unternehmen hatte es bis dahin noch nicht gegeben. Aber das entscheidende war, daß die Forscher offensichtlich sensibel, weitsichtig und unideologisch genug waren, um von ihrer vorgegebenen Forschungs-Hypothese abzuweichen und damit in einem völlig anderen Metier sehr überraschende und neuartige Erfahrungen zu machen. Diese wissenschaftstheoretische und forschungstechnische Voraussetzung zur Entdeckung des „Hawthorne-Effekts" vernachlässigen leider viele Rezipienten der aktuellen Wirtschaftswissenschaften, die in einem schier unreflektierten Glauben an ein positivistisches Wissenschaftsdogma das innovative, couragierte und undogmatische Forschungs-Konzept von Hawthorne in den orthodoxen Kanon wirtschaftswissenschaftlicher Literatur und Forschungsgeschichte aufgenommen haben, dabei aber nur die Ergebnisse der inhaltlichen Oberfläche rezipieren. Die forscherische Haltung, die meines Erachtens das wirklich Innovative dieser Studie ist, wird hingegen nach meinem Ermessen kaum gewürdigt und als wissenschaftstheoretische oder forschungstechnische Erkenntnis empfohlen. Die Notwendigkeit einer solchen Transzendierung der Forschungsmethodik (wie auch ihrer ideengeschichtlichen Grundlegungen) - im Sinne der Organisations-Entwicklung sowie der hier argumentierten Notwendigkeit zu einer metadidaktischen Reflexion - kennzeichnen auch Gedanken von Theodor W. Adorno über den Wissenschaftsbetrieb:

> „ ...Daß ich es also nach wie vor riskiere, ungedeckte Gedanken zu denken, die sonst von diesem übermächtigen Kontrollmechanismus, der da Universität heißt, den meisten Menschen sehr früh, vor allem in der Zeit, in der sie - wie man das so nennt - Assistenten sind, abgewöhnt werden. Es zeigt sich nun dabei, daß die Wissenschaft selber durch diese Kontrollmechanismen in diesen Bereichen so kastriert und so steril wird, daß sie dann gleichsam dessen bedarf, was sie selber verpönt, um überhaupt sich halten zu können." (Adorno 1971c:135)

Mayo beschreibt diese grundlegende Forscher-Kompetenz am Beispiel des Hawthorne-Forscherteams:

> „If Mr. G.A. Peacock, who began and developed this series of experiments, had not been intimately acqained with this human complexity, if he had not been thus inspired to critical inspection of this first apparent findings, then this history (die Hawthorne-Untersuchungen /Anmerkung von mir/ F.G.) would not have been writting". (Mayo 1939 / in: Roethlisberger/Dickson 1966:XI)

Diese Grundhaltung für sozialwissenschaftliche Feldforschung, die auch in dem im nachfolgenden Abschnitt beschriebenen Forschungs-Projekt über die „Arbeitslosen von Marienthal", das wenige Jahre nach den Hawthorne-Untersuchungen stattfand, offensichtlich wird, hat die Theorie und Praxis, Forschung und Beratung im Rahmen von Organisationsentwicklung - neben den inhaltlichen Erkenntnissen dieser Untersuchungen - grundlegend beeinflußt. Lewins Konzept der „Aktionsforschung" wurde davon ebenso geprägt, wie die Idee eines „prozessualen Beratens" (Schein 1987) im Rahmen der Organisationsentwicklung. „Bei allen Schwächen im Detail ist die wissenschaftliche Bedeutung (der Hawthorne-Studie) unbestritten und zwar in inhaltlicher und in methodischer Hinsicht." (Rosenstiel 1991:128)

2.2.2 Die Arbeitslosen von Marienthal

Zwischen Dezember 1931 und Mai 1932 führte eine Gruppe von zehn Sozialwissenschaftlern und vier Ärzten unter Leitung von Paul Lazarsfeld und Marie Jahoda intensive Untersuchungen in Marienthal, einem Dorf in der Nähe Wiens durch. Marienthal hatte zu dieser Zeit 1486 Einwohner und bis 1929 arbeitete die Mehrheit der Bevölkerung in der Textilfabrik im Ort. 1929 brach die Textilindustrie im Zuge der Weltwirtschaftskrise zusammen, und die Fabrik wurde geschlossen. Während der Untersuchungszeit gab es in 77% der Familien kein erwerbstätiges Mitglied mehr.

Die Untersuchung arbeitete mit einem ungewöhnlich umfangreichen Datenmaterial. Es wurden für alle Familien Katasterblätter angelegt und die alltägliche Lebensgeschichte detailliert durch Tiefeninterviews recherchiert. Dabei waren vor allem die alltäglichen Dokumente von Belang: Schulaufsätze, Listen von Weihnachtswünschen der Kinder, Berichte von Ärzten und Lehrern, Mitgliedschaften in Vereinen, Wahlergebnisse, die alltäglichen Zeitbudgets, die Zusammensetzung der Mahlzeiten usw. Informationen wurden eingeholt beim Wirt, Metzger, Schuhmacher „Friseur, Schneider und beim Zuckerbäcker. Unauffällige Beobachtungen ergänzten die Materialanalyse.

Dieser umfangreiche Datensatz wurde von Lazarsfeld und seinen Mitarbeitern in vielen Sitzungen erörtert und diskutiert und danach wurde der Abschlußbericht von Marie Jahoda angefertigt. Dabei waren wesentliche Erkenntnisse:
> „Reduktion des Anspruchs- und Aktivitätsbereichs..., Zeitverfall und ...Abstieg entlang der von uns beschriebenen Folge von Haltungen und Einstellungen..." (Jahoda/ Lazarsfeld /Zeisel 1972:2 ff.)

Die Bedeutung der Marienthal-Studie auf die sozialpsychologische Forschung ist außergewöhnlich groß. Marienthal war die erste Forschungsarbeit, die umfangreiche Alltags-Recherchen Vor-Ort in einem aufwendigen und vielschichtigen Forschungsprozeß durchführte. Dabei wurde zum ersten Mal die Komplexität des Lebens-Kontextes der Probanden als relevante Forschungs-Kategorie ausdrücklich in der Forschungsmethode berücksichtigt und als zentrale Dimension in die Forschungsarbeit integriert. Dabei ist vor allem die Verknüpfung von quantitativen und qualitativen Erhebungen, von Handlungs-, Bewertungs- und Beobachtungsmethoden eine für den damaligen Wissenschafts-Zeitgeist höchst ungewöhnliche forschungsmethodische Vorgehensweise, die Maßstäbe für die späteren Formen der Aktionsforschung gesetzt hat.

Später wurde bei der Reflexion der Forschungsmethode immer wieder - auch von Lazarsfeld selbst (Lazarsfeld 1932: 11) - bemängelt, daß die methodische Qualität der Arbeit doch äußerst schwach, da eher intuitiv und empirisch nicht sehr solide ausgefeilt stringent, gewesen sei. Demgegenüber bestätigen heute viele Sozialpsychologen die Bedeutung der Marienthal-Forschung als herausragendes Beispiel für „...einen gelungenen Versuch einer vollkommenen Einfühlung in die Situation...(und)... Die - gelegentlich zu hörende Kritik, daß keine Fragenbogenskalen verwendet wurden, parodiert im Grunde die weit weniger akzeptable gegenwärtige Forschungsmethodik, nach der Wissenschaftler ihre Erhebungen kommerziellen Instituten oder von der Forschung unabhängigen Instituten überlassen" (Fryer 1989:481). Und Maria Jahoda konstatiert später:
> „So wurde Marienthal nicht mit einer Theorie abgeschlossen. Manche moderne Sozialwissenschaftler mögen die Abwesenheit von theoretischen Formulierungen in

„Marienthal" als eine Schwäche der Untersuchung betrachten. Dagegen läßt sich einwenden, daß die Hauptaufgabe der Soziographie, die lokalen und temporalen Bedingungen zu erfassen, im Widerspruch zu dem Bestreben der Theoretiker steht, die in der Regel nach Abstraktionen von örtlichen und zeitlichen Gegebenheiten suchen. Es wäre zumindest voreilig, vielleicht sogar dem ganzen Versuch widersprechend gewesen, von der einmaligen Situation in Marienthal eine sozialpsychologische Theorie der Arbeitslosigkeit abzuleiten." (Jahoda 1991:121)

Dieses Faktum, für die sozialpsychologische Forschung mit dieser Forschungsarbeit neue forschungsmethodische Maßstäbe gesetzt zu haben, scheint mir neben der sozialhistorischen Bedeutung das wesentliche Verdienst der Marienthal-Untersuchung zu sein.

Durch diese kontextbezogene Gestaltung der Forschung, durch den Einsatz von Forschungmethoden, die den Versuch unternahmen, die Vielschichtigkeit und Dynamik sozialer Interaktionsformen angemessen zu verstehen, durch das Ernstnehmen der Komplexität des Feldes und ein Untersuchungsdesign, das die Forscher im Forschungsprozeß als Teilhaber am Lebens-Vollzug der Forschungs-"Objekte" positionierte, hat die Arbeit von Lazarsfeld und Jahoda zeichensetzende Bedeutung für das Konzept der Organisationsentwicklung .

2.2.3 Aktionsforschung

Den Begriff „Aktionsforschung" verwendete Lewin zum ersten Mal 1944 (Richter1994: 72). Für ihn war Aktionsforschung „...eine vergleichende Erforschung der Bedingungen und Wirkungen verschiedener Formen des sozialen Handelns und eine zu sozialem Handeln führende Forschung. Eine Forschung, die nichts anderes als Bücher hervorbringt, genügt nicht." (Lewin 1963: 280)

Lewin verfolgte also mit seiner Handlungs-Forschung ein doppeltes Ziel: Neben der Erforschung des Handelns sollte die Forschung selbst auch Handeln sein und Handeln bewirken.

Dies wiederum führt zu einem forschungsmethodischen Spezifikum der Aktionsforschung, daß die Betroffenen nicht nur Forschungsobjekte, sondern zusammen mit dem Forscher kooperierende und interagierende Partner sind und demgemäß der Forscher nicht „steriler" Beobachter einer objektiven Situation ist, sondern „teilnehmender" mitagierender Beobachter, der sowohl Teil des zu beobachtenden Systems als auch zugleich beobachtender Forscher ist[11]

Diese Vielschichtigkeit der Forscher-Rolle mit all ihren Problematiken kennzeichnet die Besonderheit des Forschenden im Rahmen des Aktionsforschungsprozesses. Gleichzeitig bietet diese Art der Forschung ungeahnte Möglichkeiten

---

[11] Vgl. dazu auch Morenos Ansatz von der „teilnehmenden Beobachtung" Seite 33

hinsichtlich der Erforschung von sozialen Dynamiken, von Verhalten, Reaktionen, Entwicklungen etc., die in der klassischen Labor-Psychologie in dieser Dimension kaum möglich waren.dabei gibt es in der Aktionsforschung zwei relevante Arten von Forschungsgegenständen, nämlich das Studium allgemeiner sozialpsychologischer Gesetzmäßigkeiten und die Analyse der konkreten Phänomene einer spezifischen sozialen Situation (Lewin 1963:282). Burkhard Sievers kennzeichnet Aktionsforschung folgendermaßen:

> „Im Vergleich zur traditionellen empirischen Sozialforschung liegt der grundlegende Unterschied des Aktionsforschungsmodells in der expliziten Kooperation von Wissenschaftlern und Praktikern bei dem Design, der Durchführung und Auswertung von Forschung. Forscher und Klient bzw. das Forschungs- und Klientensystem bilden ein neues umfassendes Handlungssystem...Bei dieser Forschung beschränkt sich die Rolle des Wissenschaftlers nicht wie üblich auf die Generierung und Aufbereitung empirischer Daten. Der Forscher selbst ist vielmehr unmittelbar in den Handlungsablauf einbezogen...Durch die mit der Aktionsforschung verbundene Anwendung sozialwissenschaftlicher Erkenntnisse und Forschungstechniken zur Entwicklung und Realisierung von Problemlösungen kann eine über den Rahmen traditionaler Forschung hinausgehende Evidenz für die Wirksamkeit wissenschaftlicher Methoden und Instrumente geschaffen werden." (Sievers 1977:26)

Als für die Organisationsentwicklung besonders wesentliches Phänomen der Aktionsforschung gilt die Möglichkeit, damit offene und selbstreflexive Prozesse zu gestalten. Sievers schreibt dazu:

> „Durch Einbeziehung von Aktionsforschung in konkrete Problemlösungen kann das einem Organisationsentwicklungsprojekt zugrunde gelegte Design insofern eine höhere Flexibilität erlangen, als durch Zwischenergebnisse und Feedbackprozesse das Forschungs- wie das Aktionsdesign während des Projektverlaufs wiederholt revidiert und den veränderten Bedingungen angepaßt werden können. Durch eine empirische Kontrolle des Realisierungsgrades der intendierten Veränderungen kann eine Integration des Lernprozesses mit dem Forschungsprozeß erreicht werden. Als normatives Modell ist der Aktionsforschungforschungsansatz in besonderer Weise für die Initiierung, Steuerung und Auswertung von Lernprozessen in sozialen Systemen geeignet. Durch Aktionsforschung können wichtige Voraussetzungen für effektives und systematisches Lernen und geplanten sozialen Wandel geschaffen und zugleich Forschung und Beratung integriert werden." (Sievers 1977:26 f.)

Kurt Lewin beschreibt diesen Tatbestand in seinem programmatischen Aufsatz „Tat-Forschung und Minderheitenprobleme"[12] (Lewin 1963:280 ff.):

> „Diese und ähnliche Erfahrungen haben mich überzeugt, daß wir Handeln, Forschung und Erziehung als ein Dreieck betrachten sollten, das um jeder seiner Ecken willen zusammenzuhalten ist." (Lewin 1963:291)

Zusammengefaßt kann festgestellt werden: Der von Lewin entwickelte Ansatz der Aktionsforschung hat vor allem durch die per Definition obligatorische Integration von der Gestaltung von Lernprozessen, sozialem Handeln (z.B. Ent-

---

[12] Original: Action research and minority problems (1946)

wicklung einer Organisation) und sozialwissenschaftlicher Forschung im Rahmen des Aktionsforschungsprozesses eine für die angewandten Sozialwissenschaften und insbesondere die Organisationsentwicklung eine grundlegende Bedeutung, weil sie damit einerseits das Paradigma des Handelns etabliert hat und zum anderen als Forschungsmethode wesentliche Erkenntnisse über die komplexen Gesetzmäßigkeiten in sozialen Systemen geliefert hat. Aktionsforschung kann damit zurecht als metatheoretische Basis der Organisationsentwicklung bezeichnet werden.

2.2.4 Laboratoriumsmethode

Die Laboratoriumsmethode entstand 1946. Als Entstehungsort gilt ein Workshop, der im Sommer 1946 am „State Teachers College" in New Britain, Connecticut abgehalten wurde (vgl. auch Seite 37). Die Connecticut State Interracial Commission hatte Lewin aufgefordert, ihr beim Training von Leitungsmitgliedern lokaler Büros und bei der Durchführung von Forschungsarbeiten zu helfen. Die Absicht des Forschungsprojektes sollte eine Verbesserung der Effizienz der Mittel zur Bekämpfung rassischer und religiöser Vorurteile in Gemeinden sein (Marrow 1977:228).

Lewin nahm diese Aufgabe gerne an und schlug ein Verfahren - entsprechend seinem Aktionsforschungsansatz - vor, das gleichzeitig Trainings- und Forschungsprogramm sein sollte, indem einerseits die Teilnehmer qualifiziert und andererseits Forschungsergebnisse über die Effizienz und die notwendigen Veränderungen bei der Arbeit der Kommission zu liefern.

An diesem Workshop nahmen neben Lewin auch Ronald Lippitt, Kenneth D. Benne und Leland Bradford vom „Research Center for Group Dynamics" als Forscher und Trainingsleiter teil. Die etwa 50 Teilnehmer waren vorwiegend Fachleute aus Pädagogik und Sozialarbeit, dabei etwa die Hälfte Juden und Schwarze. Ziel der Aktionsforschungsansatzes war es, Hypothesen über Verhaltensänderungen zu generieren, zu überprüfen und schließlich die Alltagstauglichkeit dieser Veränderungen zu evaluieren (Marrow 1977:229 f.; French/Bell 1990:37 f.).

Die Teilnehmerinteressen, die per Interview erhoben wurden, variierten, aber generell waren die meisten daran interessiert, selbst bessere Fähigkeiten im Umgang mit Menschen zu entwickeln und gleichzeitig Methoden zu erhalten, wie Einstellungen von Menschen verändert werden können.

Das Trainings-Arrangement bestand aus einer weitgehend unstrukturierten Arbeit in drei Teilgruppen. Dort gab es hauptsächlich Gruppendiskussionen und einige Rollenspiele. Abends wurden dann die Erfahrungen der Kleingruppen im Plenum zusammengefaßt, analysiert und interpretiert. Eigentlich sollten an diesen abendlichen Sitzungen nur die Trainingsleiter und Forscher teilnehmen. Einige Teilnehmer, die auf dem Campus wohnten, fragten jedoch, ob sie nicht an diesen Sitzungen teilnehmen könnten. Die meisten der Forschungsmitarbeiter befürchteten, daß es für die Teilnehmer unangenehm sein würde dabei zu sein, während ihr Verhalten analysiert würde. Lewin hatte jedoch nichts dagegen und sah in diesem Feedback sogar einen Nutzen für die Teilnehmer. Die offene Aussprache über das beobachtete Verhalten der einzelnen Teilnehmer führte zu heftigen Diskussionen zwischen den Beobachtern und den betroffenen Teilnehmern. Nach den ersten Erfahrungen der Teilnehmer mit den abendlichen Sitzungen kamen an den folgenden Abenden alle Trainingsteilnehmer und die Abendsitzungen, die oft mehrere Stunden dauerten, entwickelten sich zur wichtigsten Lernerfahrung des Tages, weil die offene Aussprache über das jeweils persönliche Verhalten die konkreteste Möglichkeit zur Reflexion des eigenen Verhaltens bot.

Leland Bradford erinnert sich daran, daß „...die Menschen auf Daten, die ihr eigenes Verhalten betrafen, wie auf einen Stromstoß..." reagierten (Bradford/ in: Marrow 1977:230).

Dem Trainings- und Forschungsstab wurde bald bewußt, daß mit diesem Instrument des „Feedbacks" eine sehr wirkungsvolle Methode für die Verhaltensänderung gefunden worden war (Marrow 1977: 231).

Als das Training zu Ende war, waren Trainer/Forscher und Teilnehmer der Überzeugung, daß die Veranstaltung ein Erfolg war. Aber beide Gruppen waren sich einig, daß der wirkliche Erfolg an der Frage zu messen sei, wie gut die Teilnehmer die neuen Kenntnisse und Fähigkeiten in ihrer Praxis anwenden würden. Deshalb wurden die Teilnehmer sechs Monate nach der Rückkehr an ihren Arbeitsplatz interviewt. Dabei zeigte sich, daß die Teilnehmer sowohl neue Methoden in ihrem Arbeitsfeld anwendeten, als auch "...eine erhöhte Sensibilität für die Gefühle anderer" (Marrow 1977:231) nannten. Durchgehend zeigten sich auch „...Veränderungen im Verhalten bei der Arbeit mit Menschen, bei der Planung von Handlungen, bei der Überbrückung der Kluft zwischen den guten Absichten und dem tatsächlichen Verhalten." (Marrow 1977:231)[13]

Nach den Erfahrungen mit diesem Training entstand die Idee, ähnliche Workshops auf nationaler Ebene anzubieten. Dazu wurden 1947 die „National Training

---

[13] Eine hübsche Fußnote in der Forschungsgeschichte der Organisationsentwicklung ist die fast beiläufige Entwicklung der Flip-Chart-Methode im Rahmen der Trainingsgruppe von 1946. Ronald Lippitt beschreibt dies so: „ The blackboards were very inadequate, and we needed to preserve a lot of the material we produced. So I went down to the local newspaper and got a donation of the end of the press runs. The paper was still on the rollers. We had a „cutting bee" of Lee, Ken, (Leland Bradford und Kenneth D. Benne /Anmerkung von mir (F.G.) myself and several others to roll the sheets out and cut them into standard sizes that we could put up in quantity with masking tape on the blackboards and walls of the classrooms. We took the practice back to MIT and I had the shop make some boards with clamps across the top. We hung them in our offices and the seminar room, and Lee did the same thing at the NEA in Washington...The next summer at Bethel we had a large supply of cut newprint and used some of the boards on easels, as well as using walls." (Ronald Lippitt zitiert in: French/Bell 1989:19)

Laboratories in Group Development" - NTL gegründet. Sie waren in der Gould Academy in Bethel/ Maine untergebracht und wurden durch die Unterstützung des „Office of Naval Research" und der „National Education Association" finanziert (French/Bell 1990:38). Bevor das Labor seine Arbeit aufnehmen konnte, sechs Monate vor dem ersten „Lab-Training", starb Kurt Lewin an einem Herzinfarkt.

Somit konnte er nicht mehr miterleben, daß diese Einrichtung „...zu einem der wichtigsten Beiträge der wissenschaftlichen Untersuchung menschlicher Beziehungen..." (Marrow 1977:231) wurde. Carl Rogers bezeichnete die Methode der gruppenorientierten Traingsarbeit gar als „... die vielleicht ...wichtigste soziale Erfindung dieses Jahrhunderts..." (Rogers 1968).

1947 fand das erste „Laboratorium"-Training der „National Trainings Laboratories in Group Development" an der Gould Academy in Bethel / Maine statt. Es war ein dreiwöchiger Sommerkurs.

Im Leitungsteam des ersten Lab-Trainings waren neben Lippitt, Benne und Bradford noch Robert Polosn von der Cornell University, Paul Sheats von der UCLA, Alvin Zander vom Springfield College und John R. P. French jr. vom Research Center for Group Dynamics. Diese Gruppe plante und leitete das Laboratorium-Training von 1947. Eines der Merkmale des Seminars waren kleine, fortgesetzt tagende sogenannte „Basic Skill Training (BST) Groups", in der der Beobachter Daten zur Diskussion und Analyse der Gruppe zur Verfügung stellte.

Dabei war es die Aufgabe des Gruppenleiters, der wiederum Trainer und Forscher im Sinne der Aktionsforschung zugleich war, der Gruppe bei der Analyse und Auswertung behilflich zu sein. Aus diesen BST-Gruppen entstanden später die in den Laboratorien entwickelten T-Gruppen.

Die Konzeption dieser BST-Gruppen-Arbeit wird deutlich durch einige Beschreibungen, die Kenneth D. Benne nach dem ersten Lab-Training veröffentlichte (vgl. Abbildung 5)

Eine Gruppe zum Lernen innovatorischer Fertigkeiten und Konzepte

Welches ist der gemeinsame Rahmen, der dem Sozialarbeiter, dem Schulaufsichtsbeamten, dem Personalberater in der Industrie, dem Vorsitzenden eines Elternausschusses, dem Ausbildungsleiter in einer Regierungsbehörde ... hilft, wechselseitig aus ihren Spezialberufen zu lernen? Der Stab glaubte, und die Erfahrung im Laboratorium bestätigte es, daß alle, die anderen Menschen helfen oder sie ausbilden sollen, die Rolle des Innovationsagenten (change agent) miteinander gemeinsam haben. Sie alle ... bemühen sich, Veränderungen in den Einsichten, Einstellungen und Fertigkeiten der Menschen und Gruppen zu erzielen, mit denen sie zu tun haben. Alle müssen zum Beispiel Menschen helfen, ihre Probleme zu diagnostizieren, Pläne für die Lösung dieser Probleme aufzustellen und ihre Pläne zu prüfen und zu bewerten. Diese Hilfeleistungen für einzelne und Gruppen erfordert gewisse Grundfertigkeiten in den Beziehungen zwischen Menschen, die man bestimmen, analysieren und üben kann.

Abbildung 5: Beschreibung der Lernfelder im Laboratorium-Training
Quelle: Bradford/Gibb/Benne 1972:99

Die Fähigkeiten, die in diesem Basic-Skill-Training erlernt, erörtert und eingeübt werden sollten, waren von den Gruppen deutlich definiert. Zusammenfassend kann man sagen, daß die Teilnehmer lernen wollten, wie man einen Prozeß des geplanten sozialen Wandels in Form von Aktionsforschung gestaltet (vgl. Abbildung 6).

Nachdem am Morgen die BST-Gruppen getagt hatten, gab es am Ende des Vormittags eine Feedback-Runde unter Leitung des Beobachters. Das Feedback war also - nach den Erfahrungen des Trainings von 1946 - fester und integrierter Bestandteil des Trainings-Designs. Nachmittags gab es dann Methoden-Trainings, wo die beschriebenen sozialen Fähigkeiten (vgl. Abbildung 5) in Rollenspielen eingeübt werden konnten. Dabei war es die wichtigste Erkenntnis für die Teilnehmer, daß sie „... mit der Vorstellung vertraut gemacht wurden, daß auch Gruppen, ebenso wie Individuen, einen Entwicklungsprozeß erkennen lassen, daß eine Ansammlung reifer, erwachsener Individuen noch nicht notwendig eine reife Gruppe ausmacht, daß viele Ausschußsitzungen und Arbeitsbesprechungen daran scheitern, daß man von adoleszenten oder infantilen Gruppen ausgereiftes Arbeiten erwartet." (Benne 1948/ in Bradford/Gibb/Benne 1972:99)

Schwerpunkt-Themen der BST-Gruppen

1. Wie schätzt der Innovationsagent seine persönlichen Motivationen und seine Beziehung zu dem zu Verändernden ein?

2. Wie hilft man den zu Verändernden, ein Bedürfnis nach Veränderung und nach einem Diagnoseprozeß festzustellen?

3. Gemeinsame Diagnose des Innovationsagenten und des Klienten über ihre Situation im Hinblick auf die zu verändernden Verhaltensweisen, Einsichten und Gefühle.

4. Entscheidung über das Problem, Einbeziehung anderer in den Entscheidungsprozeß, Planung von Handlungen und Einübung des Plans.

5. Erfolgreiche und produktive Ausführung des Plans.

6. Auswertung als Einschätzung des gemeinsamen Fortschritts in Arbeits- und Denkmethoden und in den Beziehungen zwischen Menschen.

7. Fortsetzung, Ausbreitung und Befestigung der erzielten Veränderungen.

Abbildung 6: Schwerpunktthemen der BST-Gruppen 1947
Quelle: Bradford/Gibb/Benne 1972:99

Eine provisorische Liste mit Symptomen für den Fortschritt in sozialen Gruppenprozessen (vgl. Abbildung 7), wurde von den Teilnehmern in den BST-Gruppen als Ziel des Lab-Trainings diskutiert und anschließend als Transfer-Aufgabe für die Arbeit in den eigenen Gruppen mit nach Hause genommen.

Symptome für den Fortschritt im Gruppenprozeß

A) Gute Kommunikation zwischen den Mitgliedern (u.a. Sich-Verstehen, semantische Feinfühligkeit, freizügige, abwehrfreie Diskussion).

B) Objektivität der Gruppe gegenüber ihrer eigenen Arbeitsweise (Grad, in dem sie Bewertungen und Analysen ihrer Arbeitsweise entwickeln und akzeptieren kann).

C) Akzeptieren der Gruppenverantwortung (Bereitschaft der Mitglieder, Führungsfunktionen und Mitgliedschaftsverantwortung zu übernehmen und zu teilen: Sensibilität für die möglichen Beiträge jedes Mitglieds und Ermutigung solcher Beiträge).

D) Ausreichende Gruppenkohäsion bzw. Ich-Stärke, die es erlauben, neue Mitglieder und Ideen zu assimilieren, Konflikte zu nutzen, anstatt von ihnen zersprengt zu werden, an langfristigen Zielen festzuhalten und sowohl aus Niederlagen als auch aus Erfolgen Nutzen zu ziehen.

E) Fähigkeit der Gruppe, sich zu informieren und zielstrebig zu denken (Fähigkeit, Hilfsmittel innerhalb und außerhalb der Gruppe zu nutzen und Irrtümer im Denken der Gruppe zu entdecken und zu berichtigen).

F) Fähigkeit der Gruppe, Rhythmen des Gruppenmetabolismus zu erkennen und zu kontrollieren (Ermüdung, Spannung, Tempo, emotionale Atmosphäre).

G) Fähigkeit der Gruppe, die wichtigsten soziometrischen Faktoren in ihrer Entwicklung zu erkennen, zu kontrollieren und anzuwenden.

H) Fähigkeit der Gruppe, die Ideologien, Bedürfnisse und Ziele der Mitglieder mit den gemeinsamen Traditionen, Ideologien und Zielen der Gruppe zu integrieren.

I) Fähigkeit der Gruppe, neue Funktionen und Gruppen hervorzubringen, wenn sie gebraucht werden, und ihrer eigenen Existenz zur rechten Zeit ein Ende zu setzen.

Abbildung 7: Symptome für den Fortschritt im Gruppenprozeß
Quelle:Bradford/Gibb/Benne 1972:100

Nach einer kurzen Diskussion über diese Dimensionen der Gruppenentwicklung wurde in den meisten BST-Gruppen die Entscheidung getroffen, sie anhand des Verhaltens und der Entwicklung der Gruppe selbst zu überprüfen. Im Gruppenprozeß gerieten die Gruppen mehrfach in Krisen. Die Teilnehmer verhielten sich rivalisierend und aggressiv. Die Gruppenleiter bemühten sich, diese Symptome der Unreife oder der Dysfunktionalität zu beleuchten. Dabei entwickelte sich bei den Teilnehmer in diesem Laboratoriumsprozeß die Fähigkeit zur Analyse und

Diagnose der Gruppendynamik und die Fähigkeit, Stadien der Gruppenentwicklung (vgl. Abbildung 7) zu erkennen. (Bradford, 1948 / in: Bradford/Gibb
/Benne 1972:100)

Dieses erste Laboratorium-Training forderte und förderte bei Teilnehmern und
Trainern ein großes Engagement und war oft von starken Emotionen auf beiden
Seiten begleitet. Und obwohl das 1947- Laboratorium nur als ein einmaliges
Sommer-Seminar geplant war, entschlossen sich die Trainer und Forscher, das
Training auch im folgenden Jahr- 1948 - noch einmal zu veranstalten.

Nach dem Erfolg des ersten Lab-Trainings waren die Erwartungen an das zweite
sehr hoch gesteckt. Benne beschreibt diese Erwartungen (vgl. Abbildung 8) nach
dem Erfolg des ersten Lab-Trainings als vielschichtig und letztlich nicht einlösbar.

Funktionen der BST-Gruppen

1. *In erster Linie bestand die Erwartung an die BST-Gruppen, den Teilnehmern einige mehr oder weniger systematische Begriffskomplexe internalisieren zu helfen. Einer davon war ein Schema des bewußten oder geplanten Wandels und der auf seiten eines Agenten solchen Wandels erforderlichen Fähigkeiten. Ein anderer Komplex betraf die Anzeichen und Kriterien der Gruppenentwicklung und setzte wiederum Kenntnisse und Sensibilität im Hinblick auf einen sehr komplexen Satz von Gruppenvariablen voraus.*

2. *Eine zweite Erwartung war, daß die Gruppe Gelegenheit zur Einübung der Diagnose- und Handlungsfähigkeiten des Innovationsagenten, des Gruppenmitglieds und des Gruppenleiters geben würde. Das Einüben von Methoden und Grundfertigkeiten im Rollenspiel nahm in den BST-Gruppen großen Raum ein.*

3. *Drittens wurde erwartet, daß das Verhalten in den Gruppen sich über die ganze Reichweite "menschlicher Organisation" hinweg erstrecken würde, von der Ebene der interpersonalen Beziehungen bis zu den Intergruppen-Beziehungen. Daraus resultierte ein Zwiespalt zwischen „Hier-und-Jetzt"-Phänomenen und Fallberichten aus der Praxis.*

4. *Eine vierte Erwartung war, daß die BST-Gruppe den Mitgliedern helfen würde, Pläne für die Anwendung des im Laboratorium Gelernten für ihre künftige Weiterentwicklung zu machen.*

5. *Fünftens wurde erwartet, daß die Teilnehmer ein objektiveres und genaueres Bild von sich selbst in ihrer Beziehung zu anderen in der Gruppe und zu der sich entwickelnden Gruppe als Ganzes gewinnen könnten.*

6. *Eine weitere Erwartung war, daß die Teilnehmer ein klareres Verständnis demokratischer Werte erlangen würden. Diese Werte sollten zu methodologischen Prinzipien des Gruppenleiter-Verhaltens oder zum Verhalten eines change agents operationalisiert werden.*

7. *Die siebte Erwartung war, daß die Teilnehmer der BST-Gruppen nicht nur die Qualifikationen erwerben würden, um als Innovationsagent oder als Gruppenmitglied besser zu agieren, sondern auch die Fähigkeit, diese Verhaltensveränderung in Gruppen als Trainer weiterzugeben.*

Abbildung 8: Erwartungen an die Lab-Trainings 1947/1948
Quelle: Benne 1972:101 f.

Diese Erwartungen erwiesen sich für den Trainerstab als problematisch. Einige Teilnehmer hielten sich nach dem Training für befähigt, nun selbst Trainingsveranstaltungen zu leiten. Dabei gab es einige fragwürdige Projekte, die als „Laboratorium"-Trainings veranstaltet wurden.

> „Gegen Ende des Jahres 1948 sah man ein, daß sowohl eine verhaltenswissenschaftliche Ausbildung als auch ein über die einmalige Teilnahme an einem dreiwöchigen Laboratorium hinausgehendes Training erforderlich sein, um eine ausreichende Trainingskompetenz zu erlangen." (Benne 1972:102)

Nach den Erfahrungen der Laboratorium-Trainings von 1947 und 1948 kam der Kern der NTL-Mitarbeiter im Winter 1948/49 bei mehreren Mitarbeiterseminaren, die der Weiterentwicklung der Theorie und Praxis von Trainings- und Veränderungsprozessen im Sinne einer eigenen Trainer-Ausbildung dienen sollten, zu der Überzeugung, daß die Trainingsgruppe mit Lernzielen überfrachtet sei (vgl. Abbildung 8). Deshalb wurde ein Konzept entwickelt, das mehr didaktische Interventionsmöglichkeiten für den Trainer ermöglichen sollte. Doch dieses Konzept konnte von den Planenden nicht mehr so ausgeführt werden, da die „Carnegie Foundation" , die die Seminare wesentlich finanziell unterstützte, die Mitarbeit neuer Trainer anregte, die zum größten Teil aus dem klinisch-psychologischen und psychoanalytischen Bereich kamen.

Dadurch gerieten die „lewinianischen Veteranen" in den Hintergrund. Lippitt, Bradford und Benne wurden der direkten Leitung enthoben und erhielten Aufgaben in der Koordination und Supervision. Die BST-Gruppe wurde zur T-Gruppe umfirmiert und in den Trainings wurde vor allem die interpersonale Interaktion im Hier-und-Jetzt thematisiert. Damit geriet die Fähigkeit, soziale Veränderungsprozesse zu initiieren und zu gestalten in den Hintergrund. Die Trainings wurden psychoanalytischer und verloren an lewinianischer Idee. (Benne 1972: 106 ff.)

Benne beschreibt die weitere Geschichte der T-Gruppe in zwei Phasen. Die erste Phase datiert er von 1949 bis 1955. In diesen Jahren wurde der Versuch unternommen, sowohl interpersonale Themen im Hier-und-Jetzt der Gruppe zu bearbeiten, wie auch soziale und professionelle Themen zu erörtern. Dabei war es in diesen Jahren immer wieder schwierig, diese Balance zwischen der aktuellen Entwicklung der Gruppensituation und Fragestellungen bezüglich Veränderungsprozessen in größeren sozialen Systemen zu finden. Das Design, daß morgens die T-Gruppe an den realen Gruppenthemen arbeitete und nachmittags in sogenannten Aktions-Gruppen (A-Gruppen) oder „skill-groups" gearbeitet wurde, blieb trotz einiger Modifikationen unbefriedigend. Die Nachmittags-Veranstaltungen tendierten dazu, ebenfalls zu T-Gruppen zu werden. Die unterschiedlichen Trainingskonzepte führten zu Polarisierungen zwischen Teilnehmern und Trainern, aber auch zwischen den eher „klinisch" orientierten T-Gruppen-Trainern und den eher „soziologisch" orientierten A-Gruppen- oder skill-group-Trainern (Benne 1972:108).

Dabei war eine wichtige Erfahrung, daß nach den gruppenprozeß- und teilneh-merorientierten Trainingsgruppen am Morgen, nachmittags nicht plötzlich eine klassische „Lehrerzentrierung" in den A-Gruppen wegen des nunmehr anders gearteten Themas passieren durfte. Traditionelle Unterrichtsmethoden erwiesen sich in den Lab-Trainings mit ihren prozessualen und gruppendynamischen Grundmethoden als dysfunktional.

„Dies deutete darauf hin, daß auch Trainer für Lernveranstaltungen innerhalb des Laboratoriums, die ihrer Anlage nach strukturierter sind als die T-Gruppe, die Dynamik der Gruppenbildung und der Anpassungsprozesse unter den Mitgliedern beachten und fähig sein müssen, zur Förderung stärker strukturierter Lernerfahrungen an diese Dynamik konstruktiv anzuknüpfen." (Benne 1972: 109)

Ab 1956 gab es Versuche der Re-Integration der T-Gruppe in das Gesamtpro-gramm des Laboratorium-Trainings. Diese Re-Integrations-Versuche hatten eine Polarisierung der Konzepte zur Folge, aus denen schließlich zwei unterschied-liche Grundformen von Lab-Trainings hervorgingen.

Der erste Integrationsansatz stellte die T-Gruppe ins Zentrum der Trainingsarbeit. Die Bearbeitung an inter- und intrapersonalen Themen wurde als zentrales Lern-ziel der Laboratoriumsarbeit gesehen, wobei auch Gesetzmäßigkeiten in Gruppen thematisiert wurden. In besonderen Übungssitzungen wurden die Lerntechniken der T-Gruppenarbeit optimiert (z.B. Verhaltensbeobachtung, Feedback, Rollen-spiele, etc.). Die Re-Integration wurde hier also dadurch erreicht, daß die Lern-ziele des Lab-Trainings auf die Lernziele der T-Gruppe reduziert wurden.

Bedeutende Vertreter diese Modells sind Robert Tannenbaum, Irving Weschler und Fred Massarik von der „Graduate School of Business Administration" der University of California, Los Angeles (UCLA). Sie führten ab 1954 die soge-nannten „Sensitivity Trainings" durch.

In ihrem Buch „Leadership and organization" (1961) beschreiben sie diesen Ansatz:

„Sensitivity Training...aims, first, to increase a person`s sensitivity to and knowledge about personal and interpersonal factors and their influence on thought and action and second, to help him in his efforts to behave more effectively in different and changing interpersonal relationships. Our experience with sensitivity training tends to confirm the old maxim that „knowledge makes men free". As partizipants appear to gain in understanding of themselves, others, and social pressures to conform, the trend to become more aware of their own individual strengths, to distinguish between real and imaginary pressures, and increasingly to speak and act as free, strong and considerate individuals. To the extent that they can attain these growth objectives, we believe, they are able to function more creatively, productively, and comfortably as individuals and in group situations. The core of sensitivity training experience is provided in small group meetings, where a high level of individual participation and involvement becomes possible. Related general sessions, theory presentations, film forums, and the like give additional meaning to the small-group discussions. All are intended to establish free and open communication as a basis for productive learning.

The ethical values of sensitivity training can be inferred from the following underlying assumptions upon which it is based: first, the essential direction and resources for a personal improvement lie within the trainees themselves, second, the function of the trainer is primarily to help create the conditions under which most effective growth and development can take place, third, no attempt is made to tell the participants whether to change or how to change. They are helped to see aspects of their attitudes or behaviours, the decision to change and the direction of change matters for their own choice. Sensitivity training appears to provide a participant with opportunities to learn more about himself and his impact on others, to understand his own feelings and how they affect his behaviour toward others, to become more sensitive to the ways people communicate with each other, to learn „active listening" - for meanings and feelings, to learn how people affect groups and how to help groups function more effectively. "(Tannenbaum/Weschler /Massarik 1961:119 f.)

Die Sensitivity Trainings hatten also besonders die persönliche Entwicklung und Selbsterfahrung in Gruppen zum Ziel, und dabei sollte gleichzeitig eine höhere Sensibilität im Umgang und der Kommunikation mit anderen mitsamt der Einsicht in sozialpsychologische Prozesse erreicht werden.

Diese Lernkonzeption des Sensitivity Trainings, die sich „...zunehmend der Stärkung des Individuums (widmet)... in seinem Wunsch, Menschen und Ereignisse unverkürzter zu erleben, sich selbst genauer und intimer zu kennen, zu einem sinnvollen Verständnis des eigenen Lebens zu finden und einen Prozeß persönlicher Entfaltung zu ständig wachsender individueller Zulänglichkeiten in Gang zu bringen..." (Tannenbaum/Weschler/Massarik 1962/ in: Bradford/Gibb /Benne:143), wird in dieser Arbeit noch eine wesentliche Rolle spielen. Im Kapitel 5 „Was und wie lernen Menschen im OE-Prozeß" wird dieses Thema noch einmal explizit aufgegriffen und erörtert werden.

Ein anderes Modell der Re-Integration der T-Gruppen in die Laboratoriums-arbeit versuchte eine entgegengesetzte Konzeptstrategie. Es wurden im Trainingsprogramm bewußt unterschiedliche Teilgruppen installiert, die mit Hilfe unterschiedlicher Methoden und Trainingsinstrumente vielfältige Lernziele erreichen sollten. Die Kommunikation zwischen diesen Teilgruppen wurde über die Mitglieder des Trainerstabs geleistet. Die Re-Integration fand hier durch die Unterordnung der Lernziele der T-Gruppe unter das Gesamtziel des Labors statt.

Ein bedeutsames Beispiel für diesen Ansatz ist das von Robert Blake und Jane Mouton im „Southwest Human Relations Laboratory" im Rahmen sozial-psychologischer Seminare an der University of Texas entwickelte „instrumentierte Labor", das 1959 zum ersten Mal durchgeführt wurde (Bradford

/Gibb/Benne 1972:147 f.; Sievers 1977:36; French/Bell:39). Später führte dieser Ansatz zum Konzept des „Managerial Grid" und der „Grid-OE"[14].

Bei dieser Form des Trainings nimmt der Trainer nicht an den Sitzungen teil. Die Teilnehmer arbeiten selbständig mit unterschiedlichen Instrumenten (Rating-Skalen, Checklisten oder Rangstufungen) der Verhaltensdiagnostik. Dabei kommt dem Feedback im „instrumentierten Labor" eine zentrale Bedeu-tung zu. Der Unterschied zu anderen Trainingsformen zeigt sich dabei in der Art und Weise, wie der Feedback-Mechanismus eingeführt und aufrechterhalten wird. Blake und Mouton beschreiben dies so:

> „Das Feedback wird betont... als ein wichtiger Schlüssel zum verfahrens- und prozeß-bezogenen und zum persönlichen Lernen. An dieser Stelle wird der Unterschied zwischen den zwei Auffassungen deutlich. In der von einem Trainer geleiteten Gruppe ist die Rolle des Trainers hauptsächlich die, das Feedback zu unterstützen, indem er die Aufmerk-samkeit auf die kritischen Vorfälle lenkt, die sich in der Gruppe ergeben. Er schafft die Voraussetzungen und bietet den Mitgliedern das Modell dar, nach dem sie zu teilneh-menden Beobachtern des Gruppenhandelns werden können. Er kann auch wichtige Beiträge dazu leisten, den Mitgliedern bei der Erkundung der für die persönlichen Aus-wertung angemessenen Grundregeln zu helfen. Mit anderen Worten, in einer trainer-geleiteten Gruppe ist die Einrichtung des Feedback-Modells ein wichtiger Brennpunkt der Trainer-Interventionen.
>
> In der instrumentierten Gruppe wird die Einrichtung des Feedback durch einen Satz von Skalen und Meßinstrumenten unterstützt, die dazu dienen, die Merkmale des Gruppen-handelns und des individuellen Handelns während jeder Sitzung auf Wandkarten aufzu-zeichnen. Nachdem das Feeback-Konzept mit Beispielen für seine Anwendung eingeführt worden ist, geben die Mitglieder selbst „direktes" Feedback, wann immer sie es für richtig halten. Die Häufigkeit unmittelbaren Feedbacks „Auge in Auge" wird nicht verringert, wenn man das Feedback-Modell statt durch einen Trainer durch Instrumente einrichtet und in Gang hält; sie scheint vielmehr gesteigert zu werden. Im Vergleich zur trainergelei-teten Gruppe wird jedoch keine Person in eine besondere Stellung gerückt, um die Nutzung des Feedback für das Lernen anzubieten, zu provozieren oder zu erzwingen."
> (Blake/ Mouton 1962 / in: Bradford/ Gibb/ Benne:1972: 148)

Das im instrumentierten Labor angewandte Trainingsmodell ist de facto ein Aktionsforschungsmodell. Die Teilnehmer lernen über ihre Gruppe und ihr Verhalten, indem sie ein aktiver Bestandteil des Analysierens, Sammelns und Interpretierens der Daten über sich selbst und ihre Gruppe werden. Der große Vorteil dieses Ansatzes des instrumentierten Labors war die Möglichkeit, daß die Teilnehmer diese Methoden auch in den Gruppen und Organisationen außerhalb des Laboratoriums anwenden konnten.

---

[14] Die Beziehungen zwischen dem diagnostischen Managerial-Grid und der Grid-OE erklären Blake und Mouton wie folgt:" Die wesentlichste Bedingung der Organisationsentwicklung beruht darauf, daß 9.9 (Höchste Rangstufe im von Blake/Mouton entwickelten Gitternetz-Diagramm zur Analyse von Managerkompetenz/ Anmerkung von mir/ F.G.) Art der Leistung und Führung von den Managern allgemein als die beste Methode zum Erreichen optimaler Leistungen anerkannt wird." (Blake/Mouton/in: French/Bell 1990:166 f.) Bei der Grid-OE wir der Managerial-Grid-Fragebogen das Instrument zur Untersuchung der Organisationskultur.

Aus den Erfahrungen mit diesen unterschiedlichen Ansätzen der nunmehr landesweit agierenden „laboratories", die von mehreren Hochschulen und Instituten angeboten wurden, entwickelte sich zunehmend deutlicher die Frage nach dem Transfer der Labor-Erfahrungen der Teilnehmer in deren real existierende Arbeitspraxis oder grundsätzlicher: Die Frage nach den Erkenntnissen und der Übertragbarkeit der Erfahrungen der Labortrainings für komplexere und größere soziale Organsiationssysteme.

Dazu French und Bell:

> „Dabei ergaben sich erhebliche Schwierigkeiten bei der Übertragung des von den Teilnehmern im Laboratorium gelernten Verhaltens und Wissens auf die Lösung von Organisationsproblemen. Die in der Atmosphäre der T-Gruppe...erworbenen persönlichen Fähigkeiten ließen sich nur schwer auf komplexe Organisationen übertragen." (French/Bell 1990:38)

Wichtige Durchbrüche bei der Übertragung der Laboratorium-Konzeption in reale Organisations- Kontexte erzielten Ende der fünfziger Jahre Douglas McGregor, der seit 1957 mit der Union Carbide zusammenarbeitete, und Herbert Shepard als Mitarbeiter des Employee Relations Department of Esso Standard Oil, der wiederum eng mit Robert Blake zusammenarbeitete.

McGregor, Professor am MIT in Boston, hatte als einer der ersten Sozialwissenschaftler begonnen, das Problem des Transfers zu lösen. Er befaßte sich systematisch mit der Anwendbarkeit der im Laboratorium erworbenen Fähigkeiten auf komplexe Organisationen. Zusammen mit internen Mitarbeitern gründete McGregor bei Union Carbide eine kleine interne Beratergruppe, die in starkem Maße sozialwissenschaftliches Wissen anwendete.

Herbert Shepard begann 1958 und 1959 drei OE-Experimente in größeren Esso-Raffinerien in Bayonne, Baton Rouge und in Bayway.

In Baton Rouge arbeitet Shepard mit Robert Blake von der University of Texas zusammen. Sie planten eine Reihe von zweiwöchigen Laboratorien, die von allen Mitgliedern des Mittleren Managements besucht wurden. Es gelang aber nicht, das Top-Management in das Programm miteinzubeziehen. Daraufhin wurden die weiteren finanziellen Mittel für das Programm gestrichen.

Dies führte zu einer grundlegenden Erkenntnis: Die Notwendigkeit, daß sich das Top-Management aktiv beteiligt und die Führung des Programms übernimmt.

2.2.5 Die Survey-Feedback-Methode

Als spezielle Methode der Aktionsforschung wurde die „Survey-Feedback-Methode während der Forschungs-Arbeit am „Research Center of Group

Dynamics" am MIT und - als nach dem Tod von Kurt Lewin die gesamte Forscher-Gruppe 1947 an die University of Michigan wechselte und dort das Institute for Social Research gründete - am dortigen Institut für Soziale Forschung entwickelt.

Die Idee der Survey-Feedback-Methode beinhaltete zwei Arbeitsschritte, zuerst wurden Daten von den betroffenen Mitgliedern eines Organisationssystems erhoben, die im zweiten Schritt als Rückmeldung an die Betroffenen zurückgegeben wurden.

In der klassischen Ausprägung des „Survey-feedback" (auch: survey guided feedback oder survey research and feedback) wurde mit Hilfe von Fragebogen die Einstellungen der Mitarbeiter einer Organisation zu bestimmten Themen und Problemfeldern erhoben. Das so erhaltene Datenmaterial wurde dann vom Berater/Forscher zusammengefaßt und anschließend den betroffenen Mitgliedern der Organisation rückgekoppelt (im Deutschen wird diese Technik auch als Datenerhebungs- und Rückkopplungsmethode bezeichnet) (Comelli 1985:57).

Dabei wurde darauf geachtet, daß die Rückmeldung angefangen bei der Leitungsebene in Sitzungen mit den relevanten Mitarbeitergruppen stattfand. Wichtig war dabei, daß bei diesen Sitzungen alle Gruppenmitglieder die Daten diskutieren und interpretieren konnten, um dann ebenfalls gemeinsam Lösungsvorschläge und Verbesserungsmaßnahmen zu erarbeiten. (Mann 1957:157 ff.)

Diese Vorgehensweise kann man auch als eine Validitätsprüfung der Ergebnisse durch die Betroffenen als Sachkundige bezeichnen (Comelli 1985:57), die nicht selten die Forscher auch auffordern, die aufgestellten Hypothesen neu zu überdenken. Die Betroffenen prüfen in der gemeinsamen Diskussion auch, ob die Ergebnisse plausibel sind. Dabei werden die Organisationsmitglieder nicht nur gefordert, das vorhandene Datenmaterial zu analysieren und zu interpretieren. Vielmehr kommen in diesen Diskussionen weitere - und meist tiefer liegende - Schichten des Problemfeldes zutage.

Damit wird aus einer Erhebungsmethode bereits Teil des Interventionsprozesses. Die Befragungsergebnisse sind Anlaß, die Probleme genauer zu beschreiben, Ursachen dafür zu suchen, Wechselwirkungen zu untersuchen und schließlich Handlungs- und Lösungsoptionen zu generieren. Dabei ist es ein „...offensichtlicher Vorteil und wohl auch ein Reiz der Methode..., daß die Beteiligten von den rückgekoppelten Befragungsergebnissen im wahrsten Sinn des Wortes „betroffen" sind. Es sind ihre Daten, die naturgemäß einen extrem hohen Praxisbezug haben.

Oder wie French und Bell schreiben:
> „Such feedback has now taken on clear organizational development purposes as well...on the assumption that discrepancies between organizational ideals and actual responses to the survey will generate motivation for change...Early partizipation of organization members in the design and collection of data is likely to increase the relevance of feedback....It seems clear that survey feedback meetings can lead to attidudinal changes by

participants... **There ist evidence that survey feedback can be an effective „bridge"**
between diagnostic activities (e.g., interviewing or questionnaire administration)
and active intervention..." (Hervorhebung durch mich/ F.G.) (French/Bell 1989:48 f)

Als methodisches Instrument verbindet das „Survey-Feedback" somit die daten-
gestützte Analyse bezogen auf die relevanten Organisationsprobleme mit einer
ersten Intervention in das Organisationssystem im Sinne des Lewinschen
„unfreezing" und ist damit beides zugleich, Diagnose und Intervention (Beer
1976: 947).[15]

Als methodische Technik hat sich das „Survey-Feedback" wenig verändert. Als
Erhebungsform hat sich neben schriftlichen Formen vor allem die Interviewform
durchgesetzt.

Als weitere Diagnose- und Feedback-Instrumente wurden verschiedene Formen
von Gruppensitzungen entwickelt: Das unstrukturierte Gruppen-Interview
(Sensing), die Diagnose-Sitzung der Arbeits-Gruppe (Family Group Diagnostic
Meeting), die Diagnose-Sitzung von Managern zusammen mit Beratern und
Stabsmitgliedern (Managers Diagnostic Meeting) sowie der sogenannte „Organisatorische Spiegel" (Organization Mirror), bei der eine Arbeits- oder Projektgruppe Feedback von einer tangierten Gruppe (Kunden, Nachbarbereich, etc.)
bekommt (French/Bell 1990: 41 f.).

Insgesamt kann die „Survey-Feedback"-Methode als Forschungs- und Bera-
tungsmodell bezeichnet werden, das ausgehend von der Aktionsforschung eine
methodische Form der prozessualen Organisationsberatung darstellt, die in
zyklisch-interaktivem Vorgehen Diagnose und Intervention rollierend ineinander
verzahnt. Dieser zyklische Prozeß ist das methodische Grundmuster für die „Architektur" eines Organisationsentwicklungsprozesses.

2.2.6 Das Tavistock-Institut

Parallel zu den Arbeiten Kurt Lewins und seiner Mitarbeiter am „Research
Center for Group Dynamics" am MIT entwickelte sich eine vergleichbare
Forschungsarbeit am Tavistock-Institute in England

French und Bell beschreiben die Arbeit von Tavistock folgendermaßen:
Somewhat parallel to the work of the RCGD, SRC and NTL was the work of the
Tavistock Clinic in England...Tavistock leaders, including Trist and Bion had frequent
contact with Kurt Lewin, Rensis Likert and others in the United States. One product of

---

[15] Edgar Schein hat dieses Phänomen der engen Verknüpfung von Diagnose und Intervention in seinem
Konzept des „klinischen" Forschungsansatzes in der Organisationsentwicklung detailliert beschrieben
(Schein 1995). Sein Ansatz wird weiter unten in dieser Arbeit dargestellt und erörtert werden
(vgl.Seite 88).

the collaboration was the decision to publish Human Realations as a joint publication between Tavistock and MIT`s Research Center for Group Dynamics. Some Americans prominent in the emergence and evolution of the OD field, for example, Robert Blake...and Warren Bennis studies at Tavistock." (French/Bell/Zawacki 1989:25)

1920 war die Tavistock-Klinik als psychotherapeutische Einrichtung nach psychoanalytischen Grundsätzen zur Behandlung von Soldaten, die mit Kriegsneurosen aus dem Ersten Weltkrieg heimkehrten, gegründet worden. Durch die therapeutische Arbeit mit Familien war Gruppenarbeit bereits früh ein zentrales Thema an der Tavistock-Klinik. Entscheidend für die weitere Arbeit in Tavistock waren die Experimente von W. R. Bion und die Erfahrungen der Feldtheorie Lewins.

„The staff of the Tavistock Clinic was extensively influenced by such innovations as World War II applications of social psychology to psychiatry, the work of W.R. Bion and John Rickman and others in group therapy, Lewin´s notions about the „social field" in which a problem was occurring, and Lewin`s theory and experience of action research. Bion, Rickman and others had been involved with the six-week „Northfield-Experiment" at a military hospital near Birmingham during World War II. In this experiment each soldier was requiered to join a group that both performed some task such as handcraft or map reading and discussed feelings, interpersonal relations, and administrative and managerial problems as well. Insight from thosexperiment were to carry over into Bion`s theory of group behaviour. (French/Bell/Zawacki 1989: 25 f.)

Bions konzeptionelle Arbeiten waren die Grundlage für die „Tavistock-Konferenzen", eine gruppenpsychologische Veranstaltungsreihe, die den Lab-Trainings am MIT sehr ähnlich war. (Comelli 1985:69 ff.; Benne/Bennis/Chin 1975:61; French/Bell 1989: 25 ff.)

1946 gründete Eric Trist zusammen mit dem englischen Psychologen A.T.M. Wilson das „Tavistock Institute of Human Relations" in London. Im Rahmen dieser Arbeit wurde auch das Konzept des „sozio-technischen Systems" entwickelt, für das Tavistock und vor allem Eric Trist, bekannt wurden (Trist /in: Bennis/Benne/Chin 1975: 201 ff.; Trist 1972). Trist, neben Bion der bedeutendste Forscher des Tavistock Instituts, war geprägt von den System-Konzepten Bertalanffys und Andras Angyals.

Das Institut war in den Jahren nach dem Zweiten Weltkrieg am Wiederaufbau der englischen Industrie beteiligt. Dabei sind zwei Projekte, die während dieser Zeit bearbeitet wurden für die konzeptionelle Entwicklung von Tavistock besonders relevant.

Das erste Projekt bei der „Glacier Metal Company", einem privaten Ingenieur-Unternehmen, untersuchte die Gruppenbeziehungen der Mitarbeiter auf allen Ebenen. Bei diesem Projekt fand zum ersten Mal eine konkrete Anwendung der sozialpsychologischen Konzepte des Instituts in einem industriellen Kontext statt.

Allerdings lag der Fokus der Arbeit auf den Belangen des sozialen Systems. Gearbeitet wurde mit den Instrumenten der Aktionsforschung.

Das zweite Projekt war das später unter der Bezeichnung Tavistock-Kohlebergbau-Experiment bekannt gewordene Projekt in der britischen Kohle-Industrie. Ausgangspunkt war die Verstaatlichung des britischen Kohlebergbaus 1946. Der nationale Aufsichtsrat der Kohle-Industrie startete nach dem Krieg ein Programm zur technologischen Erneuerung des Bergbaus. Allerdings machte sich bereits nach kurzer Zeit Enttäuschung über den Erfolg der technischen Lösungen breit. Die Produktivität war wesentlich niedriger als vorhergesagt, Abwesenheits- und Fluktuationsraten stiegen und weitere Anzeichen deuteten auf ein Absinken der Arbeitsmoral (Trist 1972; Chern/ in: Greif u.a. 1989: 483).

Vor diesem Hintergrund erhielt das Tavistock-Institut den Auftrag, die Veränderungen der Arbeit durch die neuen Technologien zu untersuchen. Dabei machten die Tavistock-Forscher die Erfahrung, daß die durch die technologischen Veränderungen verursachte veränderte Arbeitsorganisation zwar scheinbar für den Arbeitsprozeß effektiver schien, jedoch durch den Verlust von Loyalität und Verantwortung sowie durch die Entwurzelung der alten „Kumpel"-Gruppen-Kultur die mangelnde Produktivität, die der Grund für den Forschungsauftrag war, verursacht hatte.

Dabei erlebten die Tavistock-Forscher, daß die Bergleute sehr wohl das Problem erkannt hatten und auch zu Verbesserungen fähig waren, wenn man sie gewähren ließ. Ken Bramford, ein Kollege von Eric Trist, berichtete 1950 von einer selbstinitiierten Verbesserung der Kumpel im Schacht South Yorkshire. Eric Trist beschreibt dies so:

„Die Arbeitsorganisation im neuen Schacht war für uns ein neues Phänomen und bestand aus mehreren relativ autonomen Gruppen mit untereinander wechselnden Rollen und Schichten, die ihre Dinge untereinander mit einem Minimum an Beaufsichtigung selbst regelten. Ganz offensichtlich war eine bessere Kooperation zwischen den Aufgabengruppen vorhanden. Erkennbar waren starke persönliche Verantwortung und Zusammengehörigkeitsgefühle, geringe Abwesenheit, seltene Unfälle und hohe Produktivität. Zwischen der Atmosphäre und Arbeitseinteilung in diesen Bereichen und konventionell arbeitenden Schächten mit ihren auffallend negativen, für die Industrie charakteristischen Merkmalen, gab es große Unterschiede. Die Männer erzählten uns, daß sie, um sich am besten an die technischen Bedingungen im neuen Schacht anzupassen, eine Form der Arbeitsorganisation entwickelt hätten, die auf gebräuchliche Verfahren aus Zeiten vor der Mechanisierung zurückging, als noch kleine Gruppen die gesamte Arbeitstätigkeit verantwortlich und autonom übernahmen. Diese Verfahren waren mit der zunehmenden Mechanisierung im Zusammenhang mit der Einführung der 'Longwall-Methode' verschwunden. Dies hatte zur Vergrößerung der Aufgabenbereiche geführt und zu Gruppierungen mit beträchtlicher Größe, deren Tätigkeiten auf Rollen nach dem Prinzip 'ein Mann - eine Aufgabe' reduziert wurden. Die dabei erzwungene Koordination und Kontrolle wurde auf externe Vorgesetzte übertragen. Nun hatten sie die Möglichkeit gefunden, den Gruppenzusammenhalt und die verlorene Selbstregulation der Gruppe auf dem höheren Niveau der Mechanisierung wiederherzustellen und ihren Einfluß zur Mitwirkung bei

Entscheidungen über ihre Arbeitseinteilung zu erweitern."(Trist 1972 / hier frei übersetzt in Cherns 1989:484 f.)

Aus diesen Erfahrungen im britischen Kohlebergbau entwickelten die Forscher des Tavistock-Instituts unter Federführung von Eric Trist das Konzept der „sozio-technischen Systemtheorie", die besagt, daß alle Arbeitsorganisationen ein technisches und ein soziales System besitzen. Nach dieser Theorie ist es notwendig, das technische und das soziale System einer Organisation gemeinsam zu optimieren, anstatt isolierte Lösungsansätze für technische Themen („Ingenieur"-Lösungen) und für soziale Themen („Personal"-Lösungen) zu forcieren. Insbesondere ist eine Synchronisierung beider Bereiche zu erreichen.

Aus den Erfahrungen in den Industrie-Projekten entwickelte sich die Idee der „Tavistock-Konferenzen", eine Gruppen-Trainings-Veranstaltung, die sehr viele inhaltliche und methodische Parallelen zu den Laboratorien der RCGD hatte.

derfer beschreibt den Ansatz so:
gh Tavistock theories have envolved from the psychoanalytic tradition, the nces are directed to learning, not therapeutic goals...Tavistock laboratories also focus on intergroup relations through the use of exercises which ask participants to negotiate among groups in order to make a decision or carry out a task. These activities serve to underline the impact of individual subgroup, and group boundaries. The analysis of boundaries plays a key role in Tavistock theory and methods. One of the key learnings is the types of fantasy and mythmaking that groups indulge in, with respect of each other, across group boundaries...It is one thing to learn that persons develop vivid and hostile fantasies about persons who appear to be leaders yet deny the role, who behave in distant ways and speak metaphorically about their perceptions of the group.. Tavistock laboratory can be very enlightening with regard to multiple group functioning in large scale social systems." (Alderfer 1989:266 f.)

Die soziotechnische Systemtheorie und ihre Anwendung hat sich in der Zwischenzeit weiterentwickelt und berücksichtigt Probleme wie Führung, Anpassung an Informationssysteme, Gruppenarbeit etc. (Cherns 1989: 488). Das Tavistock-Institut in London existiert auch heute noch und führt die Forschungen, Konferenzen und Trainings im Sinne einer ganzheitlichen Organisationsent-wicklung weiter.

EricTrist bringt dies auf den Punkt, wenn er schreibt:
„Daher muß man, wenn man ein Produktionssystem als ein funktionierendes Ganzes untersucht, die technologischen wie auch die sozialen Komponenten, die ihrerseits als Systeme behandelt werden, sorgfältig beachten. Unter mehr oder weniger willkürlich ausgewählten Einzelaspekten der Technologie - wie etwa die repetitive Natur der Arbeit, die Zwangssituation am Fließband, die Zerstückelung der Arbeitsaufgabe - lassen sich die Vorgänge nicht verstehen. Aber gerade das wird allzu häufig versucht." (Trist 1975:205)

Dieser Ansatz der soziotechnischen Systemtheorie ist nach meiner Einschätzung heute höchst aktuell, weil immer noch, und ganz besonders in Zeiten wirtschaftlicher Rezession - wo alte Konzepte im restaurativen Taumel der Ohnmacht wieder Hochkonjunktur haben -, die isolierte Betrachtung der Gesamt-Organisation und der Versuch durch brachiale Veränderung von Einzel-Segmenten, die systemische Erkenntnis der Tavistock-Forschungen ignoriert wird. Und damit werden durch partikulare Scheinlösungen ungeahnte Probleme in der Gesamtheit einer Organisation vernachlässigt oder sogar erst generiert.

Die Tavistock-Konzepte - und mit Ihnen insbesondere die Arbeiten von W.R. Bion und E.Trist - müssen notwendigerweise bei einem Abriß über die Forschungsgeschichte der Organisationsentwicklung als wesentliches und auch prägendes Element genannt werden. Besondere Bedeutung haben die Tavistock-Forschungen auch vor dem Hintergrund der Tatsache, daß heute den systemischen Zusammenhängen in der Organisationsentwicklung - ob nun systemisch oder gruppendynamisch orientiert - eine zentrale Rolle zugeschrieben wird. Diese frühe Beachtung und Betonung des systemischen Aspekts macht die Tavistock-Konzeption aus heutiger Sicht in forschungshistorischer Perspektive zudem interessant.

Roswitha Königswieser und Jürgen Pelikan betonen die Bedeutung des Tavistock-Ansatzes für die aktuelle OE-Arbeit. Sie schreiben:

> „Innerhalb diese Ansatzes sind Aufgaben- statt Personenorientierung, ein strukturaler statt ein personaler Ansatz, die explizite Berücksichtigung der Umgebung und des Kontextes, z.B. die Institution als Ganzes für die Kleingruppe, sowie die Beachtung des Prinzips der Selbstregulierung schon frühzeitig eingeführt worden..." (Königswieser /Pelikan 1990:88)

Die Bedeutung von Tavistock für die Geschichte der Entwicklung der Organisationsentwicklung bekunden auch French und Bell in Ihrer „history of organization development" :

> Organization development has emerged largely from applied behavioural sciences and has three major stems: the invention of the T-group and innovations in the application of laboratory training insights to complex organizations, the invention of survey feeback technology, and the emergence of action research. **Parallel and linked to these stems was the emergence of the Tavistock sociotechnical and socioclinical approaches.** (Hervorhebungen durch mich / F.G.) (French/Bell 1989: 29)

Als Abschluß dieses Kapitels soll eine Darstellung von Robert Chin und Kenneth D. Benne einen genealogischen Überblick über die ideengeschichtlichen Entwicklungsstränge der Organisationsentwicklung geben (vgl. Abbildung 9).

Chin und Benne unterscheiden in ihrem Aufsatz „Strategien zur Veränderung sozialer Systeme" drei Grund-Kategorien von Strategien für geplante Veränderungen, die gleichsam als Grund-Entwicklungsstränge der Organisationsentwicklung verstanden werden können:

1. Rational-Empirische Strategien

Diese Strategien gehen davon aus, daß Menschen durch rationale Einsicht mit Argumenten zu Veränderungen zu bewegen sind.

2. Macht- und Zwangsstrategien

Diese Kategorie der Strategien geht davon aus, daß nur Macht - sei sie ökonomisch, politisch, moralisch oder auch physisch - tatsächlich Veränderungen bewirken kann.

3. Normativ-reedukative Strategien

Dieser Ansatz, der in dieser Arbeit die zentrale Rolle spielt, geht nicht von einem Bild des rationalen Menschen aus, sondern von einem komplexeren Menschenbild, das sich auch durch irrationale, emotionale und unbewußte Motive auszeichnet und durch bestimmte soziale Interaktionen, Dynamiken und Kontextsituationen determiniert wird. Der normativ-reedukative Ansatz wird generell dem Konzept der Organisationsentwicklung zugerechnet.

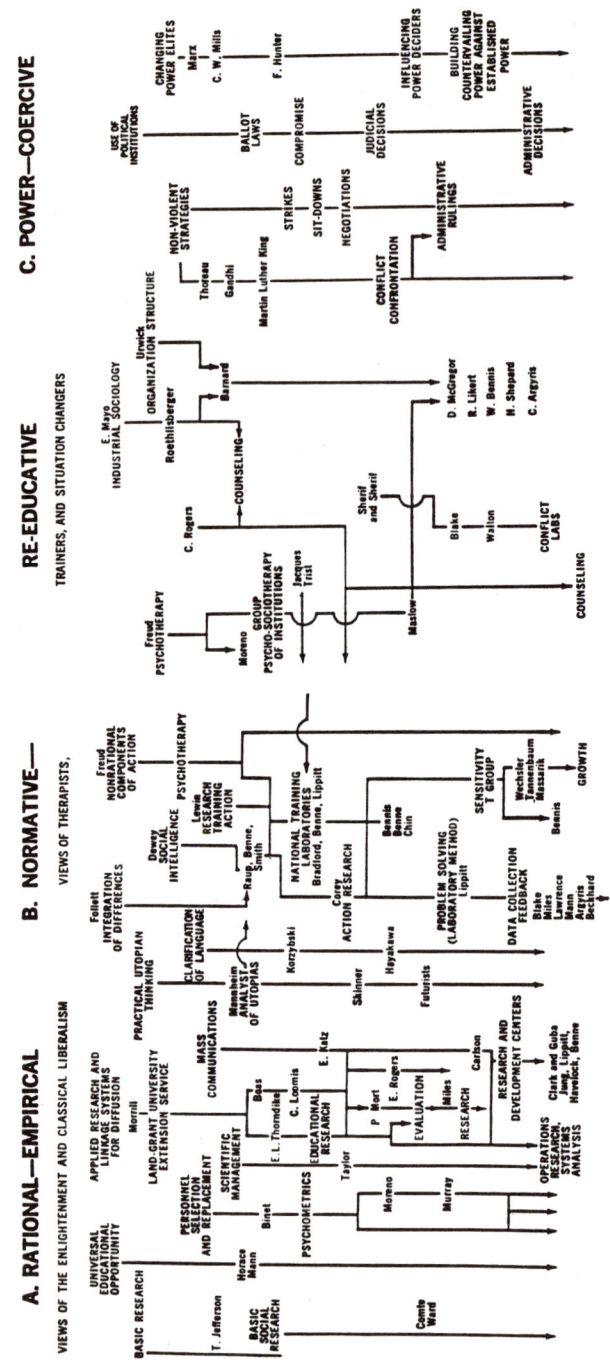

Abbildung 9 : Entwicklungsstränge der Organisationsentwicklung
Quelle: Benne/ Bennis/ Chin 1975:74 f.

Kapitel 3
Organisationsentwicklung heute

Angesichts der weltweiten wirtschaftlichen Rezession Anfang der neunziger Jahre haben Reorganisations-Konzepte eine aktuelle Bedeutung bekommen. Dabei haben neben vorwiegend betriebswirtschaftlich-technologischen Reorganisations- und Rationalisierungs-Ansätzen wie der „Gemeinkostenoptimierung" (McKinsey) oder der „Geschäfts-Prozeß-Optimierung" (Diebold Deutschland) sowie dem „Re-Engineering" (Boston Consulting Group) auch und zunehmend Organisationsentwicklungs-Prozesse Konjunktur, die neben der betriebswirtschaftlichen und technologischen auch die sozialpsychologische Dimension bei der Veränderung einer Organisation professionell beraten und begleiten können.

In dieser Disziplin sind nach meinem Ermessen die klassischen Unternehmensberatungsfirmen bis heute wenig kompetent, da ihre Restrukturierungs-Modelle fast ausschließlich vor dem Hintergrund ökonomischer und technologischer Parameter entwickelt wurden.

Die Implementierung und Begleitung eines Reorganisationsprozesses fordert jedoch eine methodische Kompetenz bei der Beteiligung der Mitarbeiter und Gestaltung der Kommunikationsprozesse, die in diesen Instituten bis heute zumeist gar nicht vorhanden ist oder, sollte sie denn vorhanden sein, in solch ökonomisch dominierten Beratungsfirmen nicht den Einfluß findet, die methodische „Architektur" eines Veränderungsprozesses im Sinne eines offenen Entwicklungsprozesses zu gestalten. Aus diesem Grund sind die Ansätze der klassischen Beratungsfirmen meist methodisch traditionelle Expertenansätze, wo die Gutachter-Weisheit per Expertise dem Auftraggeber mitgeteilt wird und der Klient bei der Umsetzung meist alleingelassen wird.

Beratungsansätze, die neben den ökonomischen und technologischen Faktoren als wesentliche Kerndimension die Menschen sehen, die in der betreffenden Organisation tätig sind, betonen demgegenüber die Notwendigkeit zuallererst in einem Veränderungs- oder Reorganisationsprozeß die in der Organisation agierenden Menschen - und zwar in ihrer Doppel-Rolle als Haupt-Objekt wie auch als Haupt-Medium des Veränderungsprozesses - zu betrachten und sie als zentrale Größe bei der Design-Gestaltung methodisch sinnvoll zu integrieren.

Ansätze, die solche Parameter betonen, stehen zumeist in der Lewinschen Tradition der Organisationsentwicklung oder orientieren sich - sehr aktuell - an dem Konzept der systemischen Organisations-Beratung, einem Beratungsansatz, der sehr eng mit der Arbeit der systemischen Familientherapie (Stierlin, Simon, Boscolo, Selvini-Palazzoli) verbunden ist.

Im folgenden Kapitel will ich diese aktuellen Entwicklungen in der Organisationsentwicklung eingehend erörtern. Dabei sind entsprechend der Themenstellung dieser Arbeit vor allem solche Ansätze von Bedeutung, die ein angemessenes Beratungskonzept für die sozialpsychologische Dimension eines Veränderungsprozesses entwickelt haben.

Dabei sollen insbesondere die aktuellen Konzepte nordamerikanischer Forscher und Berater sowie die Entwicklungen hierzu im deutschsprachigen Raum beschrieben werden.

Neben den Bemühungen, die Integration von technologischen, ökonomischen und sozialpsychologischen Faktoren adäquat in einem Beratungskonzept zu leisten, wird sich der Punkt 3.2.3. sehr ausführlich mit den wissenschaftlichen Quellen, der Theorie und der Beratungspraxis der systemischen Organisationsberatung befassen, da ich diesen Ansatz sowohl von der Theorieentwicklung als auch von der praktischen Arbeitsform für die schillerndste und momentan einflußreichste Form der psychologisch fundierten Organisations-Beratung halte.

3.1 Organisationsentwicklung in den USA

Neben den stark von ökonomischen und technologischen Ansätzen geprägten Konzepten wie „Business Reengineering" (Hammer/Champy 1993) und den bereits erwähnten Konzepten traditioneller Unternehmensberatungs-Institute sind in den USA zur Zeit im Bereich der Organisationsentwicklung vor allem Konzepte aktuell, die den notwendigen Versuch unternehmen, ökonomische, technologische und sozialpsychologische Dimensionen in ein ganzheitliches Konzept eines geplanten Veränderungsprozesses sinnvoll zu integrieren und dafür auch das entsprechende praxistaugliche Methodeninstrumentarium sowie die notwendige Beratungskompetenz liefern.

Viele dieser „Management of Change"-Konzepte leiten sich in direkter Linie von den Arbeiten Kurt Lewins und seinen Mitarbeitern ab. Einige der Protagonisten der heutigen amerikanischen OE-Szene - in Universitäten und in der Beratungspraxis - sind Schüler oder „Enkel" Lewins (vgl. Abbildung 9).

Dabei ist es wichtig einen Unterschied zwischen Deutschland - und weitgehend entsprechend in Österreich und der Schweiz - und den USA hinsichtlich der Rezeption der Organisationsentwicklung zu machen. Die theoretische Rezeption der Organisationsentwicklung erfolgte im deutschsprachigen Raum an Universitäten und Hochschulen im wesentlichen in der betriebswirtschaftlichen Fachrichtung. Dabei geht es der Betriebswirtschaft vor allem um die Integration und Nutzung verhaltenswissenschaftlicher Aspekte in die bestehende deutschsprachige Theorie. Bendixen bemerkt dazu:

„Für die Betriebswirtschaftslehre bedeutet die Organisationsentwicklung insbesondere auch als Aktionsforschung in mehrfacher Hinsicht eine Herausforderung. Die deutschsprachige Rezeption dieser in den USA sich in Wissenschaft und Praxis schon seit langem sich ausbreitenden Richtung, findet in der wirtschafts- und sozialwissenschaftlichen Literatur nur zögernd statt. Ein Grund dafür könnte in der dezidiert humanitär-emanzipatorischen Orientierung der Organisationsentwicklung liegen, weshalb sie vorerst mehr den Status einer eigenständigen sozialwissenschaftlichen Teildisziplin zu besitzen scheint. Thematisch kongruent mit den betriebswirtschaftlichen Konzeptionen der geplanten Veränderung der Unternehmensorganisation, des Reorganisierens oder der Unternehmensentwicklung, stellt aber ihren Praxisbezug betont als Gegensatz zu den traditionell mit diesem Thema befaßten Teildisziplinen her." (Bendixen / zitiert in Richter 1994:184)

Im Gegensatz zu dieser eher akademisch distanzierten Rezeption der deutschsprachigen Betriebswirtschaft, die bis heute eher kühl und zwiespältig geblieben ist (Richter 1994:184 ff.), hat sich Organisationsentwicklung in den USA, dort „Organizational Development" (OD) genannt, zu einer respektierten Form angewandter Sozialwissenschaft an nahezu allen bedeutenden Forschungseinrichtungen etabliert. French und Bell beschreiben die Situation folgendermaßen:

„Ein deutliches Zeichen für die ausgedehnte Anwendung von OE-Konzepten ist die Gründung und Entwicklung des „OD-Network of NTL-Institute for Applied Behavioral Science"...Die meisten Mitglieder üben eine bedeutende Rolle in OE-Programmen aus, oder sind als Wissenschaftler auf dem Gebiet der Organisationsentwicklung tätig...Ein weiteres Indiz ist die Tatsache, daß die Academy of Management, deren Mitglieder vorwiegend Professoren im Bereich des Managements sind, 1971 eine OE-Abteilung gründete... Das erste Doktorandenprogramm für OE-Spezialisten wurde 1960.. am Case Institute of Technology gegründet... Darüber hinaus bieten unseres Wissens zumindest folgende Universitäten spezielle Graduiertenprogramme an, die sich mit Organisationsentwicklung befassen: Harvard, MIT, UCLA und Yale". (French/Bell 1990:44)

Vor dem Hintergrund dieser Situation sind die wichtigsten nordamerikanischen Vertreter der Organisationsentwicklung als angewandter Sozialwissenschaft zumeist Hochschullehrer im Bereich der Organisationspsychologie, die allerdings allesamt über zum Teil jahrzehntelange Erfahrungen in der Beratung, Begleitung und Gestaltung von OE-Prozessen in industriellen, sozialen oder auch kommunalen Einrichtungen haben.

Helmut Willke beschreibt den Unterschied zwischen der nordamerikanischen und der deutschsprachigen OE-Forschung und OE-Arbeit treffend:

„Die interessantesten Anbieter auf diesem Markt sind nach meinem Eindruck Autoren (das mögen Personen, Gruppen, Forschungs- oder Beratungseinrichtungen sein), die theoretische Perspektive mit reflektierter Praxiserfahrung verbinden. Die USA scheinen hier besonders gut im Rennen zu liegen, weil das Hin- und Herwandern zwischen den unterschiedlichen Welten von Theorie und Praxis, Forschung und Unternehmung nicht nur geduldet, sondern aktiv gefördert wird. Erfreulicherweise gibt es auch in Europa, und hier besonders in Österreich seit einigen Jahren systemisch arbeitende Berater und Beratungsfirmen, die ihre Konzeptionen aus einem intensiven Dialog zwischen Theorieproduzenten...und theoretisch interessierten Professionellen andererseits entwickelt haben...Aber immer noch gibt es in Europa und besonders Deutschland zu wenige dieser Grenzgänger, weil sich hier Praxis und Theorie normalerweise verständnislos und mißtrauisch gegenüberstehen." (Willke 1994:177)

Einige der Protagonisten der nordamerikanischen OE-Arbeit und ihre Konzepte sollen hier exemplarisch dargestellt werden, um damit eine Idee vom aktuellen Stand der Organisationsentwicklung in den USA zu skizzieren.

Mehr als eine Trendskizze des Standes der Organisationsentwicklung in den USA kann und soll dieser Abschnitt nicht leisten. Aber die genannten OE-Forscher/-Berater sind allesamt zentrale Figuren in der Theorieentwicklung und der Beratungspraxis der nordamerikanischen Organisationsentwicklung, so daß auch einige fragmentarische Aussagen ihrer aktuellen Arbeits-Konzepte Einsichten in den Stand und die Trends der Organisationsentwicklung in den USA zu geben in der Lage sind.

Chris Argyris

Ein wichtiger Vertreter der amerikanischen OE-Szene ist Chris Argyris, Schüler von Kurt Lewin und Douglas McGregor, Professor an der Harvard Business School und - für deutsche Verhältnisse ungewöhnlich - gleichzeitig Fakultätsmitglied der Business School und der School of Education. Damit wird die disziplinenübergreifende Bedeutung der Organisationsentwicklung symbolträchtig dokumentiert: Organisationsentwicklung als angewandte Sozialwissenschaft relevant für „business" und „education". Ein Sachverhalt, der im deutschsprachigen Raum noch kaum eine Entsprechung findet.

Argyris hat insbesondere das Lernen von und in Organisationen untersucht und theoretisch begründet (Argyris/Schöne 1978). Er versteht Lernen dabei als einen Konstruktionsprozeß gemeinsamer Annahmen und Wirklichkeiten. Der Lernprozeß wird dabei vor allem durch Fehlerkorrekturen in Gang gesetzt. Dazu unterscheidet Argyris zwei Formen des Lernens. Das Single-Loop-Lernen und das Double-Loop-Lernen. Das **Single-Loop-Lernen** entspricht weitgehend dem Lernen durch Anpassung. Beim **Double-Loop-Lernen** werden zusätzlich zum Anpassungslernen auch noch die zugrundeliegenden Alltagstheorien hinterfragt und verändert.

Als Voraussetzung für Organisationslernen müssen durch Single-Loop-Lernen entstandene Ergebnisse in die durch Double-Loop-Lernen neu generierten kollektiven Alltagstheorien integriert werden (Argyris 1977: 115 ff.) .

Dabei ist es besonders wichtig, eingeschliffene Abwehr- und Widerstandsroutinen zu enttabuisieren und diese damit erstens zu entblockieren und zweitens, sie ebenfalls als (vielleicht bedeutendste) Lernfelder fruchtbar zu machen (Argyris 1993:224 f.).

82

Noel M. Tichy

Ein weiterer Repräsentant der amerikanischen OE-Arbeit ist Noel M. Tichy, Professor an der University of Michigan. Tichy hat ab 1964 an der Colgate University in Hamilton Psychologie studiert und 1972 an der Columbia University in New York in Sozialpsychologie promoviert. Seit 1980 ist er Professor für „Organizational Behaviour and Human Resource Management" an der Graduate School of Business Administration an der University of Michigan. Von 1985 bis 1987 war Tichy bei der General Electric Company (GE) Leiter des Management Development Institute. In dieser Zeit hat er zusammen mit Jack Welch dem Vorstandsvorsitzenden von GE, den Restrukturierungsprozeß von General Electric als Berater mitgestaltet.

Tichy geht bei seinem Konzept von einem Phasenmodell der Entwicklung einer Organisation aus. Er beschreibt insgesamt vier Phasen: Die Pionierphase, die Wachstumsphase, die Reifephase und die Wendephase. Befindet sich eine Organisation in der Reifephase, ist sie gefährdet durch Selbstzufriedenheit und Erstarrung. Nach den energiereichen und stürmischen Zeiten der Pionier- und der Wachstumsphase geraten Organisationen in der Reifephase nicht selten in eine Situation allgemeiner Stagnation. Hier ist die notwendige Flexibilität zur situativen Anpassung an die aktuellen Umweltbedingungen bedingt durch Überstrukturierung und häufig auch Überbürokratisierung in Frage gestellt.

Deshalb heißt für Tichy die einzig zukunftsweisende Lösung in dieser Phase, durch eine Wendephase - letztlich den von ihm propagierten Transformationsprozeß - zu einer erneuten Pionierphase zu kommen (vgl. Abbildung 10).

Tichy nennt seinen Ansatz der Organisationsentwicklung „Transformations-Prozeß" einer Organisation. Dabei unterscheidet Tichy zwischen inkremental-evolutionären und monumental-revolutionären Veränderungsprozessen. Seinen eigenen Ansatz der Transformation einer Organisation sieht er als ein „revolutionäres" Konzept (vgl. Abbildung 11).

Nicht zufällig nennt Tichy sein neuestes Buch „Regieanweisung für Revolutionäre - Unternehmenswandel in drei Akten" (Tichy 1995).

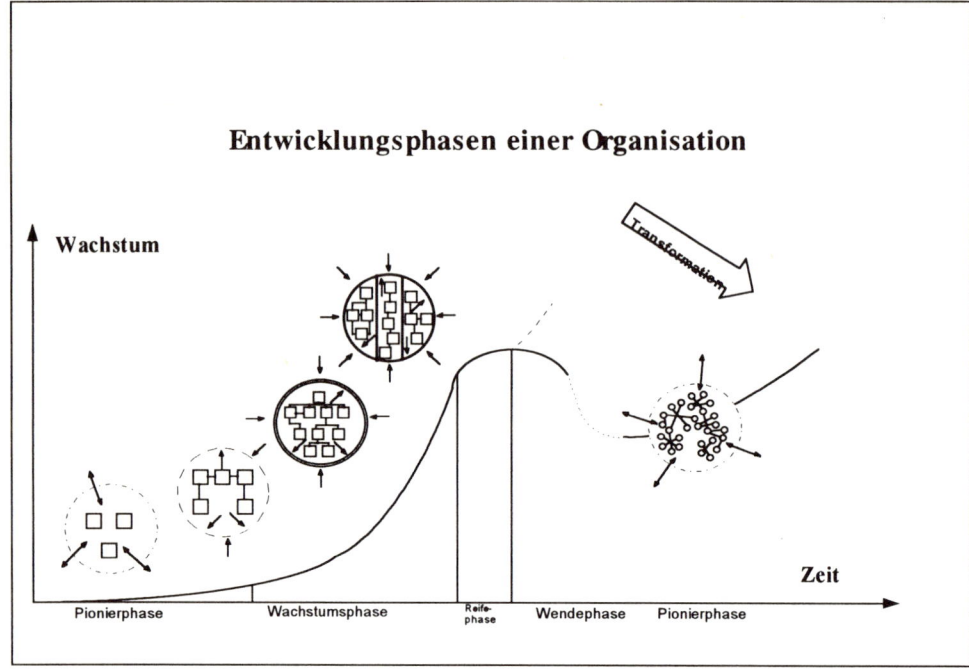

Entwicklungsphasen einer Organisation

Wachstum

Transformation

Zeit

| Pionierphase | Wachstumsphase | Reife-phase | Wendephase | Pionierphase |

Abbildung 10: Entwicklungsphasen einer Organisation nach N.M. Tichy
Quelle: Schardt 1995: 2

Für Tichy ist dabei insbesondere die ganzheitliche Veränderung des Unternehmens wesentlich. Diese Ganzheitlichkeit (eigentlich ein uneinlösbarer Mythos - wann ist etwas ganz? Vielleicht wäre „Vielschichtigkeit" der Organisationsveränderung angemessener) versucht er durch die Berücksichtigung dreier sehr unterschiedlicher Organisationsdimensionen zu erreichen.

Er unterscheidet deshalb die drei Dimensionen **T**echnic (was er auch mit „sachbezogen" übersetzt), **P**olitics (was die Organisations-Politik bezeichnet) und **C**ulture (was die Organisationskultur meint). Diese drei Dimensionen vereint Tichy in der von ihm so genannten TPC-Matrix (vgl. Abbildung 12). In dieser Matrix zeigt er durch die differenzierte Aggregation der Handlungsfelder Strategie, Organisationsstruktur und Personalmanagement Gütekriterien zur Steuerung und Normierung von Zielen, Rollen, Prozessen und Beziehungen in der Organisation.

84

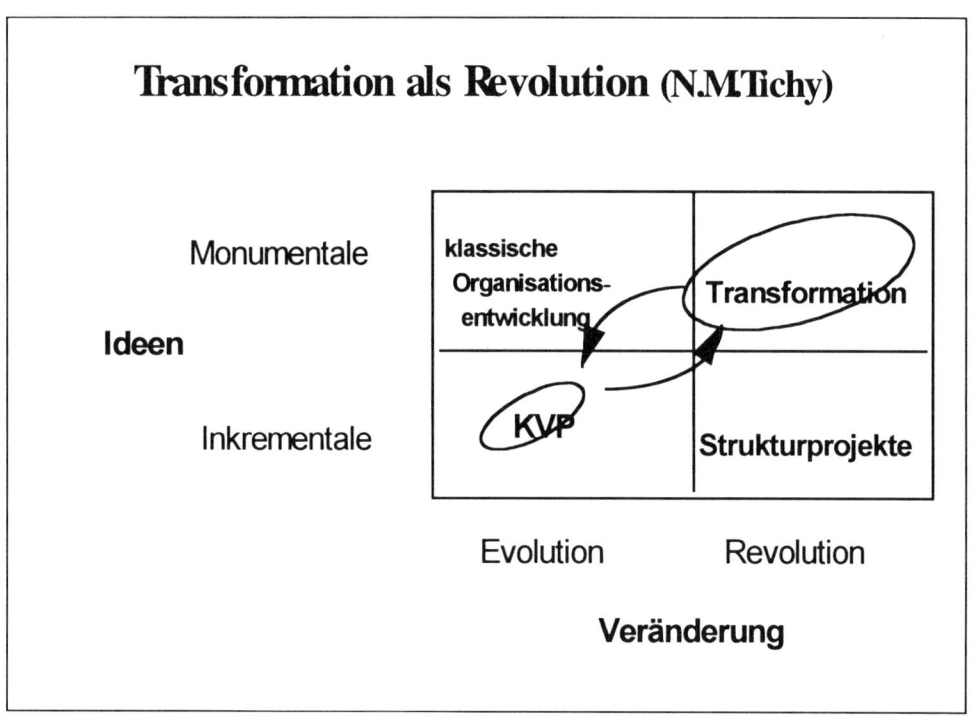

Abbildung 11: Noel M. Tichy: Der Transformationsprozeß als monumental-revolutionärer Veränderungsprozeß.
Quelle: Tichy 1995:50

Die TPC-Matrix im Transformationsprozeß (N.M. Tichy)

	Strategie	Organisationsstruktur	Personalmanagement
T	Was tue ich? Welche Mittel setze ich ein? Welche Produkte für welche Märkte, welche Marktanteile? Welche Leistungsziele strebe ich an? Welche Effizienzziele setze ich mir? Welchen Risiken und Chancen begegne ich in der Umwelt, welchen Kompetenzen und Schwächen in der Organisation?	Wie sehen organisatorische Strukturen und Regeln aus, die die Strategie stützen? Welche Rollen und Funktionen sind neu zu entwickeln? Welche Rollen sind zu differenzieren und zu integrieren?	Welche Menschen passen zu den neuen Rollen? Welche neuen Leistungskriterien sind notwendig? Wie wird die Leistung gemessen? Wie wird die Organisation ausgestattet und die Personen entwickelt, um die neuen Rollen zu füllen? Welches Informations- und Planungssystem?
P	Wer hat Einfluß auf meine Strategie? Wie manage ich Koalitionen, Netzwerke gleichgerichteter Interessen? Wie beeinflusse ich widersprechende Interessen? Wie steuere ich interne und externe Gegebenheiten? Wie kann ich externe Gegebenheiten beeinflussen? Wer kann Entscheidungen beeinflussen?	Wer erhält Macht? Position und Ressourcen? Wer wird in welcher Rolle tätig? Wie wird die Macht verteilt zwischen Rollen, Gruppen und Funktionen?	Wer kommt voran? Wie kommt man voran? Wer wird belohnt, wie und durch wen? Wie werden einflußreiche Netzwerke, Koalitionen und Cliquen gemanagt? Wen wähle ich aus und fördere ich?
C	Wie entwickele ich Werte, die die Mission und die Strategie stützen? Welche Kultur strebe ich an, die mir hilft, die angestrebten Ziele zu erreichen?	Wie entwickele ich den strategie-fördernden passenden Managementstil? Wie fördere ich Subkulturen, die diesen Stil schon leben? Wie mache ich den Stil sichtbar, erlebbar? Wie integriere ich die Subkulturen zu einer Corporate Culture? Wie entwickle ich Subkulturen, die Rollen unterstützen?	Wie wähle ich aus und welche Leute, um die gewünschte Kultur zu erreichen bzw. zu stärken? Wie mache ich die neue Kultur öffentlich, sichtbar? Symbolisches Management bei Belohnungen usw.

Abbildung 12: Die TPC-Matrix von Noel M. Tichy
Quelle: Tichy 1995:74 und Schardt 1995:8

Zwei weitere Vertreter der amerikanischen OE-Szene, deren Arbeiten meines Erachtens einen guten Eindruck über den Stand der Theorie- und Praxis-Situation der US-amerikanischen Organisationsentwicklung geben, sind Peter Senge, Direktor des „System Thinking and Organizational Learning"-Programmes an der Sloan School of Management am MIT in Boston, und Edgar Schein, Schüler von Douglas McGregor sowie ebenfalls Professor an der Sloan School des MIT.

Peter Senge

Peter Senge, der mit seinem Buch „The fifth discipline" (Senge:1990) radikal die Idee von der Notwendigkeit einer lernfähigen und lernenden Organisation entwickelt, kommt zu dem Schluß, daß sich das Lernen der Organisation und ihrer Mitglieder wechselseitig stützen müssen:

> „Organizations learn only through individuals who learn. Individually learning does not guarantee organizational learning. But without it no organizational learning occurs."
> (Senge 1990: 139)

Deutlich formuliert Senge seine Mission:

„Wenn etwas nötig ist, dann ist es heute wichtiger denn je, zu verstehen, wie Organisationen lernen, und dieses Lernen zu beschleunigen. Die alten Zeiten sind vorbei, da ein Henry Ford, Alfred Sloan oder ein Tom Watson (oder ein Robert Bosch oder Gottlieb Daimler/ Anmerkung von mir /F.G.) für die Organisation lernte. In einer zunehmend dynamischen, voneinander abhängigen Welt und nicht vorhersehbaren Welt ist es schlichtweg niemandem mehr möglich, „alles an der Spitze zu durchdenken". Das alte Modell „die Spitze denkt, und der vor Ort handelt" hat jetzt integrierendem Denken und Handeln auf allen Ebenen zu weichen." (Senge 1993:146)

Neben den ersten vier Disziplinen, die Senge als Basisvoraussetzungen für gutes Management nennt ist für Senge die fünfte Disziplin - entsprechend dem Titel seines Buches - entscheidend. Er nennt sie „systems thinking" (vgl. Abbildung *13*).

Die fünf Disziplinen der lernenden Organisation
nach Peter Senge

    1.   Personal Mastery

    2.   Mental Models

    3.   Shared Vision

    4.   Team Learning

    5.   Systems Thinking

Abbildung 13: Die fünf Disziplinen der lernenden Organisation nach Peter Senge
Quelle: Senge 1990:139 ff.

Die ersten vier genannten Disziplinen sind in modernen, sich partizipativ gebenden Organisationskulturen - zumindest von den Begriffen her - nicht gänzlich neu: Persönliche Kompetenz, angemessene mentale Denk-Modelle, gemeinsame Visionen und Team-Lernen.

Das Neue an Senges Ansatz ist der Vorschlag, systemisches Denken als Disziplin zu begreifen, die es ermöglicht, Zusammenhänge holistisch zu verstehen. Diese fünfte Disziplin

„...stellt unerbittlich die Frage nach den ganzheitlichen Zusammenhängen, welche die Situation etwa für ein Unternehmen in seiner spezifischen Umwelt, seiner spezifischen Zeitdynamik, seiner spezifischen Vernetzung und Interdependenz definieren... Zu der Eigenlogik komplexer Systeme gehören, wie Senge hervorhebt...vor allem eine zirkuläre Verknüpfung von Ursachen und Wirkungen, Verzögerungs- und Beschleunigungsmomente in den Rückkopplungsschleifen des Systems...oder versteckte und progressiv wachsende Widerstände im System gegen externe Beeinflussungen." (Willke 1994:180 f.)

Senge beschreibt dies so:

„Systems thinking is a discipline for seeing wholes. It is a framework for seeing interrelationships rather than things, for seeing patterns of change rather than static „snapshots". It is a set of general principles - distilled over the course of the twentieth century, spanning fields as diverse as the physical and social sciences, engineering, and management...And systems thinking is a sensibility - for the subtle interconnectedness that gives living systems their unique character. Today, systems thinking is deeded more than ever because we are becoming overwhelmed by complexity." (Senge 1990: 68 f.)

Damit knüpft Senge an eine Denktradition an, die mit Talcott Parsons und Niklas Luhmann eine der bedeutendsten soziologischen Schulen des zwanzigsten Jahrhunderts, die „Systemtheorie", begründete. Ich werde später in dieser Untersuchung noch detailliert auf neuere systemische Konzepte der Organisationsentwicklung eingehen, die im deutschsprachigen Raum stark von den Bielefelder Systemtheoretikern Niklas Luhmann und Helmut Willke geprägt sind.

Willke estimiert demgemäß auch Senges Ansatz:

„Was Senges Werk aus der Masse der Managerliteratur heraushebt, läßt sich beschreiben als der konsequente Versuch, nicht nur die Spielregeln aufzuhellen, nach denen ein komplexes und eigensinnig dynamisches System operiert, sondern auch noch einen Schritt über die bloße Beschreibung der Regeln hinaus zu tun. " (Willke 1994:181)

Dazu liefert Senge einige ebenso kluge wie frech-süffisante Interventionsregeln, die er Gesetzmäßigkeiten der fünften Disziplin nennt (vgl. Abbildung 14), die beinahe den Eindruck lächerlicher Trivialität machen, als systemische Management-Maximen allerdings eine wirkliche „Sprengkraft" (Willke 1994) haben.

Gesetzmäßigkeiten der fünften Disziplin
nach Peter Senge

- *Die Probleme heute beruhen auf den Lösungen von gestern.*
- *Je stärker du drückst, desto stärker schlägt das System zurück.*
- *Das Systemverhalten wird besser bevor es schlechter wird.*
- *Der leichte Ausweg führt gewöhnlich zurück ins Problem.*
- *Die Therapie kann schlimmer sein als die Krankheit*
- *Langsamer ist schneller.*
- *Ursache und Wirkung sind raumzeitlich nicht eng verknüpft.*
- *Kleine Änderungen können große Wirkung erzielen - aber die sensibelsten Druckpunkte des Systems sind am schwersten zu erkennen.*
- *Man kann den Kuchen haben und ihn essen - nur nicht gleichzeitig.*
- *Wer einen Elefanten in zwei Hälften teilt, bekommt nicht zwei kleine Elefanten.*
- *Schuldzuweisungen bringen nichts.*

Abbildung 14: Gesetzmäßigkeiten der fünften Disziplin nach Peter Senge
Quelle: Senge 1990: 57 ff.

Edgar Schein

In seinem 1995 auf deutsch erschienenen Buch[16] „Unternehmenskultur - ein Handbuch für Führungskräfte" (Schein 1995) beschreibt Edgar Schein die praktischen Schritte und Probleme von zwei Organisationsentwicklungs-Prozessen in großen Industrieunternehmen. Dabei liegt für Schein der Schlüssel der Veränderung immer in der kritischen Reflexion und Entwicklung der Unternehmenskultur und der relevanten Führungskräfte.

Schein skizziert die Genese und Manifestation einer Unternehmenskultur folgendermaßen:

> „ Kulturen beginnen mit Führungspersönlichkeiten, die ihre eigenen Werte und Prämissen auf eine Gruppe übertragen. Hat diese Gruppe Erfolg und werden die Grundannahmen als selbstverständlich übernommen, dann etabliert sich eine Kultur, die für spätere Generationen von Mitgliedern die akzeptablen Formen von Führung festlegt. Das heißt: Jetzt ist es die Kultur, die die Führung definiert." (Schein 1995:17).

Für Schein ist die Fähigkeit aus der ursprünglich initiierten Kultur auszubrechen und evolutionäre Veränderungsprozesse einzuleiten die Herausforderung für Manager schlechthin: „...Die Grenzen der eigenen Kultur zu erkennen und die Gabe, sie stetig weiterzuentwickeln, machen den Kern von Führungsqualität aus und sind die größte Herausforderung überhaupt." (Schein 1995:17). Um dieser Herausforderung gewachsen zu sein, muß der veränderungsbereite Manager zuallererst die Kräfte der Unternehmenskultur begreifen. Dies ist ein wesentliches Anliegen der aktuellen Konzeption von Organisationsentwicklung im Sinne Edgar Scheins.

Als Hauptkategorien der Kultur bezeichnet Schein die zehn äußerlichen Phänomene einer Organisations-Kultur (vgl. Abbildung 15), die die Gemeinsamkeiten der Organisations-Mitglieder beschreiben, aber alle einzeln nicht identisch sind mit der Kultur. Das Wort „Kultur" umfaßt neben diesen Gemeinsamkeiten noch die Ebene der „strukturellen Stabilität" sowie die Integration der Einzel-Elemente in ein größeres Paradigma. „... Kultur setzt irgendwie voraus, daß sich Rituale, Klima, Werte und Verhaltensweisen zu einem einheitlichen Ganzen fügen. Diese Integration ist die Essenz dessen, was wir mit „Kultur" meinen." (Schein 1995:22 f.).

---

[16] Titel der amerikanischen Originalausgabe: „Organizational culture and leadership" San Francisco 1992

Hauptkategorien einer Unternehmens-Kultur

1. *Wiederkehrende Verhaltensweisen in der Interaktion:* die Sprache, die entstehenden Bräuche und Traditionen und die in einer Vielzahl von Situationen angewandten Rituale

2. *Gruppennormen:* die impliziten Maßstäbe und Werte, die sich in Arbeitsgruppen entwickeln, wie zum Beispiel die Norm „gutes Geld für gute Arbeit"

3. *Bekundete Werte:* die artikulierten und öffentlich vertretenen Prinzipien und Werte, die die Gruppe nach eigenem Bekunden befolgt, wie etwa „Produktqualität" oder „Preisführerschaft".

4. *Offizielle Philosophie:* die umfassende Politik und Ideologie, nach denen eine Gruppe (auch ein Unternehmen) im Umgang mit Aktionären, Mitarbeitern, Kunden und anderen entscheidenden Leuten richtet, zum Beispiel der vieldiskutierte „HP way" von Hewlett-Packard.

5. *Spielregeln:* die stillschweigend akzeptierten Regeln für das Überleben im Unternehmen; die „Finessen", die der Neuling erst Lernen muß, um zum akzeptierten Mitglied aufzusteigen; die Art „wie es bei uns läuft".

6. *Klima:* die durch das Ambiente und die Umgangsformen der Unternehmensangehörigen untereinander sowie mit Kunden und anderen Außenstehenden hervorgerufene Stimmung innerhalb einer Gruppe.

7. *Verwurzelte Talente:* die besonderen Fähigkeiten, die Gruppenmitglieder zur Bewältigung bestimmter Aufgaben benötigen; das Geschick, gewisse Dinge von Generation zu Generation weiterzugeben, ohne sie unbedingt schriftlich festhalten zu müssen.

8. *Denkgewohnheiten,* geistige Modelle und/oder linguistische Paradigmen: der gemeinsame kognitive Rahmen, der den Mitgliedern einer Gruppe Wahrnehmungen, Gedanken und Sprache vorgibt und in dem die neuen Mitglieder in einem Sozialisationsprozeß unterwiesen werden.

9. *Gemeinsame Bedeutungen:* die in der Interaktion der Gruppenmitglieder entstehenden Übereinkünfte.

10.**Symbole mit Integrationskraft:** *die Vorstellungen, Gefühle und Bilder, die von Gruppen zur eigenen Charakterisierung entwickelt werden, die sich nicht unbedingt bewußt wahrnehmen müssen und die sich dennoch in Gebäuden, in der Büroeinrichtung und in anderen materiellen Artefakten der Gruppe manifestieren. Diese Ebene der Kultur spiegelt im Gegensatz zur kognitiven und bewertenden Einschätzung die emotionalen und ästhetischen Reaktionen der Gruppenmitglieder wider.*

Abbildung 15: Hauptkategorien äußerlicher Phänomene der Organisations-Kultur;
Quelle: Schein 1995: 21 f.

Schein faßt diese Aspekte in folgender Definition zusammen, wobei er den Begriff Gruppe als Symbol für jegliche Form und Größe eines sozialen Systems - also auch einer komplexeren Organisation oder auch eines Unternehmens - benutzt. Demnach ist die Kultur einer Gruppe:

„Ein Muster gemeinsamer Grundprämissen, das die Gruppe bei der Bewältigung ihrer Probleme externer Anpassung und interner Integration erlernt hat, das sich bewährt hat und somit als bindend gilt; und das daher an neue Mitglieder als rational und emotional korrekter Ansatz für den Umgang mit diesen Problemen weitergegeben wird." (Schein 1995:25)

Seine Arbeitsmethode bei dieser kulturorientierten Form der Organisationsentwicklung nennt Schein einen „klinischen" Forschungsansatz.

Er beschreibt dies so:

„Wenn man die Vorgänge in der Tiefenschicht der als selbstverständlich aufgefaßten Prämissen nicht begreift, kann man auch die Bedeutung der oberflächlicheren Phänomene nicht entschlüsseln und sie unter Umständen sogar mißdeuten, weil man naturgemäß dazu neigt, die eigenen kulturellen Vorgaben auf die beobachteten Phänomene zu projizieren...Die meisten der hier vorgestellten Informationen über kulturelle Prämissen in verschiedenen Unternehmen wurden in einem von mir so genannten „Klinischen" Forschungsansatz gewonnen...Das entscheidende Unterscheidungsmerkmal des „klinischen" Forschungsansatzes beruht darauf, daß Daten aus freiwilligen Angaben der Unternehmensangehörigen stammen, weil diese das Projekt initiiert haben und es in ihrem eigenen Interesse liegt, sich dem Berater oder Forscher zu offenbaren... Der „klinische" Ansatz geht von einer weiteren grundlegenden Voraussetzung aus: Man versteht ein System am besten, wenn man es zu ändern versucht... Der „klinische" Ansatz setzt voraus, daß sich eine Kultur nicht ohne weiteres offenbart und daß man aus diesem Grund aktiv eingreifen muß, um die bestehenden Rituale, die bekundeten Werte und die gemeinsamen Grundprämissen zu bestimmen. Meine Neigung zur „klinischen" Forschung ist durch meine Erfahrungen im Umgang mit Unternehmen des öfteren bestärkt worden. Die wichtigsten Erkenntnisse über ihre Kulturen stellten sich nämlich erst als Reaktion auf meine Interventionen ein." (Schein 1995:35 ff.)

Um diesen Forschungsansatz richtig einschätzen zu können, ist es sinnvoll, die verschiedenen Ansätze von Unternehmensforschung zu betrachten. Schein hat dies in einem Portfolio dargestellt (vgl. Abbildung 16) und dabei seinen „klinischen" Forschungsansatz in derselben Kategorie wie die Aktionsforschung und die Organisationsentwicklung positioniert.

Als Fazit seiner Erfahrungen mit Organisationsentwicklung, der Analyse von Unternehmenskulturen und der Beratung und Begleitung von Veränderungsprozessen kommt Schein zum Ergebnis, daß „...Unternehmen und ihre Führungskräfte...zu einem kontinuierlichen Lernenden werden (müssen)...", wenn sie den Herausforderungen, die ihnen gestellt sind, gerecht werden wollen. Dazu ist es notwendig, daß sich „... die Führungspersönlichkeit um die Entwicklung eines lernenden Unternehmens bemüht, das sich jederzeit seine eigene Diagnose stellen und alle für die Anpassung an den Wandel der Umwelt notwendigen Veränderungen selbst steuern kann." (Schein 1995:296)

Schein beschreibt die Merkmale einer lernenden Kultur in einer Tabelle (vgl. Abbildung 17). Dort gibt er eine Reihe von Kategorien an, die für die Lernfähigkeit einer Kultur von Belang sind. In jeder Kategorie dieser Übersicht beschreibt ein **X** den Platz eines hypothetischen Ideals, mit dessen Hilfe kontinuierliches Lernen ermöglicht würde.

Kategorien der Unternehmensforschung

nach Edgar Schein

Grad der inneren Beteiligung
der Forscher →

Grad der inneren
Beteiligung der
Probanden

	niedrig bis mittel *Quantitativ*	hoch *Qualitativ*
minimal	Demographie; Messung eher allgemeiner, »distaler« Variablen	Ethnographie, Teilnehmerbeobachtung; Inhaltsanalyse von Geschichten, Legenden, Ritualen, Symbolen, anderen Artefakten
teilweise	Experimente; Fragebogen, Bewertungen, objektive Tests, Tabellen	Projektionstests; Assessment Center; Interviews
maximal	Total-Quality-Methoden, z.B. tatistische Qualitätskontrolle; Aktionsforschung	Klinische Forschung; Aktionsforschung; Organisationsentwicklung

Abbildung 16: Kategorien der Unternehmensforschung
Quelle: Schein 1995:36

Merkmale einer lernenden Kultur

Verhältnis Unternehmen / Umfeld

dominantes Umfeld	symbiotisch	dominantes Unternehmen
		X

Wesen menschlicher Handlungen

reagierend, fatalistisch	harmonisch	proaktiv
		X

Wesen der Wirklichkeit und Wahrheit

moralistisch, autoritär		pragmatisch
		X

Wesen des Menschen

im Grunde schlecht		im Grunde gut
		X
starr		wandelbar
		X

Wesen menschlicher Beziehungen

Gruppenfixierung	X	Individualismus
autoritär/paternalistisch	X	kollegial / partizipativ

Wesen der Zeit

vergangenheitsorientiert	gegenwartsorientiert	orientiert an naher Zukunft
		X

Fortsetzung „Merkmale einere lernenenden Kultur“

Zeiteinheiten

kurz	*mittellang*	*lang*
	X	

Information und Kommunikation

schwache Vernetzung	*volle Vernetzung*
	X

Gleichförmigkeit versus Vielfalt der Subkulturen

hohe Gleichförmigkeit	*hohe Vielfalt*
	X

Aufgaben- versus Beziehungsorientierung

primär aufgabenorientiert	*Aufgabe und Beziehung*	*primär beziehungsorientiert*
	X	

Lineare versus Feldlogik

lineares Denken	*systemisches Denken*
	X

Abbildung 17: Wesensmerkmale einer lernenden Kultur nach E. Schein Quelle: Schein 1995: S. 297 f

Aus den genannten Wesensmerkmalen einer lernenden Kultur entwickelt Edgar Schein folgende Postulate (Schein 1995:298 ff.):

1. Das Verhältnis zwischen Unternehmen und Umfeld

Eine lernende Kultur muß grundsätzlich in der Lage sein, den Umfeldkontext bis zu einem gewissen Grad zu beherrschen und sich adäquat an die verändernden Kontextbedingungen anzupassen.

2. Das Wesen menschlicher Handlungen

Eine lernende Kultur muß in ihrem Kern die Prämisse enthalten, daß die Handlungsweise für den Menschen in proaktiven Formen der Problembewältigung und des Lernens liegt. Nicht bestimmte Lösungen zu bestimmten Problemen, sondern der Prozeß des Lernens muß letzten Endes Eingang in die Kultur finden.

3. Das Wesen von Wirklichkeit und Wahrheit

Zu einer lernenden Kultur gehört die gemeinsame Grundhaltung, daß sich Problemlösungen aus einer pragmatischen Suche nach der Wahrheit herleiten und daß die Wahrheit, je nach der Natur des Problems, überall zu finden sein kann. Dabei muß die lernende Kultur die Auffassung vermeiden, daß Wirklichkeit und Wahrheit nur in einer einzigen Quelle oder Methode zu finden sind.

4. Das Wesen des Menschen

Eine lernende Kultur muß auf ihre Mitarbeiter vertrauen und muß auf das grundlegende Gute und Wandelbare im Menschen glauben. Lernen setzt ein Verlangen nach Überleben und Verbesserung voraus. Eine zynische Auffassung vom Menschen - daß er im Grunde faul und passiv sei - führt nach Schein mindestens zu bürokratischer Starre und erzeugt schlimmstenfalls organisationsfeindliche Subkulturen. In beiden Fällen bleibt der Lernprozeß auf der Strecke.

5. Das Wesen menschlicher Beziehungen

Eine eher individualistisch geprägte Organisations-Kultur ist günstig, wenn Kreativität und Innovation im Vordergrund stehen. Falls jedoch das Hauptgewicht des Lernprozesses auf der Umsetzung komplexer interdependenter Lösungen liegt, dann ist die gruppenorientierte Organisationskultur die bessere. Eine lernende Kultur wird demgemäß eine komplexe Mischung aus individuellen und gruppenorientierten Verfahren und Verhaltensweisen fördern. Und im situativ angemessenen Agieren - individualistisch oder gruppenbezogen - liegt auch die spezifische Qualität einer solchen Kultur. Eine „Monokultur" behindert in diesem Falle das Lernen.

6. Die Natur der Zeit

Die optimale Zeitorientierung für ein günstiges Lernklima scheint zwischen der fernen und der nahen Zukunft zu liegen. Man muß weit genug vorausdenken, um die systemischen Konsequenzen verschiedener Handlungsstrategien abzusehen, aber man muß sich auch auf die nahe Zukunft einstellen, um die Wirksamkeit der eigenen Lösungen beurteilen zu können. Dagegen scheint die Orientierung auf die

Vergangenheit und auch auf die Gegenwart in einem sich rasch wandelnden Umfeld denkbar unzweckmäßig.

Bei den Prämissen für eine günstige Zeiteinheit sollte man sich an „mittellangen" Einheiten orientieren: Genügend Zeit für die Erarbeitung und Überprüfung von kreativen Lösungen, aber auch nicht zu lange Intervalle, die die Gefahr in sich bergen, daß unzweckmäßige Lösungen nicht mehr revidiert werden können. Aufgrund der zentralen Funktion der Zeit für das alltägliche Verhalten der Menschen muß sich eine lernende Führung über ihre eigenen Prämissen zur Zeit genauestens Rechenschaft ablegen und sie für andere transparent machen.[17]

7. Information und Kommunikation

Die lernende Kultur muß auf dem Grundtatbestand aufbauen, daß Kommunikation und Information zentrale Bedeutung für das Wohlbefinden der Organisation haben. Daher sollte ein umfangreiches Kommunikationssystem geschaffen werden, das jedem die Verbindung zu anderen ermöglicht. Das heißt nicht, daß tatsächlich alle Kommunikationskanäle auch gebraucht werden, es bedeutet aber, daß jeder in der Lage ist, mit allen anderen zu kommunizieren und daß jeder größtmögliche Offenheit und Aufrichtigkeit für positiv und wünschenswert hält.

8. Einförmigkeit versus Vielfalt

Je stürmischer das Umfeld und je größer die Herausforderungen, desto wahrscheinlicher ist es, daß eine facettenreiche Organisation die Ressourcen aufbringt, um damit zurechtzukommen. Eine lernende Kultur braucht deshalb Vielfalt. Diese Vielfalt wird notwendigerweise Subkulturen schaffen, und diese werden schließlich den Ausgangspunkt für Innovation und Lernprozesse bilden. Damit dies für die Gesamtorganisation nutzbringend ist, müssen die Subkulturen miteinander in Verbindung stehen und sich gegenseitig schätzen lernen, so daß sie zumindest teilweise die Kultur und Sprache der jeweils anderen erlernen.

9. Aufgaben versus Beziehungsorientierung

In einer für einen Lernprozeß günstigen Konstellation ist die Orientierung zu Aufgaben und Beziehungen gleich stark ausgeprägt. In einem stabilen Umfeld birgt eine reine Aufgabenorientierung kein Risiko. In einem komplexen und turbulenten Umfeld muß man allerdings besonders auf Beziehungen achten, um das für eine gemeinsame Problembewältigung und Umsetzung von Lösungen notwendige Maß von Vertrauen und Kommunikation zu erreichen. Aus diesem

---

[17] vgl. dazu Peter Heintels Aufsatz „Beschleunigte und verzögerte Zeit" (Heintel 1994), wo die Notwendigkeit einer sehr differenzierten Betrachtung von Zeit und Geschwindigkeit in Organisations- und Managementprozessen und ihre weitreichenden Konsequenzen beschrieben werden.

Grund muß sich die lernende Organisation situativ um Aufgaben- und Beziehungsorientierung bemühen.

10. *Lineare versus systemische Feldlogik*

Mit der immer mehr zunehmenden Komplexität und wechselseitigen Abhängigkeit wird die Fähigkeit zu systemischem Denken, zur Analyse von Kräftefeldern und zur Abschätzung ihrer Wechselwirkungen sowie zur Aufgabe simpler linearer Logik zugunsten komplexer Denkmodelle für die Lernfähigkeit immer größere Bedeutung erhalten. Die lernende Kultur muß die Prämisse verinnerlichen, daß die Welt von Natur aus komplex, nichtlinear und überdeterminiert ist.

Diese zehn Prämissen einer lernenden Organisation oder Kultur machen deutlich, von welchen Grundvoraussetzungen Schein ausgeht und mit welchen inhaltlichen Prinzipien er sein Konzept einer Organisationsentwicklung ausstattet. Dabei ist in seinen praxisnahen Darstellungen und seiner sehr konkreten und wenig prätentiösen Sprache der Pragmatismus - als Erbe Deweys - sehr deutlich spürbar. Schein geht ganz offensichtlich von den emanzipatorischen Ansätzen der sozialpsychologischen Arbeit aus, wie sie von Lewin, Mayo, Rogers und auch Massarik vertreten wurde und wird. Er verknüpft diesen humanistisch-emanzipatorischen Ansatz sehr praktisch und konkret mit den Ansprüchen und den Notwendigkeiten einer effizienten und überlebensfähigen Organisation. Was im Falle von Industrieunternehmen immer Wettbewerbs- und Marktfähigkeit bedeutet.

Mit dieser pragmatischen Balance von humanistisch-emanzipatorischen und betriebswirtschaftlich-logistischen Grundprinzipien besetzt Schein die Position, die die Organisationsentwicklung als Grundpostulat einklagt: Die Entwicklung von Humanität und Produktivität. Es geht Schein also weder um eine einseitige Beförderung des „personal growth", die sich vorrangig um die Entwicklung der Mitarbeiter und deren Interessen in einer Organisation kümmert, noch um eine nur betriebswirtschaftlich-aktionistische - und oft genug kurzsichtige - Strukturoptimierung, die die Menschen und ihre Interessen außer acht läßt. Schein versucht mit seinem Ansatz sowohl die Interessen der Menschen als auch die Interessen der Organisation zu berücksichtigen und zu entwickeln. Und dies macht er nicht nur mit seinen inhaltlichen Topoi deutlich, sondern dies zeigt sich auch in seinen methodischen Konzepten.

Der wesentliche methodische Ansatz, den Edgar Schein mitentwickelt und methodisch etabliert hat, ist die Methode der Prozeßberatung (Schein 1987/1988/1993). Sie ist die konsequente Fortsetzung des „klinischen" Forschungsansatzes, den ich bereits weiter oben erläutert habe.

Schein sieht die Besonderheit der Prozeßberatung in

„...der Fähigkeit des Beraters, den Klienten bei der Fixierung des Problems zu involvieren und die Beziehung zu ihm derart zu gestalten, daß die gelieferte Hilfe eine wirkliche Antwort auf seine Bedürfnisse darstellt. Dieses Modell beruht auf der Annahme, die Probleme der Organisation seien so komplex und die zu ihrer Diagnostizierung nötigen Informationen so verdeckt, daß eine korrekte Diagnose nur bei vollständiger Teilnahme des Klienten am diagnostischen Prozeß möglich ist.

Außerdem unterstellt dieses Modell, daß die Diagnose nicht wirklich von der Intervention getrennt werden kann, daß der Diagnoseprozeß an sich bereits eine Intervention ist und daß der Klient deshalb solche diagnostischen Interventionen mitverantworten und ihre ganzen Konsequenzen verstehen muß...

Die Frage für den Prozeßberater ist also, wie die Beziehung zum Klienten und die Unterstützung für ihn zu gestalten sei, damit er und der Klient zum Team werden, beide in voller Vergegenwärtigung der Konsequenzen verschiedener diagnostischer Interventionen und beide darin engagiert, Möglichkeiten der Informationssammlung und der korrekten Interpretation zu finden...

Der Prozeßberater nimmt an, daß keine volle Klarheit über das Problem erreicht wird, solange nicht verborgene, vielleicht unbewußte Elemente bewußt geworden sind, und solange sich der Klient in der Beziehung nicht genügend sicher fühlt, um zu offenbaren, was wirklich vor sich geht. Außerdem werden, da die meisten Organisationen entwickelte Kulturen besitzen, nur Mitglieder der Organisation selbst entscheiden können, welche Art von Lösungen zu ihrer Kultur passen." (Schein 1993:411 f.)

Für Schein gibt es neben der Prozeßberatung durchaus auch legitime Formen des inhaltlichen Experten-Beraters, der dem Klienten hilft, indem er seine Problem löst. Er nennt diese Berater Experten oder „Ärzte" für die Organisation. Er schreibt:

„Experten und Ärzte werden in allen heute gängigen Funktionsbereichen notwendig sein, und neue Bereiche werden sich parallel zur technologischen Entwicklung öffnen. Aber die Verbindung zwischen solchen Expertendienstleistungen und den eigentlichen Klientenbedürfnissen wird nicht zustande kommen, falls die Klienten nicht die Hilfe erhalten, mit der sie ihre eigenen Probleme diagnostizieren können. Und neue Lösungen zu diesen Problemen werden nicht realisierbar sein, solange den Klienten nicht dabei geholfen wird herauszufinden, was speziell in ihrer Organisation funktionieren würde und was nicht. Eine derartige Unterstützung wird nicht vom technischen Berater oder Experten kommen, sondern es bedarf dazu des Prozeßberaters." (Schein 1993:419)

Die methodische Gestaltung des OE-Prozesses nach dem Konzept von Edgar Schein hat also als zentrales Element die Prozeßberatung. Dabei ist die Mit-Verantwortung des Klienten für den Veränderungs-Prozeß das Grundanliegen Scheins. Dies wird dadurch sichergestellt, daß der Klient zum verantwortlichen Prozeß-Team-Partner wird, und dadurch vom passiven Konsumenten zum Akteur eines Entwicklungsprozeß. Diese methodische Vorgehensweise ist damit wesentlich mehr als nur ein hilfreiches Instrument für die Diagnose der „wirklichen" Probleme der Organisation. Diese Mit-Verantwortung des Klienten für den Entwicklungsprozeß ist ein grundlegendes Element des didaktischen Arrangements, das Lernen von Menschen und Systemen im Rahmen von OE-Prozessen als reales Erfahrungslernen ermöglicht.

Edgar Scheins Konzept der Organisationsentwicklung oder sein Konzept einer „Organisationsberatung für die neunziger Jahre" - so der Titel eines seiner jüngeren Aufsätze - (Schein 1993) möchte ich folgendermaßen zusammenfassen:

- Seine Untersuchungsmethodik nennt Schein einen „klinischen" Forschungsansatz. Die zentrale Kategorie bei der Veränderung eines Organisationssystems ist für Schein die Organisationskultur. **Veränderung ist demnach „Kulturwandel"** (Schein 1995: 265 ff.).

- Als **Ziel eines OE-Prozesses nennt Schein die lern-, veränderungs- und entwicklungsfähige Organisation**, die es schafft, die jeweilige notwendige Anpassung an den Wandel der Umwelt selbst zu steuern (Schein 1995:296).

- Den methodischen Ansatz zur Gestaltung solcher Veränderungsprozesse sieht Schein in der **Prozeßberatung**, die er in Abgrenzung zu Expertenberatung als klientzentrierte Begleitung des Veränderungsprozesses einer Organisation versteht (Schein 1993: 419).

Aus meiner Sicht ist Edgar Schein heute einer der einflußreichsten Protagonisten der nordamerikanischen Organisationsentwicklung. Sein Ansatz vereint - in einer verdienstvollen Konkretheit und Klarheit - viele unterschiedliche sozialwissenschaftliche Konstrukte und praxeologische Erkenntnisse zu einer pragmatischen Konzeption der Organisationsentwicklung.

In seinem Theorie- und Praxisansatz Grundausrichtung orientiert sich Schein eindeutig an den sozialpsychologischen Erkenntnissen Kurt Lewins. Er bezieht sich auf die Dynamik in Gruppen (Schein 1993: 414) und arbeitet explizit und konsequent nach dem Prinzip der Aktionsforschung (Schein 1995: 35 ff.). Er baut sein Konzept auf den drei von Lewin postulierten Phasen der Veränderung - unfreezing-moving-freezing (Lewin 1989a: 87) - auf (Schein 1995: 275 f.) und sieht im Führungsverhalten einen wesentlichen Schlüssel für den Wandel (Schein 1995: 295 ff.).

Neben diesen klassischen Grundlagen, die Schein in seinem Konzept des Kulturwandels aggregiert und weiterentwickelt hat, ist vor allem Scheins klare praxisbezogene Arbeitsform hervorzuheben. Er weiß wovon er schreibt und veranschaulicht seine Abhandlungen immer mit umfangreichen Fallberichten und eigenen Praxiserfahrungen.

Dabei erliegt er allerdings zuweilen der Gefahr, seine Erfahrungen durch eine allzu pragmatische Systematisierung als „Patent-Lösungen" anzubieten, indem er die Erfahrungen mit den Konstellationen und Dynamiken in seinen Fallberichten etwas schnell verallgemeinert oder doch zumindest die spezifische Einzigartigkeit jedes Veränderungsprozesses nicht entsprechend verdeutlicht. Schein betont zwar die Beachtung von Dynamik und Komplexität im Leben und Wandel einer Organisation, doch seine Ausführungen neigen hin und wieder dazu, strukturalistische Setzungen zu präsentieren, die der Offenheit der prozessualen Beratung entgegenstehen. Diese Setzungen haben vermutlich auch mit der Leserschaft von Veröffentlichungen von OE-Beratern zu tun. Sie sind nämlich gleichzeitig potentielle Kunden und das Buch nicht nur Beschreibung von Theorieentwicklungen und Praxisbeispielen, sondern auch Marketinginstrument. Und doch scheint Edgar Schein der Spagat zwischen Theorie und Praxis, zwischen Forschung und Markt, zu gelingen: Die notwendige Differenziertheit und Distanziertheit in der Betrachtung der Organisation, eine angemessene komplexe und treffende systemische Sichtweise gepaart mit praxistauglichen effektiven Methoden und Designkonzepten, die es ihm ermöglichen, Theorie praxisorientiert weiterzuentwickeln und OE-Beratung zu machen, ohne sich in praxisferner Hyper-Komplexität zu versteigen und damit handlungsunfähig zu werden.

Schein verbindet die Lewinschen Wurzeln mit den heutigen organisationspsychologischen Erkenntnissen zu einem praxistauglichen und durchdachten Konstrukt. Die Eigengesetzlichkeiten der ökonomischen Grundparameter der Organisationen oder des sie determinierenden ökonomischen Kontextes werden dabei allerdings nicht hinterfragt. Auch nicht deren Bedeutung für Organisationsberatung und das Selbstverständnis des OE-Beraters.

Fred Massarik

Nennen möchte ich in diesem Zusammenhang abschließend auch Fred Massarik. Massarik ist gebürtiger Wiener und arbeitet als Professor für Organisationspsychologie an der Andersen Graduate School of Management an der University of California von Los Angeles. Ende der fünfziger Jahre entwickelte er zusammen mit mit I. R. Weschler und Robert Tannenbaum aus dem Konzept der Laboratorium-Trainings die sogenannten „sensitivity-Trainings". Fred Massarik war langjähriger Vorsitzender der Association for Humanistic Psychology, AHP San Francisco, und setzt sich besonders für die Verbindung zwischen Organisationsentwicklung und Humanistischer Psychologie ein, die heute wieder eine wachsende Bedeutung in der nordamerikanischen OE-Arbeit erlangt hat.[18]

---

[18] Ganz aktuell gibt es in den USA eine Renaissance der Humanistischen Psychologie im Bereich der Organisationsentwicklung (Stiefel 1995:2 f.). Ein Sammelband, der einen deutlichen Kontrapunkt zu den oben bereits beschriebenen eher technokratischen Veränderungs-Modellen beschreibt (Pauchant and Associates 1995), beschäftigt sich zum Beispiel mit „Rethinking" im Design von Organisationen, d.h. „... das Suchen nach den optimalen Kästchen und der Optimierung der Prozesse und Abläufe (soll) durch ein neues Denken..." (Stiefel 1995:2) abgelöst werden. Dabei tauchen verstärkt Begriffe auf, die ihre Verwandtschaft zur Humanistischen Psychologie nicht verleugnen können: „Organizsational mindset" oder „...ways of making sense of the world" (Keidel 194:17).

Kritische Würdigung der nordamerikanischen OE-Vertreter

Als Fazit meines Überblicks über den Stand der Organisationsentwicklung in den USA möchte ich folgendes festhalten: Gemeinsam ist allen hier aufgeführten Vertretern der US-amerikanischen Organisationsentwicklung, daß jeweils eine hohe Elaboriertheit sowohl hinsichtlich der Praxistauglichkeit der OE-Konzepte besteht, die die hier vorgestellten Autoren in tiefgreifenden und ökonomisch brisanten Organisationsveränderungsprozessen in großen Industrieunternehmen - in praxi - bewiesen haben, wie auch in ihren theoretischen Ausführungen, wo die sozialwissenschaftlichen Erkenntnisse der Organisationspsychologie in solider Weise aggregiert wurden .

Hier ist man als deutscher Leser oft geneigt, den Ausführungen dieser Autoren eine populistisch-pragmatische Oberflächlichkeit zuzuschreiben. Dies wäre jedoch meines Erachtens weit gefehlt. In dieser praxisbewährten Theorie kommt zwar eine eingängige Sprache zu Wort, die allerdings keinesfalls den intellektuell-wissenschaftlichen Tiefgang vermissen läßt; oft allerdings - für den deutschen Leser - eines zweiten Blicks bedarf.

Helmut Willke kommentiert dies so:
> „Die Bücher (hier speziell von den OE-Autoren Peter Senge und Tom Peters/ Anmerkung F.G.) zeichnen sich in der Tat dadurch aus, daß sie in vorbildlicher Weise verständlich geschrieben und dennoch wissenschaftlich seriös fundiert sind...(Dabei gilt)..., daß sich gerade europäische Leser durch die Eingängigkeit der Texte leicht täuschen lassen und häufig verkennen, daß man sehr genau hinsehen muß, um die in den gefälligen Text eingelassenen konzeptuellen Neuerungen und den Tiefgang der Argumentation zu erkennen." (Willke 1994:177)

Aus meiner Sicht weisen die von mir untersuchten verschiedenen nordame-rikanischen OE-Konzepte viele Verwandtschaften und Parallelen auf. So betonen alle genannten Autoren die Notwendigkeit einer lernenden Organisation als Grundfähigkeit des Überlebens in sich rasch wandelnden Umfeldkontexten. Ebenfalls sind sie sich einig in der Notwendigkeit einer systemischen Sichtweise. Senge hat dieses Thema gar zum Zentralpunkt seines Werkes gemacht, Schein notiert das Thema als einen von zehn Eckpfeilern einer lernenden Kultur und Tichy operationalisiert die systemische Sicht durch sein ganzheitliches Metho-denkonzept der TPC-Matrix als Basis des Transformationsprozesses. Auch in der forscherisch beratenden Vorgehensweise herrscht ein gemeinsames Grundver-

---

Insgesamt deutet sich aktuell ein Trend ab, der den „weichen Faktoren" einer Organisationsentwicklung wieder eine neue Bedeutung gibt und - wie bereits angedeutet - mechanistischere Konzepte einer Restrukturierung relativieren. Fred Massarik kommentiert diesen Trend, der sich im Moment am deutlichsten in diesem Sammelband zum Thema „Organizational Existentialism") ausdrückt so: „It´s about time! A volume on existential aspects of organizations specifically and on the organization of life and work generally is overdue." (Massarik/ in Stiefel 1995:2 f.).

ständnis, das sich im Sinne der Scheinschen Prozeßberatung weitgehend auf den Ansatz der Aktionsforschung zurückführen läßt.

Die Grenzen aller genannten Konzepte hängen zusammen mit der Eigendynamik der marktwirtschaftlichen Verwertung von OE-Forschung und Beratung. Weil die genannten OE-Forscher/-Berater immer als Grenzgänger zwischen Theorie und Praxis agieren, was ihrer Arbeit sehr viel Authentizität und Glaubwürdigkeit verleiht, müssen sie, mit ihren Veröffentlichungen immer auch potentielle „Kunden" ansprechen. Und dabei geraten sie in die Gefahr, ihre Erkenntnisse etwas zu „merketinggerecht" aufzubereiten und im Sinne von „Patent-Lösungen", die immer und überall passen, zu verkaufen. Das heißt: Die Einzigartigkeit jedes OE-Prozesses, mit seiner je spezifischen Dynamik und vielen Risiken und Gefahren des Scheiterns werden - obschon natürlich bekannt - nicht mit der notwendigen Deutlichkeit betont. Ebenso verführt die strukturalistische Gestaltung (TPC-Matrix, Fünf Disziplinen, Phasen der Organisationen etc.) dazu, die Rezepthaftigkeit noch zu unterstreichen.

Auch ist in den Publikationen der nordamerikanischen OE-Forscher/Berater eine wissenschaftliche Eigenart auszumachen, die für das europäische Wissenschaftsverständnis nur schwerlich akzeptabel ist. Alle hier genannten Autoren befinden es in ihrer Argumenation nicht für nötig, ihre wissenschaftstheoretischen und auch ihre wissenschaftshistorischen Wurzeln zu veröffentlichen. Beinahe hat man das Gefühl, daß sie diese eher zu verwischen trachten. Und dies ist ein ärgerlicher Umstand, wenn man die Absicht verfolgt, über die Rekonstruktion zum Verständnis einer Forschungs- und Entwicklungsgeschichte zu gelangen, denn der mit diesem Argumentationsstil suggerierte „Copyright"-Anspruch auf Originalität und Einzigartigkeit entspricht doch nur partiell den Tatsachen.

Zuletzt: Die Grunddeterminante aller industrieller (und mittelbar auch die der sogenannten Non-profit-) Organisationen bleibt unangetastet. Bei allen „revolutionären" (Tichy), umwälzenden (Senge) und kulturverändernden (Schein) Dimensionen des Wandels sind die ökonomischen Grundparameter und die aus ihnen hervorgehende ökonomische Eigenlogik der Organisations-Kultur offensichtlich überhaupt kein Thema für notwendige Veränderungen. An dieser Stelle scheinen auch Organisationsberater nicht die notwendige kritische Distanz zum System (und zu dessen ökonomischen Mitteln) zu haben, um den Einfluß sowie die Bedeutung für die Wert- und Kulturprägung der Organisation diesbezüglich angemessen und tabulos reflektieren zu können.

Insgesamt: Eine theoretisch und praktisch eklektizistische Melange auf Basis der Lewinschen Topoi und der OE-Grundlagen der fünfziger Jahre, angereichert mit aktuellen sozialpsychologischen, soziologischen, kybernetischen und praxeologischen Erkenntnissen, die zu einer systemischen Sichtweise und der Betonung der „lernenden Organisation" geführt haben. Wissenschaftstheoretische und wissenschaftshistorische Hinweise zur eigenen Arbeit werden kaum beleuchtet; zugunsten eines „marketingfreundlichen" Pragmatismus' der Konzepte und der leicht lesbaren Sprache der Werke gerät eine selbst- und konzeptkritische Auseinandersetzung über die eigenen Ergebnisse ins Hintertreffen. Eine kritische Reflexion der ökonomischen Grunddeterminanten und Abhängigkeiten fehlt.

Wie sich die OE-Forschung und OE-Arbeit im deutschsprachigen Raum heute darstellt, soll im nächsten Abschnitt erörtert werden.

3.2 Organisationsentwicklung im deutschsprachigen Raum

Sowohl Gerhard Fatzer (Fatzer 1993) als auch Burkhard Sievers (Sievers: 1977), die beide eine Bestandsaufnahme der deutschen Organisationsentwicklung versuchen, sind der Meinung, daß im deutschsprachigen Raum eine „eigenartige Diskrepanz" (Sievers 1977:11) zwischen der theoretischen und praktischen Rezeption der Organisationsentwicklung bestehe. Die wissenschaftliche Rezeption und Diskussion, im deutschsprachigen Raum bislang - bis auf wenige Ausnahmen in den Bereichen Sozialarbeit und Supervision (Belardi 1994; Fatzer/Eck 1990; Nellesen 1993; Vogel et. al. 1994) - weitgehend auf betriebswirtschaftliche Fakultäten beschränkt, scheint die inzwischen zunehmende Professionalität und Effektivität der OE-Praktiker weitestgehend zu ignorieren. Und umgekehrt koppelt sich die Szene der praktischen OE-Berater immer weiter von der akademischen Diskussion ab. Einige erfreuliche Ausnahmen - vor allem in Österreich - werde ich in diesem Kapitel beschreiben.

Die „klassische" OE-Arbeit im deutschsprachigen Raum ist geprägt von der Gruppendynamik. Als Dachorganisation in Deutschland betätigte sich vor allem die Sektion „Gruppendynamik" des Deutschen Arbeitskreises für Gruppenpsychotherapie und Gruppendynamik" (DAGG), in der Schweiz die Schweizerische Gesellschaft für Gruppendynamik und Gruppenpsychologie (SGGG) und in Österreich der „Österreichische Arbeitskreis für Gruppenpsychotherapie und Gruppendynamik (ÖAGG) sowie die „Österreichische Gesellschaft für Gruppendynamik und Gruppenpädagogik" (ÖGGG). Inzwischen haben sich durch eine weitere Differenzierung weitere Gesellschaften aus diesen Verbänden entwickelt, die sich dezidiert mit Organisationsentwicklung beschäftigen. Zum einen ist dies in Deutschland die „Gesellschaft für Organisationsentwicklung" (GOE) und in Österreich die Österreichische Gesellschaft für Gruppendynamik und Organisationsberatung" (ÖGGO). Aus dem Kontext dieser Verbände und Gesellschaften kommen viele der deutschsprachigen OE-Forscher/ und -Berater.

Neben den aus der Tradition der Gruppendynamik kommenden Organisationsentwicklern gibt es seit etwa einem Jahrzehnt eine immer einflußreichere Bewegung einer systemisch orientierten Organisationsberatung. Dieser Ansatz entwickelte sich aus den schon weiter oben genannten Konzepten der soziologischen Systemtheorie (Parsons/Luhmann et al.) und vor allem den

Ergebnissen der „Systemischen Familientherapie (Mara Selvini Palazzoli in Mailand sowie Helm Stierlin in Heidelberg). Darüber hinaus ist dieser Ansatz sehr stark geprägt von den erkenntnistheoretischen Grundlagen des britischen Anthropologen Gregory Bateson sowie dem wissenschaftstheoretischen Paradigma des „radikalen Konstruktivismus" (Spencer-Brown/v. Foerster/v. Glasersfeld). Im Abschnitt über die „systemische Organisationsentwicklung" sollen deshalb die obengenannten Quellen und Wegbereiter der systemischen Ansätze sowie zwei Vertreter einer Systemischen Organisationsberatung beschrieben werden. Dies ist zum einen der Stierlin-Schüler Fritz Simon, einer der innovativsten Theoretiker des Konzeptes einer „systemischen Beratung", und Rudolf Wimmer, der als Berater und Forscher Mitgesellschafter einer Wiener Beratungsfirma ist und der als ein profunder Vertreter der systemischen Organisationsberatung gilt.

Als ursprünglich naturwissenschaftlicher Ansatz hat die Systemtheorie inzwischen in unterschiedlichen Disziplinen eine bedeutende Rolle erhalten - so neben der Physik, der Biologie auch in der Betriebswirtschaft. Auch darauf wird im folgenden noch näher eingegangen.

In der Forschungs- und Beratungsarbeit der Organisationsentwicklung ist heute ein interessanter Verschmelzungsprozeß zu beobachten: Die Grenzen der beiden OE-Konzepte, die zwar durchaus inhaltliche Verwandtschaft haben, aber auch sehr grundlegende Differenzen sowohl im theoretischen Konstrukt wie auch in der praktischen Beratungsmethodik, verschwimmen zunehmend (vgl. Königswieser/Pelikan 1990). Einige renommierte und theoretisch wie beratungspraktisch überzeugende Protagonisten der deutschsprachigen OE-Beraterszene postulieren zudem explizit ein integratives OE-Konzept, das aufbauend auf eine gruppendynamische Basis dezidiert systemische Ansätze einbezieht (vgl. Wimmer 1992). Aber auch die OE-Vertreter, die sich selbst in der Tradition der „klassischen" von der Gruppendynamik geprägten Organisationsentwicklung sehen, wie etwa Klaus Doppler, Christoph Lauterburg oder Karsten Trebesch, deren aktuelle OE-Ansätze im folgenden Abschnitt unter dem Titel „Organisationsentwicklung im Kontinuum von Aktionsforschung und Gruppendynamik" beschrieben werden sollen, haben längst grundlegende Erkenntnisse der Systemtheorie in ihre Arbeit integriert[19].

Aus diesem Grund ist ein präzise voneinander abgrenzbares polares Profil der beiden OE-Formen, falls es je existiert haben sollte, heute in einer eindeutigen Trennschärfe nicht mehr festzumachen, da beide Traditionen im Sinne eines pragmatischen Eklektizismus sowohl theoretische Konstrukte wie auch Gestaltungs- und Interventionsmethodik voneinander übernehmen. Wobei sich in diesem Trend nach meiner Einschätzung die systemischen Konzepte heute als die innovativeren und damit mehr rezipierten Beratungs-Ansätze darstellen.

---

[19] Es gibt für diese These zahlreiche Belege. Exemplarisch und stellvertretend soll hier Dopplers Aufsatz „Gruppendynamik und Organisationsentwicklung : Von der Bedeutung systemischen Denkens für die Professionalität von Trainern und Beratern" genannt werden. (Doppler 1988)

Der folgende Abschnitt soll den Stand der Organisationsentwicklung im deutschsprachigen Raum vor dem Hintergrund der oben genannten Situation aufzeigen und die aktuellen Entwicklungen erörtern.

3.2.1 Rezeption und Entwicklung der Organisationsentwicklung im deutschsprachigen Raum

Die Rezeption der Organisationsentwicklung wurde im deutschsprachigen Raum besonders - wie oben bereits erwähnt - durch gruppendynamisch orientierte Arbeitskreise und Zusammenschlüsse getragen.

Bereits 1954 führte Leland Bradford zusammen mit Traugott Lindner in Wien das erste Lab-Training im deutschsprachigen Raum durch. Aus dieser Veranstaltung und nach Forschungsreisen mehrerer europäischer Sozialpsychologen in die USA entwickelte sich später die Einrichtung der „Hernstein-Seminare" als eine Institution, die eine gruppendynamisch orientierte Arbeit mit Führungskräften aus Industrie, Therapie und Sozialarbeit anbot. Die Gruppe, die die Hernstein-Seminare leitete [20], orientierte sich am konzeptionellen Standard der „National Training Laboratories" in den USA und organisierte sich später im „European Institute for Transnational Studies in Group and Organizational Development" (EIT) (Fengler 1978:625).

Nach ersten gruppendynamischen Seminaren mit Volkshochschuldozenten im Mai 1963 fand im Herbst 1963 das erste Labor-Training in Deutschland statt - aufgrund einer Initiative von Max Horkheimer - als Lehrerfortbildungsseminar in Schliersee unter der Leitung von Kenneth D. Benne, Tobias Brocher, Don Nyhlen und Georg Lehner (Brocher 1967:173). Dieses erste Laboratorium blieb allerdings weitgehend wirkungslos. Erst mit den „Sensitivity-Trainings" des „Bonner Psychologischen Instituts", die Alf Däumling ab 1965 veranstaltete, wurden Lab-Trainings in Deutschland etabliert. 1967 wurde der „Deutsche Arbeitskreis für Gruppenpsychotherapie und Gruppendynamik" (DAGG) von Anneliese Heigl-Evers, Alf Däumling und Helmut Enke in Karlsruhe gegründet. 1968 konstituierte sich in der DAGG die Sektion „Gruppendynamik". Die vom DAGG herausgegebene Fachzeitschrift „Gruppendynamik" wurde zum einschlägigen Forum für gruppendynamisch orientierte Psychologen.

In den siebziger Jahren entwickelte sich die Gruppendynamik dann - trotz vielerlei Polemik und Unverständnis - zu einer einflußreichen sozialpsychologischen Arbeitsform. Die Lab-Trainings wandten sich in dieser Zeit vor allem an

---

[20] Neben Traugott Lindner waren feste Teammitglieder: Gerhard Schwarz, Bernhard Pesendorfer, Peter Heintel, Roswitha Königswieser und Kurt Buchinger

Mitarbeiter in sozialen Berufen (Psychologen, Lehrer, Therapeuten, Theologen etc.). Ab 1972 bot Peter Fürstenau im „Institut für Angewandte Psychoanalyse" mehrstufige Laboratorien für Führungskräfte aus Industrie, Verwaltung und sozialen Institutionen an. In dieser Zeit nahmen auch die meisten der heute aktiven gruppendynamisch orientierten Berater als Ausbildungsteilnehmer, als Co-Trainer oder als Trainer an Lab-Trainings teil[21] (Fengler 1978:626 f.).

Bereits 1970 beschrieb Peter Fürstenau den Weg für eine Weiterentwicklung der Laboratoriums-Arbeit hin zur Organisationsentwicklung. Fürstenau beschreibt sein Konzept einer „Institutionsberatung" so:

> „Man bezeichnet diese Aufgabe der Veränderung der Struktur und Organisationsweise von Betrieben und Einrichtungen auch als Innovationsproblem. Es beinhaltet im wesentlichen eine Veränderung der Macht-, Einfluß- und Kompetenzverhältnisse im Sinne der Delegation von organisatorischer Entscheidungsbefugnis nach unten, der Beteiligung des Personals, das eine bestimmte Arbeit ausführt, an der Organisation dieser Arbeit. Diese Verlagerung organisatorischer Entscheidungsbefugnis nach unten stellt die Beteiligten vor die große Aufgabe, ihre Kooperation in Arbeitsgruppen und die Zusammenarbeit zwischen den Arbeitsgruppen zu organisieren und auch bei Belastungen aufrechtzuerhalten. Das ist eine schwierige Aufgabe, auf die sich alle Beteiligten erst einstellen müssen. Nur wenige Betriebe und Anstalten schaffen ihre Innovation aus eigener Kraft. Die Mitarbeit von festangestellten oder nur für bestimmte Dienstleistungen verpflichteten Beratern ist häufig erforderlich." (Fürstenau 1970:222)

Als Methode für diese Innovation einer Institution nennt Fürstenau das Lab-Training und die Supervision:

> „In vielen Fällen führt eine Institutionsberatung früher oder später zu der Einsicht der beratenen Einrichtung, daß ihr Personal nicht genügend vorgebildet ist, um den neuen Anforderungen einer verantwortungsvolleren und kooperativeren Arbeitsweise entsprechen zu können. Trainingsverfahren zur Änderung von Einstellungen und zur Entwicklung sozialer Fähigkeiten spielen daher in der Institutionsberatung eine große Rolle. Zwei Methoden sind in den letzten beiden Jahrzehnten besonders ausgebildet worden: das gruppendynamische Laboratorium und die „Supervision", deutsch - nicht sehr glücklich - „Praxisberatung" oder „Praxisanleitung" genannt. Der Hauptunterschied zwischen diesen beiden Lern- und Trainingsmethoden besteht darin, daß im Falle des gruppendynamischen Laboratoriums in einem eigens für diesen Zweck hergestellten Experimentierfeld - daher Laboratorium - anhand der dort gewonnenen sozialen Erfahrungen gelernt wird, während sich die Supervision unmittelbar auf die Arbeitssituation bezieht, zu deren Reflexion anleitet und dadurch zu einem Lernprozeß führt." (Fürstenau 1970:228)

Peter Fürstenaus Konzept der Institutionsberatung kann als die erste Form von Organisationsentwicklung in Deutschland bezeichnet werden. Während der siebziger Jahre wurde Gruppendynamik zu einer wahren Moderichtung der sozialpsychologischen Arbeit im deutschsprachigen Raum. Ob Lehrerfortbildung, Hochschuldidaktik, kirchliche Akademiearbeit oder Volkshochschule - kaum eine

---

[21] Z.B. Cornelia Edding, Bert Hellinger, Peter Fürstenau, Bert Voigt, Kurt Kolvenbach, Klaus Doppler, Klaus Antons, Jochen Schmidt und Christa Schardt sowie Lothar Nellessen, der später den ersten deutschen Lehrstuhl für Gruppendynamik an der GH Kassel übernahm.

Bildungsinstitution, die nicht den Gruppendynamik-Boom durch eigene Veranstaltungen mit beförderte.

Ab 1974 war dann ein deutlicher Rückgang der Sensitivity-Trainings festzustellen. Demgegenüber stieg die Nachfrage nach Organisations-Trainings. Doppler und Vogt konstatieren (Doppler/Voigt 1977:36ff.) ab Mitte der siebziger Jahre eine Trendwende weg von Selbsterfahrungs-Trainings und hin zu verhaltens- und anwendungsorientierten Trainings. Damit änderte sich auch das Arbeitsfeld der Gruppendynamik-Trainer: Weg von kirchlichen, sozialen und pädagogischen Einrichtungen und hin zu Seminaren in Industrie, Handel und Verwaltung.

1978 fand in Aachen das „1. Europäische Forum über Organisationsentwicklung" statt. Mitinitiator dieser Veranstaltung war Karsten Trebesch, einer der OE-Berater, die im Juni 1980 die Gründung der „Gesellschaft für Organisationsentwicklung (GOE) e.V." betrieben (vgl. Trebesch 1980 a und 1980 b). Ziel dieser Gründung war die Betonung der Eigenständigkeit der Organisationsentwicklung als eigene Disziplin und nicht nur als eine Teildisziplin der Gruppendynamik. Die GOE versteht sich als Interessenverband von OE-Beratern mit unterschiedlichen sozialpsychologischen und organisationstheoretischen Hintergründen und hat sich zum Ziel gesetzt, die Organisationsentwicklung im deutschsprachigen Raum zu fördern.

Ziele der Gesellschaft für Organisationsentwicklung

O *Eine Zusammenführung der auf dem Gebiet der Organisationsentwicklung aktiven Kräfte (Vernetzung)*

O *Eine Verbreitung des theoretischen Gedankengutes und der praktischen Anwendung von Organisationsentwicklung (Diffusion) und*

O *Eine Hebung des fachlichen Qualifikationsniveaus der Organisationsentwicklung in der Praxis (Professionalisierung)*

Abbildung 18: Ziele der GOE (GOE 1980)

Neben der GOE haben sich inzwischen etliche weitere Institutionen konstituiert, die sich für die Förderung der Organisationsentwicklung, Erfahrungsaustausch und OE-Ausbildung einsetzen.[22]

3.2.2 Organisationsentwicklung als angewandte Sozialwissenschaft im Kontinuum von Gruppendynamik und Aktionsforschung

Wie schon bereits oben beschrieben, haben sich über die Arbeitsgemeinschaften für Gruppendynamik in Deutschland, Österreich und der Schweiz sowie über die GOE e.V. und die ÖGGO die der gruppendynamischen und aktionsforscherischen Tradition verpflichteten OE-Forscher/-Berater im deutschsprachigen Raum organisiert und vernetzt. Ich habe ebenfalls bereits die facettenreichen Formen der Weiterentwicklung von Theorie und Praxis dieses Ansatzes der Organisationsentwicklung erwähnt. Dazu ist es wichtig, festzuhalten, daß die in der GOE zusamengeschlossenen OE-Berater nicht alle Gruppendynamiker sind, sondern daß dort auch Berater mitarbeiten, die durch andere Konzepte der Humanistischen Psychologie, wie z.B. TZI oder Transaktionsanalyse - sowie durch organisationspsychologische Ansätze - wie etwa dem Tavistock-Ansatz - geprägt sind (Edding 1995).

Aus diesem Grund kann die folgende Beschreibung von Organisationsberatungskonzepten, die „in der Tradition der Gruppendynamik" stehen, nur einen tendenziellen Charakter haben und soll nur aktuelle Trends aufzeigen. Sie kann jedoch nicht den Anspruch erheben, Konzept-Abgrenzungen exakt fassen zu können, da diese Grenzen in der praktischen Arbeit zunehmend aufweichen. Mir geht es hier vor allem darum, aktuelle Einblicke in die Praxis von Organisationsberatern geben, die unmittelbar oder auch mittelbar von der gruppendynamischen Tradition geprägt sind, und deren ihrer Arbeit zugrunde liegenden Theorie-Konstrukte erörtern.

Klaus Doppler / Christoph Lauterburg

Der Deutsche Klaus Doppler und der Schweizer Christoph Lauterburg sind selbständige Organisationsberater und seit über zwanzig Jahren in der OE-Arbeit tätig (Doppler/Voigt 19977; Doppler et. al. 1982; Doppler 1985; 1986; Lauterburg 1980; 1982).

Klaus Doppler, Jahrgang 1939, war katholischer Priester bevor er in Salzburg Psychologie studierte und mit einer Arbeit über Gruppenprozesse dort auch

---

[22] Z.B. das Institut für Humanistische Psychologie (IHP) in Eschweiler, das Gottlieb Duttweiler Institut (GDI) in Rüschlikon bei Zürich, TOPS in Berlin etc.

promovierte. Er ist ausgebildeter Trainer für Gruppendynamik und war von 1974 bis 1980 Vorsitzender der Sektion Gruppendynamik im Deutschen Arbeitskreis für Gruppenpsychotherapie und Gruppendynamik (DAGG). Seit den siebziger Jahren arbeitet er als Trainer für Gruppendynamik und OE-Berater zuerst vorwiegend in Organisationen im non-profit-Bereich inzwischen vorwiegend in der Industrie und der öffentlichen Verwaltung.

Christoph Lauterburg war „klassischer" Unternehmensberater in der Schweiz. Lauterburg kam dann über psychoanalytisch orientierte Managementmodelle (in der Tradition der Tavistock-Arbeit) zur Organisationsentwicklung und arbeitet seit den siebziger Jahren als Management- und Organisationsberater.

Doppler und Lauterburg haben sich auf „... die Begleitung von Entwicklungs- und Veränderungsprozessen spezialisiert und beraten angesehene sowie staatliche Insitutionen und Verwaltungen beim strukturellen und kulturellen Umbau. Sie sind führende Köpfe im Feld der Organisationsentwicklung, Mitbegründer der Gesellschaft für Organisationsentwicklung..." (Doppler/Lauterburg 1994:2) Zusammen mit mit Karsten Trebesch, Rudolf Wimmer, Cornelia Edding, Eckhard Minx und Michael Braune-Krickau Herausgeber der Zeitschrift für Organisationsentwicklung (ZOE). Insofern sind sie prominente Vertreter der OE-Berater „im Kontinuum von Gruppendynamik und Aktionsforschung".

In ihrem 1994 erschienenen Buch „Change Management - Den Unternehmenswandel gestalten" (Doppler/Lauterburg 1994), das monatelang auf den Bestsellerlisten der einschlägigen Managermagazine[23] zu finden war, beschreiben Doppler und Lauterburg die Ursachen, die Notwendigkeit, den Kontext, den methodischen Weg und die Ziele eines Organisations-Veränderungsprozesses.

Das Buch ist verständlich, praxisrelevant konkret und darüberhinaus - aus der Reflexion einer langjährigen Berater-Praxis entwickelt - aufgebaut auf einer soliden theoretischen Argumentation. Die in den praktischen Entwürfen[24] implizierten Theorieansätze machen die konzeptionellen Grundlagen dieser beiden, aus der gruppendynamischen Tradition kommenden Berater deutlich.

In der gleich am Anfang des Buches versuchten „Anatomie der Wirtschaftskrise" kommen Doppler/Lauterburg zu dem Schluß:
> „Die Welt hat sich radikal verändert. Unternehmerisches Wirtschaften und betriebliches Management vollziehen sich heute unter ganz anderen Voraussetzungen als noch vor wenigen Jahren. Es gibt drei neue Rahmenbedingungen, und diese entscheiden weitge-

---

[23] Z. B. Manager Magazin, Wirtschaftswoche, Forbes Januar 1995

[24] Die Autoren beschreiben ihre Idee und ihre Motivation für das Schreiben dieses Buches folgendermaßen: „Wir wollten aus der Praxis für die Praxis schreiben. Konkret. Zum Anfassen und Umsetzen." (Doppler/Lauterburg 1994:13).

hend über Erfolg und Mißerfolg: Verknappung der Ressource Zeit, Verknappung der Ressource Geld, dramatische Steigerung der Komplexität. (ebenda:17)

Diese drei Diagnose-Themen sind für Doppler/Lauterburg die zentralen Rahmenbedingungen und gleichzeitig Ursachen für die Veränderung von Unternehmen (vgl. Abbildung 19) - daß sich parallel auch ein Veränderungsdruck für Verwaltung und Non-Profit-Organisationen (Schule, Kirchen, Krankenhäuser etc.) ergeben hat, war abzusehen.

Rahmenbedingungen und Ursachen für Veränderungen von Unternehmen

nach Doppler /Lauterburg

- ### Verknappung der Ressource Zeit

  Ein Unternehmen, das in einem hochgradig instabilen Umfeld überleben will, muß rasch reagieren, muß sich kurzfristig sich ändernden Bedingungen anpassen können. Dies bedeutet rasche Produktinnovation, immer kürzer werdende Produktlebenszyklen. Qualität ist heute noch immer genauso wichtig wie früher - aber sie genügt nicht mehr. Nur wer gleichzeitig auch noch schnell[25] ist, hat im Markt die Nase vorn.

- ### Verknappung der Ressource Geld

  Unternehmen und Bürger werden für gleiche Leistungen immer weniger Geld erhalten - und gleichzeitig immer mehr Steuern bezahlen müssen. Geld wird deshalb knapp bleiben und noch knapper werden. Die tiefgreifenden Verschiebungen im Gefüge der Weltwirtschaft werden nur durch ein markantes Absinken unseres Lebensstandards aufgefangen werden können. Leistungs- und Kostenoptimierung werden in den neunziger Jahren zu bestimmenden Faktoren unternehmerischen Denkens und Handelns.

- ### Dramatische Steigerung der Komplexität

  Alles ist zunehmend mit allem vernetzt. Technische, ökonomische, politische und gesellschaftliche Prozesse beeinflussen sich gegenseitig und entwickeln ihre Eigendynamik. Was man an einem Ort tut, kann an einem anderen unvorhergesehene Konsequenzen haben. Es kommt zu „Kipp-Effekten" - und von heute auf morgen hat sich ein bisher realistisches Szenario in sein Gegenteil verwandelt. Diese Steigerung der Komplexität gilt insbesondere auch für Unternehmensprozesse und hat weitreichende Folgen für die Führungskräfte.

Abbildung 19: Rahmenbedingungen und Ursachen für Veränderungen in Unternehmen
Quelle: Doppler/Lauterburg 1994:18 ff.

---

[25] Zum Mythos „Schnelligkeit" als Markt-Vorteil hat sich Peter Heintel im Rahmen seiner Tätigkeit als Obmann des „Vereins zur Verzögerung der Zeit" in einem Aufsatz mit dem Titel „Beschleunigung und Verzögerung" Gedanken gemacht (Heintel 1995). Heintel kommt dabei zum Schluß, daß Beschleunigung per se keine sinnvolle Strategie sein kann. Im Gegenteil: Schnelligkeit, Aktionismus und Hektik zum falschen Zeitpunkt führen zu große Risiken und Gefährdungen. Der Mythos „Schnelligkeit", der genauso abligatorisch wie kritiklos in der Zeitgeist-Management-Literatur weitergereicht wird, ist für ihn eher die Machbarkeits-Illusuion eines technomorphen Denkens , die „... sehr oft zu fatalen Komplexitätsreduktionen, Simplifikationen, Scheinlösungen ...(führt)....Allerdings müssen wir zur Kenntnis nehmen, daß eine häufige Reaktionsform der Menschen angesichts von Krisen, Unübersichtlichkeiten und dementsprechenden Verunsicherungen die „Flucht nach vorne" ist. Sie äußert sich meist in Hektik, Hyperaktivität, Aktionismus, diesen kommt Beschleunigung natürlich sehr entgegen." (Heintel 1995a:7)

Aufgrund ihrer Skizzierung der genannten Rahmenbedingungen und Ursachen für den Veränderungsprozeß gelangen Doppler und Lauterburg zu folgenden Empfehlungen:

> „Wenn Zeit und Geld knapp werden und gleichzeitig die Komplexität zunimmt, kann man nicht mehr so weiterwirtschaften wie in der Vergangenheit. Die Herausforderung für das einzelne Unternehmen lautet:
> Schnellere und wirtschaftliche Bewältigung einer zunehmenden Vielfalt sich rasch ändernder Aufgaben. Dies hat Konsequenzen für die Organisation....Insgesamt: Reengineering der Geschäftsprozesse." (ebenda:41)

Die organisatorischen Konsequenzen, die Doppler/Lauterburg als Konsequenz ihrer - wenig originellen - Reengineering-These empfehlen, lesen sich allerdings wie das geballte Standard-Sammelsurium der aktuellen en-vogue-Begrifflichkeiten der Management-Zeitgeist-Literatur[26]. Trotzdem erscheinen diese Konsequenzen - wenngleich in beinahe jeder betriebswirtschaftlichen Proseminar-Hausarbeit mit den gleichen Formeln beschworen - plausibel und sinnvoll:

- *Dezentralisierung*
- *Regionalisierung*
- *Profit-Center-Organisation*
- *Holdingstruktur*
- *Lean Production*
- *Lean Management*
- *Projekt-Organisation*
- *Total Quality Management*

Die Netzwerkstruktur als neue Organisationsform

Die Organisationsform, die diesen vielfältigen Anforderungen am besten entspricht, ist nach Doppler /Lauterburg die Netzwerkstruktur. Sie zeichnet sich aus durch:

- Flache Hierarchie
- Hohe Selbständigkeit der einzelnen Organisationseinheiten
- Hohe Vielfalt lokal unterschiedlicher Organisationsformen
- Gesamtsteuerung über gemeinsame Ziele und Strategien

---

[26] Helmut Willke bringt dieses Phänomen der Management-Moden trefflich auf den Punkt, wenn er schreibt: „Dabei ist das Angebot an Erklärungen der neuen Spielregeln gewaltig. Von der schlanken Organisation mit „lean management" und allen nur erdenklichen Hilfskonzepten des Managens wie vitales, evolutionäres und visionäres Management über Krisen/Chancen-Management, Chaos- und Komplexitätsmanagement bishin zur fraktalen Fabrik, zum Spinnennetz- Unternehmen (Robert Reich) oder zum global vernetzten triadischen Akteur gibt es kein Modewort und kein Modekonzept, das nicht auch als neue Form des Managements komplexer Organisationen verkauft wird...Wenige Organisationen und wenige Organisationsberater können sich dem ganz entziehen. So skurrile Formen der Markt auch annimmt, so unverzichtbar ist er doch als Unruheherd, Innovationsanreiz und Resonanzboden für neue Ideen." (Willke 1994:176)

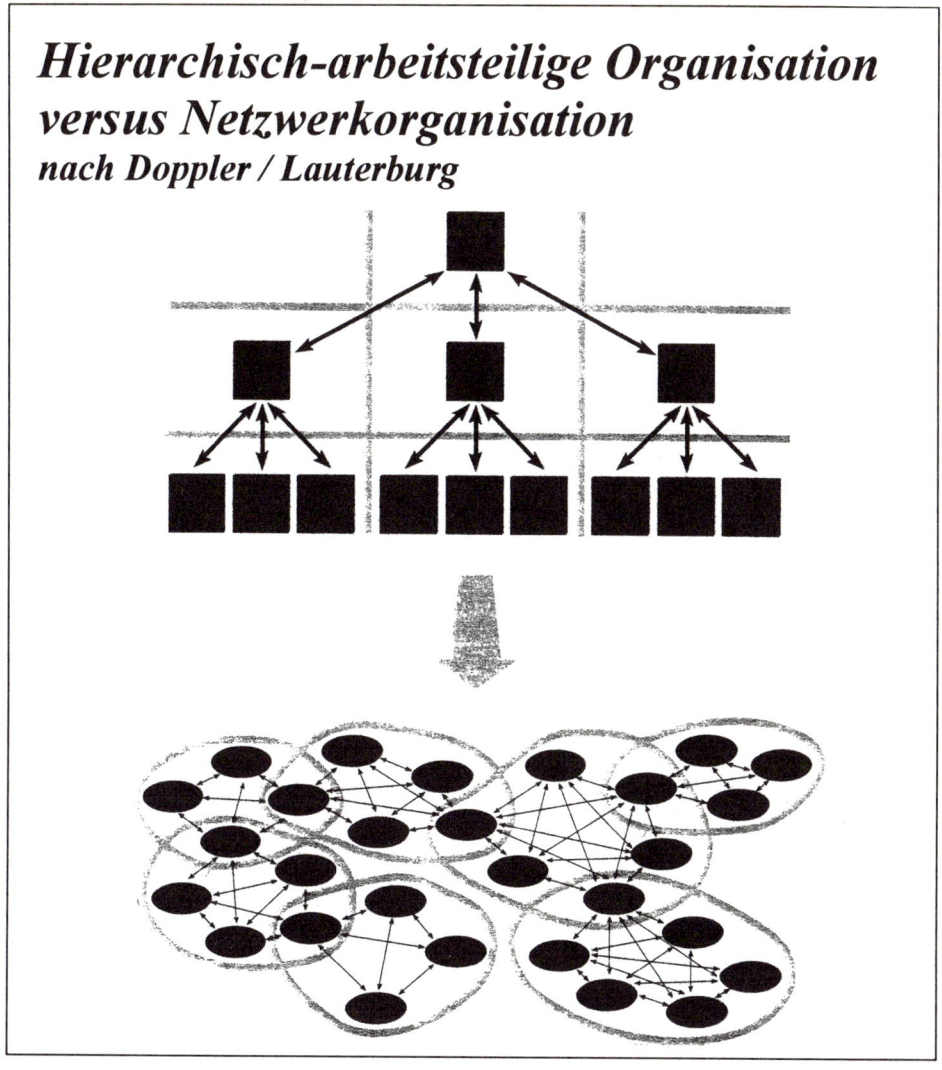

Abbildung 20: Hierarchisch-arbeitsteilige Organisation versus Netzwerkorganisation
Quelle:Doppler/Lauterburg, 1994, S.43

Die Netzwerkorganisation bewältigt „...mit Abstand das höchste Maß an Komplexität; sie gewährleistet eine rasche Reaktion auf Veränderungen im Umfeld; die Organisation vermag sich besonders flexibel an neue Gegebenheiten anzupassen; und sie ist weniger stör- und krisenanfällig. Pannen und Unfälle können zwar ein Teilsystem außer Betrieb setzen - aber es ist praktisch kaum mehr möglich, daß durch Ausfall einer zentralen Funktion die gesamte Organisation lahmgelegt wird." (ebenda:42)

Inhalt dieser Netzwerkstruktur sind - wie in jeder Organisation - konkrete Aufgaben, die sich aus den Strategien und Zielen der Organisation ergeben. Allerdings müssen diese Aufgaben in Gestalt funktionsfähiger Prozesse und sinnvoller Prozeßketten abgearbeitet werden. Change Management in diesem organisationalen Kontext heißt dann:

> „In einer instabilen Umwelt aber sind die Aufgaben, und damit die Prozesse zu deren Bewältigung, einem ständigen Wandel unterworfen. Das organisatorische Denken entwickelt sich zu einem Denken in rasch sich ändernden Prozeßketten....Wenn alles im Fluß ist, wird rasche und qualifizierte Verständigung zur Überlebensfrage. Die Informationsströme müssen an die Prozeßketten gekoppelt werden. Etablierte Hierarchien, wo noch vorhanden, sind für Informationen nicht durchlässig genug." (ebenda:44)

Kommunikation wird damit zum zentralen Schlüsselbegriff des Change Managements. In einer Netzwerkorganisation ist offene Kommunikation die Grundlage der Steuerung und Selbstregulierung und ist damit eine taugliche Alternative zur Hierarchie.

Unternehmenskultur und Change Management

Doppler und Lauterburg definieren Kultur allgemein wie auch im besonderen hier als Unternehmenskultur folgendermaßen:

> „Kultur ist die Summe der Überzeugungen, die eine Gruppe, ein Volk oder eine Gemeinschaft im Laufe ihrer Geschichte entwickelt hat, um mit den Problemen der internen Integration (Zusammenhalt) sowie der externen Anpassung (Überleben) fertig zu werden. Sie ist die Summe der Regeln („To do's" und „Not to do's"), die so gut funktionieren, daß sie zu 'ungeschriebenen Gesetzen' werden und jeder nachfolgenden Generation als die 'richtige' Art des Denkens, des Fühlens und des Handelns weitergegeben werden." (ebenda: 48)

Clifford/Cavanaugh (zitiert nach Doppler/Lauterburg, 1994:47 ff.) stellen folgende fünf Kulturfaktoren als die entscheidenden Stellgrößen für erfolgreiches Change-Mangement dar:

1. Kreative Unruhe:
Veränderungen im Umfeld erfordern Unruhe i.S. von Pioniergeist und Experimentierfreude und müssen im Unternehmen belohnt werden und nicht als Querulantentum sanktioniert werden.

2. Konfliktfähigkeit:
Fundamentale Transformationsprozesse in kurzer Zeit ohne „Verschnaufpausen" erzeugen Konflikte, die nicht verdrängt und sanktioniert, sondern i.S. einer konstruktiven Streitkultur ausgetragen werden müssen.

3. Zusammengehörigkeitsgefühl:

Offenheit und Vertrauen im Unternehmen sind Voraussetzungen für Veränderungsprozesse - und sind nicht zum „Nulltarif" zu haben! Niemand rationalisiert sich selbst hinweg. Wenn schon keine Arbeitsplatzsicherheit, dann Beschäftigungssicherheit, die durch finanzielle Opfer progressiv nach oben bis in die Unternehmensleitung finanziert werden muß.

4. Sinnvermittlung:

Geld zu verdienen zur Sicherung der eigenen Existenz ist eines. Um sich für ein Unternehmensziel in erhöhtem Maße und dauerhaft zu engagieren, muß der Stellenwert des persönlichen Tuns im Kontext einer „sinnvollen" Unternehmensphilosophie transparent werden.

5. Kommunikation:

Die formalen Kommunikationskanäle reichen nicht aus, das hohe Maß an Informationen sicherzustellen, die in Zeiten permanenter Veränderung nötig sind. Auch die informelle Information muß gefördert werden. Anstelle von Papierfluten sind Kommunikationsveranstaltungen und Arbeitstagungen der unterschiedlichsten Form nötig und nicht zuletzt die Führungstechnik „management by walking around" als Kommunikationsform für Führungskräfte aller Ebenen.

Führung im Change Management

Die Funktion von Führung besteht nach Doppler/Lauterburg (1994) nicht mehr in der Aufgabenverteilung und der Koordination des Tagesgeschäfts, sondern in der Aufgabe, „Rahmenbedingungen zu schaffen, die es normalintelligenten Mitarbeiterinnen und Mitarbeitern ermöglichen, ihre Aufgaben selbständig und effizient zu erfüllen". (ebenda:54)

Der Vorgesetzte kommt von der Rolle des „Machers" und „Aufpassers" in die Rolle des Trainers, Beraters oder auch des „Coaches". Beratungskompetenz verbunden mit strategischer Weitsicht ist die Qualifikationsanforderung des Change Managers. „Die Mitarbeiter sind die Kunden des Vorgesetzten!" Diese Forderung aus dem Veränderungsprozeß eines großen deutschen Unternehmens zeigt die radikale Neuorientierung der Führungsrolle im „change process" sehr deutlich.

Der Veränderungsprozeß

Der Veränderungsprozeß, der diese Ziele erbringen soll, und seine „architektonische" und methodische Gestaltung ist das eigentliche Kernstück des Werkes von Doppler/Lauterburg. Für sie ist dazu ein aufwendiges „Change-Design" vonnöten (vgl. Abbildung 21)

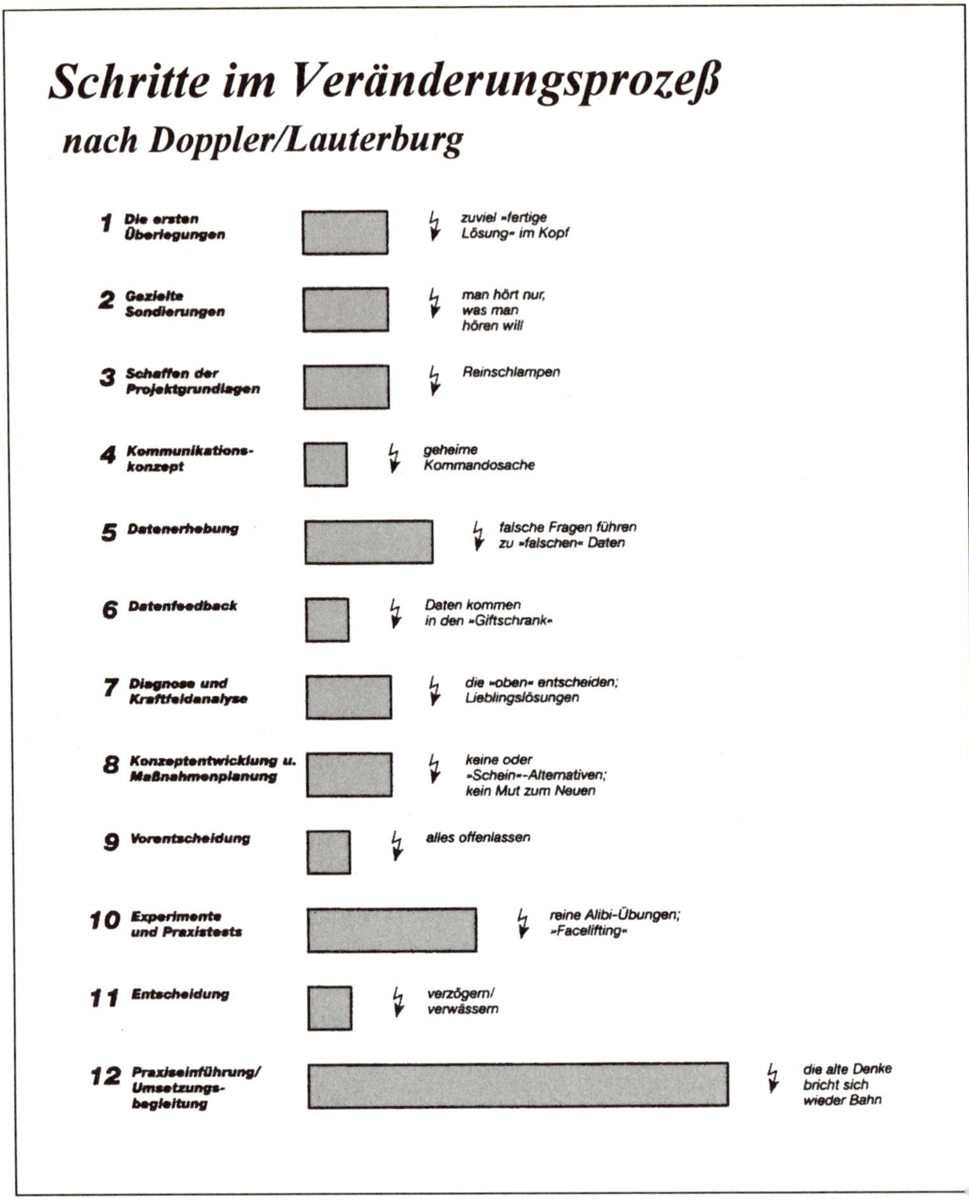

Schritte im Veränderungsprozeß
nach Doppler/Lauterburg

1 Die ersten Überlegungen		zuviel »fertige Lösung« im Kopf
2 Gezielte Sondierungen		man hört nur, was man hören will
3 Schaffen der Projektgrundlagen		Reinschlampen
4 Kommunikations-konzept		geheime Kommandosache
5 Datenerhebung		falsche Fragen führen zu »falschen« Daten
6 Datenfeedback		Daten kommen in den »Giftschrank«
7 Diagnose und Kraftfeldanalyse		die »oben« entscheiden; Lieblingslösungen
8 Konzeptentwicklung u. Maßnahmenplanung		keine oder »Schein«-Alternativen; kein Mut zum Neuen
9 Vorentscheidung		alles offenlassen
10 Experimente und Praxistests		reine Alibi-Übungen; »Facelifting«
11 Entscheidung		verzögern/ verwässern
12 Praxiseinführung/ Umsetzungs-begleitung		die alte Denke bricht sich wieder Bahn

Abbildung 21: „Schritte im Veränderungsprozeß und ihre Tücken"
Quelle: Doppler/Lauterburg (1994:96)

Zur Frage der Umsetzung des Veränderungsprozesses nehmen Doppler /Lauterburg eindeutig Stellung. Den von ihnen vertretenen Primat des Transfers begründen sie so:

> „ Wenn Veränderungen in Organisationen anstehen, glauben viele kluge Leute - oberste Entscheidungsträger und qualifizierte Spezialisten genauso wie teuer bezahlte Berater -,

ihr Job sei getan, wenn sie dafür gesorgt hätten, daß entsprechende Konzepte auf dem Tisch liegen. Auf die Analyse und die Konzeptentwicklung wird die größte Sorgfalt und in der Regel auch die meiste Zeit verwendet...In der Tat ist es gar nicht so furchtbar schwierig, ein gutes Konzept zu entwickeln ...Wirklich schwierig ist nur eines: die Realisierung. Die Kunst der Fuge besteht nicht darin, Konzeptvorlagen zu entwerfen und zu verabschieden, sondern darin, diese in die Praxis umzusetzen". (Doppler / Lauterburg 1994: 129)

Aus dieser Betonung der Transferorientierung folgern die beiden Autoren sieben Grundsätze des Vorgehens bei Veränderungsprozessen, die sicherstellen sollen, daß optimale Voraussetzungen für eine praktische Umsetzung der Veränderung geschaffen werden (vgl. Abbildung 22).

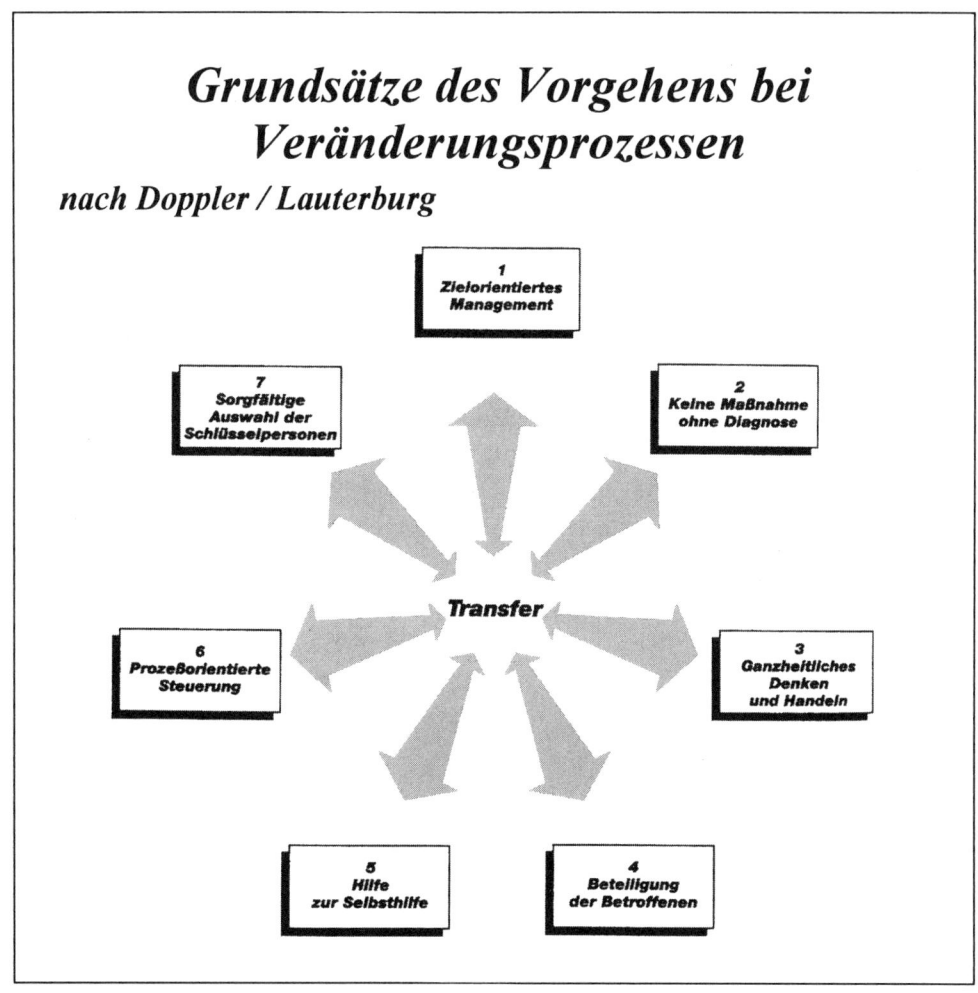

Abbildung 22: Grundsätze des Vorgehens bei Veränderungsprozessen nach Doppler / Lauterburg (1994: 130)

Diese Grundsätze sind für die beiden Autoren nicht einfach mögliche Handlungsoptionen, sondern sie „...ergänzen sich gegenseitig und müssen alle gleichzeitig beachtet werden, wenn der Erfolg nicht in Frage gestellt werden soll." (ebenda:131) Als relevante Parameter für das Organisationsentwicklungs-Konzept von Doppler und Lauterburg will ich diese Grundsätze noch einmal kurz skizzieren:

1. Grundsatz: Zielorientiertes Management

Hierbei ist es für die beiden Autoren wichtig, deutlich zu machen, daß ein "...Projekt, das brauchbare Ergebnisse zeitigen soll, ...zielorientiert geführt werden.." muß (ebenda:131). Doppler/Lauterburg betonen deutlich die Notwendigkeit einer zielgerichteten Führung, die Partizipation erst möglich mache. Und sie setzen sich damit bewußt ab von den Vertretern einer falsch verstandenen humanistischen Psychologie („...wie sie die modernen Sozialwissenschaften nun mal auch hervorgebracht haben..."), die ihren „Bannstrahl" auf alles geworfen, „was nach Hierarchie und Macht riecht." (ebenda:131)

2. Grundsatz: Keine Maßnahme ohne Diagnose

Hier steht die Notwendigkeit einer sorgfältigen Lagebeurteilung am Anfang jeder Veränderung im Vordergrund entsprechend der Formel „Eine gute Analyse ist der halbe Projekterfolg". Bei der Diagnose orientieren sich Doppler/Lauterburg an der klassischen Technik des Survey-Feedback. Sie empfehlen vier Schritte:
- Datenerhebung - Befragung
- Datenverdichtung - Reduktion der Datenflut auf das Wesentliche
- Datenfeedback - Information aller Beteiligten über die Ergebnisse
- Datenanalyse - Analyse der Zusammenhänge, Definition der Schwachstellen, Aufzeigen von Lösungsansätzen

3. Grundsatz: Ganzheitliches Denken und Handeln

Unter ganzheitlichem Denken in Organisationen verstehen die beiden Autoren, nicht nur der „Hardware" (technische, ökonomische und strukturelle Aspekte) Beachtung zu schenken, sondern auch der „Software" (menschliche und zwischenmenschliche Aspekte). Aus ihrer Sicht gibt es drei relevante Gesichtspunkte der Betrachtung einer Organisation:
- Strukturen: Aufbau- und Ablauforganisation sowie Führungssysteme
- Verhalten: Motivation und Identifikation, Kommunikation und Kooperation
- Normen: Geschriebene und ungeschriebene Spielregeln, Belohnungs- und Sanktionsprinzipien (Unternehmenskultur)

Weiter ist unter ganzheitlichem Denken und Handeln die Beachtung von wichtigen Vernetzungen zu verstehen. Im Wirkungsgefüge einer komplexen Organisation kommt es nicht nur auf die Struktur und die innere Verfassung der einzelnen Organisationseinheiten an. Zwischen menschlichen Individuen, Gruppen und Organisationseinheiten kommt es in der Praxis zu dynamischen Wechselwirkungen. So können Probleme entstehen, die einzig in der Dysfunktionalität des Zusammenspiels einzelner Bereiche begründet sind und nicht „Schuld" eines bestimmten Bereichs sind.

4. Grundsatz: Beteiligung der Betroffenen

Es gibt drei Gründe für die Beteiligung der betroffenen Organisations-Mitglieder:

1. Bessere Entscheidungen - praxisgerechtere Lösungen
   Die direkt Betroffenen kennen die Details und wissen wie eine praxisgerechte Lösung aussehen muß.

2. Erzeugen von Motivation
   Wer an der Erarbeitung von Lösungen direkt beteiligt ist, engagiert sich persönlich für die Umsetzung.

3. Identifikation mit dem Unternehmen
   Wer aktiv in Entscheidungen und Projekte miteinbezogen ist fühlt sich ernstgenommen und identifiziert sich mit seiner Organisation.

5. Grundsatz: Hilfe zur Selbsthilfe

Es gibt in jedem Veränderungsprozeß immer wieder Situationen, in denen die Arbeit eines Bereiches oder eines Teams blockiert wird, und die Mitglieder aus eigener Kraft und mit eigener Kompetenz nicht mehr in der Lage sind, das Problem zu lösen. Hier muß vom Management situativ angemessene Unterstützung (durch Moderation, Qualifizierung, Coaching, etc.) bereitgestellt werden. Dabei muß oberstes Ziel sein, die Mitarbeiter bzw. den Bereich oder das Team so schnell wie möglich wieder selbständig handlungsfähig zu machen.

6. Grundsatz: Prozeßorientierte Steuerung

Wenn, wie in einem Veränderungsprozeß, viele Menschen in wechselnden Gruppen zusammenwirken, ist es nicht möglich alle Entwicklungen vorauszusehen. Deshalb ist es notwendig - so Doppler/Lauterburg - die Hand am Puls des Geschehens zu halten und je nach Situation steuernd einzugreifen, wenn dies erforderlich ist. Dabei ist besondere Achtsamkeit auf die emotionalen Aspekte der Organisations-Mitglieder zu legen. "Wer...mit Menschen arbeitet und sie für gemeinsame Ziele gewinnen will, muß auf ihre innere Verfassung, ihre Gefühle und ihre Stimmungslage Rücksicht nehmen." (ebenda: 140 f.) Dazu sind drei Steuerungsinstrumente notwendig:

- Regelmäßige Prozeßanalyse: Mit den Leuten vor Ort reden. Regelmäßige Zwischenbilanz und „Manöverkritik".

- Bearbeitung von Widerständen und Konflikten: Widerstände thematisieren. Akzeptable Vorgehensweisen festlegen. Konflikte offenlegen und bearbeiten.

- Rollende Planung: Flexibilität in der operativen Feinplanung. Steuerung unter Berücksichtigung situativer Gegebenheiten.

7. Grundsatz: Sorgfältige Auswahl der Schlüsselpersonen

Die Grundthese lautet: Prozesse laufen über Personen. Und insbesondere Veränderungsprozesse. Deshalb sind im Vorfeld eines Veränderungsprozesses drei Fragen zu beantworten:

- Wo sind potentielle Verbündete?

- Wo sind die „opinion leaders", die für die Sache gewonnen werden müssen?

- Wer hat das Zeug dazu, den Veränderungsprozeß zu leiten?

Vor allem die Klärung der letzten Frage wird nach Doppler/Lauterburg allzu selten gestellt, geschweige denn beantwortet. Für Personen, die die Steuerung oder das Management eines Veränderungsprozesses koordinieren sollen, geben sie folgende Kriterien an:

- Offene ehrliche Art mit Menschen umzugehen.

- Praxisbewährte Fähigkeit mit anderen im Team zu arbeiten.

- Fähigkeit zuzuhören und sich in die emotionale Lage anderer Menschen hineinversetzen zu können.

- Mut zu Entscheidungen - Entschlossenheit.

- Hohe Akzeptanz bei Mitarbeitern und Führungskräften.

Kritische Würdigung

Insgesamt ist das aktuelle OE-Konzept, das Doppler/Lauterburg in ihrem jüngsten Buch als reflektierten Extrakt ihrer eigenen OE-Berater-Arbeit vorstellen, eindeutig auf die klassischen Wurzeln der Gruppendynamik und der Organisationsentwicklung zurückzuführen.

Ob die Betonung der „menschlichen und zwischenmenschlichen Aspekte", der „soft facts" oder die Formel von der „Beteiligung der Betroffenen"; ob Prozeßsteuerung oder Auswahl von „Schlüsselpersonen" („change agents"), die konzeptionellen Grundlagen der „klassischen" Organisationsentwicklung sind unverkennbar.

Eine Rezeption etwas aktuellerer Theoriekonstrukte steckt wohl hinter der Forderung nach „ganzheitlichem Denken und Handeln", worin sich offensichtlich Ableitungen aus systemischen Ansätzen - der Systemtheorie und systemische Managementtheorien[27] -manifestieren.

Was - zumindest für die „klassische Organisationsentwicklung und Gruppendynamik - in dieser Art und Weise ungewöhnlich und neu ist, ist die beinahe demonstrative Betonung und Bearbeitung ökonomischer und betriebswirtschaftlich-pragmatischer Faktoren. Mit dieser Argumentation soll offensichtlich das Vorurteil überwunden werden, die Organisationsentwicklung sei nur „Psycho-Beratung" (im Gegensatz zu „ernsthafter", weil ökonomisch relevanter, Unternehmensberatung) und damit eindimensional.

Damit nehmen die beiden Autoren ihren eigenen Anspruch, ganzheitlich zu denken und zu handeln, ernst und betrachten Organisationsentwicklung als einen vieldimensionalen Veränderungsprozeß, dessen methodische Gestaltung und Steuerung die Interdependenz und Vernetzung der unterschiedlichen Organisationsdimensionen sehr sorgfältig und adäquat berücksichtigen muß.

Dieser Weg erscheint mir plausibel, insbesondere die Feststellung, Veränderungsprozesse müßten technische, ökonomische, strukturelle **und** psychosoziale Dimensionen berücksichtigen. Der Grundstein für eine solche Sichtweise wurde schon durch Eric Trists Ansatz der soziotechnischen Systemtheorie im Tavistock-Institut in den fünfziger Jahren gelegt (vgl. Trist 1972).

Die Ausführungen, die die strukturell-ökonomischen Dimensionen beleuchten, sind nach meiner Einschätzung eine - wenig originelle - Zusammenfassung der augenblicklichen Diskussion der betriebswirtschaftlichen Managementtheorien. Hier haben die Autoren keine neuen eigenen Ansätze entwickelt. Ihre Aufgabe scheinen sie vor allem darin zu sehen, die konzeptionelle Kompetenz und die methodische Erfahrung der Organisationsentwicklung mit den betriebswirtschaftlich-strukturellen Dimensionen zu einem Konzept einer „ganzheitlichen" Organisationsentwicklung zu verzahnen.

Doppler/Lauterburg haben mit diesem OE-Konzept des „change management" den Versuch unternommen, eine Vorgehensweise für Veränderungsprozesse zu konstruieren, die eine funktionale und zielgerichtete Balance zwischen „soft facts" und „hard facts" darstellt. Sie haben damit eine aus einer langjährigen

---

[27] Vgl. dazu auch Gomez/Zimmermann 1993; Bleicher 1991; Wunderer/ Kuhn 1993; Malik 1993

Praxiserfahrung fundierte Zusammenfassung der „architektonischen" (damit meine ich Design-Planung und Prozeß-Management") sowie der handwerklichen (damit meine ich die methodischen) Grundlagen der Organisationsentwicklung geliefert, die sie in einer praxisorientierten Korrelation mit aktuellen strukturell-betriebswirtschaftlichen Konzepten einer systemischen Managementtheorie aggregieren.

Durch ihre zum Teil sehr simplifizierenden Konstrukte - vor allem im Bereich der Management- und Organisationstheorie, wo sie alle gängigen Mode-Konzepte weitgehend unverbunden als Lösungsideen präsentieren - verliert ihre Arbeit allerdings an Substanz. Die Verbindung zwischen „harten" und „weichen" Organisationsfaktoren erscheint doch eher bemüht als gelungen. Auch ist eine gewisse Anbiederung an die Leser und potentiellen OE-Kunden im Duktus und der „Macher"-Sprache offensichtlich. Auch hier gilt die bereits weiter vorne angeführte These, daß Veröffentlichungen von OE-Beratern eben nicht nur der Theorie- und Praxisentwicklung der Organisationsentwicklung dienen, sondern auch dem Marketing der Autoren als OE-Berater. Dabei schwindet die notwendige Distanz des Forschers und auch des Beraters zum zu beratenden System.

Doppler und Lauterburg haben die theoretischen und praktischen Erkenntnisse der gruppendynamisch orientierten Organisationsentwicklung der letzten zwanzig Jahre solide und praxisorientiert referiert. Ihr Versuch, die betriebswirtschaftlichen Dimensionen miteinzubeziehen, scheint mir dabei allerdings deutlich zu kurz gegriffen zu sein. Vor allem in der theoretischen Reflexion eines integrativen oder gar systemischen Ansatzes bleiben sie damit hinter ihren angekündigten Absichten zurück.

Karsten Trebesch

Karsten Trebesch, Jahrgang 1941, studierte nach einer kaufmännischen Ausbildung bei BASF Soziologie und Betriebswirtschaft an der Universität Mannheim. Nach einer Tätigkeit als angestellter Berater war er wissenschaftlicher Mitarbeiter am Institut für Unternehmensführung und Finanzwirtschaft an der TH Darmstadt und von 1980 bis 1982 Professor für Personalwirtschaft und Organisation an der FH Offenburg. Seit 1983 ist Trebesch selbständiger Berater für Unternehmensentwicklung in Köln. Er ist Mitbegründer der Gesellschaft für Organisationsentwicklung (GOE) e.V. sowie der Zeitschrift „Organisationsentwicklung" und gilt als einer der Pioniere der Organisationsentwicklung im deutschsprachigen Raum. Er war Mitinitiator des „1. Europäischen Forums über Organisationsentwicklung" 1978 in Aachen. (vgl. Trebesch 1980 a und 1980 b)

Trebesch beschreibt die aktuelle Situation der Organisationsentwicklung als sehr problematisch. Er ist der Meinung, daß die OE heute in einer Krise steckt, aus der sie nur herauskommt, wenn sie Hinweise erarbeitet, „...wie die Organisationsentwicklung Beiträge zu relevanten Problemen leisten kann..." (Trebesch 1994:76).

Seine eigene weiterentwickelte Konzeption der Organisationsentwicklung nennt Trebesch „Unternehmensentwicklung". Er orientiert sich mit diesem Begriff und auch mit dem damit verbundenen Ansatz vor allem an Friedrich Glasls Entwurf einer „Dynamischen Unternehmensentwicklung" (Glasl/Lievegoed 1993) und an dem von Knut Bleicher, Professor an der Wirtschaftshochschule St.Gallen, vertretenenen „St. Gallener Management-Konzept".

Bleichers Ansatz, den er in seinem Buch „Integriertes Managements" (Bleicher 1992) beschreibt, ist dabei eine zentrale Leitlinie für Trebeschs Arbeit. Das Konzept Bleichers unterstützt Trebesch ausdrücklich "... , weil es Theorie und Praxisanleitung so geschickt verbindet und schließlich, weil es die kulturellen und damit die humanen Aspekte statt der rein ökonomischen und technokratischen Sicht in den Mittelpunkt stellt." (ebenda:19)

Damit hat Trebesch auch seine aktuelle professionelle Identität markiert und sein Arbeitsverständnis positioniert.

Als Ursache für einen Unternehmensentwicklungs-Prozeß sieht Trebesch „...die Notwendigkeit der strategischen Neuorientierung, der damit ausgelösten strukturellen Reorganisation und der daraus resultierenden Umgestaltung der Führungsprozesse..." (Trebesch 1994:5) Trebeschs Grundposition zu Unternehmensentwicklung basiert auf Bleichers Formel, daß sich unter dem Begriff der Unternehmensentwicklung „... sachrationale und sozio-emotionale Betrachtungen und Gestaltungen..." vereinigen (Bleicher zitiert in Trebesch 1994:5).

Diese Vereinigung von rationalen und psychologischen Faktoren ist die Grund-Prämisse in Trebeschs Konzept einer Unternehmensentwicklung. Und diese Dyade, die direkte Parallelen zum klassischen GOE-Postulat „...Organisationsentwicklung solle Produktivität und Humanität fördern..." (GOE 1980) erkennen läßt, zieht sich durch die gesamte Begründung seines Ansatzes.

Als ersten Schritt einer Unternehmensentwicklung sieht Trebesch dabei die Öffnung des Unternehmens hin zum Umfeld. Dies führt zu einer Veränderung der Verhältnisse und der Leistungsfähigkeit, indem die Markt- und Kundenorientierung sowie die Struktur- und Kulturentwicklung optimiert werden. Malik - auf den sich Trebesch beruft - beschreibt diese Öffnung so:

„Im Zentrum einer gesunden Unternehmensentwicklung und dies gilt auch für alle anderen Organisationen, stehen dann nicht Marketing, Finanzen, Personalwesen, EDV, Logistik und Produktion, sondern die Frage, ob und auf welche Weise eine Unternehmung ihre Umgebungskomplexität unter Kontrolle bringen kann und ob sie die aus ihrem eigenen inneren Funktionieren resultierende Komplexität ebenfalls zu beherrschen vermag. Es wird sich also die Frage stellen, ob die Systeme dieser Welt „under control" sind und gehalten werden können" (Malik zitiert in Trebesch 1994:6)

Diese adäquate Wahrnehmung der Umweltveränderungen sowie die antizipatorischen Entwürfe der zukünftigen Gestaltung bedeuten - so Trebesch - hohe Anforderungen an die Unternehmensführung. Aber genau diese Fähigkeiten sind notwendig in einer Situation, „...in der die Grenzen der Beherrschbarkeit und der Machbarkeit von Management-Prozessen immer deutlicher werden und oft dem Zufälligen und Unerwarteten weichen müssen." (ebenda:7)

Trebesch sieht vier zentrale Ertragsfelder, die die Öffnung des Unternehmens zum Umfeld repräsentieren. Diese sind:

- Kundenorientierung

- Qualitätsverbesserung

- Liefertreue

- Kostensenkung

Bei vielen Restrukturierungsprozessen zur Erreichung dieser Ziele wird - so Trebesch - allerdings

> „...sehr häufig der entsprechende Kulturwandel (Mitarbeiterorientierung, Kommunikations- und Konfliktmanagement, Identifikation, Führung durch Ziele, Beteiligung der Betroffenen) vernachlässigt, obwohl erst er die Struktur-Veränderungen nachhaltig wirksam werden läßt." (ebenda:5)

Unter Unternehmensentwicklung versteht Trebesch insgesamt einen integrativen Prozeß der „relevanten Entwicklungs-Teilbereiche" (vgl. Abbildung 23), der laut seiner Definition zwei Blickpunkte hat: Zum einen die Organisationsentwicklung, die Trebesch den internen Beziehungen zuordnet, und zum anderen die Marktentwicklung, die Trebesch als Beziehungen zum Umfeld bezeichnet.

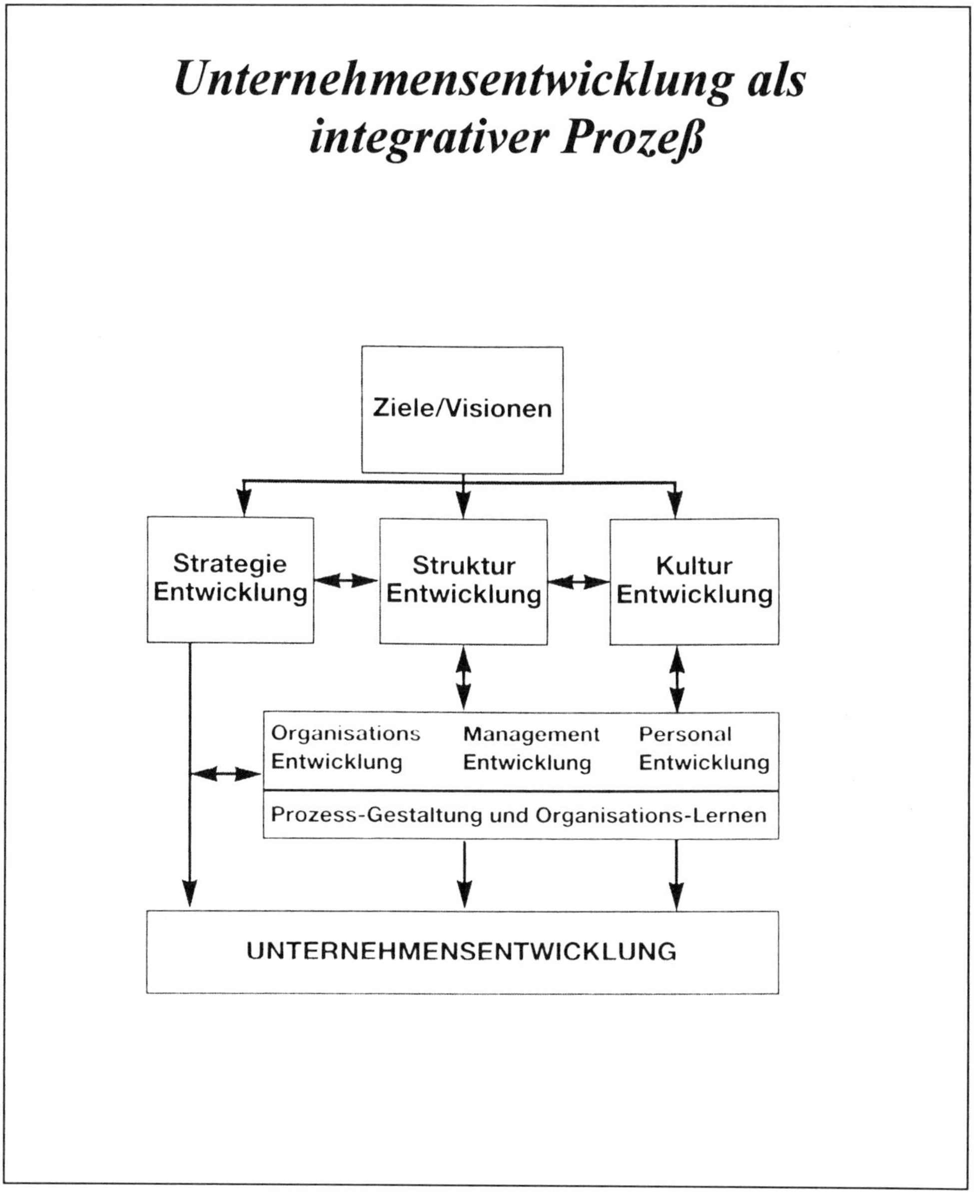

Unternehmensentwicklung als integrativer Prozeß

```
                    ┌─────────────────┐
                    │  Ziele/Visionen │
                    └─────────────────┘
        ┌───────────────────┼───────────────────┐
        ▼                   ▼                   ▼
┌───────────────┐  ┌───────────────┐  ┌───────────────┐
│  Strategie    │◄►│  Struktur     │◄►│  Kultur       │
│  Entwicklung  │  │  Entwicklung  │  │  Entwicklung  │
└───────────────┘  └───────────────┘  └───────────────┘
        │                  ▲▼                 ▲▼
        │          ┌──────────────────────────────────┐
        │          │ Organisations  Management  Personal│
   ◄►   │          │ Entwicklung    Entwicklung Entwicklung│
        │          │──────────────────────────────────│
        │          │ Prozess-Gestaltung und Organisations-Lernen│
        │          └──────────────────────────────────┘
        ▼                  ▼                   ▼
┌──────────────────────────────────────────────────┐
│         UNTERNEHMENSENTWICKLUNG                   │
└──────────────────────────────────────────────────┘
```

Abbildung 23: Unternehmensentwicklung als integrativer Prozeß der relevanten
Entwicklungsbereiche nach Trebesch
Quelle: Trebesch 1994, S. 10

Den Kernprozeß der Unternehmensentwicklung beschreibt Trebesch als Prozeß
der Entwicklung von verschiedenen aufeinander bezogenenen bzw. aufbauenden
Gestaltungsfeldern (vgl. Abbildung 24).

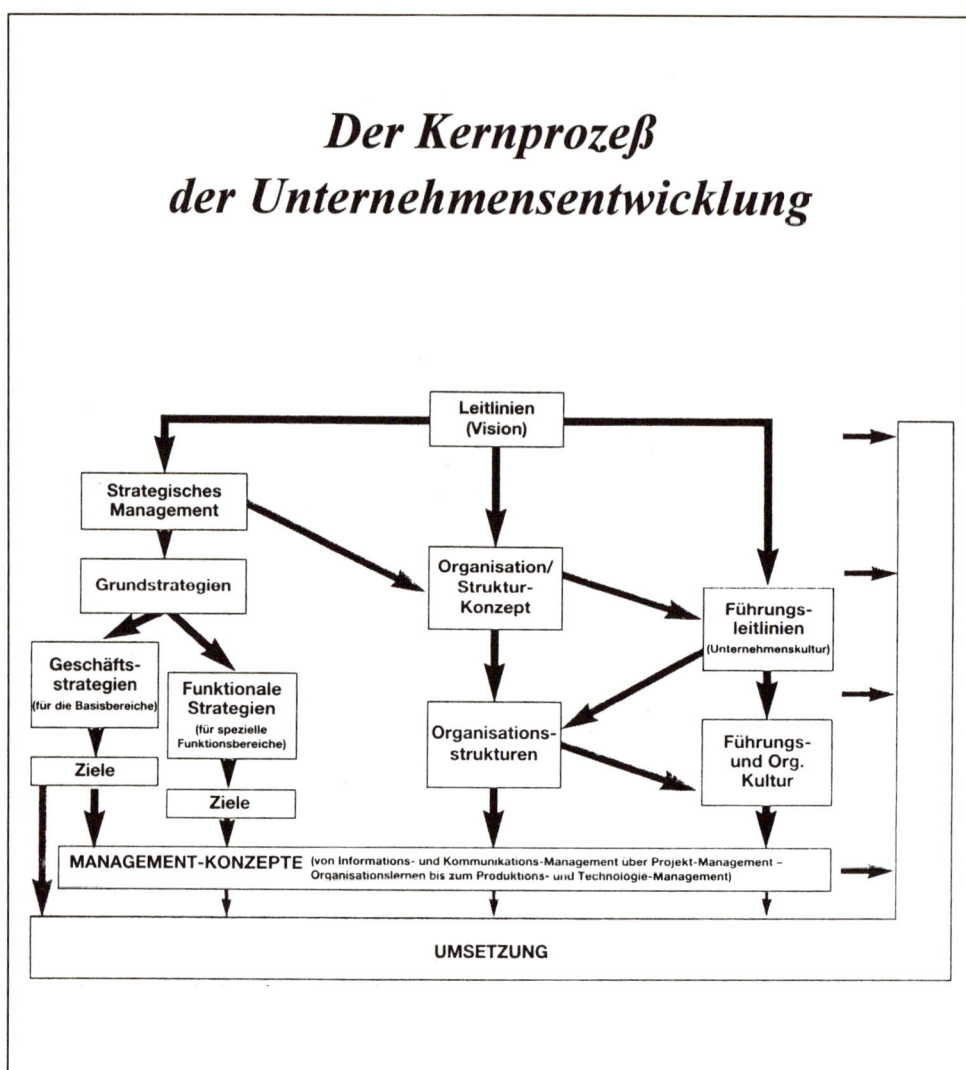

Der Kernprozeß
der Unternehmensentwicklung

Leitlinien
(Vision)

Strategisches
Management

Grundstrategien

Organisation/
Struktur-
Konzept

Führungs-
leitlinien
(Unternehmenskultur)

Geschäfts-
strategien
(für die Basisbereiche)

Funktionale
Strategien
(für spezielle
Funktionsbereiche)

Organisations-
strukturen

Führungs-
und Org.
Kultur

Ziele

Ziele

MANAGEMENT-KONZEPTE (von Informations- und Kommunikations-Management über Projekt-Management –
Organisationslernen bis zum Produktions- und Technologie-Management)

UMSETZUNG

Abbildung 24: Der Kernprozeß der Unternehmensentwicklung nach Trebesch
Quelle: Trebesch 1994, S. 15

Die Unternehmensentwicklung muß aus Sicht Trebeschs mit einer partizipativen
Entwicklung von   Leitlinien oder auch Visionen beginnen. Diese Leitlinien-
Erabeitung ist ein Balanceakt: „...die Visionen müssen die Substanz einer kraft-
vollen, fordernden Idealvorstellung haben, andererseits aber hinsichtlich der
konkreten Ausprägung und Realitätskonformität hinterfragt werden." (ebenda:6)

Bezüglich der Methode des Veränderungs-Prozesses gibt es keine Patentrezepte, sondern es geht darum, immer neue und flexible Lösungen zu finden. Dabei ist vor allem die Anschlußfähigkeit des Beraters an das Unternehmen notwendig. Dies setzt voraus, daß eine gemeinsame Sprache und Inhaltsvorstellungen gefunden werden. Trebesch betont insbesondere die Zielorientierung, die Langfristigkeit und die Ganzheitlichkeit des Veränderungsprozesses, die nach seiner Erfahrung entscheidende Voraussetzungen für Veränderung sind. Wirklich wirksam kann die Veränderungsstrategie nur werden, wenn sie schon ein Vorgriff auf die künftigen „....Qualitäten der angestrebten Zielsituation ist." (Glasl/ Lievegoed zitiert in Trebesch 1994:21).

Insgesamt sieht Trebesch als Instrumentarium für den Veränderungsprozeß das „...inzwischen ausgefeilte know how der Organisationsentwicklung." (ebenda:22) Er macht auch deutlich, daß es ihm mit seinem Konzept einer Unternehmensentwicklung nicht um Abgrenzung oder gar Ausschluß zur Organisationsentwicklung geht, vielmehr betont er:

> „Die Organisationsentwicklung ist für mich die entscheidende Methode der Zielfindung, Gestaltung und Umsetzung im Prozeß der Unternehmensentwicklung. Sie muß aber in den Kontext der ökonomischen Bedingungen und Umwelt-Anforderungen eingebunden werden..."

Und weiter - mit einer deutlichen Kritik an einer „beziehungslastigen" OE:

> ...Die Organisationsentwicklung der 80er Jahre ist obsolet, obwohl sie noch dominiert. Es ist diese „Befindlichkeits-Organisationsentwicklung" (die Schwächen aufspüren, Spannungen auffangen und Mitarbeiterorientierung als Selbstzweck betreiben soll), die den veränderten Rahmenbedingungen nicht mehr entspricht..."

Hingegen sieht Trebesch auch eine Perspektive für die Organisationsentwicklung:

> „...Eine nützliche Organisationsentwicklung schließt die politischen Prozesse der Zielfindung, die strategische Planung und ökonomischen Konzepte (Kostenrechnung, Marketing-Konzepte usw.) mit ein. Ein Organisationsentwicklungs-Experte kann nicht mehr allein Beziehungsklärer sein, sondern muß in der Lage sein, eine Reibungsfläche in dem Ringen um die Entscheidung über die wichtigen Verfahren durch Hinterfragen zu sein. Dazu gehören nicht nur das Design und die soziale Organisation von Projekten und Prozessen, sondern auch betriebswirtschaftliches und auch fertigungstechnologisches Wissen. Nicht Esoteriker sind als Organisationsentwickler gefragt, sondern eher Anwender des System-Konzeptes." (ebenda: 23)

Die Rolle des Beraters in solchen Prozessen ist es, den Prozeß konzeptionell und ganzheitlich zu gestalten und adäquate Methoden parat zu haben. Dabei wirken Berater „...als Modell darin, Prozesse offen zu halten, eine Variabilität zu ermöglichen und nicht nur für das eigene Überleben zu sorgen. Er/Sie muß nicht alles im Griff haben und verstehen, sondern mutige Fragen stellen können und nicht ungetrübt von Sachkenntnis sein. Wenn er/sie keine nützlichen Grundhaltungen für sich vis à vis dem Unternehmen entwickeln kann, werden auch Manager zögern, auf Erkundungsreisen zu gehen, und statt dessen Unsicherheit durch Aktionismus zu bewältigen versuchen." (ebenda:23)

Wie bereits eingangs erwähnt hat auch Trebesch, der aus der Tradition der Gruppendynamik kommt und als Mitbegründer der Gesellschaft für Organisationsentwicklung einer der Gründerväter der deutschsprachigen „klassischen" Organisationsentwicklung ist, inzwischen die Bedeutung der systemischen Beratungsansätze für seine Arbeit erkannt:

> „Für mich hat sich das Konzept der systemischen Beratung als sehr relevant erwiesen, dessen Anwendungsmöglichkeiten ich langsam entwickle und verbessere. So habe ich weitgehend die extensiven Diagnosen aufgegeben, weil sie das System in der massiven Katalogisierung der Schwächen noch kränker und depressiver machen. Bei dem Unterschied anzusetzen (wie könnte es in 5 Jahren aussehen und wie kommen wir dahin), hat sich als fruchtbarer, weil positiv konnotierender und damit mutmachender erwiesen. Statt mit Rat-Schlägen zu arbeiten, fordern beispielsweise Hypothesen-Angebote zur Übernahme der gemeinsamen Verantwortung durch den Klienten heraus". (ebenda: 23 f.)

Trebeschs Ansatz der Unternehmensentwicklung scheint mir eine wirkliche Weiterentwicklung der Organisationsentwicklung zu sein[28], indem er erstens zentrale Topoi der Systemtheorie in seine Arbeit integriert hat und zweitens die „Betroffenheits"-Ideologie der „alten" Organisationsentwicklung ersetzt durch seinen Versuch, mit einer angemessenen Balance zwischen ökonomischen und humanen Faktoren in Konzeption und Methodik die Nützlichkeit der Organisationsentwicklung den aktuellen Herausforderungen anzupassen.

Dabei scheint ihm insbesondere die Zuwendung zu systemischen Sichtweisen neue Erkenntnisse geliefert zu haben; dies wird in seinem Ansatz an zwei Punkten deutlich:

Zum ersten ergibt sich aus einer systemischen Sichtweise die Notwendigkeit der Vereinigung von ökonomisch-strukturellen mit sozialpsychologischen Dimensionen bei der Diagnose und der Gestaltung der Veränderung eines Unternehmens oder auch einer Organisation.

Zum zweiten hat sich Trebesch auch systemischen Beratungs-Methoden angenähert, die ihn weg brachten von defizitbetonenden Diagnoseformen und hin zu eher lösungsorientierten Beratungsformen. Diese Betonung der Lösungs- oder Ressourcenorientierung durch positive Konnotation hat in der Systemischen Beratung eine große Bedeutung.[29]

Die Entwicklung der aus der Tradition der Gruppendynamik und Aktionsforschung kommenden Organisationsentwicklung kann mit diesen genannten

---

[28] Weshalb dazu der Begriff Organisationsentwicklung abgelegt und durch Unternehmensentwicklung ersetzt werden muß erschließt sich mir aus Trebeschs Argumentation allerdings nicht - dies scheint doch eher mit Gründen von Berater-Marketing- und „Corporate-Identity" des Trebesch-Produktes als mit konzeptioneller Logik zusammenzuhängen

[29] Vgl hierzu vor allem Steve de Shazers Ansatz der „Kurzzeittherapie" (de Shazer 1982) sowie die Bedeutung des „positiven Konnotation" bei Mara Selvini-Palazzoli und der Mailänder Gruppe (Selvini-Palazzoli et. al.1988)

Beispielen natürlich nicht den Anspruch auf eine repräsentative Darstellung erheben. Doch scheint mir bei den genannten Vertretern Doppler, Lauterburg und Trebesch, die allesamt zur ersten Garnitur der deutschsprachigen OE-Berater gehören, doch ein durchgängiger Trend erkennbar zu sein, der aus meiner Sicht auch auf die gesamte deutschsprachige Organisationsentwicklung übertragen werden kann.

Ich ziehe für mich daraus den Schluß, daß auch die Entwicklung der Organisationsentwicklung einer Phasenentwicklungsdynamik unterliegt.

Will heißen: Nach der Pionier- und Aufbruchphase der Gruppendynamik in den sechziger und siebziger Jahren (im deutschsprachigen Raum!) und der Etablierung der Organisationsentwicklung in den siebziger bis Mitte der achtziger Jahre kommt heute nun die innovative Kraft und Kreativität aus einer anderen Richtung, der Systemtheorie.

Zudem sind die aus der Gruppendynamik kommenden OE-Berater zuweilen in der Gefahr, sich der allgemeinen Re-Organisations-Euphorie anzuschließen und mit mehr oder weniger durchdachten und elaborierten Struktur-Konzepten (Stichwort: Schlanke Organisation) ihre OE-Konzepte anzureichern. Ich halte dies für grundsätzlich begrüßenswert, weil es mir notwendig erscheint, alle relevanten Rahmenkategorien einer Organisation angemessen in einem Veränderungsprozeß zu berücksichtigen und entsprechende Gestaltungsformen zu finden. Zum Teil scheinen mir die Aussagen zu Ökonomie und Managementtheorie doch etwas banal und dünn. Auch kann ich mich nicht dem Verdacht erwehren, daß hier die Beraterkonjunktur in Rezessionszeiten durch allzu feile Angebote noch forciert werden soll. Und diese Form des „Ankoppelns" an die zu beratende Organisation erscheint mir doch für eine kritisch-distanzierte Weiterentwicklung der Organisationsentwicklung nicht besonders hilfreich zu sein.

Im folgenden Abschnitt möchte ich nun den Ansatz der systemischen (Organisations-) Beratung darstellen.

3.2.3 Systemische Organisationsentwicklung

Ich hatte in den vorhergehenden Abschnitten bereits die Bedeutung der Systemtheorie und der Konzepte einer systemischen Beratung (als Überbegriff für systemische Therapie und systemische Organisationsberatung!) für die aktuellen Ansätze der Organisationsentwicklung erwähnt. Dabei ist es wichtig, die systemische Beratung vor dem Hintergrund ihrer Entwicklungsgeschichte zu betrachten, weil nur so die theoretische Bedeutung angemessen erfaßt und verstanden werden kann. Auch die praktisch-methodischen Ableitungen sind nur aus der forschungsgeschichtlichen Entwicklung dieser hochaktuellen Theorie, die sich selber als Meta-Theorie versteht (Bateson 1981; Simon 1988; Schmidt 1989; 1994) angemessen nachzuvollziehen.

Helm Stierlin, (inzwischen emeritierter) Psychiatrie-Professor in Heidelberg, einer der wichtigsten Vertreter der „Systemischen Familientherapie" nennt im Vorwort zu Fritz Simons Standardwerk „Unterschiede, die Unterschiede machen - Klinische Epistemologie: Grundlage einer systemischen Psychiatrie und Psychosomatik" (Simon 1993) die folgenden Quellen für seine Arbeit:

> „ Diese Sicht ist Ausdruck und Folge der konsequenten Anwendung von Erkenntnissen der modernen Systemwissenschaften, insbesondere der Kybernetik, nicht nur auf biologische, sondern auf psychosoziale Phänomene, wofür vor allem Gregory Bateson wichtige Weichen stellte. Sie ergibt sich aus den Einsichten von Forschern und Denkern, die heute als hervorragende Vertreter des Konstruktivismus gelten, so vor allem Heinz von Foerster und Humberto Maturana. Diese Sicht verdankt aber auch viel den grundlegenden Einsichten des genialen englischen Logikers George Spencer Brown..." (Stierlin in Simon 1993:11)

Fritz Simon - Schüler von Stierlin - und der vielleicht wichtigste Theoretiker der systemischen Therapie skizziert die grundlegende Bedeutung der Systemtheorie folgendermaßen:

> „Es gibt kaum andere Ideen, die in den letzten Jahrzehnten mit vergleichbarer Faszination in den unterschiedlichsten Wissenschaftsbereichen von der Biologie bis zur Soziologie, von der Literaturwissenschaft bis zur Physik aufgenommen und entwickelt worden sind wie die der Systemtheorie.." (Simon 1988:1)

Entstanden ist die Systemtheorie Ende der vierziger Jahre in den Naturwissenschaften - vor allem der Biologe Ludwig von Bertalanffy (1932;1968) gilt als einer der Begründer der Systemtheorie.

Im Rahmen der Kybernetik - ebenfalls Ende der vierziger Jahre von Norbert Wiener begründet - hat sich vor allem Heinz von Foerster als einer der Begründer einer kybernetischen Systemtheorie hervorgetan (Foerster, H.v. 1970; 1988). Sein Konzept soll in diesem Kapitel als eine der Quellen der Systemischen Beratung vorgestellt werden.

Als geistiger Vater der Systemtheorie gilt jedoch unumstritten der englische Anthropologe Gregory Bateson, der durch seine Arbeiten die wissenschaftstheoretischen Grundlagen und Metatheorien für die Systemtheorie lieferte. Auch seine Kern-Konzepte sollen hier vorgestellt werden.

Weiterere wichtige Impulsgeber für die Systemtheorie sind der Bielefelder Soziologe Niklas Luhmann, die beiden chilenischen Neuro-Biologen Humberto Maturana und Francesco Varela sowie der austro-amerikanische Kommunikationsforscher Paul Watzlawick, deren Beiträge für die systemische Beratung - in gebotener Kürze - ebenfalls hier skizziert werden sollen.

Weiter werde ich dann das Modell der Systemischen Familientherapie, wie es von Mara Selvini-Palazzoli in Mailand und Helm Stierlin in Heidelberg und ihren jeweiligen Mitarbeitern entwickelt wurde - als zentrale und prägende theoretische und methodische Einflußgröße für die systemische Beratung /bzw. systemische Organisationsentwicklung - vorstellen.

Abschließend möchte ich den Entwurf einer systemischen Organisationsberatung und -entwicklung darstellen anhand von theoretischen Konstrukten und praktisch-methodischen Beschreibungen von Fritz B. Simon, Leiter des „Heidelberger Instituts für Systemische Forschung, Therapie und Beratung" und Rudolf Wimmer, der aus meiner Sicht augenblicklich als einer der profundesten Berater /Forscher eines systemischen Organisationsansatzes gelten kann.

3.2.3.1 Quellen und Wegbereiter

Wie oben bereits erwähnt, hat sich die Systemtheorie und die Systemische Beratung aus ganz verschiedenen Ansätzen entwickelt, die wiederum aus sehr unterschiedlichen Disziplinen wie Anthropologie, Kybernetik, Mathematik, Biologie und Soziologie stammen. Die m.E. bedeutsamsten Quellen und ihre Vertreter sollen in diesem Abschnitt dargestellt werden.

3.2.3.1.1 Gregory Bateson

„Ich halte Gregory Bateson für einen der wichtigsten Denker unseres Jahrhunderts..." schreibt Helm Stierlin, Psychiatrie-Professor und Begründer der Heidelberger Gruppe für systemische Familientherapie, im Vorwort zu Batesons deutscher Ausgabe von „Ökologie des Geistes" (Bateson 1988).

Jochen Schmidt - Sozialwissenschaftler, Gruppendynamiker und Organisationsberater in Beuerberg bei München - schreibt im Abstract seines Aufsatzes „Über Gregory Bateson Oder: Vorarbeiten zu einer künftigen Humanwis-senschaft" (Schmidt 1994) gar:

> „ Dieser Aufsatz begründet die These, daß Gregory Batesons Wissenschaft des Geistes als die Grundlage einer einheitlichen und realistischen Humanwissenschaft und damit letztlich als Grundlage eines empirischen Selbstbildes (potentiell) aller Menschen verstanden werden muß. Würde dies zutreffen, hätte Bateson in der Evolution des Wissens eine ähnliche Bedeutung wie Newton und Darwin, die Begründer der modernen Physik und der modernen Biologie." (Schmidt 1994:203)

Dies sind große Wort. Nun will und kann ich an dieser Stelle diese Zuschreibungen gar nicht werten. Deutlich machen diese beiden Zitate allerdings, daß Gregory Bateson für die Systemtheorie nicht nur einen partiellen Beitrag geliefert hat, sondern, daß sein Werk als zentrale Basis für die Epistemologie der aktuellen Systemtheorie und insbesondere der systemischen Therapie und Beratung gilt.

Dabei ist Batesons Werk ungewöhnlich schillernd und über viele branchenübliche Grenzen hinweg interdisziplinär. Diese Anmerkung ist insofern notwendig, weil erst das Verständnis für diese unkonventionelle Art der Forschung und des Niederlegens der Forschungsergebnisse den Zugang zu Batesons Werk erschließt. Stierlin beschreibt dies so:

„Schon seine frühen Arbeiten weisen ihn als einen sorgfältig beobachtenden Feldforscher aus, der seine Daten häufig unter einem ungewohnten Blickwinkel aus verschiedensten Wissens- und Erfahrungsbereichen wie Biologie, Soziologie, Kybernetik, Linguistik, Geschichte, Psychologie und Kunst vergleicht. Ich kann mir keinen Autor vorstellen, der wie er in der Form eines Baumblattes, dem Körper eines Krebses und der Grammatik unserer Sprache vergleichbare Organisationsprinzipien hätte entdecken können. Daß ihm das so überzeugend gelingt, hat meines Erachtens viel mit der Befolgung einer Maxime zu tun, die er...vertritt: Man müsse als wissenschaftlicher Forscher stets sowohl ein strenges wie ein lockeres Denken...zum Zuge bringen können. Eine Mischung (oder wenn man will: Dialektik) von lockerem und strengem Denken kennzeichnet, so scheint mir, alle seine Arbeiten. Dabei scheinen sich neue Einsichten, provokative Aussagen ständig gleichsam wie auf leisen Sohlen einzuschleichen...“ (Stierlin in Bateson 1988:8)

Im folgenden kann kein ernstzunehmender Versuch unternommen werden, das Werk Gregory Batesons angemessen in seiner Fülle darzustellen. Vielmehr sollen einige zentrale Grundzüge seiner Arbeit, insofern sie für das Konzept einer systemischen Beratungs-Theorie bedeutsam sind, hier vorgestellt werden.

Gregory Bateson wurde am 9. Mai 1904 als dritter Sohn des britischen Zoologie-Professors William Bateson geboren. William Bateson gilt als Begründer der Genetik und vertrat in Anlehnung an Gregor Mendel die Theorie, daß genetische Prozesse auf der Basis von Schwingungen ablaufen und den Gesetzen der Kraft und der Bewegung folgen. Er betrieb nach seinem Studium der Anthropologie in den vierziger und fünfziger Jahren zum Teil zusammen mit seiner langjährigen Lebens- und Forschungspartnerin Margaret Mead ethnologische Feldforschung im Südpazifik. Anschließend konzentrierte er sich auf Fragen der Evolutionstheorie und arbeitete als Ethnologe in den USA. Ab 1942 war er zusammen mit Norbert Wiener an den ersten Entwicklungen der Kybernetik und der Informationstheorie beteiligt. 1947 wurde er Visiting Professor für Anthropologie an der Harvard University, danach arbeitete er am Langley Porter Neuropsychiatric Institute in San Francisco sowie am Palo Alto Veterans Administration Hospital. Am Ozeanographischen Institut in Hawaii arbeitete er mit Delphinen und lehrte an der Hawaii University. 1972 wurde Bateson Mitglied der University of California in Santa Cruz und 1976 Mitglied des Board of Regents of the University of California. Gregory Bateson starb am 7. August 1980 im Zen-Zentrum von San Francisco.

Hans-Günter Holl , der deutsche Übersetzer von Batesons Werk [30] hat die Art und Weise wie Bateson sich in Aufsätzen, Büchern oder Vorträgen äußerte so charakterisiert:

> „ Bateson liebte Geschichten mehr als trockene Erklärungen. Ja, er war davon überzeugt, daß Erklärungen nur dann etwas erklären, wenn sie in eine größere Geschichte eingebunden sind. So hat er der wissenschaftlichen Welt ein Vermächtnis hinterlassen, das dieser trivial erscheinen könnte, würde es nicht so häufig mißachtet: die hinter ihrer Selbstverständlichkeit verborgene Einsicht nämlich, daß jede Erkenntnis und jede auch noch so umfassende Erklärung in einen größeren Kontext eingebettet ist, der das verbindende Muster einer Geschichte aufweist." (Holl 1990a:97 f.)

Kontext

Kontext ist einer der zentralen Begriffe in Batesons Werk. Bateson schildert eine Geschichte aus seiner Zeit als Dozent für psychiatrisches Personal am Veterans Administrations Hospital in Palo Alto, um sein Verständnis des Kontextes zu verdeutlichen. Dabei stellte er seinen Studenten folgende Frage:

> „Eine bestimmte Mutter belohnt ihren kleinen Sohn gewöhnlich mit Eiskrem, wenn er seinen Spinat gegessen hat. Welche zusätzlichen Informationen würden Sie brauchen, um voraussagen zu können, ob sich bei dem Kind folgende Entwicklung einstellen wird: a. Es wird schließlich Spinat lieben oder hassen; b. Eiskrem lieben oder hassen; c. die Mutter lieben oder hassen?...Wir widmeten der Erforschung der vielen Verästelungen dieser Frage eine oder zwei Unterrichtsstunden, und dabei wurde klar, daß sie alle zusätzlichen Informationen über den Kontext für das Verhalten der Mutter und des Sohnes brauchten. In der Tat definieren das Phänomen des Kontexts und das eng damit verbundene Phänomen der „Bedeutung" eine Unterscheidung zwischen den „harten" Wissenschaften und der Art von Wissenschaft, die ich aufzubauen versuche. (Bateson 1988:17)

Unter Kontext versteht Bateson einen Rahmen, an dem wir uns orientieren - wie etwa Nomadenvölker, die an jedem Ort, wo sie ankommen einen Pfahl in die Erde rammen und diesen „Axismundi" - Achse der Welt - nennen. Der Begriff Kontext beschreibt allerdings keinen materiellen, sondern einen geistigen Rahmen.

Über die Begriffe „Rahmen" und „Kontext" schreibt Bateson:

> „Um diese Begriffe aufzuklären, ist zunächst hervorzuheben, daß es sich dabei um psychologische Begriffe handelt. Wir verwenden zwei Arten von Analogie, um diese Begriffe zu diskutieren: Die physische Analogie des Bilderrahmens und die abstraktere, aber doch noch nicht psychologische Analogie der mathematischen Menge. In der Mengenlehre haben die Mathematiker Axiome und Theoreme entwickelt, um die logischen Implikationen des Enthaltenseins in sich überlappender Kategorien oder „Mengen" exakt zu diskutieren. Die Beziehungen zwischen Mengen werde gewöhnlich durch Diagramme veranschaulicht...Bei der Definition eines psychologischen Rahmens könnte der erste Schritt in der Behauptung bestehen, daß er eine Klasse oder Menge von Mitteilungen (oder sinnvollen Handlungen) ist (oder abgrenzt). Das Spiel zweier Individuen bei einem

---

[30] Insgesamt liegen von Bateson zwei ins deutsche übersetzte Aufsatzsammlungen vor: „Geist und Natur" (Bateson 1987) sowie „Ökologie des Geistes" (Bateson 1988).

bestimmten Anlaß würde dann als die Menge aller Mitteilungen definiert, die sie innerhalb eines begrenzten Zeitraums ... austauschen. In einem mengentheoretischen Diagramm könnten diese Mitteilungen durch Punkte dargestellt werden, und die durch eine Linie eingeschlossene Menge würde diese von anderen absondern, die Nichtspiel-Mitteilungen darstellen. Die mathematische Analogie bricht jedoch zusammen, weil der psychologische Rahmen durch eine imaginäre Linie nicht befriedigend dargestellt ist. Wir nehmen an, daß der psychologische Rahmen in gewissem Grad real existiert. In vielen Fällen wird der Rahmen bewußt erkannt und sogar im Vokabular dargestellt („Spiel", „Film", „Interview", „Beruf", „Sprache" usw.). In anderen Fällen kann es sein, daß kein ausdrücklicher sprachlicher Bezug zu dem Rahmen besteht und daß das Subjekt kein Bewußtsein davon hat..."(Bateson 1954:252 f.)

Zur Veranschaulichung seines Kontext-Begriffes soll folgende Geschichte dienen:
„Bateson war in einer Veranstaltung mit einem positivistisch orientierten Studenten konfrontiert, der seinem Begriff des Kontexts mißtraute, weil er nur das für existent hielt, was sich quantifizieren ließ. Seine Frage im Seminar, „Wie wollen Sie eigentlich einen Kontext messen oder wiegen?", blieb unbeantwortet. Danach stand Bateson mit einer Gruppe von Leuten zusammen, und er berichtete: "Während ich mit jemandem sprach, sah ich aus den Augenwinkeln, diesen Mann herankommen. Er wollte offensichtlich streiten. Ich hatte sein Bild von der Psychologie mit Füßen getreten. Wie ich so rede, stecke ich die Hand in meine Tasche, suche mir eine Münze, und als er dasteht, ziehe ich sie raus und reiche sie ihm. Er nimmt sie automatisch. Dann wird er ganz böse: „Warum haben sie mir eine Münze gegeben?" Die Botschaft hatte keinen Kontext. Schließlich faßt er sich, greift in die Tasche und gibt mir zwei Geldstücke. Und damit hat er einen Kontext für uns beide hergestellt" (Holl 1990a: 98)

Zur Frage, wie Kontexte entstehen, sah Bateson zwei Möglichkeiten:
Der eine, eher übliche, heißt Macht. Dabei geht es darum, Begriffe zu besetzen, das heißt Kontexte zu markieren. Zum Beispiel den Begriff „Wissenschaftlichkeit". Wer einen Begriff Wissenschaftlichkeit besetzt, der besetzt ihn mit Macht und was der Orientierungspunkt ist und definiert damit, was der geistige Rahmen ist, an dem andere sich auch orientieren müssen. (Holl 1990b:116)

Das bedeutet, daß der Begriff Kontext eng mit dem Begriff der Freiheit verbunden ist, weil Freiheit auch die Möglichkeit beinhaltet, einen vorgegebenen Kontext zu durchbrechen. Geistige Freiheit ist sogar eine unbedingte Voraussetzung, zu erkennen, was Kontext meint und darüber hinaus eröffnet sie die Möglichkeit, Kontext überschreiten zu können.

Batesons Überzeugung basiert auf der Annahme, daß jede Erfahrung und jede Erklärung, jede Erkenntnis mit einem ihr zugrundeliegenden größeren „Rahmen" verbunden ist. Sie lebt von der Überzeugung, „...daß jeder Grund auf einen tieferen Grund, jeder Ursprung auf älteres, jeder Kontext auf einen weiteren Kontext, jede Erkenntnis auf einen größeren Zusammenhang und jede Geschichte auf eine umfassendere Geschichte verweist: ein Muster, das verbindet, aber nicht Teil der Verbindung ist." (Holl 1990a:100)

Nun ist der Begriff „Kontext" für Bateson auch wichtig im Zusammenhang mit psychologischer Pathologie. Bateson (1988:262) erzählte ein Beispiel von einem Patienten einer psychiatrischen Klinik, der in die Kantine kommt und die Serviererin fragt ihn: "Was kann ich für Sie tun?"; darauf wird er rot und rennt weg. Das heißt, er hatte keine Möglichkeit, die Mitteilung richtig einzuordnen. „Er ist unfähig, die abtrakteren Etikettierungen zu erfassen, die die meisten von uns tagtäglich benutzen, ohne sie jedoch in dem Sinn identifizieren zu können, daß wir wüßten, woher wir die Information haben, um welche Art von Mitteilung es sich handelte."

Eine Botschaft verstehen, bedeutet also immer - so Bateson - zuerst einmal den Kontext zu verstehen, um die Abstufungen, Differenzierungen und Nuancen in der Botschaft, die immer auf den Kontext verweisen, angemessen interpretieren zu können.

Theorie der logischen Typen

Bei dieser Theorie der logischen Typen bezieht sich Bateson auf Bertrand Russell, der im Zusammenhang mit seiner Mengenlehre die These entwickelt, daß die Struktur des geistigen Lebens hierarchisch aufgebaut ist.

Grundlage dieser Theorie ist ein Paradigmenwechsel in der Mathematik, bei dem der Zahlbegriff durch den Begriff der Menge erweitert wurde.

Russell entwickelte seine Typenlehre zusammen mit seinem Lehrer A.N. Whitehead (Russell/Whitehead 1910-1913). Sie gingen davon aus, daß in der formalen Logik oder im mathematischen Diskurs keine Menge Element ihrer selbst sein kann, so daß die Anwendung des Mengenbegriffs auf sich selbst zu einer höheren Abstraktionsebene führt. Entsprechend liegen einzelne Mengen von Elementen auf einer niedrigeren Abstraktionsstufe als die Menge dieser Mengen. Diese Abstraktionshierarchie ließe sich fortsetzen bis man zum logisch problematischen Begriff der Menge aller Mengen kommt. An dieser Stelle wäre dann zu unterscheiden, ob sich die Mengen selbst als Elemente verhalten, wie etwa die Menge der Begriffe, die selbst ein Begriff ist, oder nicht, wie die Menge aller Stühle, die selbst kein Stuhl ist. Mathematisch ist diese Frage nicht mehr zu entscheiden, wie Gödel mit seinem Beweis der formalen Unentscheidbarkeit bestimmter inhaltlich wahrer Sätze deutlich machte. (Holl 1990:101; Bateson 1954:252)

Bateson legte großen Wert auf diese Typenlehre, weil sie aus seiner Sicht eine neue Sichtweise zum Verständnis menschlichen Verhaltens bot und vor allem auch scheinbar dysfunktionales, verrücktes oder schizophrenes Verhalten zu erklären in der Lage war. (Bateson 1954:252 ff.; ders. 1964:362 ff.)

Den hierarchischen Aufbau der Struktur des geistigen Lebens könnte man so beschreiben:

> „An der untersten Stelle sind die sogenannten Dinge und Fakten, d.h., wir behaupten es gäbe z.B. einen Tisch, der nicht mit dem Begriff Tisch identisch sein soll, sondern etwas sein soll, was den Tisch bezeichnet. Von dieser Basis aus, also von der Basis einer unterstellten Außenwelt von Dingen, bilden wir Begriffe, die hierarchisch aufeinander aufbauen."(Holl 1990b:119)

Diese hierarchische Struktur in unserer Begriffsbildung kann nun durchaus zu problematischen Konstellationen führen. Ein Beispiel dafür ist ein Bild von Magritte, in dem er eine Pfeife darstellt und daneben den Satz „ceci n'est pas une pipe". (vgl. Abbildung 25) Gilt nun die Darstellung, die ja auch bereits eine Abstraktion - eben eine grafische - ist oder gilt die Beschreibung, die einen noch höheren Abstraktionscharakter in Form der schriftlichen Codierung hat. Oder stimmt die Beschreibung, weil es sich ja tatsächlich um keine Pfeife handelt, sondern nur um das Bild einer Pfeife. Dann bleibt die Frage, weshalb mußte Magritte das überhaupt hinschreiben. Was war seine Botschaft?

Abbildung 25: René Magritte: „ceci n' est pas une pipe".(1928)
County Museum Los Angeles

Dieses Phänomen von sich gleichzeitig widersprechenden - oder zumindest verwirrenden - Botschaften auf unterschiedlichen Begriffsebenen und Informations-Kanälen hat Bateson später zu seiner berühmten double-bind-Hypothese geführt, die im weiteren noch erörtert wird. In ihrem Aufsatz „Vorstudien zu einer Theorie der Schizophrenie" (Bateson et. al.1956:270 ff.) erläutern Bateson und seine Mitarbeiter[31] diesen Zusammenhang so:

„Die hier vorgelegte Theorie der Schizophrenie beruht auf der Kommunikationsanalyse und insbesondere der Theorie der logischen Typen. Von dieser Theorie und von Beobachtungen an schizophrenen Patienten werden eine Beschreibung und die notwendigen Bedingungen einer Situation abgeleitet, die als „double bind" (Beziehungsfalle) bezeichnet wird - eine Situation, in der eine Person, egal was sie tut „nicht gewinnen kann". Wir gehen von der Hypothese aus, daß eine im double-bind gefangene Person schizophrene Symptome entwickeln kann..." (Bateson et. al. 1956:270)

Zur Rezeption von Russells Konzept schreiben die selben Autoren:

„Unser Forschungsansatz beruht auf dem Teil der Kommunikationstheorie, den Russell die Theorie der logischen Typen genannt hat. Die zentrale These dieser Theorie besagt, daß zwischen Klassen und ihren Elementen eine Diskontinuität besteht. Die Klasse kann weder ein Element ihrer selbst sein, noch kann eines ihrer Elemente die Klasse sein, da der für die Klasse gebrauchte Terminus einer anderen Abstraktionsebene - einem anderen logischen Typ - angehört, als die auf die Elemente anwendbaren Termini." (ebenda: 271)

Und weiter zur Bedeutung für die Pathologie:

„Während nun in der formalen Logik der Versuch unternommen wird, diese Diskontinuität zwischen einer Klasse und ihren Elementen zu erhalten, treten wir dafür ein, daß diese Diskontinuität in der Psychologie realer Kommunikationsabläufe kontinuierlich und unausweichlich durchbrochen wird, und daß wir a priori mit dem Auftreten einer Krankheit im menschlichen Organismus rechnen müssen, wenn gewisse formale Muster dieser Durchbrechung in der Kommunikation zwischen Mutter und Kind auftreten...daß diese Krankheit im Extremfall Symptome aufweisen wird, deren formale Charakteristika zu einer Klassifizierung der Krankheit als Schizophrenie führen." (ebenda:271)

Als Konsequenz der Theorie der logischen Typen ist für Bateson ein weiteres Faktum von Bedeutung: Die Unterscheidung zwischen „Karte" und „Territorium".

Bateson sieht die Beziehung zwischen Begriffen und Dingen wie das Verhältnis zwischen Landkarten und Territorium. Dabei ist es für Bateson äußerst wichtig, präzise zwischen dem konkreten Phänomen[32] und seiner begrifflichen Abstraktion zu unterscheiden. Er ist der Meinung, daß wir zu häufig die Begriffe mit den „Dingen selbst" verwechseln:

„Diese Behauptungen (der Differenz von Element und Menge sowie „Karte" und Territorium"/Anmerkung von mir/ F.G.) mögen trivial und sogar offenkundig erscheinen, wir werden aber später sehen, daß es unter den Theoretikern der Verhaltenswissenschaft ganz und gar nicht unüblich ist, Irrtümer zu begehen, die haargenau dem Irrtum

---

[31] Dieser Aufsatz von Gregory Bateson, Don D. Jackson, Jay Haley und John H. Weakland wurde im Original in der Zeitschrift Behavioural Science, Band I, Nr.4, 1956 abgedruckt.

[32] Das bei Bateson allerdings immer, weil sprachlicher begriff eine Abtraktion ist; eine wirkliche letztlich konkrete Ebene zu erreichen hält er für einen geitigen Irrtum

entsprechen, den Namen mit der benannten Sache gleichzusetzen - oder die Speisekarte anstelle der Mahlzeit zu essen, ein Irrtum der logischen Typisierung."(Bateson 1964:363)

Zur Erläuterung der epistemologischen Konsequenz für Batesons Arbeit soll folgende Geschichte dienen (Holl 1990a:99),

> „...eine Geschichte über Picasso, die Bateson häufig erzählte: Jemand sagte Picasso, er solle Bilder von den Dingen malen wie sie wirklich sind - objektive Bilder. Und der murmelte, er wisse nicht genau was das sein solle. Da zog der andere, der ihn anpöbelte, eine Fotografie von seiner Frau aus der Brieftasche und sagte: „Sehen Sie hier, das ist ein Bild von ihr, wie sie wirklich ist." Picasso schaute es an und meinte: „Ziemlich klein, nicht wahr". Er hätte auch „ziemlich flach" sagen können. Jedenfalls war Batesons Kommentar dazu: „Objektivität ist ein schlechter erkenntnistheoretischer Begriff.""

Diese Unterscheidung von „Karte" und „Territorium" sowie die gesamte Theorie der logischen Typen haben für Batesons wissenschaftstheoretisches Verständnis und sein gesamtes Werk eine große Bedeutung. Ganz konkret wird dies auch in Batesons Lerntheorie deutlich.

Lernen

In Entsprechung zur logischen Typenlehre unterscheidet Bateson unterschiedliche Formen des Lernens, die er in einem hierarchischen Modell von Lernformen beschreibt.

Das „Lernen null", als unterste Stufe, des Lernens bezeichnet Bateson als „Sonderfall der Reaktion...bei dem ein Einzelwesen minimale Veränderung in seiner Reaktion auf eine wiederholte Einheit der sensorischen Eingabe zeigt..." (Bateson 1964: 367) Man lernt etwa die Wiederkehr einer Geste oder eines Klangs, man lernt, „...daß die einfache Informationsaufnahme mit einem äußeren Ereignis korreliert, kurz, man lernt auf der Ebene der Identifizierung oder der Tautologie. Diese Ebene des „Lernens null" ist aber deshalb schwierig zu beschreiben, weil sie weit unterhalb der Sprachfähigkeit beginnt." (Holl 1990a:102). Bateson geht davon aus, daß jedes Lernen - mit Ausnahme des „Lernens null" in „gewissem Maße stochastisch ist", d.h. Komponenten von Versuch und Irrtum enthält, deshalb folgert er, daß „...eine Ordnung der Lerntypen auf eine hierarchische Klassifizierung der Irrtumstypen gestützt werden kann, die in den vielfältigen Lernprozessen korrigiert werden soll." Daraus folgert er: „...„Lernen null" wird dann zur Bezeichnung für die unmittelbare Grundlage all jener (einfachen und komplexen" Akte, die nicht der Berichtigung durch Versuch und Irrtum unterworfen sind." (Bateson 1964:371)

„Lernen eins" muß aufgrund der Annahme, daß Lernen Veränderung bedeutet, Veränderung im „Lernen null" bedeuten. Entscheidend für „Lernen eins" ist der Übergang von einer zu der anderen Ebene. Dies ist zum Beispiel in dem bekannten Experiment von Pawlows Hund der Fall, wenn der Hund lernt, auf ein mit Fleisch assoziiertes Signal Speichel abzusondern, ohne daß er Fleisch vor sich hat. Er interpretierte das Signal als Symbol. (Bateson 1988:373). Wird nun das Resultat, also die Assoziation von Symbol und Signal häufig wiederholt, dann ergeben sich drei neue Lernmöglichkeiten in bezug auf den Irrtum:

1. Die symbolische Interpretation wird als Irrtum durchschaut. Beim Beispiel von Pawlows Hund hieße das, der Hund hörte auf Speichel abzusondern.

2. Das Symbol wird dem Signal fest zugeordnet. Das hieße, der Hund sondert immer Speichel ab, wenn das Signal einsetzt, auch wenn der ursprüngliche Kontext dafür überhaupt nicht mehr gegeben ist.[33]

3. Signal und Kontext werden differenziert und auch auf den jeweiligen Kontext bezogen. Lernen hieße hier: Die Berücksichtigung des Kontextes für die Reaktion auf ein Signal.

Die dritte Möglichkeit auf den Irrtum in „Lernen eins" zu reagieren ist ein Beispiel für „Lernen zwei". Dieses „Lernen zwei" nennt Bateson auch Deutero-Lernen (Bateson 1945:229) oder „Lernen lernen" (Bateson 1945: 228 und Bateson 1956: 273). Auf dieser Stufe bleibt es nicht beim Lösen einfacher Probleme einer bestimmten Gruppe, sondern „...die Struktur der Problemlösung geht mit in die Bestimmung des Kontextes ein. Damit öffnet sich der Kontext zum Metakontext hin. So lernt man beim Vokabelpauken nicht nur Vokabeln, sondern auch wie man am besten Vokabeln auswendig lernt. Oder der Patient in der Analyse lernt nicht nur, sich an Träume zu erinnern und sie plastisch darzustellen, sondern er lernt mit der Zeit auch, welche Art der Träume der Analytiker am liebsten hört. Dabei handelt es sich um eine Übertragung oder einen Lerntransfer." (Holl 190a:103).

Bateson ist der Meinung, daß das „Lernen zwei", das aus seiner Sicht die Ausprägung grundlegender menschlicher Verhaltens-Kategorien prägt, wie „...freier Wille, Prädestination, Verantwortlichkeit, Konstruktivität, Passivität, Herrschaft, usw...." (Bateson 1945: 226) als Nebenprodukt der Lernprozesse des „Lernens eins" und weitgehend unbewußt geschieht[34].

Bateson schreibt:
> „Kurz gesagt, ich glaube, daß alle Phänomene des Lernens II unter der Rubrik von Veränderungen in der Art, wie der Handlungs- und Erfahrungsstrom zusammen mit den

---

[33] Diese „Lernform" ist eine häufig zu beobachtende „Statik" von Verhaltensmustern von Menschen, die einmal als sinnvoll erlerntes Verhalten (z.B. in der Kindheit) beibehalten, auch wenn es in der aktuellen Situation völlig dysfunktional oder gar (selbst-) zerstörerisch ist.

[34] In diesem Zusammenhang bezieht sich Bateson auch ausdrücklich auf Kurt Lewins topologische Analyse der Kontexte von Belohnung und Bestrafung in Lewins Buch „A dynamic theory of personality", New York 1936 (Bateson 1988:234)

Veränderungen in der Verwendung von Kontext-Markierungen in Kontexte unterteilt oder interpunktiert werden kann (Bateson 1964:379)

„Lernen zwei bezeichnet also die Stufe des Lernens, auf der ein Individuum die Art und Weise seines Lernverhaltens und seines Umgangs mit Problemen reflektiert. Und daraus entstehen letztlich Verhaltensmuster, die man - so Bateson - mit Adjektiven ausdrückt, die den „Charakter" eines Menschen beschreiben, wie

> „...abhängig, feindlich, weltfremd, affektiert, ängstlich, exhibitionistisch, narzißtisch, passiv, konkurrenzorientiert, energisch, kühn, feige, fatalistisch, humorvoll, spielerisch, schlau, optimistisch, perfektionistisch, sorglos, sorgfältig, unberechenbar usw...Sie alle beschreiben (mögliche) Ergebnisse des Lernens II..." (Bateson 1964:385)

Allerdings ist es für Bateson wichtig,

> „...daß die oben erwähnten Adjektive, die den Anschein erwecken, individuelle Eigenschaften zu beschreiben, in Wirklichkeit eigentlich nicht auf das Individuum anwendbar sind, sondern eher Transaktionen zwischen dem Individuum und seiner materiellen und menschlichen Umgebung...Das Charakteristische eines Menschen, was es auch sein mag, ist nicht etwas an ihm, sondern eher ein Charakteristikum dessen, was zwischen ihm und etwas (oder jemand) anderem vorgeht" (Bateson 1964:385)

Dies bedeutet, daß „Lernen zwei", mit der Möglichkeit, das eigene Verhalten lernfähig zu reflektieren, eine Lerndimension erfaßt, die in aktueller Terminologie heute oft mit „sozialem oder personalem Lernen" oder mit „Schlüssel-qualifikationen" bezeichnet wird. Dieser Zusammenhang wird im nächsten Kapitel noch eingehend zu beleuchten sein.

Wenn „Lernen zwei" die Ebene beschreibt, auf der Lern- und Problemverhalten verändert wird, dann ist „Lernen drei" die Stufe, auf der das Muster dieser Veränderungsprozesse reflektiert und verändert werden kann. Bateson meint, daß diese Lernform bei Menschen äußerst selten vorkomme, da die Lernergebnisse des „Lernens zwei" einen selbstbestätigenden Charakter haben, der dazu führt, daß dieses Lernen fast unauslöschlich ist. Als Beispiele für die Stufe vier des Lernens nennt Bateson Phänomene wie religiöse Bekehrung oder andere Erlebnisse, in denen eine tiefgreifende Umstrukturierung des Charakters stattfindet (Bateson 1964:390).[35]

Bateson erwähnt auch noch eine Form des „Lernens fünf", die er aber ausschließlich in der Verbindung der Ontogenese und der Phylogenese sieht. Damit hätte „Lernen fünf" die Funktion, die Gesamtskala der Lernebenen innerhalb der Abstraktionshierarchie zu verschieben, was immer dann passiert, wenn ein

---

[35] Hans-Günter Holl beschreibt die Stufe vier des Lernens in einer Spekulation über Immanuel Kant: „Ich vermute nun, daß Kant sien Analyse des „Lernens II"also der Art unsrer rationalen Problembewältigung, nur aus der perspektive des „Lernens III" ausführen konnte. Damit meine ich eine mystische Erfahrung, vielleicht in der Tradition Swedenborgs, die nur der Beschreibung, aber nicht der rationalen begrifflichen Analyse zugänglich war" (Holl 1990a:105)

gattungsgeschichtlicher Lernschritt vollzogen ist und damit für die Individual-geschichte zur Verfügung steht. (Holl 1990a:105)

Double-Bind

Batesons double-bind-Hypothese hängt eng mit seiner Lerntheorie zusammen. Sie basiert auf dem Gedanken, daß menschliche Kommunikation sowohl logisch als auch semantisch auf verschiedenen Ebenen abläuft.

Die double-bind-Forschung, die Bateson zusammen mit Mitarbeitern Mitte der fünfziger Jahre durchführte[36] brachte die Erkenntnis, daß die Eigentümlichkeiten der schizophrenen Kommunikation, aber auch von vergleichbaren Formen wie Spiel, Humor, Witz, Ironie, Traum , Kunst oder Magie, auf der logischen oder formalen Ebene liegen müssen. Aus den Erkenntnissen dieser Forschungen im Bereich der Schizophrenie leiteten Bateson und seine Mitarbeiter die Hypothese ab, daß immer dann, wenn eine double-bind-Situation auftritt, die Fähigkeit jedes Individuums, zwischen zwei logischen Typen zu unterscheiden, zusammenbricht. Dabei kann man sich die double-bind-Situation als eine Art ausweglose Situation vorstellen, in der das Opfer, gleichgültig was es tut, immer ins Unrecht gesetzt wird.

Aus diesem Grund hat Helm Stierlin „double-bind" später mit „Beziehungs-falle" übersetzt. Er beschreibt das double-bind-Phänomen so:

> „Ein double-bind" ist Folge und Ausdruck einer zwischenmenschlichen Verstrickung, die durch eine widersprüchliche - aber in ihrer Widersprüchlichkeit schwer durchschaubare - Kommunikation ermöglicht wird" (Stierlin in Bateson 1988:7)

Um die Struktur dieser Falle klar zu machen, benutzt Bateson folgendes Beispiel:

> „ In der östlichen Religion des Zen-Buddhismus ist das angestrebte Ziel Erleuchtung. Der Zen-Meister versucht, seinen Schülern auf unterschiedliche Weise zur Erleuchtung zu bringen. Unter anderem geht er so vor, daß er einen Stock über den Kopf seines Schülers hält und grimmig sagt: „Wenn Du sagst, dieser Stock sei real, dann werde ich dich damit schlagen. Wenn du sagst, dieser Stock sei nicht real, werde ich dich damit schlagen. Wenn Du nichts sagst, werde ich dich damit schlagen." (Bateson et. al. 1956:278)

Logisch gesehen kann der Schüler also tun, was er will, er wird immer geschlagen werden. Seine einzige Chance wäre, den Kontext zu verlassen und die Drohungen des Meister zu ignorieren und diesem einfach den Stock wegnehmen.

---

[36] Die double-bind-Hypothese wurde in ihrer ursprünglichen Fassung 1956 von Gregory Bateson zusammen mit seinen Mitarbeitern Don D. Jackson, Jay Haley und John H. Weakland entwickelt und wurde zum ersten Mal in der Zeitschrift Behavioural Science, Band I, Nr.4, 195 veröffentlicht: Der deutsche Titel diese Aufsatzes lautet „Vorstudien zu einer Theorie der Schizophrenie" (Bateson et. al. 1956)

Im Alltag und in Situationen in der Familie ist der Ablauf des double-bind-Phänomens nicht so deutlich und offensichtlich. Meistens merkt die Person, die einen double-bind verhängt, gar nicht, daß sie damit für den anderen eine praktische Paradoxie aufbaut, die dem anderen keinen Ausweg läßt.

Bateson nennt drei Charakteristika, die kennzeichnend und konstituierend für eine double-bind-Situation sind (vgl. Abbildung 26).

Holl vermutet, daß die meisten dieser praktischen Paradoxien[37] oder double-binds im Umfeld von Forderung und Erwartung entstehen. Er nennt dafür folgende Beispiele:

> „Eine Mutter fordert ihr Kind gebieterisch auf, doch spontaner oder nicht immer so gehorsam zu sein; sie schickt es abends ins Bett, weil es müde sei; sie fordert es auf, ihr zu helfen, verlangt aber, daß das Kind dies gerne tut; sie erklärt dem Kind ihre Liebe, weist es aber durch die Gestik zurück; oder ein Ehepartner fordert vom anderen kleine Liebesbeweise wie Zärtlichkeiten oder Geschenke, ist dann aber enttäuscht, weil die Gesten keine Liebe, sondern nur die Erfüllung der Forderung bewiesen. Die Reihe ließe sich beliebig fortsetzen." (Holl 1990a:108)

Die Gemeinsamkeit dieser Beispiele für double-binds liegt in der Tatsache, daß Erwartungen an sich selbst oder an andere als Forderung formuliert werden, und damit die freie Stellungnahme blockiert wird. Das heißt, egal „...auf welcher kontextuellen Ebene man auch darauf reagiert, man wird immer ins Unrecht gesetzt und kann sich der Falle nur dann entziehen, wenn man die Möglichkeit hat, den Kontext zu verlassen oder aber im Rahmen der Metakommunikation strukturell zu thematisieren." (Holl 1990a:108).

---

[37] Hans-Günter Holl ist der Meinung, daß praktische Paradoxien in unserem Alltag allgegenwärtig sind. Dort haben sie aber meist keine pathogene Wirkung, sondern werden etwa in der Ironie oder im Witz kreativ verarbeitet. Als Beispiel dafür, daß auch prominente Theoretiker nicht vor solchen Paradoxien gefeit sind, zeigt das Beispiel von Jürgen Habermas, der am Ende eines Zeit-Artikels verkündet „Selbstverständlich haben Philosophieprofessoren - wie Wissenschaftler und Intellektuelle überhaupt - keinen privilegierten Zugang zur Wahrheit". Dies - so Holl : „...ist die Struktur der Epimenidesschen Paradoxie vom Kreter, der in Athen sagt, alle Kreter sind Lügner: Wenn er lügt, hat er recht, und wenn er recht hat, lügt er..."(Holl 1990a:109)

> # Charakteristika für eine double-bind-Situation
>
> 1. Das Individuum steckt in einer intensiven Beziehung, in einer emotionalen Abhängigkeit zu demjenigen, der die „Beziehungsfalle" stellt.
>
> 2. Das Individuum ist in einer Situation gefangen, in der sein Gegenüber zwei Arten von Mitteilungen ausdrückt und eine davon die andere leugnet.
>
> 3. Das Individuum ist unfähig sich mit den geäußerten Mitteilungen auseinanderzusetzen, um zu unterscheiden, auf welche Art der Kommunikation es reagieren soll.

Abbildung 26: Charakteristika der double-bind-Situation nach Gregory Bateson (Bateson et. al. 1956: 278 f.)

Beide Lösungen setzen aber ein hohes Maß an Autonomie voraus, das ein Kleinkind noch nicht haben kann. Ist ein Kind aber ständig solchen paradoxen „Fallen" ausgesetzt, kann es ein sogenanntes „transkontextuelles Syndrom" entwickeln, bei der „...die Unterscheidungsfähigkeit zwischen verschiedenen Kontexten und zwischen den logischen und formalen Ebenen der Kommunikation nachhaltig zusammenbricht." (Holl 1990a:108)

Oder wie Bateson und seine Kollegen meinen:

„Wenn ein Individuum nicht weiß, von welcher Art eine Mitteilung ist, dann kann es sich mit Verhaltensweisen schützen, die als paranoid, hebephren oder katatonisch beschrieben werden. Diese drei Alternativen sind nicht die einzigen. Entscheidend ist, daß er nicht die eine Alternative wählen kann, die ihm helfen würde, herauszufinden, was die Leute meinen: es kann die Mitteilungen anderer, nicht ohne beträchtliche Hilfe diskutieren. Ohne diese Fähigkeit verhält sich das menschliche Wesen wie jedes selbstregulierende System, das seinen Regler verloren hat, es kreist in endlosen, aber immer systematischen Verzerrungen." (Bateson et. al.1956:282 f.)

1969 beschäftigte sich Bateson noch einmal mit der double-bind-Hypothese (Bateson 1969) und kam dabei zu dem Schluß: „Unser ursprüngliches Papier über den double bind enthält zahlreiche Irrtümer, die einfach darauf beruhen, daß wir das Verdinglichungsproblem noch nicht genau untersucht hatten. Wir reden in dem Papier so, als sei ein double bind ein Etwas, das zählbar wäre." (Bateson 1969:394) Dieses Thema hat mit der Entwicklung der Theoriebildung und mit dem Informationsbegriff zu tun. Die Schwierigkeit liegt darin, daß Information als Grundbaustein der Kommunikation weder materiell noch ein Bewußtseinsinhalt sein kann. Denn der objektive Charakter der Information ist gerade dadurch geprägt, daß sie etwas enthält, was Sender und Empfänger als Gemeinsames verstehen. Anders ist es allerdings bei Botschaften; ihnen fehlt der Charakter der Eindeutigkeit, weil sie sich nicht auf pure Information reduzieren lassen. Und da es der Empfänger ist, der den Interpretationskontext auswählt, kann es sogar eine einfache Information als tiefe und bedeutsame Botschaft auffassen, oder umgekehrt eine bedeutsame Botschaft auf ihren bloßen Informationsgehalt reduzieren. Aufgrund dieser Kontextabhängigkeit der Information und der Botschaft, ja der Kommunikation insgesamt, muß angenommen werden, daß die Fähigkeit frei und sachlich über einen Kontext verfügen zu können, vom Grad der affektiven Identifikation des Empfängers mit dem Sender abhängt. Der Empfänger reagiert in gewisser Weise also nur auf seine eigene Interpretationsstruktur. Damit schränkt Bateson die ursprüngliche double-bind-Hypothese insoweit ein, daß double-binds zwar Brüche in der Kontext-Struktur sind, die aber nicht nur einem einzelnen Beteiligten zugeordnet werden können, sondern dadurch zustande kommen, wie die Beteiligten - in einer kommunikativen Interaktion - jeweils auf sich selbst reagieren. Dies bezeichnet Bateson dann als „transkontextuelles Syndrom" (Bateson 1969:355 ff.).

Dieser Überblick über das Werk Gregory Batesons sollte verdeutlichen, welchen grundlegenden Einfluß Batesons Arbeit auf die Systemtheorie und die Systemische Therapie hatte; einen Einfluß, von dem Helm Stierlin sagt: „Die familientherapeutische Arbeit unseres Heidelberger Teams wie die vieler anderer Kollegen im Inland und westlichen Ausland wäre undenkbar ohne die Ideen und Anstöße, die Gregory Bateson seit etwa 40 Jahren gegeben hat." (Stierlin in: Bateson 1988:7)

3.2.3.1.2 Kybernetik, Systemtheorie und Autopoiesis

Kybernetik und Systemtheorie bieten die Grundlage zum Verständnis komplexer Systeme. Autopoiesis - oder Selbstorganisation - ist ein Phänomen, das aus der Kybernetik und der Systemtheorie zum erstenmal erfaßt werden konnte und nun als eigenes Konstrukt zunehmend die Theorieentwicklung prägt. Alle drei „Konzepte" sind grundlegend für systemische Therapie und systemische Organisationsberatung. Systemisches oder vernetztes Denken und Handeln - und eben auch systemische Beratung - sind logische Konsequenzen der genannten Theorieentwürfe. Die folgenden Abschnitte sollen deshalb einen kurzen Abriß dieser Konzepte liefern.

Der Schweizer Wirtschafts-Professor Gilbert Probst nennt diese Konzepte
"....die Grundlagen von Systemtheorie und Kybernetik wie sie Norbert Wiener und seine Kollegen von der Macy-Foundation in den vierziger Jahren vertreten haben (Warren McGulloch, Arthur Rosenblüeth, John von Neumann, Paul Lazarsfeld, Margaret Mead, Joel de Rosnay u.a.). Sie erkannten, daß die für sie relevanten Probleme immer durch Interdependenzen vieler Faktoren, durch komplizierte Wirkungszusammenhänge, gekennzeichnet sind, die zu zirkulären Systemen mit Rückkopplungseffekten führen. Sie erkannten auch, daß die sie interessierenden Systeme wie Organismen selbständig Ziele anstreben

können, unabhängig der Störungen, die auf dem Weg zu diesen Zielen auf das System einwirken."(Probst 1987:33)

Kybernetik

Ende der vierziger Jahre konstituierte sich aus den Arbeiten des Mathematikers Norbert Wiener, der die Steuerung vernetzter Abläufe mit Hilfe von Informationen erforschte, eine neue Wissenschaft: die Kybernetik. De Rosnay (1979:76 ff.) berichtet über die Entstehungsgeschichte der Kybernetik, daß Wiener zusammen mit dem Ingenieur Julian H. Bigelow an der Entwicklung automatischer Zielverfolgungsgeräte für Flugabwehrgeschütze arbeitete. Dabei erkannten sie, daß „...zur Ausführung einer zielgerichteten, kontrollierten Aktion der erforderliche Informationsablauf dadurch kontrolliert werden muß, daß ein geschlossener Kreislauf entsteht, der es ermöglicht, die Auswirkungen der ablaufenden Vorgänge auszuwerten und die jeweiligen Folgebewegungen - entsprechend den bereits erfolgten Bewegungen - zu regulieren." (ebenda:76).

Wiener und Bigelow entdeckten einen Informationskreislauf, der für die Funktion aller Zielautomatiken erforderlich ist, den Kreislauf mit negativer Rückkopplung. Negativ deshalb, weil Abweichungen vom Ziel ausgelöscht, korrigiert oder negiert werden. Dabei bemerkten Wiener und Bigelow, daß diese negative Rückmeldung bei Maschinen wie bei Organismen gleichartig wirkt: So steuert das Zentrale Nervensystem die Muskelbewegungen entsprechend den Wirkungen, die sinnlich an das ZNS zurückgemeldet werden. Diese spezielle Organisationsform gibt lebenden Systemen die Möglichkeit, seine Abläufe so zu generieren, daß sie sich automatisch selbst in Gang halten und steuern.

Frederic Vester kennzeichnet einen Regelkreis - in kybernetischer Terminologie - folgendermaßen:

> „ Jeder „Regelkreis" ist also zunächst einmal ein in sich geschlossener ständiger Kreislauf von Informationen. Er besteht in engerem Sinne nur aus zwei Dingen, zum einen der zu regelnden Größe (z.B. dem Wasserstand in einem Kanalsystem, dem Benzinstand im Vergaser, der Konzentration eines Hormons im Blut, der Körpertemperatur eines Lebewesens oder dem Gleichlauf der Turbinen) - man nennt sie „Regelgröße" - ‚zum anderen dem „Regler", der sie verändern kann. Dieser Regler mißt über einen „Meßfühler" den Zustand der Regelgröße, ist dieser Zustand durch einen Störfaktor, die „Störgröße" verändert, dann gibt der Regler eine entsprechende Anweisung (den „Stellwert") an ein „Stellglied" weiter, welches dann die Störung über eine angemessene „Stellgröße" unter Zufuhr oder Abfuhr einer entsprechenden „Austauschgröße" (auch „Stauglied" genannt) behebt. Auf diese Weise ist das zu regelnde System mit sich selbst rückgekoppelt. Über die Störgröße und die Austauschgröße steht es allerdings mit der Außenwelt in Verbindung. Stellt der Meßfühler einen zu hohen Wert fest, so wird dieser über das Stellglied verringert. Ist der Wert zu niedrig, so wird er erhöht. Deshalb spricht man bei einer solchen Selbstregulation von „negativer Rückmeldung" (hier ist also „negativ" mal etwas Gutes). Liefe die Rückkopplung in der „gleichen" Richtung, würde also ein nach oben veränderter Wert noch weiter erhöht werden, dann hätten wir „positive Rückkopplung" - und damit nicht mehr lange einen Regelkreis. Das System würde sich in

der begonnenen Richtung aufschaukeln, d.h. entweder explodieren oder völlig zufrieren."
(Vester 1984:59 ff.)

Bereits 1942 organisierte Norbert Wiener zusammen mit dem Neurophysiologen Arthur Rosenblüeth ein erstes interdisziplinäres Seminar, an dem Mathematiker, Physiologen und Ingenieure für Maschinenbau und Elektrotechnik teilnahmen. Ziel dieses Seminares war es, das selbstgesteuerte Verhalten lebender Organismen auf die Konstruktion physikalisch-technischer Systeme anzuwenden und umgekehrt solche Systeme vor dem Hintergrund physiologischer Erfahrungen zu betrachten. Mit seinem kybernetischen Standardwerk „Cybernetics or control and communication in the animal and machine" (Wiener 1948) hat Norbert Wiener die neue Disziplin „Kybernetik" erschaffen.

Systemtheorie

1954 gründete der Biologe Ludwig von Bertalanffy die Gesellschaft für allgemeine Systemforschung. Ziel dieser Gesellschaft war es, die Kybernetik auf alle Systeme - gleichgültig ob elektrische, mechanische, künstliche oder auch natürliche - anzuwenden. Bereits in den dreißiger Jahren hatte Bertalanffy mit der Arbeit an der Idee einer allgemeinen Systemtheorie begonnen, die er später in seiner "General systems theory" (Bertalanffy 1968) niederlegte. Bertalanffy forcierte die Entwicklung einer einheitlichen Terminologie und Methodologie für das interdisziplinär beobachtbare Phänomen der Fähigkeit zur Selbstregulierung offener Systeme. Als offenes System bezeichnen Kybernetik und Systemtheorie, die Fähigkeit des Systems, in Interaktion mit der Umwelt zu stehen und in Reaktion auf äußere oder innere Veränderungen interne Prozesse zu veranlassen.

Ich will dies am Beispiel des Fließgleichgewichts verdeutlichen. Beim Fließgleichgewicht existiert zu jedem Prozeß, der zu einer Veränderung im System führt, auch ein inverser Prozeß, der zu einer Veränderung in genau umgekehrter Richtung beiträgt. De Rosnay verdeutlicht das Fließgleichgewicht am Beispiel eines Bankkontos. Wenn die auf ein Konto eingezahlten Geldsummen gleich groß sind wie die Abhebungen, dann befindet sich am Jahresende gleichviel Geld auf dem Konto, obwohl ständig Geld zufließt und abfließt. (De Rosnay 1979:102)

Das offene System ist damit in der Lage, laufend freie Energie, Materie oder Information aus der Umgebung zu importieren und genutzte Energie zu exportieren - und organisiert sich damit selbst. Das Ziel eines Systems besteht demnach in der Aufrechterhaltung oder der Wiederherstellung seines Fließgleichgewichtes.

Diese Tendenz zur Stabilität wird mit dem Begriff der Homöostase bezeichnet. Die homöostatische Abweichungskorrekturfähigkeit zeigt sich zum Beispiel beim menschlichen Organismus durch die konstante Körpertemparatur trotz wechselnder äußerer und innerer Bedingungen. Eine solche Systemfähigkeit kann allerdings nur aufrechterhalten werden, wenn sehr viele und vielfältige Regulierungsmöglichkeiten vorhanden sind. Und je komplexer ein System ist, desto umfangreicher müssen die Regulierungsfähigkeiten sein. „Es muß als Ausdruck seiner Komplexität auf vielfältige Störungsmöglichkeiten aus der Umwelt die passenden "Antworten" parat halten." (De Rosnay1979:104)

Inzwischen hat die Systemtheorie in den unterschiedlichsten Disziplinen Fuß gefaßt (vgl. Abbildung 27).

Kritiker polemisieren denn auch gegen einen „inflationären wissenschaftlichen Modetrend", verweisen - nicht ganz zu unrecht - auf klassische Ansätze und sprechen von "altem Wein in neuen Schläuchen". (Portele 1984; Sandner 1982) Dabei wird häufig auf die Gestalttheorie der Berliner Gruppe der Gestaltpsychologie verwiesen (Koffka, Köhler, Wertheimer und Lewin vgl. dazu auch Abschnitt 2.1.3 dieser Arbeit), die bereits in den zwanziger Jahren die Vernetzung von Elementen einer „Gestalt" diskutierten.

Der Wirtschaftswissenschaftler Fredmund Malik, einer der Protagonisten einer systemischen Managementtheorie (vgl. dazu auch Ulrich/Probst 1990; Probst/Gomez 1989; Wunderer/Kuhn 1993) führt in einer Replik auf den Vorwurf, die Systemtheorie sei zum einen „längst bekannt" und zum anderen "bloßes Alltagsverständnis und trivial..." (Sandner 1982:83) folgende Argumente ins Feld und kennzeichnet damit auch sehr komprimiert seine und die Position seiner Kollegen. Diese Positionierung Maliks gibt zudem ein Beispiel für den Transfer der Systemtheorie in das Anwendungsfeld der Wirtschafts- und Sozialwissenschaften.

Malik schreibt:
„Zum Neuigkeitsgrad der evolutionären Auffassung und zu deren Bedeutung für Management ist zu sagen, daß etwas uralt sein kann - und dennoch entscheidende Bedeutung haben kann - möglicherweise, weil man gewissen uralten Einsichten und Erkenntnissen eben bisher keine oder zu wenig Bedeutung geschenkt hat oder vielfach auch deshalb, weil bis weit in die siebziger Jahre hinein diese Einsichten aufgrund der relativ ausgeprägten Stabilität und damit Planbarkeit der Wirtschaft tatsächlich nicht so wichtig waren. Die Situation hat sich aber in den vergangenen Jahren radikal

Vertreter systemtheoretischer Konzepte

Disziplin	Vertreter	Konzept
Biologie	Heinz von Foerster Humberto Maturana Francisco Varela	Theorie autopoietischer Systeme
Physik/ Chemie	Ilya Prigogine Manfred Eigen Hermann Haken	dissipative Strukturen molekulare Evolution Lasertheorie
Mathematik	Benoit Mandelbrot Michel Feigenbaum	Theorie fraktaler Strukturen
Soziologie	Niklas Luhmann Helmut Willke	Theorie selbstreferentieller Systeme
Ökonomie/ Manage- ment	Gilbert Probst Hans Ulrich Knut Bleicher Peter Gomez	Systemische Management- und Organisationstheorien
Psychiatrie/ Psycho- Therapie	Helm Stierlin Fritz Simon Mara Selvini-Palazzoli Paul Watzlawick	Theorie der systemischen Familientherapie
Literatur- Wissenschaft	Siegfried Schmidt Reinhard Zobel	empirische Kognitionstheorie

Abbildung 27: Hauptvertreter systemischer Konzepte

verändert...die zusammengeschrumpften Marktpositionen von Unternehmungen und ganzen Branchen, die faktische Unlenkbarkeit vieler Großunternehmen und anderer sozialer Institutionen, die verzweifelten Versuche von Führungskräften, ihre Unternehmungen wieder unter Kontrolle zu bringen, die ungelösten gesellschaftlichen und wirtschaftlichen Probleme, angesichts welcher alle bekannten Rezepte versagen zu scheinen und die Tatsache, daß wir hilflos vor einer Situation stehen, die wir, wie uns zu dämmern beginnt, aufgrund falscher Theorien über soziale Systeme selbst geschaffen haben. Was soll angesichts dieser Situation der Vorwurf der Trivialität - und derjenige, daß ohnehin schon alles bekannt gewesen sei? Trivial? - meinetwegen; aber deshalb noch lange nicht irrelevant. Bekannt? Wem und in welcher Form? Und warum wurde dann nicht anders gehandelt?" (Malik 1982: 103 ff.)

Damit wird deutlich, daß die Systemtheorie sich nicht nur aus ihrer Theorieentwicklung heraus legitimiert und argumentiert, sondern, daß Vertreter einer angewandten Systemtheorie, zum Beispiel Malik, systemische Konzepte als angemessene Form der Reaktion auf die komplexen Herausforderungen in Wirtschaft, Gesellschaft und Wissenschaft begreifen und damit sehr deutlich die Praxisrelevanz der Systemtheorie postulieren.

Autopoiesis

Die Grundidee der Theorie autopoietischer Systeme läßt sich so zusammenfassen. Lebende Systeme sind selbsterzeugende, selbstorganisierende, selbstreferentielle und selbsterhaltende Systeme - kurz: Autopoietische Systeme. Die kritische Variable ihrer autopoietischen Homöostase ist die Organisation des Systems selbst. (Schmidt 1994:22)

Der Begriff Auto-Poiesie verweist also auf die Selbst-Erschaffung des Systems. Als autopoietisch wird ein System bezeichnet, das sich selbst erzeugt, indem es sich ausschließlich auf eigene Operationen bezieht. Diese Operation produziert das System selbst. Das Abkoppeln von der Umwelt wird dabei als ein rekursiver Prozeß betrachtet. Die systemeigenen Operations-Strukturen bilden demnach auch die Grenzen des Systems zur Umwelt. Diese Grenzen sind allerdings nicht statisch, sondern werden operativ erzeugt und sind damit als variabel zu betrachten.

In empirischen Untersuchungen zur Farbwahrnehmung und zur Größenkonstanz hatten J.Y. Lettvin, H.R. Maturana, W.S. McGulloch und W.H. Pitts Ende der fünfziger Jahre festgestellt, daß zwischen Außenweltereignissen und neuronalen Zuständen keine stabile Korrelation hergestellt werden kann, andererseits gab es aber solche Korrelationen innerhalb der Nervensysteme. Offenbar funktioniert das Nervensystem als funktional geschlossenes System. Autopoietische Systeme erzeugen also durch ihr Operieren permanent ihre eigene zirkuläre Organisation, die als grundlegende Größe konstant gehalten wird. Aufgrund dieser zirkulären Organisation sind lebende Symptome selbst-referentielle und bezüglich ihrer Organisation homöostatische Systeme, die gegenüber ihrer Umwelt autonom sind. (Schmidt 1994:22)

Humberto Maturana und Francisco Varela

Die Theorie der Autopoiesis wurde entscheidend - neben Heinz von Foerster - von den beiden chilenischen Neurobiologen Humberto Maturana und seinem Schüler Francisco Varela geprägt. Nach den oben dargestellten ersten Forschungsschritten Ende der fünfziger Jahre beschäftigte sich Maturana ein weiteres Jahrzehnt mit Fragestellungen zur Selbstreferenz lebender Systeme. 1970 veröffentlichte er das Ergebnis seiner Forschungen in seinem Artikel „The neurophysiology of cognition" (Maturana 1970), in welchem er seine Ideen über die zirkuläre Organisation lebender Systeme darstellte.

Maturana beschreibt dieses Phänomen so:

> „Ein lebendes System ist aufgrund seiner zirkulären Organisation ein induktives System und funktioniert in prognostizierender Weise; was einmal geschehen ist, ereignet sich immer wieder. Seine Organisation (die genetische und die sonstige) ist konservativ und wiederholt nur das, was funktioniert. Aus diesem gleichen Grunde sind lebende Systeme historische Systeme. Die Relevanz eines bestimmten Verhaltens wird immer in der Vergangenheit determiniert." (Maturana 1982:52)

Maturanas wesentliche Bestimmungen eines autopoietischen Systems faßt Siegfried Schmidt in sieben Punkten zusammen (vgl. Abbildung 28). Ein besonderes Kriterium autopoietischer Systeme ist ihre „operationelle Geschlossenheit". Dies bedeutet für Maturana, daß lebende Systeme als selbstreferentielle geschlossene Systeme informationsdicht und strukturdeterminiert sind. Sie haben keinen informationellen Input und Output. Das heißt sie sind energetisch offen, aber informationell geschlossen. Das System erzeugt also selbst die Informationen, die es verarbeitet im Prozeß der eigenen Kognition (Schmidt 1994:24). Es gibt dabei die Möglichkeit der strukturellen Koppelung, das heißt: „Zwei plastische Systeme werden aufgrund ihrer sequentiellen Interaktionen dann strukturell gekoppelt, wenn ihre jeweiligen Strukturen sequentielle Veränderungen erfahren, ohne daß die Identität des Systems zerstört wird." (Maturana 1982: 150 f.) Aus dieser Koppelung ergibt sich ein konsensueller Bereich, in dem strukturell bestimmte Zustandsveränderungen der gekoppelten Organismen sequentiell aufeinander abgestimmt sind. (ebenda:151)

Bedeutsam für autopoietische Systeme ist weiterhin die Tatsache, daß sie nicht-reaktiv sind, das heißt, die Umwelt oder das Medium, in dem sich das autopoietische System bewegt, kann die Zustandsveränderungen in der Struktur des Systems nicht steuern, sondern nur anregen.[38] Das heißt, das System bezieht

---

[38] Dieser Tabestand hat für das systemische Organisationsverständnis und für die methodische Gestaltung von Veränderungsprozessen im Sinne einer systemischen Organisationsentwicklung sehr weitreichende Konsequenzen. Denn es bedeutet, daß eine Organisation als „operativ geschlossenes System" nicht von außen - durch einen OE-Berater- zur Veränderung gesteuert werden kann, sondern daß der Berater nur Impulse geben kann, die das System aufnimmt - oder auch nicht. Letztlich entscheidend für Veränderung ist immer die Tatsache, wie sich das System - seiner Eigenlogik folgend - organisisieren wird.

nichts Vorgefertigtes aus der Umwelt, sondern es schafft sich durch systeminterne Unterscheidungen eine spezifische Umweltsensibilität. Reagiert ein System empfindsam auf „Störungen"[39] der Umwelt, können diese Veränderungen eine „Störung" im System selbst bewirken. „Das System reagiert, indem es seine Struktur ändert - es lernt." (Kaiser:1994:265)

Maturana und Varela haben für solche System- /Umwelt-Interaktionen den Begriff der Perturbation (ein Umweltinput auf das System, der unspezifisch ist und gewissermaßen ein neutrales Zufallsrauschen („noise") darstellt geprägt, den sie folgendermaßen beschreiben:

> „Bei der Interaktion zwischen dem Lebewesen und der Umgebung ...determinieren die Perturbationen der Umgebung nicht, was dem Lebewesen geschieht; es ist vielmehr die Struktur des Lebewesens, die determiniert, zu welchem Wandel es infolge der Peturbation in ihm kommt. Eine solche Interaktion schreibt deshalb ihre Effekte nicht vor. Sie determiniert nicht und ist nicht instruierend, weshalb wir davon sprechen, daß eine Wirkung „ausgelöst" wird. Wir wollen damit darauf hinweisen, daß der Wandel, der aus den Interaktionen zwischen dem Lebewesen und seiner Umgebung resultiert, zwar von dem perturbierenden Agens hervorgerufen wird, aber von der Struktur des perturbierten Systems determiniert wird". (Maturana/Varela 1987: 106)

Die Erhaltung der Autopoiesie ist eine notwendige Bedingung für die Existenz der Lebewesen. Deshalb wird „... die ontogenetische Strukturveränderung eines Lebewesens in seinem Milieu ...immer ein Driften sein, das mit dem Driften des Milieus in Übereinstimmung ist." (Maturana/Varela 1987:113)

Folgende Übersicht (vgl.Abbildung 28) soll die zentralen Wesensmerkmale autopoietischer Systeme - im Sinne Maturanas und Varelas - verdeutlichen.

---

[39] Ruth Beisel weist zurecht darauf hin, daß die deutsche Übersetzung von Perturbation als „Störung" problematisch ist, weil „...dieser Begriff im Deutschen kausal oder gar negativ benutzt wird."(Beisel 1994:25)

Merkmale autopoietischer Systeme nach Humberto Maturana

- *Autopoiesis bezeichnet die Art der Organisation materialer und prozessualer Komponenten, die in lebenden Organismen angetroffen werden. Das hervorstechende Merkmal der Verknüpfung dieser Komponenten ist hier Zirkularität.*

- *Autopoietische Systeme sind organisationell geschlossen und in dieser Hinsicht autonom. Alle Informationen, die das System für die Aufrechterhaltung seiner zirkulären Organisation braucht, liegen in dieser Organisation selbst. Das System ist operational geschlossen.*

- *Autopoietische Systeme sind selbstreferentiell, d.h. sie beziehen sich im Prozeß der Aufrechterhaltung ihrer Organisation ausschließlich auf sich selbst. Die funktionale Organisation selbstherstellender Systeme wird erklärt als zyklische, selbstreferentielle Verknüpfung selbstorganisationeller Prozesse*

- *Autopoietische Systeme sind mit dem Medium, in dem sie existieren, sowie mit anderen Organismen strukturell gekoppelt.*

- *Autopoietische Systeme operieren induktiv und konservativ.*

- *Nervensysteme, die sich im Verlauf der Evolution autopoietischer Systeme entwickelt haben, sind funktional geschlossen. Daraus folgt, daß ein Organismus seine Welt aufgrund seiner physiologischen und funktionalen Beschaffenheit erzeugt. Die ihm zugängliche Welt ist also seine kognitive Welt und nicht die Welt wie sie ist. „Wir erzeugen also buchstäblich die Welt in der wir leben, indem wir sie leben."*
  (Maturana 1982:269)

Abbildung 28: Wesensmerkmale autopoietischer Systeme nach H. Maturana Quelle: Schmidt 1994:25 f.; Maturana 1982

Beobachter, Unterschiede und die Kybernetik zweiter Ordnung

Eine besondere Brisanz bekommt das autopoietische Theorem von operativ geschlossenen und zirkulären Systemen, wenn man die Frage nach dem Beobachter solcher Systeme - zum Beispiel einem Forscher - stellt. Denn der Beobachter ist ja ebenfalls ein operativ geschlossenes System, der nun seinerseits ein in sich geschlossenes System beobachtet. Maturana beschreibt dies so: „Der Beobachter ist ein lebendes System, und jede Erklärung der Kognition als ein

154

biologisches Phänomens muß eine Erklärung des Beobachters und seiner dabei gespielten Rolle beinhalten." (Maturana 1982:35).

Mit diesem Phänomen der Beobachtung von „Beobachter plus untersuchtes System" kommen wir zu den Grundlagen der „Kybernetik zweiter Ordnung". Während die Kybernetik erster Ordnung" als die „Kybernetik der beobachteten Systeme" bezeichnet werden kann, läßt sich die „Kybernetik zweiter Ordnung" als „Kybernetik beobachtender Systeme" charakterisieren. (von Foerster 1985)

Diese „Kybernetik zweiter Ordnung", wie sie von Heinz von Foerster vertreten wird, wird durch Maturanas und Varelas Thesen zur Autopoiesis lebender Systeme gestützt. Beide Ansätze diskutieren die Fähigkeit kognitiver Systeme, in sich konsistente Wirklichkeiten zu konstituieren. Die Konsequenzen aus diesen Erkenntnissen der Arbeiten von Maturana, Varela und von Foerster für die Wissenschaftstheorie und Erkenntnistheorie haben sich   in dem epistemologischen Konzept des radikalen Konstruktivismus manifestiert, der weiter unten vorgestellt werden soll.

Im folgenden soll ein kurzer Exkurs die Rezeption der Autopoiesis-Theorie im Rahmen der Soziologie einen Eindruck davon geben, wie die Erkenntnisse der neueren Biologie auch und speziell auf soziale Systeme angewendet werden können.

Niklas Luhmann

Der Soziologe Niklas Luhmann beschäftigt sich seit Jahren mit der theoretischen Erfassung selbstreferentieller Systeme - naturgemäß vor allem sozialer Systeme (Luhmann 1984 / 1990 / 1992).

In der Systemtheorie stehen heute - so Luhmann -

> „...Selbstreferenzkonzepte im Vordergrund innovativer Theorieentwicklung. Man sieht das an Konzepten wie Selbstorganisation, Autonomie, Autopoiesis, operative Schließung, Strukturdetermination, Beobachtung zweiter Ordnung (Beobachtung von Beobachtern) und an konstruktivistischen Tendenzen der Epistemologie, die eine Geschlossenheit des Netzwerks der Systemoperationen auch und gerade in kognitiver Hinsicht voraussetzen". (Luhmann 1992:118)

In allen neueren Veröffentlichungen, in deren Zentrum zumeist das Phänomen der Selbstreferenzialität diskutiert wird, geht Luhmann von der operativen Logik George Spencer Browns (Spencer Brown 1979) aus.

Der englische Logiker, Philosoph und Computerfachmann George Spencer Brown ist in Deutschland außer von Niklas Luhmann (1990) und Fritz Simon (1993) kaum rezipiert worden. 1967 legte Spencer Brown Bertrand Russell einen logischen Kalkül vor, der das Prinzip von Russells und Whiteheads logischer

Typenlehre (vgl. Seite 154 ff.) aus deren Principa Mathematica für unnötig erklärte (Russell/Whitehead 1910-1913), daß rückbezügliche Sätze nicht erlaubt seien, das sich Selbst-Enthalten einer Menge also unzulässig sei. Russell war beeindruckt von Spencer Browns Ansatz. Sein „Kalkül" ist allerdings nicht Gemeingut geworden. Erst Heinz von Foerster hat schließlich Spencer Brown für die Erkenntnistheorie entdeckt, die im „Biological Computer Laboratory" der University of Illinois in Urbana entwickelt wurde. (Reese-Schäfer 1992:79) Auf diese erkenntnistheoretischen Untersuchungen bezieht sich Luhmann.

Spencer Browns Konzept der Differenztheorie[40] basiert auf der fundamentalen Weisung „Draw a distinction" (Mach eine Unterscheidung). Diese Fähigkeit, eine Unterscheidung zu machen, ist nach Spencer Brown die Grundlegung für jegliche „Form", die erst dann als solche erkannt und benannt werden kann. Gregory Bateson hat dies mit seiner - inzwischen schon legendären Formel ausgedrückt: „Information ist jeder Unterschied, der einen Unterschied macht." (Bateson 1988:579 ff.)

Um überhaupt etwas unterscheiden zu können, braucht das System eine Grenze, über die hinweg es beobachten kann. Deshalb muß man eine Grenzlinie ziehen. Und deshalb setzt auch jede Selbstbeobachtung „...die Einrichtung entsprechender interner Differenzen..." (Luhmann 1990:70) voraus. Dabei gehört zur Unterscheidung, daß man nicht gleichzeitig auf beiden Seiten sein kann. Es ist durchaus möglich, die Perspektive zu wechseln und von der anderen Seite her zu beobachten, aber das geht erst hinterher. Spencer Brown nennt das „crossing" - die Grenze überschreiten - und das braucht Zeit. Und dieser Zeitunterschied ist notwendig, weil er dient zur Entparadoxierung, zur Vermei-dung der Paradoxie, daß der Beobachter gleichzeitig innen und außen ist.

 Der Beobachter kann, während er anderes beobachtet, nicht seine eigene Differenz beobachten. Hier ist sein blinder Fleck (Reese-Schäfer 1992:75).

Luhmann verdeutlicht dieses Phänomen mit einer Tautologie:
„Es (das Individuum/ Anmerkung von mir / F.G.) kann nur sehen, was es mit dieser Unterscheidung sehen kann. Es kann nicht sehen, was es nicht sehen kann...". (Luhmann 1990:85)

Trotzdem ist es möglich, auch sich selbst zu beobachten:

---

[40] Bei der Differenztheorie Spencer Browns (Spencer Brown 1979) handelt es sich um ein Kalkül der Logik, mit dem Spencer Brown grundlegende Aussagen zu Aussagesystemen (der Algebra, der Arithmetik, der Logik) aufstellt. Seine Weisung „draw a distinction" nennt er das „Bezeichnen" eines Unterschiedes.Und mit dieser Bezeichnung eines Unterschiedes, wird ein Innen (z.B. das System) und ein Außen (z.B. die Umwelt) geschaffen. Diese Theorie geht von dem Paradox aus, daß alles Erkennen in Form des bezeichneten Raums mit einem Verdunkeln des abgeschiedenen Raums verbunden ist.

„... Das kann (muß aber nicht) in ein und demselben System geschehen. Auf diese Weise ist in einem System möglich, was wir Selbstbeobachtung nennen werden." (ebenda:83)

Es findet also in diesem System eine Grenzüberschreitung - ein „crossing" - statt, die die Perspektive nun auf eine Operation des Systems selbst richtet. Spencer Brown nennt dies „re-entry" - Wiedereintritt. Systemtheoretisch liegt ein Wiedereintritt der Unterscheidung von System und Umwelt vor.

Luhmann dazu:
„Eine Unterscheidung markiert einen Bereich und wird in den durch sie unterschiedenen wiedereingeführt. Sie kommt dann doppelt vor: als Ausgangsunterscheidung und als Unterscheidung in dem durch sie Unterschiedenen. Sie ist dieselbe und nicht dieselbe. Sie ist dieselbe, weil der Witz des re-entry gerade darin besteht, dieselbe Unterscheidung rekursiv auf sich selbst anzuwenden, sie ist eine andere, weil sie in einen anderen, in einen bereits unterschiedenen Raum eingesetzt wird." (ebenda:379 f.)

Dabei ist es wichtig, eine Grundaussage der Systemtheorie zu beachten, nämlich, daß die Reflexion der Beobachtung des Beobachters, die ja hier beschrieben wird, kein hierarchisch höherstehender Prozeß ist. Im Fall der Beobachtung werden Dinge, Begriffe oder Symbole beobachtet, im anderen Fall werden Beobachter beobachtet, die ihrerseits mit ihrem blinden Fleck das beobachten, was für sie Umwelt ist. Auch das Beobachten des Beobachters (oder auch „Beobachten zweiter Ordnung") hat einen blinden Fleck, und kann nun auch wiederum beobachtet werden. Und dieses Beobachten ist eine tatsächlich stattfindende Operation. Luhmann benutzt dabei den Begriff der Operationen, den er in dieser Funktion von Heinz von Foerster (1985) übernommen hat.

Die Erkenntnisse von Spencer Brown, von Foerster sowie Maturana und Varela sind die Basis für Luhmanns Verständnis von Autopoiesis.

Luhmann unterscheidet drei Arten von autopoietischen Systemen:
„...nämlich: Leben, Bewußtsein und soziale Kommunikation...Daß das eine das andere voraussetzt und daß kausale Interdependenzen bestehen, bedarf kaum der Erwähnung. Das versteht sich von selbst - so wie sich für jedes autopoietische System von selbst versteht, daß es nicht allein auf der Welt existiert und nur mit Hilfe von Unterscheidung von System und Umwelt beobachtet werden kann. Das Problem liegt in den neuartigen Einsichten über selbstreferentielle Geschlossenheit als Basis für ein Umweltverständnis. Nimmt man dafür drei verschiedene Grundoperationen an, nämlich Leben, Bewußtsein und Kommunikation, muß man von ganz verschiedenartigen sich selbst reproduzierenden Systemen ausgehen, die füreinander Umwelt sind und füreinander jeweils nur Rauschen erzeugen... Kommunikationen lassen sich nur durch Kommunikationen reproduzieren; bewußte Gedanken nur durch bewußte Gedanken; und das Leben lebt sein Leben, ohne daß ihm Bewußtsein oder Kommunikation hinzugefügt werden könnte. Die im geschlossenen Netzwerk reproduzierten Elementareinheiten sind anschlußfähig nur an Elementareinheiten des gleichen Netzwerks. Kein Lebensvorgang ist jemals Bewußtseinsakt oder Kommunikation; aber auch keine Kommunikation ist jemals ein Akt von

Bewußtsein, geschweige denn ein Moment der Autopoiesis des Lebens." (Luhmann 1988b:41)

Für Luhmann ist der Unterschied also zwischen lebenden, psychischen und kommunikativen Systemen der, daß lebende - biologische Systeme - ausschließlich Materie und Energie verarbeiten und auf diese Weise „Leben" produzieren. Im Unterschied dazu sind die anderen beiden Arten „sinnverarbeitende" Systeme, die sich wiederum durch ihre „Bestandteile" unterscheiden: Während psychische Systeme ausschließlich aus Bewußtseinsereignissen bestehen, sind Elemente sozialer Systeme stets und ausschließlich Kommunikation. Für die Kommunikation ergeben sich aus dem Theorem der operationellen Geschlossenheit autopoietischer Systeme umfangreiche Konsequenzen:

> „Die erste und wichtigste Konsequenz lautet: Zwischen Individuum und sozialem System gibt es keine Kommunikation. Kein Mensch kann mit der Gesellschaft kommunizieren. Alle Kommunikation ist ein Vorgang in der Gesellschaft. Das gilt auch für Interaktionen unter Anwesenden. Was immer als Kommunikation läuft, dient der Autopoiesis dieses Interaktionssystems, ist Vollzug der sozialen Reproduktion, muß an vorherige Kommunikation anschließen und weitere Kommunikation offenhalten. In der Mitwirkung an solcher Kommunikation konstituieren Menschen sich als Personen, das heißt als Adressen für weitere Kommunikation.(ebenda:42)

Widersprüche, die durch Kommunikation zwangsläufig entstehen, sind für Luhmann durchaus plausibel:

> „Kommunikation bringt Einheit (und damit auch möglichen Widerspruch) dadurch zustande, daß sie eine dreifache Selektion integriert. Information, Mitteilung und verstehen (mit oder ohne Akzeptanz) werden als Einheit praktiziert...Erst die Einheitszumutung der Kommunikation konstituiert durch die Auswahl dessen, was sie zusammenzieht, den Widerspruch. Der Widerspruch entsteht dadurch, daß er kommuniziert wird..." (Luhmann 1985:498)

Diese Widersprüche befördern den Prozeß der Autopoiesis, denn das System benötigt zu seiner Reproduktion instabile Elemente. Dabei hat der Widerspruch eine Art warnende Funktion:

> „...Er zerstört für einen Augenblick die Gesamtpräsentation des Systems: geordnete, reduzierte Komplexität zu sein. Für einen Augenblick ist dann unbestimmte Komplexität wiederhergestellt, ist alles möglich. Aber zugleich hat der Widerspruch genug Form, um die Anschlußfähigkeit des kommunikativen Prozessierens von Sinn doch noch zu garantieren." (Luhmann 1985:508)

Somit kann sich die Autopoiesis fortsetzen. Die offensichtliche Parallele zur Hegelschen Dialektik dementiert Luhmann nicht, weist jedoch auf den grundlegenden Unterschied hin - konsequent dem Differenzierungsprinzip Spencer Browns folgend, daß er die Differenz von Identität und Differenz betont, wohingegen Hegels Dialektik deren Einheit betont. (Luhmann 1984:26)

Luhmanns Impulse für die Ansätze von systemischer Therapie und Beratung sind vielfältig und geschehen in einer teilweise synchronen Wechselwirkung. Deshalb wollte dieser Exkurs nur einen kleinen Einblick in Luhmanns aktuelle Arbeit bezüglich der Theorie selbstreferentieller Systeme geben.

Dabei war es mir wichtig, Luhmanns Konstrukte als Rezeption und Weiterentwicklung der Erkenntnisse und vor dem Hintergrund des Argumentationskontextes von Gregory Bateson, George Spencer Brown sowie der kybernetischen und systemtheoretischen Theorieentwicklung (von Foerster, Maturana, Varela) mit diesen fragmentarischen Ausschnitten zumindest anhand einiger pointierter Aussagen zu belegen.

Radikaler Konstruktivismus

Ich habe die Konsequenzen der Entwicklungen in Systemtheorie, Kybernetik und Autopoiesie für die Erkenntnistheorie des „Radikalen Konstruktivismus"[41] weiter oben bereits erwähnt. Dieser epistemologische Ansatz ist von grundlegender Bedeutung für die systemische Therapie und Beratung und hat - wie bereits angedeutet - eine wesentliche und radikale Konsequenz für den wissenschaftstheoretischen Diskurs und insbesondere natürlich für die weitere Theorieentwicklung der Systemtheorie. (vgl. dazu Schmidt 1994:75 f.)

Der Entwicklungspsychologe Ernst von Glasersfeld, Verfasser der „Declaration of the American Society for Cybernetics" beschreibt die grundlegende Bedeutung der Erkenntnis über selbstreferentielle Prozesse für die Entwicklung der konstruktivistischen Erkenntnistheorie:

„ The epistemological implications of self-reference have an even wider range of influence in the cybernetical approach to the philosophy of science. Here there is a direct conflict with a tenet of the traditional scientific dogma, namely the belief that scientific descriptions and explanations should, and indeed can, approximate the structure of an „objective" reality, a reality supposed to exist as such, irrespective of any observer. Cybernetics, given its fundamental notions of self-regulation, autonomy, and the informationally closed character of cognitive organisms, encourages an alternative view. According to this view, reality is an interactive conception because observer and observed are the mutually dependent couple..."(von Glasersfeld / in: Declaration 1983)

Und Heinz von Foerster, Mitbegründer der Kybernetik und Herausgeber der Berichte über die legendären Tagungen der Macy Foundation[42] verdeutlicht dies so:

---

[41] In der Literatur finden sich die Begriffe „Konstruktivismus" und „Radikaler Konstruktivismus" oft nebeneinander. Der letztere Begriff geht vor allem auf Ernst von Glasersfeld zurück (Glasersfeld 1985). Der Unterschied wird auch in der Darstellung der erkenntnistheoretischen Grundhaltungen (Abbildung 29) verdeutlicht.

[42] Wo von Foerster mit Norbert Wiener zusammenarbeitete und die als Geburtsort der Kybernetik gelten. Foerster erinnert sich an diese Zeit so:" Ich hatte das große Glück, an den Konferenzen über zirkuläre Kausalität, die später unter dem Titel „Cybernetics" publiziert wurden, teilzunehmen. Hier traf ich Margaret Mead, Gregory Bateson, John von Neumann und natürlich Norbert Wiener und Warren MCGulloch..."(von Foerster 1992:138)

„Objectivity is a subject's delusion that observing can be done without him. Invoking objectivity is abrogating responsability, hence its popularity." (von Foerster zitiert in: Declaration 1983)

Der spezifische Theorieanspruch des Radikalen Konstruktivismus wird besonders deutlich, wenn man die aktuellen erkenntnis- und wissenschaftstheoretischen Positionen aus Sicht der Kognitions-Forschung in einer synoptisch vergleichenden Darstellung betrachtet: Kruse und Stadler (Kruse/Stadler 1990) unterscheiden dabei vier erkenntnistheoretische Grundhaltungen (vgl. Abbildung 29).

Der Radikale Konstruktivismus bezieht sich dezidiert auf die Theorie der Autopoiesie lebender Systeme, die , wie oben bereits dargelegt, davon ausgeht, daß aus der Umwelt kein externer Anpassungsdruck auf das System erfolgt. Das System entscheidet autonom nach seinen eigenen strukturellen Möglichkeiten, welche Form des Verhaltens zur Fortführung der Autopoiesis nützlich erscheint.

Wenn man dieser Vorstellung folgt, dann ist Kognition nichts anderes als „effektives" Verhalten eines Systems in seiner Umwelt. „Jede interne Verrechnung von „Umweltreizen" und weiterer neuronaler Erregungszustände „mißt" sich formal nur an der Möglichkeit, die eigene Autopoiesis fortzusetzen. Kognition ist damit die Aufrechterhaltung der Autopoiesis unter gleichzeitiger Fortsetzung der Anpassung." (Woltmann-Zingsheim 1994: 76)

Betrachtet man den Menschen im Sinne Maturanas als ein lebendes System, dann ist auch unsere Wahrnehmung, unser Denken, unser Erkennen an unsere Autopoiesis gebunden. Daraus ergibt sich die Konsequenz, das Autopoiesis und Kognition, auf der Ebene der internen Dynamik lebender Systeme nicht zu unterscheiden sind.

Vom klassischen Solipsismus kann sich diese Erkenntnistheorie schwer absetzen. Sie versucht dies auch gar nicht, vielmehr läßt sie den „Beobachter" entscheiden, ob er sich gegen oder für diese Sicht der Dinge entscheidet. Dazu Heinz von Foerster:

„Ich schlage jetzt vor, das Prinzip auf den Herrn mit der Melone (vgl. Abbildung 30 /Anmerkung von mir /F.G.) anzuwenden, der von sich denkt , er sei die einzige Realität, während alles übrige, die Bäume, die Sterne, Menschen, Naturwissenschaftler und andere erfolgreiche Geschäftsleute usw. lediglich Ausgeburten sind, unserer Phantasie und Vorstellung entsprungen. Er wird aber nicht leugnen können, daß manche dieser Erscheinungen ihm sehr ähnlich sind und er ihnen daher gemäß des Relativitätsprinzips das Privileg zuerkennen muß, daß sie darauf bestehen könnten sie selbst sei die einzige Realität und alle anderen ihre Phantasien und Vorstellungen. Aber dann läuft er in einen Widerspruch, denn eine seiner Phantasiefiguren hat ihn selbst, den Herrn mit Melone und Aktentasche, die einzige Realität als Phantasiefigur in seinem Weltbild. Man beachte jedoch, daß das Relativitätsprinzip keine logische Notwendigkeit ist. Es liegt an uns, es anzuwenden oder zu ignorieren." (Foerster 1988b:122)

Erkenntnistheoretische Grundhaltungen

nach Kruse und Stadler

- ### *Naiver Realismus*
  Darunter lassen sich diejenigen Positionen zusammenfassen, für die Erkenntnis nichts anderes als die Repräsentation einer objektiven Realität ist. Das erkennende Subjekt ist Spiegel realer Verhältnisse und Kognition nicht mehr als passive Abbildung.

- ### *Kritischer Realismus*
  Darunter fällt die große Mehrheit der heutigen wissenschaftlichen Theorien. Für einen Kritischen Realismus ist Kognition ein subjektabhängiger aktiver Prozeß der Rekonstruktion realer Umweltinformation. Einen objektiven, beobachter-unabhängigen Charakter gewinnt so verstandenes Wissen durch die Hypothese, daß dem erkennenden Subjekt eine geordnete und daher im Prinzip rekonstruierbare Welt gegenübersteht.

- ### *Trivialer Konstruktivismus*
  Darunter sind Positionen zu verstehen, die nicht mehr davon ausgehen, daß unser kognitives System in der Lage ist, „Informationen" aufzunehmen. Gestützt auf die Erkenntnisse der modernen Neurobiologie wird Wahrnehmung als in hohem Maß konstruktiv verstanden. Die Umwelt besitzt allerdings keinerlei Sinnesqualitäten. Kognition wir demgemäß als Interpretation realer Umweltreize gedeutet, die selbst keine Informationen übertragen.

- ### *Radikaler Konstruktivismus*
  Hier ist Erkenntnis keine Interpretation, Rekonstruktion oder Repräsentation einer realen Umwelt, sondern kognitive Prozesse werden als systemeigene Leistungen begriffen. Die Entstehung der phänomenalen Wirklichkeit geschieht über die Beschreibung des Erkenntnisprozesses selbst, da die Wirklichkeit eben immer ontologisch, d.h. außerhalb vom erkennenden Subjekt existiert. An die Stelle der Idee tritt deshalb beim radikalen Konstruktivismus der Beobachter als erkennendes System. Realität wird also nicht als objektives Phänomen, sondern mit der spezifischen Operationsweise kognitiver Systeme erklärt, die eine Erfahrungswirklichkeit konstruieren, in der „Realität als interne Differenz selbst erst entsteht.

Abbildung 29: Erkenntnistheoretische Grundpositionen
Quelle: Kruse/Stadler 1990:19 ff.

Abbildung 30: Der Herr mit der Melone (Gordon Park)
Quelle: Foerster 1988b:121 ff.

Heinz von Foerster

Als Mitbegründer der Kybernetik und Leiter des Biological Computer Laboratory an der University of Illinois in Urbana ist der geborene Österreicher Heinz von Foerster einer der bedeutendsten Vertreter der neueren Systemtheorie und der Erkenntnistheorie des Radikalen Konstruktivismus. Neben vielen anderen Theorie-Ansätzen, die von ihm entwickelt wurden[43] ist seine Beschreibung des Unterschieds zwischen einer trivialen und einer nicht-trivialen Maschine ein anschauliches Beispiel seiner Argumentation bezüglich der Notwendigkeit einer angemessenen Erkenntnistheorie für die Humanwissenschaften.

Zunächst geht von Foerster von einer trivialen Maschine aus (vgl. Abbildung 31). Dabei „...soll „Maschine" nicht als eine Summe von ineinandergreifenden Teile verstanden werden, sondern als begriffliche Struktur, die genau beschrieben und

---

[43] Von 1957 bis 1976 wurden in dem von H. von Foerster begründeten und von ihm geleiteten Biological Computer Laboratory an der University of Illinois (Urbana) bahnbrechende Arbeiten auf den verschiedensten Gebieten geleistet. Dazu zählten folgende Gebiete: Kybernetik, Kognition, Wahrnehmung, Lernen, Gedächtnis, Allgemeine Systemtheorie, Regelungstheorie und - technik, Theorie biologischer und sozialer Systeme, transklassische mehrwertige Logik, Computerwissenschaft, semantische Netzwerke, relationale Datenstrukturen, Automatentheorie, Kybernetik 2. Ordnung. (vgl. Foerster 1985)

synthetisch definiert werden kann. Eine Maschine ist etwas, was ich oder wir im Zusammenspiel aufbauen können, weil wir die innere Struktur und den Plan dieser Maschine bestimmen können." (Foerster 1988a:20 f.)

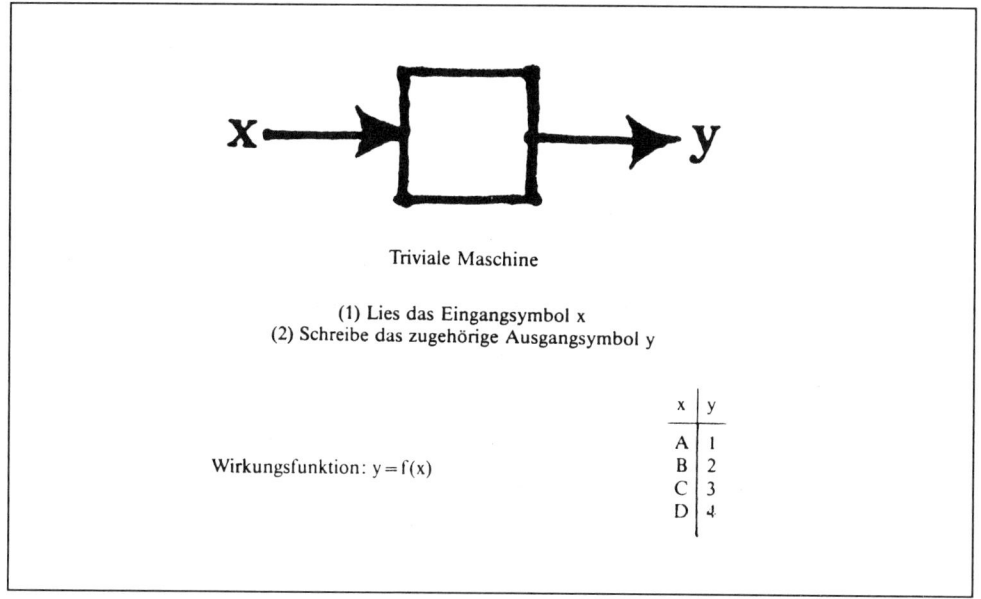

Triviale Maschine

(1) Lies das Eingangssymbol x
(2) Schreibe das zugehörige Ausgangssymbol y

Wirkungsfunktion: y = f(x)

x	y
A	1
B	2
C	3
D	4

Abbildung 31: Triviale Maschine nach Heinz von Foerster
Quelle: Foerster 1988a: 21

Das Quadrat soll die Maschine darstellen. Die Funktion (f) dieser Maschine soll sein, eine Ursache (causa) (x) mit einer bestimmten Wirkung (effectus) (y) zu verknüpfen. Damit kann (f) als Wirkungsfunktion bezeichnet werden und so heißt die mathematische Formel: y= f(x).

Die Trivialität dieser Maschine liegt darin, daß auf eine definierte Ursache immer die gleiche Wirkung produziert wird. (siehe Tabelle in Abbildung 31)

„..."Spürt" diese Maschine die Ursache „A" oder „sieht" sie das Eingangs-symbol „A" oder fühlt sie den Reiz „A" etc., dann produziert sie die Wirkung, das Ausgangssymbol, die Reaktion „1" etc., etc. Ebenso, geben wir „B" ein so gibt sie uns „2" und so weiter und so fort..." (Foerster 1988a: 22)

Das Schema dieser Maschine ist das der Kausalität: Eine Ursache (x) hat gemäß eines (Natur-) Gesetztes (f) eine bestimmte Wirkung (y) zur Folge. Dieses Schema ermöglicht es, daß bestimmte Wirkungen von bestimmten Ursachen vorausgesagt werden können. „Wenn man eine Maschine nur lange genug beobachtet und gut genug kennt, kann man folgern oder vorhersagen, daß auf die Eingabe A immer eine 1 ausgegeben wird. Statt Eingabe- und Ausgabewert kann auch „Verhalten" gesagt werden." (Simon 1993:45)

163

Von Foerster sieht nun in seinem Modell der trivialen Maschine das „...fundamentale Denkschema unserer westlichen Kultur..." (Foerster 1988a:22) „Heimlich dürfte dies wohl auch heute noch bei vielen Wissenschaftlern mehr oder weniger bewußt die simplifizierende Vorstellung vom Funktionieren der Welt sein." (Simon 1993:45).

Diesem klassischen Modell der Aussagenlogik und der Kausalität setzt von Foerster nun sein Modell einer nicht-trivialen Maschine gegenüber (vgl. Abbildung 32).

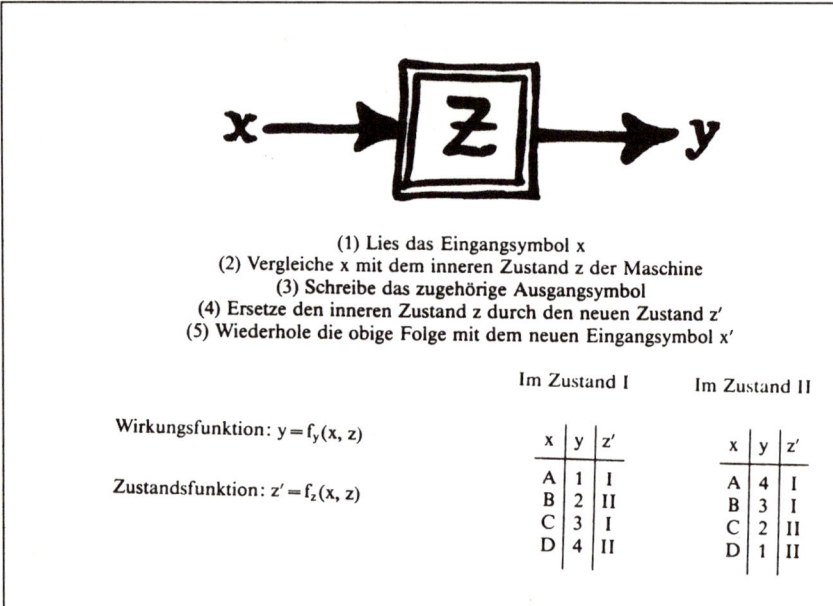

(1) Lies das Eingangssymbol x
(2) Vergleiche x mit dem inneren Zustand z der Maschine
(3) Schreibe das zugehörige Ausgangssymbol
(4) Ersetze den inneren Zustand z durch den neuen Zustand z′
(5) Wiederhole die obige Folge mit dem neuen Eingangssymbol x′

Wirkungsfunktion: $y = f_y(x, z)$

Zustandsfunktion: $z′ = f_z(x, z)$

Im Zustand I

x	y	z′
A	1	I
B	2	II
C	3	I
D	4	II

Im Zustand II

x	y	z′
A	4	I
B	3	I
C	2	II
D	1	II

Abbildung 32: Nicht-triviale Maschine nach Heinz von Foerster
Quelle: Foerster 1988a:23

In dem Quadrat, das jetzt eine nicht-triviale Maschine darstellt, steht ein zweites Quadrat mit dem Buchstaben „z". Das soll bedeuten, daß diese Maschine innerer Zustände „z" fähig ist. Man könnte es so sehen, daß diese Maschine verschiedene Maschinen verkörpert, sozusagen eine Maschine in der Maschine ist.

Wird ein Eingangssymbol (x) eingegeben, so errechnet sie ein Ausgangssysmbol (y) gemäß einer Wirkungsfunktion (f), die auch vom inneren Zustand (z) der Maschine abhängig ist. Dies bedeutet folgende Formel:

$$y = f_y(x, z)$$

Am Ende dieser Operation errechnet die Maschine nun den nächsten internen Zustand (z') gemäß der Zustandsfunktion

$$z' = f_z(x,y)$$

Das heißt, ein einmal eingegebenes Eingangssymbol kann später nicht mehr dasselbe Ausgangssysmbol hervorrufen: Die Operationen der Maschine sind von den Operationen ihrer Vergangenheit abhängig.

In den beiden Tabellen in Abbildung 32 ist zu sehen, wie sich eine solche nicht-triviale Maschine verhält. Wenn die Maschine im Zusand I ist, dann reagiert sie genauso wie die triviale Maschine: A →1; B→ 2; C→3 und D→4. Im Zustand II aber läuft sie entgegen diesem Programm, A→4; B→3 und so weiter.

Es kann also weder die Ausgabe 1 noch die Ausgabe 4 eindeutig der Eingabe A zugeordnet werden, weil beide Ausgabewerte auch von der Eingabe D produziert werden können. Entscheidend ist in diesem Fall der - von außen nicht zu beobachtende - innere Zustand (z) und die Regel seiner Veränderung.

Während triviale Maschinen geschichtsunabhängig sind und immer nach der gleichen Regel funktionieren, verhalten sich nicht-triviale Maschinen geschichts-abhängig, d.h. sie sind durch frühere interne Zustände determiniert. „Die Maschine verhält sich zwar ihrer aktuellen Struktur entsprechend (sie ist struktur-determiniert), die Entwicklung dieser Struktur ist jedoch ein historischer Prozeß, die aktuelle Struktur folgt früheren Strukturen." (Simon 1993:46)

Ohne die Gesetzmäßigkeiten der Veränderungen des internen Zustands zu kennen, ist es unmöglich das Verhalten der Maschine kausal zu erklären. Damit ist sie analytisch unbestimmbar. Foerster macht dies mit einer weiteren Tabelle deutlich (Abbildung 33).

Wenn die Anzahl der E/A-Symbole, der Eingangs-Ausgangs-Symbole, 2 ist (was bedeutet: die Maschine versteht nur A und B sowie 1 und 2), dann ergibt dies 65 536 mögliche Maschinen. Gibt es aber vier Eingabe- und vier Ausgabesymbole ergibt dies bereits eine Zahl, die jenseits der praktischen Berechenbarkeit liegt.

Wenn man nun davon ausgeht, daß lebende Systeme ungleich komplexere nicht-triviale „Maschinen" sind, wie die im Beispiel dargestellten, dann stellt sich die Frage, welches erkenntnistheoretische Paradigma ein angemessenes Konstrukt liefert, um diese dynamische Komplexität adäquat zu erfassen.

Und da ist von Foerster beim radikalen Konstruktivismus, den er so beschreibt:
Wenn entschieden werden soll, ob wir eine Welt der Erkenntnis und Erfahrung, unsere Welt der Ordnung, der Symmetrie, der Begriffe, der Zahlen, der Naturgesetze, ja sogar der Gegenstände, ob wir diese Welt entdecken oder erfinden, so neigt der Konstruktivist dazu, sich für erfinden zu entschließen." (Foerster 1994:142)

Tabelle 1

Anzahl der E/A Symbole	Anzahl der möglichen nicht-trivialen Maschinen
2	$2^{16} \quad = 65536$
4	$2^{8192} = 10^{2466}$
8	$2^{3 \times 2^{30}} = 10^{969685486}$

Abbildung 33: Beispiel für Transcomputationalität eines analytischen Problems als Beweis für die analytische Unbestimmbarkeit nicht-trivialer Systeme Quelle: Foerster 1988a, S. 25

Ernst von Glasersfeld, gebürtiger Österreicher und emeritierter Professor für kognitive Psychologie an der University of Georgia in Athens, kennzeichnet den Unterschied zwischen traditionellen Erkenntnistheorien und dem Konstruktivismus folgendermaßen:

„Der radikale Unterschied liegt in dem Verhältnis zwischen Wissen und Wirklichkeit. Während die traditionelle Auffassung in der Erkenntnislehre sowie in der kognitiven Psychologie, dieses Verhältnis stets als eine mehr oder weniger bildhafte (ikonische) Übereinstimmung oder Korrespondenz betrachtet, sieht der radikale Konstruktivismus es als Anpassung im funktionalen Sinn... Der radikale Konstruktivismus ist also deswegen radikal, weil er mit Konventionen bricht und eine Erkenntnistheorie entwickelt, in der die Erkenntnis nicht mehr eine „objektive", ontologische Wirklichkeit betrifft, sondern ausschließlich die Ordnung und Organisation von Erfahrungen in der Welt unseres Erlebens."(Glasersfeld 1985:19 ff.)

Dabei bezieht sich von Glasersfeld ausdrücklich auf Piaget:

„Der radikale Konstruktivist hat ein für allemal dem „metaphysischen Realismus" abgeschworen und stimmt voll und ganz mit Piaget überein, wenn er sagt: „L'intelligence...organise le monde en s'organisant elle-même." Für Piaget ist Organisation stets das Ergebnis einer notwendigen Wechselwirkung zwischen bewußter Intelligenz und Umwelt, und da er sich in erster Linie als Philosoph und Biologe sieht charakterisiert er diese Wechselwirkung als Anpassung. Auch damit bin ich einverstanden...."(Glasersfeld 1985:23)

Glasersfeld kommt letztendlich - auch in Abgrenzung zu einem solipsistischen Denkmodell - zu dem Schluß,

> „...daß der radikale Konstruktivismus nicht als Abbild oder Beschreibung einer absoluten Wirklichkeit aufgefaßt werden darf, sondern als ein mögliches Modell der Erkenntnis in kognitiven Lebewesen, die imstande sind, sich auf Grund ihres eigenen Erlebens eine mehr oder weniger verläßliche Welt zu bauen." (Glasersfeld 1985:37)

Paul Watzlawick

Paul Watzlawick, wie von Foerster und von Glasersfeld in den USA lebender und lehrender gebürtiger Österreicher, ist ein weiterer Vertreter des radikalen Konstruktivismus. Watzlawick arbeitet am Mental Research Center in Palo Alto, Kalifornien, und ist Clinical Professor an der Stanford University. Watzlawick beschreibt sein Verständnis von Konstruktivismus („Wenn das Kind nicht schon diesen Namen hätte, wäre vielleicht die Bezeichnung Wirklichkeitsforschung vorzuziehen" (Watzlawick 1985c:10) an Hand einer Frage:

> „Wie wissen wir, was wir zu wissen glauben? Diese scheinbar so einfache Frage berührt drei Problemkreise, die das menschliche Denken seit Jahrtausenden beschäftigen: *Was* wir wissen gilt im allgemeinen für das Ergebnis unserer Erforschung der Wirklichkeit. Von dieser Wirklichkeit nimmt der gesunde Menschenverstand an, daß sie gefunden werden kann...*Wie* wir wissen, ist ein bereits viel schwierigeres Problem. Um es zu erforschen, muß der Verstand aus sich, heraustreten und sich selbst sozusagen bei der Arbeit beobachten. Hier haben wir es also nicht mehr mit scheinbaren Tatsachen zu tun, die unabhängig von uns in der Außenwelt bestehen, sondern mit geistigen Prozessen, von denen es nicht mehr scheinbar so fraglos feststeht, wie sie verlaufen...(Wenn nun also:).. das *Was* des Wissens vom betreffenden Erkenntnisvorgang, dem *Wie*, bestimmt wird, dann hängt unser Bild der Wirklichkeit nicht mehr nur davon ab, *was* außerhalb von uns der Fall ist, sondern unvermeidlich auch davon, *wie* wir dieses Wissen erfassen..." (Watzlawick 1985c:9)

Und diese Erkenntnis führt Watzlawick zu der Einsicht,

> „...daß jede Wirklichkeit im unmittelbarsten Sinne die Konstruktion derer ist, die diese Wirklichkeit zu entdecken und erforschen glaubten. Anders ausgedrückt: Das vermeintlich Gefundene ist ein Erfundenes, dessen Erfinder sich des Aktes der Erfindung nicht bewußt ist, sondern sie als etwas von ihm Unabhängiges zu entdecken vermeint und zur Grundlage seines „Wissens" und seines Handelns macht." (Watzlawick 1985c:9 f.)

Neben der Mit- und Weiterentwicklung des Konstruktivismus hat Watzlawick vor allem durch die von ihm und seinen Mitarbeitern[44] (vgl. Watzlawick et. al. 1969) entwickelte Kommunikationstheorie einen großen Einfluß auf die systemische Therapie ausgeübt. dabei gehen Watzlawick und seine Kollegen von fünf „pragmatischen Axiomen" (siehe Abbildung 34) aus, die ihrer Meinung nach die Grundzüge jeder funktionierenden zwischenmenschlichen Kommunikation verdeutlichen.

---

[44] Zusammen mit Paul Watzlawick waren dies: Janet H. Beavin und Don D. Jackson. Die Ergebnisse ihrer klinischen Forschungen wurden 1967 in Deutschland veröffentlicht unter dem Titel: „Menschliche Kommunikation. Formen, Störungen, Paradoxien" (Watzlawick et.al. 1969)

Dieser Abschnitt sollte einen kurzen Überblick über die Entwicklung und die Kernaussagen der Erkenntnistheorie des radikalen Konstruktivismus - als logische Konsequenz und Weiterentwicklung von Systemtheorie und Autopoiesis geben. Dies schien mir schon deshalb geboten, weil der nun folgende Abschnitt über das Konzept der systemischen Familientherapie nur vor dem Hintergrund dieses epistemologischen Konzeptes zu entfalten und zu verstehen ist.

Fünf Axiome der Kommunikation
nach Watzlawick, Beaver und Jackson

- *Das erste Axiom besagt: In einem zwischenmenschlichen Kontext kann man nicht nicht kommunizieren. Jedes Verhalten hat einen Mitteilungscharakter. Somit ergibt sich das Paradoxon, daß auch ein Individuum, das versucht keine Mitteilung zu machen, damit etwas mitteilt. Auch im vermeintlichen Nicht-Kommunizieren wird kommuniziert.*

- *Das zweite Axiom lautet: Jede Kommunikation hat einen Inhalts- und Beziehungsaspekt. Der letztere bestimmt den ersteren und stellt daher eine Metakommunikation her.*

- *Das dritte Axiom bezieht sich auf das Phänomen der Interpunktion. Es besagt: Die Natur einer Beziehung zwischen zwei Partnern bestimmt sich durch die Art und Weise, wie beide die sich zwischen ihnen abspielenden Kommunikationsabläufe interpunktieren.*

- *Das vierte Axiom lautet: Menschliche Kommunikation bedient sich digitaler und analoger Modalitäten. Digitale Kommunikationen haben eine komplexe und vielseitige logische Syntax, aber eine auf dem Gebiet der Beziehungen unzulängliche Semantik, analoge Kommunikation besitzen dagegen dieses semantische Potential, ermangeln aber einer für eindeutige Kommunikation erforderlichen logischen Syntax*

- *Das fünfte Axiom besagt: Zwischenmenschliche Kommunikationsabläufe sind entweder symmetrisch oder komplementär, je nachdem, ob die Beziehung zwischen den Partnern auf Gleichheit oder Unterschiedlichkeit beruht.*

Abbildung 34: Fünf Kommunikationsaxiome nach Watzlawick, Beaver und Jackson
Quelle: Watzlawick et al. 1969; Stierlin/Simon 1992: S. 190)

3.2.3.2 Systemische Familientherapie

3.2.3.2.1 Die Mailänder Gruppe

Die systemische Therapie wurde von der italienischen Psychoanalytikerin Mara Selvini Palazzoli und ihren Mitarbeitern[45] Ende der sechziger Jahre entwickelt. 1968 organisierte sich das Institut für Familienstudien in Mailand. Die unter dem Begriff „Mailänder Modell" bekannte Arbeit der Selvini-Gruppe - oder auch Mailänder Gruppe - arbeitete etwa zehn Jahre lang zusammen und entwickelte dabei eine Familien-System-Methode, die sich aufbauend auf die Arbeiten von Gregory Bateson, Paul Watzlawick und der Familientherapeutin Virginia Satyr - auch die Palo Alto-Gruppe[46] genannt - vor allem die Therapie von schwer emotional gestörten Kindern und deren Familien zum Ziel gesetzt hatte.

Das Arbeitsmodell der Mailänder Gruppe beschreibt die amerikanische Familientherapeutin Lynn Hoffmann folgendermaßen:

> „Die Mailänder Gruppe ist von der Palo Alto-Gruppe beeinflußt, entwickelte sich jedoch in eine andere Richtung, wobei sie eine Form schaffte, die einzigartig ist und sich von den anderen ausreichend unterscheidet, um als eigene Schule betrachtet zu werden. In Europa, wo die Methode viel Interesse gefunden hat, beschreibt man sie mit dem Ausdruck „systemisch". Von Anfang an benutzte die Gruppe eine ungewöhnliche Form. Sie arbeitet (...) als eine Vierergruppe, wobei ein Therapeut und eine Therapeutin in einem Raum mit der Familie zusammen waren und ein zweites Paar sich hinter einem Einwegschirm befand (...) In gewissen Abständen können die Beobachter einen der Therapeuten aus dem Raum holen, um einen Vorschlag zu machen oder um mehr Informationen zu erbitten. Gegen Ende der Sitzung machen die Therapeuten eine Pause, um sich mit den Beobachtern zu beraten. In dieser Zeit tauschen sie alle vier ihre Meinungen aus und kommen dann zu einer Intervention oder zu einer Empfehlung. Dabei kann es sich um ein Ritual, eine Aufgabe oder um eine Vorschrift handeln. Sie kommt vom ganzen Team und wird jedem Mitglied der Familie mitgeteilt." (Hoffmann 1982:287 f.)

In Anlehnung an die double-bind-Hypothese von Bateson entwickelte Selvini mit ihren Kollegen eine therapeutische Interventionsform für die Familientherapie, die sie als „Gegenparadoxie" bezeichnet. Handlungsleitend bei der Entwicklung dieser Intervention war die Frage, wie die Paradoxien, die in einer Familie durch double-bind-Kommunikation entstanden sind, angemessen angesprochen werden können. Die Mailänder Gruppe benutzte die therapeutische Doppelbindung als „..Eckstein für eine verwickelte, elegante und logische Methodologie der Veränderung." (Hoffmann 1982:290)

---

[45] Dies waren: Gianfranco Cecchin, Luigi Boscolo, Giuliana Prata

[46] Nach ihrem Arbeitsplatz, dem Mental Research Institute in Palo Alto. Gregory Bateson hat zwar nicht am Mental Research Institute gearbeitet, sondern am Palo Alto Veterans Administration Hospital , er hat aber die Arbeit des kybernetisch orientierten Mental Research Institute wesentlich beeinflußt und war der dortigen Arbeit eng verbunden

Selvini und ihre Kollegen beschreiben dies in ihrem Buch „Paradoxien und Gegenparadoxien" (1988) so:

„Gerade im Hinblick auf Paradoxa hat unsere Untersuchung gezeigt, wie die Familie bei schizophrener Transaktion ihr eigenes Spiel vermittels eines Gewirres von Paradoxa, an dem alle Familienmitglieder beteiligt sind, aufrechterhält. Dieses Gewirr kann nur durch therapeutische Paradoxa (eben Gegenparadoxien / Anmerkung von mir / F.G.) ad hoc gelöst werden." (Selvini Palazzoli et. al. 1988:17)

Selvini und ihre Kollegen geht es in ihrem Ansatz darum,

„... die Gültigkeit einer Hypothese zu erforschen: Einer Hypothese, die sich von den Modellen herleitet, die uns von der Kybernetik und der Kommunikationstheorie angeboten werden. Diesen Modellen zufolge ist die Familie ein sich selbst regulierendes System, das von eigenen Gesetzen regiert wird, die es sich im Laufe der zeit durch versuch und Irrtum erarbeitet hat. Der zentrale Gedanke dieser Hypothese ist, daß **jede natürliche Gruppe mit einer Geschichte - und das ist die Familie im Grunde ja (wie etwa auch ein Arbeitsteam, eine spontan gebildete Gemeinschaft oder eine Gruppe von Geschäftsleuten) - sich während eines bestimmten Zeitraums konstituiert. Im Laufe einer Reihe von Transaktionen und korrigierenden Gegenaktionen wird experimentell erprobt, was in der Beziehung erlaubt ist, bis die Gruppe schließlich zu einem eigenen System findet**, das von speziellen, nur für dieses System geltenden Regeln gesteuert wird. Diese Regeln betreffen die sich in der geschichtlich gewordenen Gruppe abspielenden Transaktionen, die den Charakter von verbaler und nonverbaler Kommunikation haben...

Diese erste Hypothese führt zu einer zweiten Hypothese: **Familien, die einen oder mehrere Angehörige mit einem Verhalten aufweisen, das man traditionellerweise als „pathologisch" diagnostiziert, regulieren sich durch Transaktionen (Beziehungsmuster), die genau auf die Art dieser Pathologie zugeschnitten sind. Desweiteren zielen ihre Kommunikationsweise und ihr Antwortverhalten darauf ab, diese Regeln und damit die pathologischen Transaktionen beizubehalten. Hat man erkannt, daß die Symptome ein Teil der diesem System eigentümlichen Transaktionen sind, so bleibt, wenn man die Symptome verändern will, nur der Versuch übrig, die Regeln auszuwechseln...**

Die Erfahrung hat uns auch gezeigt, welche Macht die Systeme entwickeln bei dem Bemühen, jene Regeln zu verfechten und aufrechtzuerhalten, die sie sich durch Versuch und Irrtum geschaffen haben. Diese Macht zeigt sich um so stärker, je pathologischer das System ist." (Hervorhebungen durch mich / F.G.) (Selvini Palazzoli et. al. 1988:18 f.)

Um mit solchen Familien-Systemen angemessen zu arbeiten, ist es notwendig von klassischen individualpsychologischen Arbeitsformen abzurücken und sich mit dem Gesamt-System der Familie auseinanderzusetzen. Diese Veränderung des therapeutischen Ansatzes begründen Selvini und ihre Kollegen folgendermaßen:

„Die oben dargelegten Hypothesen bringen für den Therapeuten eine epistemologische Veränderung im ursprünglichen Sinne des griechischen Wortes *epistamei* mit sich (diese Wort bedeutet: sich in eine vorteilhafte Position bringen, um etwas besser beobachten zu können): Die mechanistisch-kausale Sicht der Phänomene, die die Wissenschaft bis in die jüngste Zeit beherrscht hat, wird aufgegeben und durch eine systemgerechte Betrachtungsweise ersetzt. Das bedeutet, daß die Familienmitglieder als Elemente eines Interaktionskreises betrachtet werden. Die Glieder dieses Kreises haben keinerlei Möglichkeit, nur in einer einzigen Richtung auf das Ganze zu wirken. Mit anderen Worten: Das

Verhalten eines Familienmitgliedes beeinflußt unabdingbar das Verhalten des anderen. Es ist daher epistemologisch völlig irrig, das Verhalten dieses Familienmitgliedes als die Ursache des Verhaltens der anderen anzusehen, denn jedes Familienmitglied beeinflußt die anderen und wird zugleich von den anderen beeinflußt. Jedes Mitglied wirkt auf das System ein, ist jedoch gleichzeitig durch die vom System ausgehenden Kommunikationen beeinflußt." (Selvini Palazzoli et. al. 1988:15)

Die Selvini-Gruppe hält dementsprechend kausale Erklärungen für soziale Interaktionen für falsch. Dies gilt auch und besonders für simplifizierte Täter-Opfer-Diagnosen. Die Autoren begründen dies so:

„Es ist daher ein epistemologischer Irrtum, zu sagen, das Verhalten eines Individuums sei die Ursache des Verhaltens eines anderen Individuums. Dieser Irrtum erwächst aus einer willkürlichen Interpunktion: Das Verhalten wird aus dem Zusammenhang der wechselseitigen Interaktionen isoliert. Aber auch ein Verhalten, das denjenigen, der als Opfer erscheint, auf alle mögliche Weise zur Ohnmacht verurteilt, ist kein Macht-Verhalten, sondern ein Antwort-Verhalten. Trotzdem glaubt der Überlegene, er allein halte die Macht in Händen, genauso wie der Unterlegene davon überzeugt ist, er sei derjenige, der keinerlei Macht besitze. Wir wissen aber, daß diese Überzeugungen falsch sind, denn die Macht liegt weder beim einen noch beim andern. Die Macht liegt in den Spielregeln, die sich in dem pragmatischen Zusammenspiel aller Beteiligten herausgebildet haben." (Selvini Palazzoli 1988:15)

Es gehört also zur systemischen Beratungs-Methode, nicht einen Schuldigen oder einen Verursacher des „pathologischen" Symptoms in einem Sozialsystem ausfindig zu machen, sondern die „Spielregeln" oder ungeschriebenen Gesetze des „Familienspiels" zu erkennen und daran zu arbeiten. Ohne eine gelungene und wirksame Intervention sind diese Spiele - im Sinne der Autopoiesis lebender Systeme - ohne Ende. Die Kunst des Beraters oder Therapeuten besteht nun darin, diese Spiele zu unterbrechen. Dabei wird der Therapeut natürlich in seiner Arbeit sofort in das Familienspiel miteinbezogen. „ Das Spiel sieht meist so aus: Hier ist unsere lästige, kranke oder schlechte Person. Bieg sie wieder zurecht und erlöse uns, aber versuche nicht, uns zu verändern." (Hoffmann 1982:291) Ginge der Therapeut in diese Falle, hätte seine Arbeit fortan kaum mehr fruchtbare Interventionsmöglichkeiten. Das dem Berater angebotene „Spiel" - meist unausgesprochene Lösungsideen für das bestehende Problem - ist Teil der System-Problematik und deshalb ein zentrales Grundelement der „krankmachenden" Familien- oder Systemdynamik.

Dieses Phänomen wird in der systemischen Organisationsberatung als ein sehr bedeutendes Faktum bei der Auftragsklärung mit dem Klienten eingeschätzt, weshalb dem „Erstgespräch" im OE-Prozeß im Sinne einer „Ouvertüre" eine große Bedeutung zukommt. Meist werden dort bereits alle Nuancen des Problems in der Art der vom Klienten dargestellten Problembeschreibung und seiner implizit vorgestellten Lösungsvorschläge sichtbar.

Fritz Simon bringt dieses Phänomen auf die Formel: „Die suggerierten Lösungs-vorschläge des Klienten sind Teil des Problems." (1994)

Im folgenden möchte ich einige grundlegende Arbeitsform der Systemischen Familientherapie darstellen:

Die positive Konnotation

Die positive Konnotation ist ein therapeutisches Mittel, das die Mailänder Gruppe im Rahmen ihrer Arbeit mit Familien entwickelt hat. Dabei geht es darum, die sichtbaren „pathologischen" Symptome positiv zu re-definieren, das heißt, die feststellbaren Symptome nicht als schlecht und krankmachend zu kennzeichnen, sondern festzustellen, daß „... alle zu beobachtenden Verhaltensweisen, von dem gemeinsamen Zweck geleitet (...sind), die Kohäsion und Einheit der Familiengruppe zu erhalten." (Selvini Palazzoli et. al. 1988: 59). Diese positive Konnotation ist eine erste unerwartete Intervention in die „Spiel-Dynamik" des Familien-Systems, weil gestörte (und wohl auch „gesunde") Familien dazu neigen, sich gegenseitig mit stereotypen Etikettierungen wie „böse", „verrückt", „krank", „schwach", „unfähig", etc. zu behaften. Durch die positive Konnotation ist dieses Trenn-Muster zwischen guten und schlechten Familienmitgliedern für's Erste außer Kraft gesetzt und der Therapeut hat damit die Möglichkeit, vom gesamten Familiensystem als „überparteilich" akzeptiert zu werden.

Selvini und ihre Kollegen beschreiben insgesamt sechs wesentliche Funktionen der positiven Konnotation (vgl. Abbildung 35).

Die positive Konnotation ist ein therapeutisches Instrument, das eine Möglich-keit bietet, durch ein Gegenparadoxon die Paradoxa der Familiendynamik zu unterbrechen. Eine aus der positiven Konnotation abgeleitete Interventionsform, die in die selbe Richtung zielt ist die sogenannte „paradoxe Intervention". Dabei bestätigt der Therapeut das Verhalten eines System-Mitglieds, obwohl dieses ganz offensichtlich die Problematik des Systems wesentlich determiniert. Diese Interventionsform muß allerdings sehr situativ passend und authentisch angewandt werden und muß jede zynische Attitüde vermeiden. Dann kann dieses Gegenparadoxon durch ähnliche Wirkungsformen wie die positive Konnotation überraschende Entwicklungen zur Folge haben.

Funktionen der positiven Konnotation
nach dem „Mailänder Modell" (Selvini Palazzoli et. al.)

1. *Alle Familien-Mitglieder werden auf die selbe Stufe gestellt. Es gibt keine moralisierende Bewertung des Verhaltens der Einzelnen. Damit wird vermieden, Trennlinien zwischen den Familien-Mitgliedern zu ziehen.*

2. *Die Berater erhalten Zugang zum Familien-System durch die Bestätigung der homöostatischen Tendenz des Systems durch die positive Konnotation.*

3. *Die Berater werden als Mitglieder in das System aufgenommen, weil sie offensichtlich dieselbe Absicht verfolgen wie das System.*

4. *Durch die positive Bewertung der homöostatischen Tendenz wird paradoxerweise die Fähigkeit zur Veränderung ermöglicht, da die positive Bewertung den Blick für das Paradoxon eröffnet, daß die Kohäsion des Systems, die von den Beratern als gut und erstrebenswert beschrieben wird, nur um den Preis erhalten werden kann, daß ein Mitglied und damit die Situation „krank" wird.*

5. *Die positive Konnotation ermöglicht es, die Beziehung zwischen Berater und System zu definieren.*

6. *Die positive Konnotation ermöglicht es, den therapeutischen Rahmen abzustecken und damit den therapeutischen Kontext zu markieren.*

Abbildung 35: Funktionen der positiven Konnotation
Quelle: Selvini Palazzoli 1988:65 f.

Zirkuläres Fragen

Das Zirkuläre Fragen ist eine Methode, die sich an Batesons Aussage „Information ist ein Unterschied" oder auch an Spencer Browns „Draw a distinction" anschließt.

Dabei geht es darum,

> „...Fragen zu stellen, die einen Unterschied ansprechen oder eine Beziehung definieren. Fragen nach dem Kommentar von jemandem über die Ehe seiner Eltern, oder Fragen darüber, wie jemand seine Familienmitglieder danach einstuft, wer durch den Tod eines anderen am meisten gelitten hat, oder darüber, wie jemand auf einer Skala von 1 bis 10 die Wut seiner Mutter und dann die seines Vaters einschätzt, wenn die Schwester spät nachts nach Hause kommt - all dies sind Fragen nach dem Unterschied.
> Dasselbe gilt auch für Fragen die sich mit dem Vorher und Nachher befassen: Wenn man zum Beispiel ein Kind fragt, um wieviel Prozent sich die Streitereien der Eltern verringert

haben, seit der ältere Bruder in die Klinik eingeliefert worden ist, oder wenn man „hypothetische" Fragen stellt, wie zum Beispiel: "Wenn du gar nicht geboren wärest, wie würde deiner Meinung nach die Ehe deiner Eltern jetzt sein?" oder „Wenn deine Eltern sich jetzt scheiden ließen, welches Kind würde mit welchem Elternteil gehen?" (Hoffmann 1982:303)

Diese Fragetechnik eröffnet eine andere Qualität der therapeutischen Kommunikation, weil sie die Zirkularität der System-Interaktionen zum Thema macht und damit ein Innehalten provoziert, das abseits der gewohnten stereotypen Kommunikations-Automatismen neue Denk-Richtungen ermöglicht.

Eine weitere Variante des zirkulären Fragens ist es, Familienmitglieder über ihre Vermutung oder Meinung zur Beziehung eines anderen Familienmitgliedes zu einem dritten Familienmitglied zu befragen. Man könnte zum Beispiel eine Frau nach der Art der Beziehung ihres Mannes zu seiner Mutter befragen und danach dieselbe Frage an den Mann richten. Durch diese Fragetechnik eröffnen sich neue Querbezüge und Informationsperspektiven. Im ersten Fall zum Beispiel erfährt der Therapeut etwas über die Beziehung des Mannes zu seiner Mutter, über die Einschätzung der Beziehung durch die Frau, über das Bild, das die Frau von ihrem Mann hat, etwas über die Beziehung von der Frau zu ihrem Mann und nicht zuletzt etwas über die Phantasien der Frau über ihren Mann.

„Die zirkuläre Fragetechnik dient jedoch nicht nur der rasch erzielten und vielfältigen Informationsgewinnung, sie zeigt sich auch als wirksames therapeutisches Instrument: Allein dadurch, daß ständig neue Perspektiven eingeführt werden, lassen sich wesentliche pathogene Aspekte der familiären Epistemologie in Frage stellen. Dabei verhindert die indirekte Form der Informationsgewinnung mögliche Widerstände und Solidarisierungen gegen den Therapeuten." (Simon/ Stierlin1992:392)

Zirkuläres Fragen ermöglicht somit den Zugang zur Komplexität und Zirkularität der „Spielregeln" und Gesetzmäßigkeiten in einem (Familien-) System. Die Übertragbarkeit dieser Vorgehensweise für die Arbeit mit Organisationen und Organisations-Gruppen bietet sich nach meiner Erfahrung an.

Die Technik des zirkulären Fragens gestaltet dabei Kommunikation vor allem als Meta-Kommunikation, das heißt es wird über die Familiensituation, über das Verhalten anderer, über Phantasien und Ängste gesprochen. Und diese Kommunikation über Kommunikationsformen unterstützt Schritte zur Selbst-Aufklärung des Systems. Diese Form des Zugangs des Systems zu seiner eigenen „pathologischen" Problematik ist meines Erachtens eine sehr geeignete Möglichkeit, die ungeschriebenen „System-Spielregeln", Verhaltens- und Kommunikations-"Rituale" transparent zu machen und deren Funktion kritisch zu reflektieren.

Hypothetisieren

„Bewußte oder unbewußte Hypothesenbildungen liegen letztlich jeglicher Handlung, also auch jeglicher therapeutischen Intervention zugrunde. Die - stets neu zu leistende - Bildung einer „zirkulären" Hypothese zeigt sich jedoch als besonderes Merkmal einer systemischen Familientherapie" (Simon/Stierlin 1992:151)

In ihrem Aufsatz „Hypothetisieren - Zirkularität - Neutralität" (Selvini et. al. 1981) beschreibt die Mailänder Gruppe die Art der systemischen Hypothesen-bildung. Selvini und ihre Kollegen gehen davon aus, daß eine Hypothese zirkulär sein und ein Bezugssystem haben müsse. Das heißt die Hypothese muß alle verwirrenden Daten, die mit dem Symptom verbunden sind, ordnen und so Sinn in den Beziehungskontext der Familie bringen (Selvini et. al. 1981:123 ff.). Die (zirkuläre) Hypothese ist somit der Ausgangspunkt jeder systemtherapeutischen Intervention, muß aber permanent auf ihre Stichhaltigkeit überprüft werden.

Auf die Frage, wann denn eine Hypothese falsifiziert ist oder wie hartnäckig der Berater die Hypothese durch immer neue Interventionen verfolgen soll und wann es notwendig ist, neue Hypothesen zu generieren, eben auf die Frage nach der konkreten methodischen Gestaltung der Arbeit mit Hypothesen im Beratungs-prozeß hat der Mailänder Familientherapeut Luigi Boscolo folgende tiefsinnige Antwort gegeben: „Flirte mit deinen Hypothesen aber heirate sie nie!" (Boscolo 1991).

Neutralität

Eine weitere wesentliche Eigenart der systemischen Beratung ist die Betonung der Neutralität des Therapeuten. Dies bedeutet vor allem die Fähigkeit, Bünd-nisse mit Systemmitgliedern zu vermeiden, keine moralischen Werturteile zu machen und Fallen und Verwicklungen mit dem (Familien-) System zu entgehen. Dieser Arbeitsprämisse liegt die Erkenntnis zugrunde, daß der Therapeut „... nur in dem Maße wirksam sein (kann), wie er in der Lage ist, eine andere Ebene (Metaebene) von der Familie zu erreichen und zu erhalten." (Selvini et. al. 1981: 130)

Die Mailänder Gruppe um Mara Selvini Palazzoli hat die Entdeckungen von Gregory Bateson und die Erkenntnisse der Kommunikationstheorie von Paul Watzlawick zu einer stringenten therapeutischen Theorie und Praxis weiterent-wickelt. Ihre Arbeits-Prämissen, positive Konnotation, zirkuläres Fragen und Neutralität des Beraters sind logische Folgerungen der Kybernetik und der Systemtheorie und bieten ein neues und originelles Therapie-Modell, das vor allem der Interdependenz des sozialen Kontextes eines „pathologischen" Symp-tomträgers wesentliches Augenmerk schenkt und damit klassische kausale - meist individuumzentrierte - Problemdiagnose zugunsten einer differenzierten zirku-lären Systemdiagnose aufgibt. Vor allem diese grundlegende Perspektivverschiebung vom Einzelnen zum System hat für die Organisationsentwicklung eine weitreichende Bedeutung[47].

Der nächste Abschnitt soll sich zuerst aber noch einmal den deutschen Vertretern einer systemischen Therapie und Beratung zuwenden.

3.2.3.2.2 Die Heidelberger Gruppe

Die deutschen Vertreter der systemischen Familientherapie, oben bereits mehrfach genannt, sind eine Gruppe von Therapeuten und Beratern, die sich an der Abteilung „Psychoanalytische Grundlagenforschung und Familientherapie" an der Universität Heidelberg um Professor Helm Stierlin begründete.[48] Seit der Emeritierung von Stierlin 19981 ist der Fortbestand des Institutes Thema einer hochschulpolitischen Auseinandersetzung, die bis heute noch nicht faktisch entschieden ist. Inzwischen haben sich die Mitglieder der Gruppe zu einem privaten Forschungs-, Ausbildungs- und Therapiezentrum zusammengeschlossen, das als „Heidelberger Institut für Systemische Forschung Therapie und Beratung" zusammen mit dem zum Institut gehörenden „Carl-Auer-Systeme"-Verlag inzwischen eine bedeutende Rolle bei der Weiterentwicklung systemischer Beratungsansätze und der Professionalisierung von systemischen Beratern spielt.

Die Heidelberger Gruppe oder „Neue Heidelberger Schule", wie die Gruppe sich heute auch nennt (Retzer/Simon 1995:31), ist vor allem mit dem Namen ihres Begründers verbunden: Helm Stierlin. Stierlin, studierter Philosoph und Psychiater, verließ 1955 nach seiner Analytikerausbildung bei Fritz Riemann in München die Bundesrepublik,um für fast zwanzig Jahre in den USA zu arbeiten. Walter Bräutigam, Kollege und Freund Stierlins in Heidelberg, beschreibt den Weggang aus Deutschland so:

> „Vielleicht waren es die ermunternde positive Erfahrung der Analyse oder auch die abschreckenden Eindrücke bei einem Lehrstuhlinhaber, der ihn gleich mit einer Untersuchung über gewalttätige Patienten beauftragte und selbst die Konferenzen mit seinen Assistenten in einer Einwegskommunikation mittels Sprechtüte zu gestalten pflegte, daß er der Alten Welt den Rücken kehrte und von 1955 an, mit kurzen Unterbrechungen, 20 Jahre in den USA verbrachte. (Bräutigam 1991:122)

Stierlin arbeitete in den USA an unterschiedlichen Krankenhäusern und Forschungseinrichtungen, zuletzt als Leiter einer Sektion für Familienstudien bei Psychosekranken am National Institute of Mental Health in der Nähe von Washington D.C.. 1974 wurde Helm Stierlin zum Professor und Leiter der

---

[47] In ihrem Buch „Hinter den Kulissen einer Organisation" (1985) hat sich Mara Selvini Palazzoli zusammen mit einigen Kollegen direkt mit „klinischen Fallgeschichten" in Organisationen befaßt und dabei die Erfahrungen mit den methodischen Ansätzen der systemischen Familientherapie im Zusammenhang mit Organisationen beschrieben.

[48] Zum engeren Kreis dieser Gruppe zählen: Gunther Schmidt, Ingeborg Rücker-Embden-Jonasch, Fritz B. Simon, Bernhard Trenkle, Hans Rudi Fischer, Arnold Retzer, Gunthard Weber, Peter Gester und Jochen Schweitzer.

177

Abteilung für Psychoanalytische Grundlagenforschung an die Universität Heidelberg berufen. Schon bald nach seiner Rückkehr aus den USA nach Heidelberg und der Gründung der Abteilung war der Einfluß von Helm Stierlin auf die Familientherapie im deutschsprachigen Raum und international sehr groß (Schmidt, G. 1991:145). Stierlin entwickelte aber nicht einfach nur seine in den USA erarbeiteten Therapiekonzepte weiter, sondern er war daran interessiert, sich ganz bewußt mit neuen Ideen und Ansätzen auseinanderzusetzen. Zu diesem Zweck gestaltete er das Team seiner Abteilung in eher ungewöhnlicher Weise: „Obwohl es ja sonst in psychotherapeutischen Instituten eher Usus ist, Mitarbeiter danach auszuwählen, ob sie andächtig das Loblied des Hofregenten absingen, tat Stierlin das Gegenteil. Er holte sich Leute, die wandelnde Versprechen dafür waren, daß sie überkommene Positionen kritisch hinterfragen und möglicherweise transzendieren würden." (G. Schmidt 1991:146)

Neben dieser abteilungsinternen Diskussions-Kultur hatte Stierlin auch enge Kontakte zur Mailänder Gruppe um Mara Selvini Palazzoli, mit der ein reger Austausch stattfand. Dies führte dazu, daß die ursprünglichen Heidelberger Konzepte durch eine systemische Ausrichtung abgelöst wurden.

Den Einfluß der Mailänder Gruppe auf das Stierlin-Team beschreibt der Stierlin-Schüler Gunther Schmidt:
> „Von Anfang an waren die international führenden Vertreter der diversen Familien-therapierichtungen häufig zu Gast. Manche ihrer Konzepte waren verführerischer als andere. Als Stierlin 1977 seine seit längerem bestehenden guten Beziehungen zu Mara Selvini dazu nutzte, sie zusammen mit L. Boscolo, G. Cecchin und G. Prata zu uns einzuladen, war dies mehr als eine der üblichen Veranstaltungen. Neben der Brillanz der vorgetragenen Konzepte faszinierte uns vor allem die farbige Dynamik im Team der Mailänder. Sie machten den Eindruck künstlerisch eleganter Jongleure oder Magier, die ihr gemeinsames Feuerwerk auch noch selbst genießen. Den leidorientierten „Empathikern" gab dies zu denken, und viele ihrer bisherigen Arbeitsweisen wurden grundsätzlicher hinterfragt als bisher, auch von Stierlin selbst. 1978 nahmen G. Weber und M. Wirsching an einer Konferenz in England teil, bei der sie näher mit G. Cecchin und L.Boscolo in Kontakt kamen. Dies stärkte bei uns die Tendenz, das Mailänder Konzept zuhause systematischer auszuprobieren und auf die relevanten Kontextbedingungen abzustimmen. Das Mailänder Modell wurde dadurch über längere Zeit unsere Orientierungs-basis in Therapie und Forschung." (Schmidt, G. 1991:148 f.)

Schmidt schildert die Motive für die Rezeption des Mailänder Modells durchaus selbstkritisch, aber auch als notwendigen Abschied von einem dysfunktionalen „Helfer"-Ethos der Therapeuten in den siebziger Jahren. So ist es - so Gunther Schmidt -
> „...keineswegs nur durch die Überzeugungskraft des sachlich-wissenschaftlichen Fort-schritts zu erklären, daß das Mailänder Modell für uns attraktiver war als alle anderen uns bekannten Konzepte. Es machte einfach auch mehr Spaß. Die ehrfurchtsvolle-empa-thische Haltung dem Leid und der vermuteten großen Verletzlichkeit der Klienten gegenüber wirkte oft wie eine bleischwer erlebte Hypnose auf die Therapeut(inn)en. Es war daher eine wahre Wohltat, auch mal in einer relativ neutralen Metaposition bleiben zu

können, die Patienten nicht mehr nur als gestört und fragil anzusehen und ihre Symptome als Ausdruck aktiven Handelns in Beziehungen zu bewerten. So konnten wir ihre Eigenverantwortlichkeit ansprechen und kamen so aus einer einseitigen Retter- oder Helferposition heraus. (Schmidt 1991:150)

Die Veränderungen von der psychoanalytisch geprägten Therapie hin zu einer systemischen Familientherapie waren umfassend (vgl. Abbildung 36).

Wesensmerkmale der Systemischen Familientherapie im Unterschied zu „klassischen" Therapieansätzen nach Gunther Schmidt (Heidelberger Gruppe)

- *Wesentlich sind Organisationsmuster eines Systems, an deren Wechselspiel alle System-Mitglieder beteiligt sind. Wichtig ist es für den Therapeuten, die „Spiele" im System zu identifizieren.*

- *Die gegenwärtige Organisation des Familien-Systems ist wichtiger als seine Geschichte.*

- *Durcharbeitung unbewältigter Konflikte wird als unnötig und häufig als hinderlich angesehen.*

- *Wichtigstes Therapieziel: Das symptomstabilisierende Muster der Familie zu unterbrechen.*

- *Statt der Idee des stetigen Wachstums durch Bearbeitung verdeckter Konflikte geht es um Veränderungen im Sinne diskontinuierlicher Sprünge.*

- *Statt Allparteilichkeit (Boszormenyi-Nagy) des Therapeuten wird die Neutralität des Therapeuten betont.*

- *Positive Umdeutungen der Beiträge der Familienmitglieder statt empathischem Spiegeln.*

- *Rituelle Verschreibungen an die Familienmitglieder am Ende jeder Therapiesitzung*

Abbildung 36: Einige Wesensmerkmale der systemischen Familientherapie im Unterschied zu psychoanalytischen Therapieansätzen.
Quelle: Schmidt, G. 1991: 149 f.

Doch die Adaption des Mailänder Modells geriet bald an Grenzen. Ab 1983 entwickelte sich die Arbeit des Heidelberger Teams zunehmend eigenständig und mit anderen Setzungen als die Kollegen in Mailand. Dazu Gunther Schmidt:

> „Heute nutzen wir zwar immer noch das wertvolle Instrument des zirkulären Fragens, bieten Schlußinterventionen an und erfragen Interaktionssequenzen, die im Zusammenhang mit den Symptomen stehen. Aber die Familiendynamik ist oft weniger wichtig als die Dynamik des Therapiesystems, d.h. des Kontextes, in den Therapeuten, Überweiser, andere Institutionen und wichtige Abwesende einbezogen sind. Unsere Arbeit baut zunehmend auf Prämissen auf, die sich aus der Theorie selbstorganisierender Systeme (Maturana/Varela 1984), aus konstruktivistischen Konzepten (z.B. v. Foerster 1985, v. Glasersfeld 1981), der sog. Kybernetik der Kybernetik (Keeney 1983), aber auch der Chaostheorie (Simon 1990) ableiten." (Schmidt,G. 1991:149 f.)

Für die Theorie und Praxis der systemischen Therapie haben diese systemtheoretischen Konzepte, die ich bereits weiter oben in dieser Arbeit skizziert habe, eine weitreichende Konsequenz: Dazu noch einmal Gunther Schmidt - stellvertretend für das gesamte Heidelberger Team:

> „Wir haben die Ideenwelt verlassen, in der sich Aussagen über die Familie machen lassen, wie sie „Wirklich ist", oder welche Spiele sie „tatsächlich" spielt. Das von uns konstruierte Bild zeigt nur, was wir im Kontext, in dem wir die Familie sehen, von der angebotenen Information selektiv wahrnehmen (wobei dieser Kontext uns und die Familie beeinflußt)...Je nachdem wie wir den Kontext mit der Familie gestalten, „ist" diese auch anders. Tun wir z.B. so, als habe das Symptom eine Funktion, d.h., daß die Familie es braucht (wie dies im Ansatz der Mailänder Gruppe vorgeschlagen wird / Anmerkung von mir / F.G.) , dann zeigt sich die Familie meist mehr von ihrer Problem- und Defizitseite. Richten wir hingegen gemeinsam die Aufmerksamkeit auf vorhandene Kompetenzen und Situationen, in denen die Probleme einmal weniger oder gar nicht auftreten, dann erleben wir plötzlich sehr kompetente Klienten. Je weniger über die Probleme geredet wird, desto besser ist das für die Lösung...Die Klienten erkennen wir als die Autoritäten an, die bestimmen, was die richtige und passende Lösung ist. Wir billigen ihnen, nicht uns die Diagnosemacht zu - jedenfalls in Therapien...Wir sind daran interessiert, wie wir mit den Klienten zusammen am wirksamsten Kontexte und Realitäten konstruieren können, in denen sie sich als lösungsfähig und kompetent erleben. (Schmidt, G. 1991:150 f.)

Zu einer Weiterentwicklung der systemischen Ansätze der Heidelberger Gruppe haben auch noch andere Therapiekonzepte beigetragen, die insbesondere ein ressourcen- und lösungsorientiertes therapeutisches Vorgehen betonen. Zu nennen sind hier die Therapieansätze von Steve DeShazer (1982) - Begründer einer lösungsorientierten Kurzzeittherapie[49] - und Milton Erickson mit seinem hypnotherapeutischen Konzept[50] . Der therapeutische Grundzug der Heidelberger

---

[49] Ein therapeutisches Verfahren, das maßgeblich von dem nordamerikanischen Familientherapeuten Steve de Shazer entwickelt wurde und sich aus der „...konsequenten Anwendung systemtheoretischer Konzepte ergibt: Erkenntnisse über den Wandel zweiter Ordnung erweisen, daß sich die Struktur eines Systems sprunghaft und diskontinuierlich verändern kann. Kurztherapeutische Verfahren zielen darauf ab, Blockaden in der Entwicklung und Anpassungsfähigkeit familiärer Systeme zu beseitigen (...) und innerfamiliäre Potentiale der Selbstorganisation zu verwirklichen." (Simon / Stierlin 1993:206 f.)

[50] Die von dem nordamerikanischen Hypnotherapeuten Milton H. Erickson (Erickson et al. 1978 und 1981) entwickelte direktive Therapieform arbeitet nach der Grundlage einer strikt komplementären

Gruppe ist demgemäß primär zukunftsorientiert, die Vergangenheit ist nur dort wichtig, wo sie „Ressourcenerlebnisse" enthält. Ebenso verhält es sich mit traumatischen Erlebnissen, die vor allem darauf hin betrachtet werden, wo sie von den Klienten als Lernchancen benutzt werden können. Das klassische Modell der Psychoanalyse, die Fokussierung auf traumatische Vergangenheitserlebnisse weicht also einem nahezu entgegengesetzten Ansatz, der statt auf die traumatischen Defizite der Vergangenheit auf mögliche Lösungsformen in der Zukunft abhebt, ohne - und auch dies ist wichtig - die seelischen Verletzungen des Individuums zu ignorieren, allerdings mit der deutlichen Prämisse, nicht durch eine langwierige Konzentration auf das Problem zu therapieren, sondern durch die gemeinsame therapeutische Arbeit neue Lösungen und Handlungsoptionen für den Klienten zu eröffnen.

Die Grundhaltung in der therapeutischen Beziehung nach dem Heidelberger Modell beschreibt Gunther Schmidt so:

> „Die beste Kooperation für die Ziele der Klienten ergibt sich aus einer weitestgehend gleichrangigen Beziehung aus uns und ihnen. Wir verstehen uns also nicht mehr als übergeordnete Experten für Gesundheit oder optimale Kommunikation, sondern eher als Reisebegleiter für Menschen, die durch unsere Fragen wieder an ihre eigene Kompetenz erinnert werden. Klienten sind also eher Ko-Therapeuten ihrer eigenen Therapie...(Und so wird)...die Beziehung zwischen Therapeut(inn)en und Klienten immer konsequenter von komplementär-hierarchischen Experten oben/Patienten unten-Beziehungen zu Mustern gleichrangiger Kooperation und Selbstverantwortlichkeit transformiert..." (Schmidt,G. 1991:152)

In seinem Buch „Das Tun des Einen ist das Tun des Andern" interpretiert Helm Stierlin (1971) aus Hegels „Phänomenologie des Geistes" das Kapitel über Herrschaft und Knechtschaft als Theorie der Intersubjektivität. „Damit verdichtet er Hegels Theorie an diesem Punkt auf das für die familientherapeutische Theorie relevante: Die Dialektik der Beziehung. So hat er den auf das Individuum gerichteten Fokus - wie ihn beispielsweise die Psychoanalyse favorisiert - verändert und erweitert: Das was zwischen den an einer Interaktion beteiligten Subjekten liegt, tritt in den Blickpunkt und deren Bewegung über die Zeit." (Retzer/Fischer 1991:136 f.)

Stierlin schreibt:

> „Die Bewegung der Beziehung läßt sich nach Hegel als eine Bewegung des gegenseitigen Anerkennens verstehen. Ich bestätige mich im anderen und der andere wird in mir

---

Beziehung zwischen Therapeut und Klient. Der Hypnotherapeut induziert im Klienten einen Trancezustand und bringt ihn dazu, seine eigenen kreativen Problemlösungsressourcen zu nutzen. Die hypnotherapeutische Methode zielt vor allem darauf ab, eine komplementäre Beziehung aufzubauen und zu festigen, indem sie den Widerstand des Klienten unterläuft. Innerhalb einer solchen Beziehung ist es dann möglich, Suggestionen zu geben, die die bisherigen pathologischen Verhaltens- und Interpretationsmuster des Klienten verändern. Eine modische Weiterentwicklung der Hypnotherapie ist das NLP (Neuro-Linguistisches Programmieren) entwickelt von Bandler und Grinder (Bandler / Grinder 1976 und 1981), das allerdings in seiner aktuellem Erscheiningsform zunehmend zu einem zeitgeistig vermarkteten Instant-Produkt mutiert (Wochenhochschulausbildungen/ Volkshochschulkurse etc.) und dadurch eine - aus meiner Sicht - kritische Form von verführerischer Trivialisierung erlebt.

bestätigt. Das vollzieht sich in komplexen Verdopplungsprozessen des Selbstbewußtseins, durch die ich mich, mich selbst verlierend, im anderen gewinne. Wenn ich in mich selbst zurückkehre, bin ich verändert und die Beziehung hat eine andere Basis gewonnen. dasselbe passiert dem anderen in der Beziehung zu mir." (Stierlin 1971:39)

Wie Stierlin dieses dialektische Konstrukt, daß jede Subjektivität letztlich Intersubjektivität ist (Retzer/Fischer 1991: 137), in sein therapeutisches Arbeiten überträgt, wird in seinem Aufsatz „Prinzipien der Systemischen Therapie" deutlich. Dort formuliert Stierlin elf „Fragen, die sich ein Therapeut zu stellen hat" (Stierlin 1988:57 ff.). Stierlin beschreibt mit diesen Fragen wesentliche Grundformen der systemischen Therapie.

Fragen, die sich ein Therapeut zu stellen hat
(nach Helm Stierlin)

- *Wer gehört zum Problemsystem?*...
  Wer gehört zu dem System, in dem das Problem erlebt wird. Wo sind die Grenzen des Interventionsfeldes zu ziehen? Wer kommt als Problemmitgestalter in Frage?

- *Wie wird das Problem von den Betroffenen definiert, welche Erwartungen haben sie?* ....
  Oft sind die Problemdefinitionen und Erwartungen der Familienmitglieder unterschiedlich und/oder unklar. Die Klärung des Behandlungskontextes ist ein wesentlicher Teil der therapeutischen Intervention

- *Wie kann ich als Therapeut Neutralität wahren?*......................................
  Der Therapeut muß seine Interventionen so ansetzen, daß keine Parteinahme für oder gegen ein Mitglied oder Subsystem abgelesen werden kann.

- *Wie kann ich als Therapeut möglichst schnell eine tragende Beziehung zu allen Mitgliedern des Systems herstellen?*...
  Die Wirksamkeit aller therapeutischen Interventionen hängt letztlich davon ab, ob es gelingt eine solch tragende Beziehung zu realisieren.

- *Wie vermag ich als Therapeut, sowohl Teil des Systems als auch Außenstehender zu sein?*...
  ..Im Verständnis der Systemtheorie ist der Therapeut durch seine Arbeit zu einem teil des Systems. Damit droht ihm der Verlust des Überblicks und der notwendigen Distance. Deshalb ist eine situative Balance zwischen Teilhabe und Abstand notwendig.

- *Wie lassen sich Eigenschaften und Verhaltenssequenzen „verflüssigen"?*
  Es wird versucht eine Sicht zu vermitteln, die nicht isolierte Phänomene beschreibt, sondern Wechselbeziehungen. Wenn erkannt wird, daß jedes Verhalten eines Systemmitgliedes ein Beitrag zur Organisation des Systems ist und auch Ausdruck und Folge bestimmter Etikettierungen, dann kann das

problematische Verhalten eines Symptomträgers in einem anderen Licht betrachtet werden. Und damit „Verflüssigen" sich Problemdefinitionen

- **Wie läßt sich Gegenwart und Zukunft zu ihrem Recht verhelfen?**
  Es geht eher darum, Optionen in der Gegenwart und Zukunft zu eröffnen, als einen „Kampf um die Erinnerungen" zu ermöglichen.

- **Welches sind die wesentlichen, neue Lösungen verhindernden Muster und wie läßt sich daran arbeiten?**...
  Es geht darum, die mit Symptomen verbundenen Muster möglichst rasch zu erkennen und effektiv zu beeinflussen. Ein Muster wäre zum Beispiel in einer Paarbeziehung die nörgelnde Frau und der sich zurückziehende Mann. Je mehr er sich zurückzieht, desto mehr nörgelt sie. Je mehr sie nörgelt, desto mehr zieht er sich zurück...Hier bestätigen sich die Wahrnehmungen in einem rekursiven Prozeß. Diese Muster erkennen und durch Interventionen und Verschreibungen zu beeinflussen ist angezeigt.

- **Wie lassen sich Regeln erkennen und verändern?** ....
  Es gibt bewußte Verhaltensregeln in einem System und Regeln, die ein Außenstehender als „geheime" Spielregeln erkennt. Das System hat ein Regelwerk für die unterschiedlichsten Interaktionen der Systemmitglieder entwickelt. Offensichtlich gibt es in vielen sozialen Systemen typische mit schizophrener Symptomatik einhergehende „Spielformen". Die Aufgabe der Therapie ist es, diese Spiele in ein harmloseres, d.h. ein Spiel mit anderen regeln zu verwandeln.

- **Wie lassen sich Eigeninitiative und Eigenverantwortung aktivieren?**..........
  Die Erwartung und das Ansprechen von Eigenverantwortung sind Teil des systemischen Vorgehens, dazu soll die Verantwortung für das eigene Verhalten (auch für das eigene symptomatische Verhalten) im Therapie-prozeß aktiviert werden.

- **Wie lassen sich neue Ideen / Bedeutungen einführen, die einen Unterschied machen?** ....
  Ideen und Bedeutungsgebungen sind Aufhänger und Bausteine unserer Wirklichkeitskonstruktionen. Dabei sind entscheidend die Ideen, die sich der einzelne und die Mitglieder des Systems über das eigene und das Verhalten der anderen - dessen Sinn, Hintergründe, Änderbarkeit, etc. bilden. Diese Ideen vermitteln sich in einer Sprache, die wiederum bestimmte Kausal-zusammenhänge und Vorannahmen suggeriert, Schuld und Verantwortung zuweist oder davon entlastet. Ideen leiten unser Handeln häufig im Sinne von sich selbst erfüllenden Prophezeiungen. Häufig verstärkt sich ein Problem dadurch, daß man versucht es mit „mehr desselben" zu lösen. Ein „Kämpfer" wird versuchen, ein auftretendes Problem durch noch mehr Kämpfen zu lösen - und dadurch auch sicherstellen, daß sich das Problem erhält und eher noch verstärkt. Der Therapeut muß versuchen, hier eine neue Problemdefinition einzuführen und neue Sichtweisen zu vermitteln.

Die Antworten und Begründungen zu den oben genannten Fragen geben meines Erachtens ein gutes Bild der konkreten Vorgehensweise und der Spezifika der systemischen Therapie. Ausgehend von den sozialpsychologischen Konzepten Gregory Batesons und Paul Watzlawicks, aufbauend auf das therapeutische Modell der Mailänder Gruppe um Mara Selvini Palazzoli und weiterentwickelt auf der Basis der Logik der Form George Spencer Browns und der Erkenntnistheorie des radikalen Konstruktivismus hat sich die Heidelberger Variante einer systemischen Familientherapie zu einer eigenständigen und originellen Therapie- und Beratungskonzeption entwickelt, die wiederum Anstoß und Impulsgeber für eine systemisch orientierte Organisationsentwicklung ist. Dabei ist die Theorie einer systemischen Beratung weder in der therapeutischen Richtung noch in der auf Organisationen bezogenen Beratung vollständig entwickelt, und viele Praxisansätze sind noch in einem experimentellen Stadium, doch scheint mir die Frische der theoretischen und praktischen Entwicklungen sowie die Dynamik und Innovationskraft dieses Ansatzes im Augenblick ein angemessenes Gegengewicht zu den hektischen und wohlfeilen technokratischen Re-Organisierungskonzepten in Industrie, Hochschule und Verwaltung zu sein. Dabei gibt es bei diesem Konzept der systemischen Beratung durchaus noch viele Fragezeichen. Da ist zum einen die Grandiosität eines Ganzheitlichkeits-Fetischismus, der sich in den ewig-menschlichen Sehnsüchten nach einer allum-fassenden Weltformel ausdrückt und der sich in den systemischen Netzwerk-Paradigmata wieder einmal Platz greift. Oder wie Walter Bräutigam schreibt:

> „Im systemischen Netzwerk ist alles Leben mit allem ganzheitlich verbunden und verstanden, in geordneten Schichten gestapelt, anorganische und organische, körperliche und seelisch-gesitige, individuelle wie gesellschaftliche - nicht zu vergessen familiäre. Die Gefahr, daß die Qualität Bewußtsein und Introspektion, das erlebende Subjekt mit seinen widersprüchlichen Erfahrungen und Abgründen, die Fähigkeit sich zu erinnern und sich in die Zukunft zu phantasieren, kreativ zu spielen und sich wissenschaftlich in Frage zu stellen...die Gefahr also, daß all dies eliminiert wird, scheint mir groß." (Bräutigam 1991:124)

Auch die Gefahr durch ein konstruktivistisches „Anything goes" oder „Alles ist erlaubt" oder „Alles hat irgendwie Sinn und dient dem Erhalt des Systems" birgt die Gefahr einer ethischen, moralischen und politischen Beliebigkeit, die zumindest nicht frei ist von dem Risiko, einer achselzuckenden postmoderni-stischen Willkürlichkeit das Wort zu reden und damit durch die geradezu programmatische Förderung eines „Werte-Vakuums" indirekt das Erstarken von autoritären Strukturen zu begünstigen. Diese „andere Seite" der systemischen Therapie gestehen Fritz Simon und Arnold Retzer - wenn auch in einer Analogie - ein, wenn sie jüngst in einem Kommentar - zum unerwarteten und umstrittenen Erfolgsboom des charismatischen Therapeuten-Patriarchen Bert Hellinger - schreiben:

> „Jeder einzelne hat damit zu leben, daß ihm Theorien keine glaubhaften und umfassenden Wahrheiten mehr liefern, an denen er sich orientieren könnte. Wo die Autorität der Theorien schwindet, kann die Autorität von Personen erneut Sicherheit für das eigene Handeln liefern. Wohl keine therapeutische Richtung hat sich so sehr auf die Demontage

alter Wahrheiten eingelassen wie die Familientherapie, was sich unter anderem darin zeigt, daß Systemtheorie und Konstruktivismus die Leitparadigmen liefern. Dies hat nicht nur einen ungeheuren Raum für die Neuentwicklung unorthodoxer therapeutischer Methoden geliefert, sondern - Kehrseite der Medaille - dem einzelnen Therapeuten die Verantwortung für die Wahl seines theoretischen und praktischen Modells übergeben. Dies ist ein Maß an Eigenverantwortung, das nicht jedermanns Geschmack ist. Daß in solch einer Situation Zuflucht zu einer Leitfigur gesucht wird, erscheint uns nicht überraschend." (Retzer/Simon 1995)

Noch einmal deutlich formuliert: Die systemische Therapie verfolgt nicht die Absicht, durch ihre Arbeit autoritäre Strukturen zu forcieren. Im Gegenteil. Nur: „Intention und Funktion einer Aktion sind meist divergent", wie eine „alte systemische Bauernregel" (Simon 1994) besagt. Und die gesellschaftspolitische Wirkung von postmoderner Beliebigkeit ist heute offensichtlich. Wobei ich eingestehe, daß die exakte Zuschreibung von Ursache und Wirkung in diesem Zusammenhang nicht eindeutig geklärt ist, und vermutlich auch nicht zu klären ist. Das Risiko dieser nicht beabsichtigten Wirkung einer geradezu programmatisch propagierten „Götterdämmerung" darf allerdings nicht gänzlich aus dem Blick geraten.

Insgesamt halte ich die systemische Familientherapie sowohl in ihren Beiträgen für die Theorieentwicklung der psychosozialen Arbeit wie auch in ihren praktisch-methodischen Entwicklungen für eine innovative und kreative Konzeption, die weitreichende Impulse für den humanwissenschaftlichen Diskurs geliefert hat und die auch insbesondere der Organisationsentwicklung wichtige Konstrukte für die konzeptionelle Weiterentwicklung beigesteuert hat.

3.2.4 Entwürfe einer systemischen Organisationsentwicklung

Die methodische Nähe der systemischen Familientherapie zur Organisationsentwicklung liegt schon im Arbeitsgegenstand begründet. Familien sind soziale Systeme. Und die systemischen Therapeuten betonen eben diesen systemisch-zirkulären Aspekt des Sozialsystems „Familie". Und Organisationen sind ebenfalls soziale Systeme, zwar meist etwas größere Systeme als Familien, aber nicht zu Unrecht haben Organisationsforscher schon früh die Parallelen der in Familien beobachteten Kommunikations- und Interaktionsmuster und denen in Organisationen bemerkt. Die Mechanismen, Rituale, Spiele, Regeln, Etikettierungen, Sanktionen etc. entstammen denselben sozialen Grundprinzipien. Aus diesem Grund ist eine Rezeption der Ergebnisse der systemischen Familientherapie für die Organisationsentwicklung evident. Nicht zuletzt haben bedeutende Familientherapeuten selbst diese Parallele bereits offensiv bearbeitet. So hat Mara Selvini Palazzoli mit ihren Kollegen in ihrem Buch „Hinter den Kulissen der Organisation" ihre Erfahrungen in der organisationspsychologischen Arbeit geschildert und Gunther Schmidt beschreibt diesen Brückenschlag im Kontext der Heidelberger Gruppe ebenfalls:

> „Die Entwicklung der AG (gemeint ist die Arbeits-Gruppe der Abteilung für psycho-analytische Grundlagenforschung und Familientherapie an der Universität Heidelberg / F.G.) und ihrer Konzepte ist natürlich nicht abgeschlossen. Sie bekommt zur Zeit durch die Gründung des neuen „Heidelberger Instituts für Systemische Forschung, Therapie und Beratung" wieder einen kräftigen Evolutionsschub. Neben Forschungsprojekten im klinischen Bereich wird künftig das Feld systemischer Organisationsberatung sicher größeren Raum einnehmen." (Schmidt 1991:163)

Allerdings ist bei aller Parallelität der sozialpsychologischen Dynamiken bei Familien und Organisationen doch zu berücksichtigen, daß die Ergebnisse der familientherapeutischen Forschungsergebnisse auf Organisationen nicht ohne weiteres eins zu eins übertragen werden können. Die grundlegenden familialen Beziehungsdispositionen sind in ihrer emotionalen Dimension und ihren informmellen Transaktionsmustern deutlich anders determiniert als die durch Hierarchie, Bürokratie und Strategie geprägte „soziale Welt" einer Organisation. Die beiden US-amerikanischen Organisationspsychologen Douglas D. Mc Kenna und Patrick M. Wright beschreiben diese Grenzen folgendermaßen:

> „The comparison of families to work organizations breaks down at several points. First, families function primarily through informal structure - their unwritten transaction rules. Work organizations, particularly larger ones, have in addition a formal, public structure. Organizational charts, policy manuals, job description, planning and budgeting systems, and work rules are some of the formal ways in which organizations attempt to channel employee behaviours and transactions in a consistent and coordinatet manner...A second limitation of the family metaphor is that which gives rise to the need for more formal structure in work organizations. People join and leave organizations more frequently and easily than they do their family...A basic reason for the existence of the family as a human institution is that human beings must be protected and nurtured through a much longer period of dependency than other animals. We live our early years in a state of almost complete dependency on our parents. This level of dependency - particurlarly emotional dependency- of individuals on organizations is rarely found." (McKenna/Wright 1992:946)

Und doch scheinen grundlegende soziale Mechanismen und Dynamiken und auch die Art der Beobachtung dieser Phänomene in einem hohen Maße vergleichbar zu sein. Mara Selvini-Palazzoli und ihre Kollegen schreiben dazu:

> „...Dagegen mußten die ersten Familienforscher, die sich an Experiment und Behandlung wagten, sehr bald feststellen, daß die Familiengruppe sich dem Beobachter ja bereits mit einem solide strukturierten, komplexen und schwierig zu entziffernden beziehungsmäßigen Gefüge präsentierte. Im Verlauf ihres gemeinsamen Werdegangs hatten die einzelnen Mitglieder der Familiengruppe allmählich - im Wege von Versuch und Irrtum - die ihnen eigene Form des Zusammenlebens und zugleich die Anpassung an die Forderungen der äußeren Umgebung erlernt. Im Grunde hatte die Familie ihr Spiel bereits strukturiert bzw. ihre Art, sie selbst zu sein, bereits festgelegt, und zwar durch die in sich stimmige Interdependenz, von der sowohl ihr Binnenverhalten als auch ihre Interaktion mit dem Außenbereich gekennzeichnet war. Und es war eben diese Art, wie sie zu einem gegebenen Zeitpunkt aussah, mit der der Beobachter sich sogleich konfrontiert sah. Die Situation des Psychologen oder sonstigen Fachmannes, der zum ersten Mal mit einer Organisation zusammentrifft, ist davon keineswegs unterschieden. Auch die Organisation

ist ja, wie der Name schon sagt ein organisiertes System, nämlich sie selbst (...), und zwar dank jenes kongruenten Funktionierens ihrer Teile, das sich in ihrem Spiel zu erkennen gibt. Dieses Spiel bringt die komplexe Dynamik der Koexistenz im Innern wie mit dem Außenbereich zum Ausdruck. Daher präsentiert sich auch die Organisation dem Außenstehenden mit einem bereits strukturierten und funktionierenden Beziehungsgefüge, das wegen der großen Zahl seiner Komponenten und der vielen Variablen noch viel komplexer und schwieriger zu entschlüsseln ist als das entsprechende Gefüge der Familiengruppe." (Selvini-Palazzoli et. al. 1985:201 f.)

Ich denke, daß die Erkenntnisse der systemischen Familienforschung bezogen auf die Interaktionen im Gefüge eines sozialen Systems und die daraus resultierenden theoretischen und methodischen Konsequenzen für die Beobachtung, Diagnose und beratende Interventionen solcher Systeme geeignet sind, auch die sozialen Dynamiken, Gesetzmäßigkeiten und Verhaltensmuster komplexerer Systeme - wie eben Organisationen - angemessen zu erfassen. Wobei sich die Analogie-Schlüsse und Übertragungen in Theorie und Praxis immer wieder die quantitative und qualitative Andersartigkeit der Systeme vor Augen halten müssen und eine entsprechende kritische Haltung bei der Ableitung der Forschungsergebnisse der Familientherapie für die Organisationspsychologie und die Organisationsberatung notwendig ist.

McKenna und Wright kommen denn auch zu dem Schluß:
„...Furthermore in situations where these factors (hinsichtlich der Grenzen der Analogie/ Anmerkung von mir /F.G.) make family systems concepts less applicable at the organizational level, it still seems likely that the concepts will be helpful in understanding the dynamics of work groups within the organization. Clearly, we believe that the family is a metaphor that can do much to inform and invigorate research and practice in industrial and organizational psychology." (McKenna/Wright 1992:946)

Ich will im folgenden zwei Forscher/Berater mitsamt der von ihnen vertretenen Konzepte exemplarisch vorstellen, die aus ganz verschiedenen Zugängen Entwürfe einer systemischen Organisationsentwicklung erarbeitet haben. Zum einen ist dies Fritz B. Simon, der - wie schon mehrfach erwähnt - als Therapeut und Beratungs-Theoretiker zum Kreis des „Heidelberger Institutes für Systemische Forschung, Therapie und Beratung" gehört. Und zum anderen Rudolf Wimmer, der als langjähriger Organisationsberater einerseits und Privatdozent an der Universität Wien andererseits zurecht als Praxis-Wissenschaftler bezeichnet werden kann.

Fritz B. Simon

Fritz B. Simon gilt heute neben Helm Stierlin als der Theoretiker der deutschsprachigen Konzeption der systemischen Familientherapie (vgl. dazu Simon/ Stierlin 1984; Simon 1988a, 1988b, 1988c,1990a,1990b, 1995; Simon/Janes 1992). Vor allem seine beiden Theoriebände „Unterschiede die Unterschiede machen. Klinische Epistemologie: Grundlage einer systemischen Psychiatrie und

Psychosomatik." (1988) und „Die andere Seite der Gesundheit. Ansätze einer systemischen Krankheits- und Therapietheorie."(1995) haben als Grundlegung einer Theorie von systemischer Therapie und Beratung Beachtung gefunden.

Simon beschreibt die Schwierigkeiten der Übertragung des familientherapeutischen Konstrukts auf die Realität von Management und Beratung von Organisationen folgendermaßen:

> „Versucht man systemtheoretische und kybernetische Konzepte für die Alltagspraxis der Unternehmensführung und/oder -beratung nutzbar zu machen, so stößt man zunächst auf dieselben Schwierigkeiten wie bei der Anwendung anderer (...) wissenschaftlicher Theorien. Denn nicht nur die Erkenntnisinteressen, sondern auch die -methoden unterscheiden sich prinzipiell von denen des Praktikers." (Simon 1990:186)

Das besondere Dilemma der Sozialwissenschaften, die mit ihren Forschungsmethoden gerne von naturwissenschaftlichen Positivisten als „weiche" Wissenschaften diskreditiert werden, hat Heinz von Foerster treffend beschrieben, wenn er sagt: „Die „hard sciences" sind erfolgreich, weil sie sich mit den „soft problems" beschäftigen; die „soft sciences haben zu kämpfen, denn sie haben es mit den „hard problems" zu tun." (von Foerster 1972: 17) Aber genau in diesem Dilemma liegen die Parallelen zu Management und Organisationsberatung. Zwar versuchen viele Unternehmensberatungskonzepte - wie bereits oben mehrfach beschrieben - die Entwicklung eines Unternehmens durch Reduktion der zirkulären Vielfalt auf eine technokratische steuerbare triviale mechanistische „Einfalt", doch werden auch bei aller Verführbarkeit solcher simplifizierenden Macher-Modelle in den Leitungsetagen der Organisationen zunehmend die Begrenzheit und Dysfunktionalität solcher Ansätze erkannt. Und hier gibt es dann interessante Parallelen zwischen den „weichen" Sozialwissenschaften und dem Management und der Beratung von Organisationen: Beide haben es mit den im Foersterschen Sinne „harten" Problemen zu tun, die eben mehr sind als die „harten Fakten" wie Technik, Struktur und Ökonomie einer Organisation. Die harten Probleme liegen in der zirkulären Verknüpfung von Technik, Ökonomie und den die Organisationsprozesse gestaltenden Menschen. Und die Komplexität dieser Interdependenzen sprengt jeden technoiden Organisationsentwicklungs-Ansatz: Hier geht es z.B. um Motivation, Loyalität, Engagement, Identifikation mit der Organisation, es geht um Krankenstand, Fluktuation, Führungsstile, Kommunikations- und Konfliktkultur etc. Dies sind bei näherer Betrachtung die meisten und für den Erfolg einer Organisation entscheidenden Bereiche. Hier beginnt die Nützlichkeit - so Fritz B. Simon - systemischer Konzepte für den Praktiker,

> „...da sie es ihm erlauben, die Innen- und Außenperspektive der Beobachtung so zueinander in Beziehung zu setzen , daß er Folgerungen für seine Entscheidungen ziehen kann. Er kann ein Modell seiner (Unternehmens-) Wirklichkeit konstruieren, in dem nicht nur seine eigene Wirklichkeitskonstruktion (selbstbezüglich) vorkommt, sondern auch die seiner Mitarbeiter. Die stillschweigenden (rationalen und irrationalen) Vorannahmen, die sein Handeln und das der anderen Beteiligten leiten, können dadurch in Frage gestellt und ihre Nützlichkeit überprüft werden."(Simon 1990:188)

Damit ist also der systemtheoretische Ansatz aus Sicht Simons sowohl für Manager als auch für Organisationsberater ein hilfreiches Konzept zur Diagnose, zur Beratung und zum Management von Organisationsentwicklungs-Prozessen. Diese Einschätzung korrespondiert mit den vielfältigen Konstrukten einer systemischen Management- und Organisationstheorie, wie sie vor allem von Organisationspsychologen und Wirtschaftswissenschaftlern der Wirtschafts-Hochschule St. Gallen vertreten wird (vgl. dazu auch Ulrich/Probst 1990; Probst/Gomez 1989; Wunderer/Kuhn 1993) - ich habe darauf bereits weiter oben hingewiesen.

Für Organisationsberatung sieht Simon den Nutzen der Systemtheorie vor allem in einer Rezeption der Theoreme über Rolle und Wahrnehmung des System-Beobachters [51] sowie der Erkenntnis der zirkulären Interdependenzen in einem sozialen System.

Dies ist deshalb notwendig, weil

„ ...Unser alltägliches geradliniges Ursache-Wirkungs-Denken, in dem wir stillschweigend voraussetzen, daß wir es mit Objekten zu tun hätten, die unabhängig von unseren Handlungen seine, wie sie sind, macht es uns schwer, derartige Vernetzungen und Rückkopplungen zu erfassen. Dies führt dann manchmal dazu, daß wir uns mit unserem Handeln in Paradoxien verstricken und bestimmte Ziele so lange nicht erreichen, wie wir es versuchen - sie aber gerade dann erreichen, wenn wir unsere Versuche aufgeben...Der Sinn oder Unsinn von Entscheidungen und Handlungen (auch der ökonomische) ist eben stets von dem interaktionellen Kontext bestimmt in dem sie erfolgen - und er ist aus der Innenperspektive nur begrenzt erfaßbar." (Simon 1990:189)

Daraus ergibt sich eine theoretische Begründung für die Rolle und die Aufgabe eines externen Organisationsberaters:

„Aus systemischer Sicht ist die Einführung von Außenbeobachtungen eine der wesentlichen Funktionen, die eine externe Beratung im Unternehmens- und Institutionsbereich leisten kann. **Es ist eine Form der Beratung, die keine Verantwortung für systeminterne Entscheidungen übernimmt, sondern lediglich die solchen Entscheidungen zugrundeliegenden Vorannahmen und Wirkungen verdeutlicht und dadurch die Möglichkeit, nach alternativen Optionen, eröffnet.**" (Hervorhebungen durch mich /F.G.) (Simon 1990:189)

Rudolf Wimmer

Rudolf Wimmer, Organisationsberater und Universitätsdozent in Wien, beschreibt in seinen neueren Arbeiten die Entwicklung der Theorie und Praxis einer systemisch orientierten Organisationsentwicklung (Wimmer 1990; 1992a, 1992b, 1993a,1993b,1995). Wimmer hat dabei die Implikationen der Systemtheorie, Autopoiesis und der systemischen Familientherapie für die Organisationsberatung

---

[51] Vgl. dazu auch Seite 154 / Maturanas Frage nach dem Beobachter

aufgearbeitet und in einer von seiner eigenen Theorie-/Praxis-Erfahrung geprägten Konzeption weiterentwickelt. Sein Ansatz schöpft sowohl aus dem aktuellen systemtheoretischen Diskurs (Wimmer arbeitet eng mit dem Bielefelder Soziologen und Systemtheoretiker Helmut Willke zusammen und partizipiert dadurch auch an der Diskussion innerhalb der Gruppe der Bielefelder Systemtheoretiker Dirk Baecker und Niklas Luhmann. Außerdem ist Wimmer an der Forschungsdiskussion über die Gegenwart und Zukunft der Organisationsentwicklung mit den Kollegen und Universitäts-Professoren in der Österreichischen Gesellschaft für Gruppendynamik und Organisationsberatung (ÖGGO), Heintel, Krainz, Pelikan, Zauner, beteiligt, die ebenfalls an der Weiterentwicklung der Theorie und Praxis der Organisationsberatung arbeiten (vgl. ÖGGO 1995).

Zum anderen ist Rudolf Wimmer auch als Mit-Gesellschafter der Wiener Organisationsberater-Gruppe OSB aktiv als Berater von Veränderungs- und Entwicklungsprozessen in sozialen Institutionen, in Krankenhäusern und Schulen wie auch im Rahmen von Re-Organisationsprozessen in multinationalen Konzernen tätig. Wimmer kennt also sowohl das theoretische wie auch das praktische Feld der Organisationsentwicklung aus eigener Erfahrung.

In seinem Aufsatz „Der Systemische Ansatz - mehr als eine Modeerscheinung. Zur professionellen Orientierung von internen Experten für Organisations- und Personalentwicklung" (Wimmer 1992b) begründet er die Notwendigkeit einer systemischen Theorie für Planung und Gestaltung organisationsinterner Entwicklungs- und Veränderungsvorhaben. Er schreibt:

„Wir (gemeint sind Personal- und Organisationsentwickler / Anmerkung von mir /F.G.) verfügen über eine mehr oder weniger explizite Theorie unseres professionellen Tuns in Organisationen, erworben durch vielfältige Erfahrungen, bestätigt durch die Art und Weise, wie wir uns Rückmeldungen darüber organisieren, daß dieses Tun erfolgreich anzusehen ist. Solange wir mit diesem Set an Orientierungen aus unserer Sicht erfolgreich wirksam werden können, gibt es keinen Anlaß für Veränderungen im Sinne eines echten Paradigmenwechsels. Wenn man also mit seinen bisherigen Grundüberzeugungen, mit seinem bisherigen Bild von Organisationen und ihren Veränderungsmöglichkeiten ganz gut zurecht gekommen ist, dann gibt es keinen besonderen Druck, sich zu fragen, ob die Vorstellungen und Erklärungen für die Begründung der eigenen Arbeit sowie die passenden Verfahrensweisen und Praktiken noch angemessen sind. Zu einem echten Paradigmenwechseln, im Sinne einer grundlegenden Neuorientierung des eigenen professionellen Selbstverständnisses, wird man erst dann gezwungen (individuell wie große Teile einer ganzen Profession), wenn die geschichtlich erworbenen Orientierungen bei der Bewältigung der anstehenden Probleme nachhaltig versagen." (Wimmer 1992b:79 f.)

Die theoretische und praktische „Neu-Orientierung" der Organisationsentwicklung, die notwendig wurde, weil die alten Konzepte an ihre Grenze gelangt waren, beschreibt Wimmer so:

„Angesichts der Krise der klassischen Organisationsentwicklungskonzepte und angesichts der geringen Praxisrelevanz betriebswirtschaftlicher und organisationstheoretischer Ansätze versprach am Beginn der achtziger Jahre die Begegnung mit dem Theoriegebäude der neueren Systemtheorie und dem, was davon in der systemischen Familientherapie bereits praktisch erprobt worden war, eine neue Orientierung. Die Integration der bisherigen Traditionen der Organisationsentwicklung (hier sind vor allem gruppendynamische und aktionsforscherische Konzepte der Organisationsentwicklung in der Tradition der Lewin-Schule gemeint / Anmerkung von mir /F.G.) mit den unterschiedlichen Wurzeln und Entwicklungen systemischen Denkens hat im zurückliegenden Jahrzehnt die Ausprägung einer eigenständigen, systemisch orientierten Beratungsphilosophie entstehen lassen." (Wimmer 1992b: 82)

Dabei „...war eine der wichtigsten Erkenntnisse dieser ersten Jahre der Begegnung mit der Systemtheorie, daß für die praktischen Problemstellungen der Entwicklung komplexer Organisationen sowie der Personen in diesen weder eine elaborierte theoretische Basis vorhanden ist noch auf eine erprobte Praxeologie zurückgegriffen werden kann." (Wimmer 1992b:82).

Hinsichtlich der Bedeutung der Systemtheorie für die Organisationsentwicklung nennt Wimmer zwei Felder, die er mit konkreten Praxisbeispielen und Handlungsempfehlungen belegt. Zum einen die Implikationen der Kybernetik zweiter Ordnung für die Organisationsentwicklung und zum anderen die Bedeutung des Autopoiese-Konzeptes für Arbeit in und Beratung von Organisationen.

Implikationen der Kybernetik zweiter Ordnung für die Organisationsentwicklung

Das erste systemtheoretische Feld ist die Kybernetik zweiter Ordnung (vgl. auch Seite 155 ff.) Deren Bedeutung für Personal- und Organisationsentwicklung sieht Wimmer darin, daß sie ein neues elaboriertes diagnostisches Modell liefert. Dabei ist die Diagnose, das „Verstehen" einer Organisation ein zentrales Faktum, um die Entwicklungsmöglichkeiten einer Organisation adäquat einschätzen und die entsprechend notwendigen methodischen Vorgehensweisen planen zu können. Er schreibt:

„Wenn ich als Spezialist für Entwicklungsprozesse Beobachter beobachte (Organisationen wie Personen sind gleichermaßen beobachtende Systeme), dann frage ich mich, welche Unterscheidungen benutzt der Beobachter und warum, um zu den für ihn handlungsrelevanten Informationen zu kommen. Die Möglichkeiten wie auch die Beschränkungen der Informationsverarbeitung in sozialen Systemen sehen wir in jenen Differenzschemata, die in der internen Kommunikation etwas von etwas anderem zu unterscheiden erlauben. Die Beschreibung solcher Differenzen ist zugleich eine Beschreibung dessen, was in einem spezifischen sozialen System Gegenstand der Aufmerksamkeit sein kann und was nicht. Differenzen strukturieren und organisieren die Wahrnehmung." (Wimmer 1992b:90)

Willke nennt solche Regeln, nach denen ein System Umweltereignisse beobachtet, bewertet und zu Informationen bearbeitet, Inferenzregeln (Willke 1989). Diese Inferenzregeln geben Auskunft darüber, welche Umweltereignisse für ein System relevant sind und welche nicht.

Ein sehr treffendes Beispiel für die Bedeutung der Inferenzregeln bei der Diagnose der handlungsleitenden Wahrnehmungsprozesse von Wirtschaftsunternehmungen ist die Geschichte des Shell-Konzerns und der geplanten Versenkung der britischen Öl-Bohr-Insel „Brent Spar" im Juni 1995. Bei den monatelangen Vorbereitungen ist den verantwortlichen Managern überhaupt nicht in den Sinn gekommen, daß die Versenkung der Bohrinsel irgendeine größere Reaktion auslösen würde. Sie wurden von den heftigen internationalen Protesten offensichtlich völlig überrascht. Bis zuletzt hielt das Top-Management des Shell-Konzerns (und auch die britische Regierung) eisern an seiner einmal getroffenen Entscheidung fest, die ausgediente Öl-Plattform durch Versenken im Atlantik zu entsorgen. Erst als die ökonomischen Einbrüche und Umsatzverluste durch den Boykott von Shell-Produkten ein immer drastischeres Ausmaß annahmen und deutlich wurde, daß die aus dem Imageverlust resultierenden Umsatzeinbußen für Shell sich auf längere Zeit hin in Milliardenhöhe bewegen würden, hatte der Protest einer ökologisch motivierten - oder im Zuge der eigenen Entlastung sich zumindest modisch ökologiefreundlich gerierenden - Kundschaft Erfolg, und Shell verzichtete auf die Versenkung. Eine veränderte Einschätzung der Situation (und vermutlich auch der eigenen Planungen und Verhaltensweisen) führte somit vorerst zu einer beinahe diametralen Veränderung des strategischen Vorgehens der Konzernleitung. Man hatte - ausgelöst durch den ökonomischen und imageprägenden Druck der Öffentlichkeit und der Medien - begonnen, das eigene Verhalten mit einer anderen Brille zu betrachten und damit andere Informationen zu generieren. Diese Informationen führten offensichtlich zu anderen Gewichtungen in der Einschätzung der „Realität", was wiederum letztendlich zu einer komplett anderen Managemententscheidung bezogen auf die Entsorgung der „Brent Spar" führte.

Eine zweite Konsequenz der Kybernetik zweiter Ordnung für OE-Arbeit ist das Theorem, daß jemand, der eine Unterscheidung benutzt, um damit Informationen zu gewinnen, nicht gleichzeitig auf diese Unterscheidung schauen kann. Die Bedeutung dieses Grundsachverhalts für die Organisationsentwicklung beschreibt Wimmer so:

> „In den alltäglichen Operationen bleiben die verwendeten Unterscheidungen für ihre Benutzer in aller Regel unsichtbar. Sie sind gewissermaßen gar nicht vorhanden, um so mehr steuern sie aber das, was für den einzelnen, für eine Organisation die Wirklichkeit jeweils ist; **die Regeln, nach denen ein System sich seine Realität schafft und immer wieder neu reproduziert, sind diesem zumeist nicht unmittelbar zugänglich.** Sie sind ein wesentlicher Teil dessen, was man den latenten Bereich einer Organisation nennt...Beobachte ich nun den Beobachter unter der frage, worauf schaut er, mit Hilfe welcher Unterscheidungen erzeugt er seine handlungsleitenden Informationen, wie erklärt er sich seine Realität, dann kann ich mich auch fragen, was sieht er dabei nicht. Wo liegen seine spezifischen blinden Flecke? Welche Optionen sind durch die Verwendung gerade dieser Unterscheidungen und Erklärungsmuster gegeben, welche sind eben dadurch

versperrt? **Wie ist die Art, wie man Probleme sieht und definiert, an der Erzeugung und Perpetuierung eben dieser Probleme beteiligt?"** (Hervorhebungen durch mich /F.G.) (Wimmer 1992b:91)

Für den Organisationsentwickler ist es dabei wichtig, das Augenmerk darauf zu lenken, Fragen über die eigenen Wahrnehmungs- und Handlungsmuster des Systemens gemeinsam mit dem System zu bearbeiten, um damit die Fähigkeit zur Selbstbeobachtung zu steigern. Dabei geht es vor allem um das Fragen-Dreieck: Wie beobachtet das System? Welche Verhaltensweisen dominieren? Welche Erklärungsmuster herrschen vor? Und vor allem: Wie stabilisieren sich diese drei Dimensionen wechselseitig?

Dabei ist es wichtig zu erkennen und zu verstehen , „mit welcher Brille eine Organisation vornehmlich beobachtet...Ein Wirtschaftsunternehmen schaut auf andere Dinge als eine Universität. Die im Alltag eingespielten Beobachtungsmuster und das, was sie an entscheidungsrelevanten Informationen ermöglichen, sind andererseits auch das Ergebnis der bisherigen Überlebens- und Lerngeschichte der Organisation." (Wimmer 1992a: 73)

Denn die Art und Weise wie eine Organisation ihre Informationen gewinnt und verwertet ist ein wesentliches Faktum für den Berater:
> „Systemische Organisationsberatung siedelt die Möglichkeit ihres Tätigwerdens genau an diesen Eigentümlichkeiten der Produktion von Wissen, des Herstellens von Realitätseinschätzungen über sich und die eigene Umwelt an...Ich kann mich (als Berater /Anmerkung von mir /F.G.) also darauf konzentrieren zu beobachten, wie das Klientensystem in dieser Frage beobachtet und zu seinen handlungsleitenden Beobachtungen kommt. Letzteres ist genau die Erkenntnisform der Kybernetik zweiter Ordnung." (Wimmer 1992a:74)

Dabei muß davon ausgegangen werden, daß eine systemspezifische Blindheit unvermeidlich ist. Oder wie Luhmann dies beschreibt:
> „ Ein System kann nur sehen, was es sehen kann. Es kann nicht sehen, was es nicht sehen kann. Es kann auch nicht sehen, daß es nicht sehen kann, was es nicht sehen kann." (Luhmann 1986:52)

Aus diesem Grund ist es für einen Organisationsentwickler wichtig, nicht so sehr darauf zu schauen, was das System als gegeben ansieht (z.B. die Vorstellung von einer Problemlösung), sondern „... wie das erzeugt wird, was dem Beobachten des Systems als gegeben zugrundegelegt wird (warum sieht der Klient etwas als problematisch an, woran zeigt sich das im Alltag, wer sieht dies anders und warum...). Diese Herangehensweise an Organisationen geht davon aus, daß jedes soziale System sich im Laufe seiner Geschichte seine je eigene Welt geschaffen und deshalb einen sehr begrenzten Blick auf sich und seine Umwelt entwickelt hat." (Wimmer 1992a:74)

Zur Gewinnung von Informationen über die Art und Weise der Wahrnehmung eines Systems eignet sich das in der systemischen Familientherapie entwickelte

Instrument des zirkulären Fragens „...Diese Frageform, deren praktische Handhabe einen ziemlich langwierigen professionellen Lernaufwand erfordert.., stellt auch für den internen Organisationsberater ein wichtiges Handwerkszeug dar." (Wimmer 1992b:92)

Eine besonders gravierende Konsequenz aus der Kybernetik zweiter Ordnung betrifft die Rolle und das Selbstverständnis des Organisationsentwicklers selbst, denn

„...das Prinzip der spezifischen Blindheit von beobachtenden Systemen trifft natürlich auch für ihn zu. Die wichtigste Prämisse, von der man sich als systemisch denkender PE- und OE-Experte verabschieden muß, ist die Annahme, man könne irgendwelche von den eigenen persönlichen Bedingungen der Beobachtung unabhängige Aussagen über das zu entwickelnde System machen, gleichsam objektiv feststellen, was dort der Fall ist und man könne objektiv richtige Interventionen für objektiv richtig festgestellte Probleme entwickeln. Auch der PE- und OE-Experte bekommt nur jene Probleme zu Gesicht, die zu seiner Art, die Welt zu sehen passen. Aber sind das jene Probleme, deren Bearbeitung die Entwicklung des Klientensystems vorantreiben?" (Wimmer 1992b:92)

Aus dieser Tatsache, daß der Organisationsberater „...die Organisation nicht besser, sondern nur eben anders..." (Wimmer 1992b:92) sieht, leitet Wimmer zwei relevante Postulate für die Arbeit und die professionelle Verantwortung des Beraters ab: Zum einen brauchen OE-Berater eine ständige begleitende Supervision, „...d.h. eine geschützte Gelegenheit, in der die eigene Rolle, die eigenen Beobachtungsschemata und Erklärungsmuster, die eigenen blinden Flecke in OE-Projekten eingehend reflektiert werden können. Zum anderen scheint eine entwickelte Theorie der eigenen Arbeit nützlich zu sein, um sich vor sich und anderen eine Antwort auf die Frage geben zu können, was tun wir denn eigentlich da, wenn wir Personal bzw. Organisationen entwickeln und wie hängen diese beiden Entwicklungsaufgaben in der Praxis untrennbar zusammen. PE- und OE-Experten benötigen für Ihre Arbeit maßgeschneiderte kognitive Landkarten, um für die eigene Orientierung gegenüber dem Klienten die erforderliche Distanz aufbringen zu können... " (Wimmer 1992b:92)

Implikationen des Autopoiesis-Konzeptes für die Organisationsentwicklung

Wimmer sieht eine erste Bedeutung des Autopoiesis-Konzeptes (vgl. auch Seite 151 ff.) für Management und Organisationsentwicklung in der Möglichkeit einer differenzierten Diagnose der Organisation. Denn „Die Geschichte eines sozialen Systems in seinen jeweiligen Kopplungen mit seinen jeweils relevanten Umwelten eröffnet wichtige Dimensionen für das Verständnis der aktuellen internen Abläufe und Strukturen. Diese können ja als Ergebnis der systeminternen Verarbeitung jener Irritationen angesehen werden, die ein System durch seine Kontrapunkte zuläßt." (Wimmer 1992b:96)

Im Sinne des autopoietischen Theorems von der operationellen Geschlossenheit eines Systems (vgl. auch Seite 152) ist für einen Berater auch die Frage von großer Bedeutung, welche Möglichkeit der Kopplung an das System gibt es grundsätzlich? Und welche Arbeitsbeziehung ist notwendig, damit der Berater in sinn- und wirkungsvoller Art zu einer „konstruktiven Irritationsquelle" für das System werden kann. Wimmer sieht hier vor allem die Notwendigkeit, einen präzisen und bewußt gestalteten Kontrakt über die Art und Weise der Arbeitsbeziehung zu vereinbaren. „Die sorgfältige Gestaltung der Arbeitsbeziehung zwischen OE-Beratern und der zu entwickelnden Organisation zählt zum zentralen Know-how eines/einer systemisch orientierten Fachmannes/Fachfrau, wobei der Aufbau eines für solche Entwicklungsvorhaben geeigneten Projektmanagements in der Regel sehr ratsam ist.

Eine weitere Implikation aus dem Konzept der Autopoiesis für die Organisationsentwicklung ist die Frage der Interdependenz zwischen Teil und Ganzem, das heißt in einer Organisation zwischen Systemmitgliedern und/oder Subsystemen und der Gesamtorganisation. Hier kommt nun ein Argument in die Diskussion, das für die Fragestellung meiner Arbeit von besonderer Bedeutung ist. In welcher Korrelation steht die lernende Entwicklung von „Menschen und Systemen"? Ist es richtiger zuerst die Menschen zu entwickeln (im Sinne von Bildung, Qualifizierung und Personalentwicklung) und darauf zu bauen, daß sich dann in Folge die Organisation auch entsprechend entwickeln wird. Also ein induktives Modell. Oder gilt das Gegenteil, daß zuerst die Organisation strukturell umgekrempelt werden muß (im Sinne von angeordneten Reorganisationsprogrammen), und die Menschen werden danach in der neuen Struktur ebenfalls „neue" Verhaltensweisen an den Tag legen?

Wimmer dazu:

> „ Die Eigenschaften von Ganzheiten sind eine Funktion der Form, wie jene Elemente und Subeinheiten, die ein System zu seinem Überleben ausgeprägt hat, miteinander verknüft sind. Die Qualität von hochkomplexen Ganzheiten ergibt sich daher in erster Linie durch die Qualität der internen Vernetzung seiner Teile und weniger durch die Qualität der einzelnen Teile für sich…Wenn es stimmt, daß die Gesamteigenschaft eines Systems sich aus der spezifischen Art des Zusammenwirkens der Teile ergeben und die Teile ihrerseits in ihrer Produktivität durch die Art ihres Zusammenwirkens bestimmt sind, dann hat das für den Aufmerksamkeitsfokus des Organisationsentwicklers weitreichende Konsequenzen." (Heraushebungen durch mich /F.G.) (Wimmer 1992b:97)

Das bedeutet, daß der Organisationsentwickler immer die Vernetzung des Systems bei seiner Arbeit im Auge behalten muß. Ob er mit Einzelnen, Gruppen oder der Gesamt-Organisation arbeitet, immer muß er die Interdependenz zwischen diesen Dimensionen angemessen beachten, weil gerade in der Interaktion dieser Dimensionen ein wesentliches Feld seiner Arbeit liegt.

Implikationen des Konzeptes der Nichttrivialität lebender Systeme auf die Organisationsentwicklung

Das Ziel von Organisationsentwicklung ist es, in geeigneter Weise Einfluß auf die Entwicklung von Menschen und sozialen Systemen zu nehmen. Als ein Beispiel für die Relevanz der Ergebnisse der neueren Systemtheorie für die Organisationsentwicklung nennt Wimmer Heinz von Foersters Konzept von der Nichttrivialität lebender Systeme (vgl. auch S. 162 ff.).

Wimmer sieht in dem Bild der „trivialen Maschine", „...die in der Praxis wohl am häufigsten anzutreffende Konzeption einer steuernden Einflußnahme auf soziale Systeme ...Vereinfacht gesprochen herrscht hier eine Vorstellung vor, man könne das zu steuernde soziale Gebilde (ein Team, eine Abteilung, eine ganze Organisation) so gestalten, daß ein bestimmter Input (z.B. eine Anweisung, eine Personalmaßnahme, eine Umstrukturierungsentscheidung etc.) den beabsichtigten Erfolg (Output) in einem direkten kausalen Wirkungszusammenhang herbeiführt." (Wimmer 1992b:99)

Im Sinne der Nichttrivialität lebender Systeme liegt nun die Grundproblematik der Management- und Beraterphilosophie nach dem Modell der Trivialmaschine - nach Wimmer - darin, „...daß weder organische noch psychische noch soziale Systeme in dieser trivialen Weise tatsächlich funktionieren." (Wimmer 1992b:99)

Vielmehr sind solche Systemtypen im Sinne der Theorie operationell geschlossener Systeme strukturdeterminierte Ganzheiten mit einer eigenen Systemlogik. Oder wie Wimmer schreibt:

> „ Solche „nontrivial systems" lassen sich von außen nicht direkt im Sinne eines linearkausalen Wirkungszusammenhanges beeinflussen; **man kann bestenfalls bestimmte Irritationen auslösen, und das, wie man inzwischen weiß, auch nur ausgesprochen selektiv, eben dann, wenn man für das zu beeinflussende System eine relevante Umwelt darstellt, zu der es eine strukturelle Kopplung gibt, die als Eintrittspforte für die notwendigen Irritationen fungieren kann.** „Nichttriviale Maschinen" verfügen über eigene systemspezifische Ordnungsleistungen, die für eine bestimmte, von außen nicht erzwingbare Verknüpfung von Inputs und Outputs sorgen. **Es ist in der Tat die Eigenlogik des Systems, es sind seine spezifischen, historisch gewachsenen Strukturen, die bestimmen, welche Beeinflussungsversuche von außen intern als Irritationen aufgegriffen und zu Informationen verarbeitet werden und wie aus diesem Material bestimmte „Outputs" zustande kommen.**" (Heraushebungen durch mich /F.G.) (Wimmer 1992b:100)

Und deshalb besteht die hohe Kunst des Organisationsberaters, so Wimmer, darin, Wege zu finden, das Organisations-System durch konstruktive Irritationen so zu beeindrucken, daß die systeminternen Wahrnehmungs-, Interpretations- und Entwicklungsmuster zu einer nützlichen Veränderungsdynamik angeregt werden. Insgesamt unterscheidet Wimmer drei Zielebenen, die die systemische Beratung anvisiert (vgl.Abbildung 37). Und diese Ziele lassen sich in einem linearkausalen Wirk-Modell von Beratung nicht erreichen.

Ziele systemischer Organisationsberatung
nach Rudolf Wimmer

1. *Die Unterstützung des Klientensystems bei der Erarbeitung jener Informationen über sich selbst und die relevanten Umwelten, die eine angemessene Problemsicht ermöglichen. Eine bestimmte Sicht der Realität ist angemessen, wenn sie ein System in seinem Handeln erfolgreich orientieren kann, wenn sie Erklärungen anbietet, die in seinem spezifischen Kontext Sinn stiften können. Viele Berater-interventionen zielen deshalb darauf ab, die eingespielten Zuschrei-bungen und Erklärungsmuster für die eigenen Probleme zu irritieren.*

2. *Auf der Grundlage der gemeinsam mit dem Klientensystem erarbeiteten, veränderten oder erweiterten Problemsicht und der Reflexion der Problemgenese, gilt es in einem Beratungsprozeß wiederum gemeinsam mit dem Klientensystem realisierbare Varianten der Transformation dieser Lösungen herauszuarbeiten. Im günstigen Falle entstehen durch einen solchen Beratungsprozeß neue Optionen für das Organisationssystem, die bislang nicht zur Verfügung standen.*

3. *Letztlich ist es auch Aufgabe von Beratung, einen organisations-internen Prozeß zu ermöglichen und zu fördern, der das systeminterne Potential für die gewählte Bearbeitungsrichtung mobilisieren hilft und die Problembearbeitungskapazität des Systems insgesamt und dauer-haft erweitert. Denn von Erfolg kann dann gesprochen werden, wenn die bestehenden Problemlösungs-Routinen durch neue Verhaltens-weisen ersetzt worden sind.*

Abbildung 37: Ziele der systemischen Organisationsberatung
nach Rudolf Wimmer
Quelle: Wimmer 1992a:80

Kritische Würdigung

In der Heidelberger Gruppe der Familientherapeuten wird der Organisations-beratung neben dem therapeutisch-klinischen Feld eine zunehmende Bedeutung beigemessen. Dies belegen die oben angeführten Aussagen von Gunther Schmidt und Fritz B. Simon. Beide arbeiten heute verstärkt an der Forschung und Theorie-entwicklung eines Organisations-Beratungs-Konzeptes, in welchem ihre Erfah-rungen und Erkenntnisse in der Arbeit der systemischen Familientherapie übertragen auf das Feld der Organisation ihren Niederschlag finden sollen. Grundsätzlich bietet sich dieser Transfer der Ergebnisse an. Organisationen sind ebenso wie Familien soziale Systeme. Die Erkenntnis, daß eine hilfreiche Entwicklung (oder Therapie) eines Symptomträgers nie ausreichend mit der Behandlung dieses Individuums isoliert vom sozialen Kontext geleistet werden kann, ist eine Schlüsselerkenntnis, die für die Arbeit der Organisationsentwicklung grundsätzliche Bedeutung hat.

Allerdings ist diese Prämisse auch in der von der Gruppendynamik geprägten „klassischen" Organisationsentwicklung bereits erkannt und umgesetzt worden. Neu an der systemischen Beratungskonzeption ist die Betonung der zirkulären Interdependenzen der Mitglieder eines sozialen Systems und die Fokussierung auf die ungeschriebenen „Spielregeln" im Interaktionsgeflecht des Systems sowie die systemspezifische Blindheit des Systems für diese internen Operations-Mechanismen. Damit behaupten die systemischen Berater eben nicht, ein Patent-Rezept für alle institutionellen Problemkonfigurationen zu besitzen, sondern sie sehen sich als prozessuale Entwicklungsbegleiter, die in kritischer Reflexion der systemspezifischen Blindheit der zu beratenden Organisation *und auch* des Organisationsberaters, einen situativ adäquaten Veränderungsprozeß gemeinsam mit dem Klienten entwickeln.

Kritisch sehe ich die Frage nach der Ankopplung des von den Heidelberger Forschern entwickelten Therapie- und Beratungskonzeptes an die bislang im Management vorherrschenden Denktraditionen, die schnelle und technische Problemlösungen, insbesondere in Krisenzeiten, bevorzugen und nach meiner Erfahrung sich selbst bei einer „nachdenklichen Grundhaltung" kaum auf solch zirkulär-prozessuale Entwicklungsschleifen einlassen. Für einzelne Teilprozesse ist dies durchaus möglich und auch praktische Realität - am besten im Bildungs- oder Personalbereich eines Industrieunternehmens - für die wirklich betriebs-wirtschaftlich konsequenzenreichen und unternehmenspolitisch bedeutsamen Restrukturierungsprozesse werden dann allerdings doch wieder die „sozialtech-nokratischen" Unternehmensberater mit den vollmundigen Ergebnisgarantien und präzisen und „toughen" Ablaufplänen geholt.

Fragen nach der Autopoiese des Systems und den Wirklichkeitskonstruktionen einer Organisation, die aus meiner Sicht heute eine große praktische Relevanz in Veränderungsprozessen besitzen, werden - nach meiner Einschätzung - in solchen Veränderungsprojekten weitgehend ignoriert; oft aus Unkenntnis eines entspre-chenden theoretischen Konzeptes für die „Begleitung von Veränderungspro-zessen" bei Managern, politisch Verantwortlichen und selbst bei vielen Organisationsberatern. Zudem sind die wenigen angemessen komplexen und praxeologisch elaborierten Gestaltungsmodelle solcher Veränderungsprozesse außerhalb einer eingeschworenen Gemeinde von systemischen Organisations-beratern kaum bekannt.

Außerdem will die zu beratende „Kundschaft" - ob in Industrie, Hochschule oder Verwaltung keine diffus erscheinenden, zeitlich und inhaltlich schwer kalkulierbaren System-Entwicklungskonzepte, sondern sie wollen „die Kuh vom Eis" und damit sind meist schnelle und rigide Sparmaßnahmen und Produktivitätssteigerungen gemeint. Und diesen - aus systemischer Sicht ebenso verständlichen wie auch heiklen - Wunsch greifen viele Organisations-Berater auf und bearbeiten mit - aus systemischer Sicht ebenso verständlichen wie für eine längerfristige Veränderung fragwürdigen - Konzepten in kausaler Input-Output-Philosophie die gewünschten Symptome des Systems. Im Sinne einer systemischen Beratungs-Konzeption kann eine solche Organisationsentwicklung selten mehr als eine kosmetische Aktion sein, die die Grundmuster sowohl der Systemmitglieder als auch des Gesamtsystems weitgehend unberührt läßt und ausschließlich an der sichtbaren Oberfläche der Symptome Veränderungen inauguriert. Meist jedoch befördern solche Problemlösungen nur eine Fortschreibung der alten Probleme.

Damit übe ich zum einen Kritik an einer fatalistisch-mechanistischen Manager-Philosophie, die immer noch - meist gegen besseres Wissen - einem heimlichen technokratischen Macher-Mythos frönt. Zum anderen sehe ich aber auch in den von der Heidelberger Gruppe vorgestellten Konstrukten - sowohl durch den wissenschaftlich-therapeutischen Duktus der Veröffentlichungen als auch durch die Auswahl und Gewichtung der Themen hinsichtlich Organisationsberatung - wenig sensible Empathie für eine weitgehend von mechanistischen Grundüberzeugungen und einer vielschichtigen Arbeits-Komplexität geprägten Management-Kultur. Der Brückenschlag von der Therapie-Kultur zur (Industrie- und Verwaltungs-) Management-Kultur scheint mir in der Arbeit der Heidelberger Gruppe - theoretisch wie auch praktisch - noch zu wenig gelungen.

Als Vertreter der systemischen Familientherapie hat die Heidelberger Gruppe wesentliche Beiträge für den Entwurf einer systemischen Organisationsentwicklung geliefert. Sowohl durch die umfangreiche Rezeption der systemtheoretischen Quellen, als auch durch die Erarbeitung erster Ansätze einer systemischen Therapietheorie und insbesondere auch durch die Entwicklung von kreativen und innovativen Instrumenten einer systemischen Therapiepraxis haben die Mitglieder der Heidelberger Gruppe wesentliche Impulse für die Weiterentwicklung der Organisationsentwicklung beigesteuert.

Rudolf Wimmer hat die Erkenntnisse der verschiedenen systemtheoretischen Konzepte zu einem Entwurf einer systemischen Organisationsberatung aggregiert. Sein praxeologisches Konzept, das seine eigenen theoretischen Untersuchungen wie auch seine praktischen Erfahrungen widerspiegelt, stellt nach meiner Einschätzung den „state of the art" der systemischen Organisationsentwicklung dar. Wimmer kommt aus der Tradition der Gruppendynamik, auf die er auch immer wieder rekurriert, auf deren Grenzen hinsichtlich des Verstehens und Bearbeitens aktueller Organisationsprobleme er aber auch gleichzeitig hinweist - ohne jedoch respektlos oder beckmesserisch zu sein. (Wimmer 1993a:255 ff.) Er sieht die Entwicklungen im Rahmen von Organisations-Theorien heute zunehmend in den Händen von wissenschaftlich fundierten „Praktikern" - also Theorie/Praxis-Grenzgängern - , wenn er schreibt:

> „Angesichts der unübersehbaren Steuerungsprobleme komplexer Organisationen sind vor allem alle einschlägigen anwendungsorientierten Forschungsgebiete besonders gefordert (wie z.B. die Managementtheorie, Führungsforschung, Organisationsentwicklung, Beratungsforschung),. Sie operieren ja unter dem Anspruch, unmittelbar praxisrelevantes Wissen zu produzieren. Schon aus diesem Grunde ist es nicht überraschend, daß wesentliche Theorieentwicklungen in der letzten Zeit von wissenschaftlich interessierten Praxisfeldern (wie z.B. der Organisationsberatung) angestoßen wurden und nicht von der akademisch etablierten Betriebswirtschaftslehre..." (Wimmer 1993a:257)

Wimmer hat mit seinen Forschungsergebnissen eine neue Perspektive für die Arbeit der Organisationsentwicklung geschaffen, von der er selbst sagt, daß sie vor dem Hintergrund eines „Paradigmenwechsels" innerhalb der Sozialwissenschaften (Wimmer 1993a:256) entstanden sei.

Das Verdienst Wimmers ist, daß er die Erkenntnisse der Systemtheorien und der systemischen Familientherapie aufgegriffen und - (ich wiederhole mich:) in Theorie und Praxis - für die Beratungs-Arbeit mit hochkomplexen und dynamischen Organisationen anwendungsorientiert weiterentwickelt hat. Damit hat er sowohl für die Theorieentwicklung als auch für die Praxeologie der Organisationsentwicklung einen wesentlichen Beitrag geliefert.

Seine Beiträge umfassen sowohl die „architektonische" Anlage eines Entwicklungsprozesses als auch die konkrete Arbeit mit den Systemmitgliedern. Dabei geht er - im Sinne der systemischen Familientherapie - von einem im Vergleich zu einem klassischen Beraterverständnis von einem völlig anderen Beraterverhalten aus, das sich vor allem durch inhaltliche Neutralität und Prozeßkompetenz auszeichnet. Auch ist das von ihm vorgeschlagene Beratungs- und Interventionsinstrumentarium weit entfernt von der Idee einer normativen Aufklärungsabsicht - wie sie die normativ-reedukative Variante der Organisationsentwicklung noch vertrat.

Das Theorem von der „operationellen Geschlossenheit" eines Systems, das Wimmer in Anlehnung an Maturana und Luhmann vertritt und für die Organisationsberatung operationalisiert hat, scheint ein Affront für jeden verhaltenspsychologisch oder aufklärerisch motivierten Organisationsentwickler, wie auch für alle „sozialtechnokratischen" Ansätze einer Organisations-Restrukturierung zu sein. Aus meiner Sicht und meinen eigenen Erfahrungen in der Arbeit mit Teams und Organisationen (ob Industrie, Verwaltung oder Hochschulen) kann ich die in Organisationen wirksamen (Eigen-)Dynamiken -

manchmal bis zur scheinbar grotesken Irrationalität abgekoppelt von den realen Umwelt-Bedingungen - im Sinne dieses Konstruktes sehr wohl bestätigen. Diese Eigen-Logik eines Systems ist nur sehr bedingt „in der Tiefe seiner Kultur-Prämissen" durch Training, Aufklärung oder Appelle zu beeindrucken. Deshalb scheint mir Wimmers Hinweis plausibel zu sein, daß der Berater, ausgehend vom Modell der Nichttrivialität lebender Systeme, durch eine sehr differenzierte Diagnose der Wahrnehmungsmuster und Wirklichkeitskonstruktionen einer Organisation eine strukturelle Kopplung mit dem zu beratenden System erreichen sollte, die es ermöglicht, konstruktive Irritationen im System auszulösen, die in einem günstigen Fall Wachstums- und Entwicklungsprozesse befördern und anregen.

Nicht gelöst hat Wimmer nach meiner Einschätzung das Dilemma zwischen notwendigem Expertentum eines Beraters und der von der systemischen Therapie postulierten Neutralität und Absichtslosigkeit des Beraters. Wie die meisten systemischen Organisationsberater beschreibt er in seinen Veröffentlichungen wichtige, plausible und auch elaborierte Modelle, wie sich komplexe Organisation sinnvollerweise gestalten sollten (Wimmer 1993a; 1995). Auf der anderen Seite führt er aus, daß „...der Experte die Organisation nicht besser sieht, sondern eben nur anders..." (Wimmer 1992b:92). Dieses Grunddilemma der systemischen Beratung, Neutralität und Prozeßkompetenz oder klare Stellungnahme und Expertenkompetenz taucht in seinen Veröffentlichungen immer wieder auf - und vermutlich auch in seiner Beratungspraxis. Nun kenne ich dieses Dilemma sehr wohl auch aus meiner eigenen Beratungsarbeit, und sehe im Moment keine grundsätzlich klärende Lösung in der theoretischen Diskussion. Doch ist damit ein Problem-Szenario markiert, das Hinweise für mögliche Forschungsfelder und die zukünftige Theorieentwicklung geben könnte.

Insgesamt bietet die von Rudolf Wimmer zu einem systemischen Ansatz erweiterte OE-Konzeption - weit entfernt von der Illusion eines „pädagogischen Optimismus`" oder eines „psychotherapeutischen oder gruppendynamischen Wachstums-Mythos`" meines Erachtens eine erste plausible theoretische Fundierung einer systemischen OE-Theorie und ist nach meiner Erfahrung ein wirkungsvolles praktikables Modell für die konkrete Beratungs- und Entwicklungsarbeit mit sozialen Systemen unterschiedlicher Größe.

Damit möchte ich dieses Kapitel abschließen. Es war meine Absicht, den aktuellen Stand der Organisationsentwicklung in Theorie und Praxis durch einige, aus meiner Sicht typische, aktuelle Konzepte und deren Vertreter zu skizzieren, und dabei insbesondere auch die praktische und theoretische Weiterentwicklung des von Lewin und seinen Mitarbeitern begründeten OE-Ansatzes nachzuzeichnen und zu beleuchten. Nach meiner Überzeugung bietet heute der system-theoretische Ansatz die überzeugendsten Beiträge für die Weiterentwicklung der Organisationsentwicklung, auch wenn dieser Ansatz noch etliche Fragen offenläßt und noch längst kein abgeschlossenes und ausgegorenes Theoriekonzept einer systemischen Organisationsberatung vorliegt. Aus diesem Grund war es auch mein Anliegen, die verschiedenen Hintergründe, Quellen und prägenden Einflüsse der systemischen Organisationsentwicklung - soweit es im Rahmen einer solchen Arbeit möglich ist - darzustellen. Auch das noch junge und - wie bereits angedeutet - noch unvollständige Konzept der systemischen Organisationsentwicklung wollte ich anhand der Konstrukte einiger zentraler Beratungs-Theoretiker hier darstellen.

Kapitel 4
Lernen im Organisationsentwicklungs-Prozeß

Mit diesem Kapitel möchte ich mich nun den in Organisationsentwicklungs-Prozessen immanenten Lehr-/Lernprozessen zuwenden, die verschiedenen Dimensionen und Aspekte des Lernens von Menschen und Systemen dabei beleuchten, und mögliche Implikationen für die erziehungswissenschaftliche Theorie und Praxis diskutieren.

Wie bereits in den vorhergehenden Kapiteln mehrfach beschrieben, ist der Prozeß der Organisationsentwicklung - als Entwicklung von Individuen und sozialen Systemen - in mehrfacher Hinsicht ein Lernprozeß. Dies beschreiben sowohl die klassischen von der Gruppendynamik kommenden OE-Ansätze[52] als auch die Vertreter der systemischen Organisationsentwicklung[53] auch wenn dabei der Begriff Lernen oft mit anderen Begriffen umschrieben wird, wie z.B: Entwicklung, Wachstum, Mobilisierung von Wissen, Steigerung der Problemlösungskompetenz und die Fähigkeit zur Selbstaufklärung.

Sehr populär scheint augenblicklich im Kontext der Diskussion um organisationale Veränderungsprozesse die Formel von der „lernenden Organisation" zu sein, die inzwischen fast schon zum Standard der Management- und Organisationsberatungs-Literatur gehört[54].

Wer lernt, was gelernt wird und auch wie gelernt wird - das heißt, welche Lehr-/Lernprozesse im Rahmen von Organisationsentwicklung stattfinden - dies soll auf den nächsten Seiten erörtert werden.

4.1 Zur Didaktik des Lernens im OE-Prozeß

Lernen wurde als wissenschaftlicher Forschungsgegenstand vor allem von der Psychologie auf der individuellen Ebene erforscht. Dabei werden einige Lernformen unterschieden, die vom einfachen Lernen, wie z.B. der Konditionierung (z.B. Foppa 1965) bis hin zu komplexen Lernformen, wie zum Beispiel dem sozialen Lernen (Bandura 1979). Kriterien zur Klassifizierung von Lern-

---

[52] Vgl. hierzu: Lewin 1963; French/Bell 1989, 1990; Schein 1987, 1993, 1994, 1995; Senge 1990, 1993; Bennis/Benne/Chin 1975

[53] Vgl. hierzu: Bateson 1942; Selvini et. al. 1985; Simon 1990b, 1992; Wimmer 1992a, 1992b, 1995

[54] Vgl. hierzu: Argyris/Schön 1978; Senge 1990; Sattelberger 1991; Sackmann 1993; Schein 1995; Tropitzsch 1995

formen sind dabei die beiden Fragen: *Was* soll gelernt werden? Und *wie* soll gelernt werden?

Beim *Was* kann es um kognitive Veränderung - zum Beispiel um einen veränderten Wissensstand gehen - oder auch um Verhaltensänderung - zum Beispiel veränderte Reaktionswahrscheinlichkeiten. Das *Wie* unterscheidet zwischen intrapsychischen und interaktiven Lernprozessen. Bei interpsychischen Lernprozessen läuft ein Dialog im Lernenden ab, während beim interaktiven Lernprozeß ein Dialog des Lernenden mit seiner Umwelt passiert. (Sackmann 1993)

In der Didaktik, der Wissenschaft vom Lehren und damit dem erziehungswissenschaftlichen Zugang zum Lernen, wird Lernen immer als dialektisches Pendant zum Lehren begriffen, was von der Grundthese ausgeht, daß Lehren und Lernen zwar zwei unterschiedlich strukturierte, jedoch dialektisch aufeinander bezogene Tätigkeiten sind.

Werner Jank und Hilbert Meyer beschreiben diese Lehr-/Lern-Dialektik folgendermaßen:

„Lehren und Lernen sind zwei Seiten ein und derselben Sache, nämlich des Unterrichtsprozesses. Der Lehrende weiß ja in der Regel, zu welchen Lernergebnissen der Lernvorgang führen soll (...), und er strukturiert die Lernsituation entsprechend. Der Lernende hingegen ist Objekt dieser Strukturierung und damit Objekt der Anleitung und Führung durch den Lehrenden. Gleichzeitig beeinflussen jedoch die Lernenden durch ihr tatsächliches Handeln im Unterricht den vom Lehrer geplanten Ablauf. Sie sind nicht nur Objekte der Steuerung durch den Lehrer, sondern sie greifen auch als Subjekte aktiv ein (...) - vor allem dann, wenn sie in einem schülerorientierten Unterricht in hohem Maße die Planung und Gestaltung mitbestimmen können..." (Jank/Meyer 1991:28)

Wobei in den unterschiedlichen didaktischen Ansätzen - von der bildungstheoretischen über die kommunikative, lernzielorientierte, kritisch-konstruktive bis zur lerntheoretischen Didaktik sehr unterschiedliche Sichtweisen zur Korrelation zwischen Lehren und Lernen herrschen. Ich will hier nur kurz mein didaktisches Grundverständnis darlegen und aufbauend auf dieser didaktischen Folie meine Thesen zum Lernen im Rahmen von Organisationsentwicklung vorstellen.

4.1.1 Der Lehr-/Lernprozeß - Didaktische Positionen

Die lerntheoretische Didaktik, nach dem Ort des Wirkens ihrer Begründer auch „Berliner Didaktik" genannt, in den sechziger Jahren von Paul Heimann, Günter Otto und Wolfgang Schulz entwickelt, hat sich sehr ausführlich und differenziert mit der Korrelation von Lehren und Lernen auseinandergesetzt.

Paul Heimann, der geistige Vater der lerntheoretischen Didaktik, setzte in diesem Konzept den Lernbegriff gegen den Bildungsbegriff der bildungstheoretischen

Didaktik, der er „bildungsphilosophisches Stratosphärendenken" (Heimann et. al. 1972:114 f.) anlastet. Seine Absicht war es, alle den Lehr-/Lernprozeß beeinflussenden Faktoren in einer wissenschaftlichen Analyse zu erfassen und damit die Didaktik zu einer echten Unterrichts-Wissenschaft zu machen.

Lernen und Erziehung sollen entsprechend dem Modell der Berliner Didaktik „...langfristig wirksame Veränderungen in Menschen bewirken." (Schulz 1965:18) Zentraler Gedanke dieser Didaktik ist, daß das didaktische Geschehen wesentlich durch das wechselseitige Handeln zwischen Lehrendem und Lernendem bestimmt wird, das als „dynamischer Interaktionsprozeß" (Heimann 1962:149) zu verstehen ist. Und diese Lehr-/Lern-Interaktion „...verfolgt Absichten der Ich-Entfaltung in thematischen und sozialen Bezügen." (Schulz 1991:53).

Zur wissenschaftlichen Analyse und Kontrolle des Unterrichtsgeschehens entwirft die Berliner Didaktik eine didaktische Landkarte der wichtigsten Entscheidungs- und Begründungsfelder, die von den Autoren in der in der **Fehler! Verweisquelle konnte nicht gefunden werden.** gezeigten Weise einander zugeordnet werden.

Peter Heintel bezeugt in seinem Buch „Modellbildung in der Fachdidaktik" (Heintel 1986) der lerntheoretischen Didaktik, daß sie erkennt, daß „... bei so komplizierten Systemen wie den Unterrichtsprozessen die analytisch-deduktive Reduktion nur zu verkürzten Modellen, die ihren Gegenstand nicht erfassen können, kommen kann." (Heintel 1986:171). Deshalb - so Heintel - liegt „...dieser Position die Einsicht zugrunde..., daß bei allen Lehr-/Lernprozessen, in denen es um Systemfreiheit in unserem Sinne geht, d.h. um eine je und je geschehendes Aktivieren einer höchst umfangreichen Palette von verschiedensten vorausgesetzten Motiven, nur eine möglichst vollständige Beschreibung ausreichen kann, Unterrichtsprozesse auch nur einigermaßen zu verstehen." (Heintel 1986:171)

Heintel kritisiert jedoch den „technologischen Formalismus" der Berliner Didaktik, - unter Berufung auch auf Herwig Blankertz, den er mit folgenden Worten zitiert:

> „Entweder wird der Unterricht rein technologisch aufgefaßt und beliebigen außerpädagogischen Zwecken für die Durchsetzung ihrer Intentionen hergestellt, oder aber sie (die lerntheoretische Didaktik) diktiert im Namen der Wertfreiheit dogmatisch die eigenen Werte der wie auch immer positivistisch amputierten Rationalität."

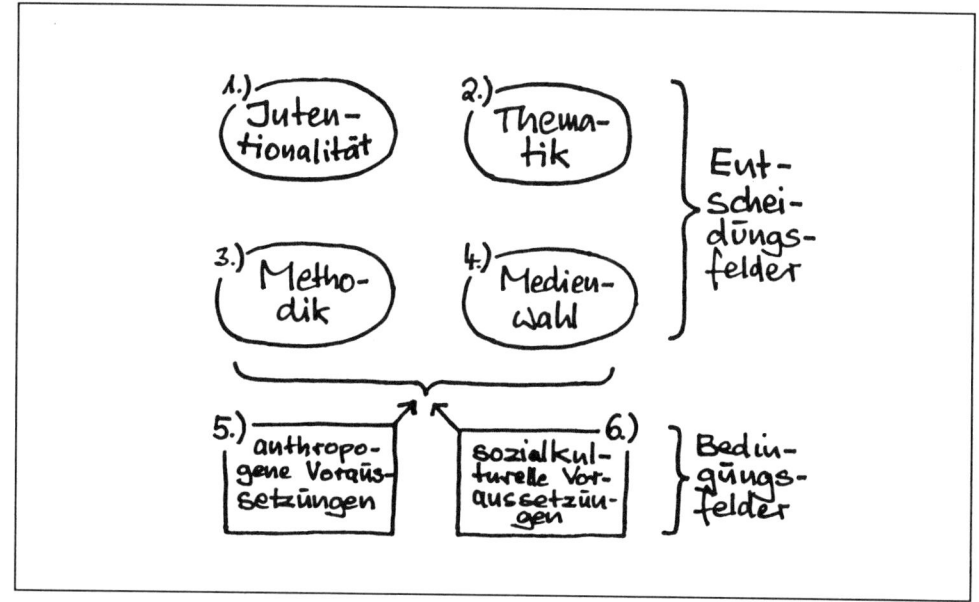

Abbildung 38: Kategorien der Strukturanalyse des Unterrichts nach dem Modell der lerntheoretischen Didaktik
Quelle: Meyer/Jank 1991:183

Heintel sieht insbesondere eine Gefahr durch das im lerntheoretischen Modell angelegte Bild und dem daraus abzuleitenden Selbstverständnis des Lehrenden. Er schreibt:

> „Der Lehrer ist (im Konzept der lerntheoretischen Didaktik / Anmerkung von mir /F.G.) antizipierend und verifizierend, d.h. er hat die Aufgabe, vorweggenommene Modelle in Situationen zu überprüfen; dies verführt dazu: je wissenschaftlich abgesicherter und analytisch vollständiger die Modelle antizipiert werden, desto mehr auf deren Verifikation zu dringen...Der Motivationsrahmen wird abgesteckt, wobei mir das „Ausschalten von Zufällen" (was Heimann als erklärtes Ziel seiner didaktischen Arbeit beschreibt (Heimann 1962 :111 f.)/Anmerkung von mir/ F.G.) am typischsten erscheint, weil es in Richtung der Entrechtung der Systemfreiheit deutet und außerdem die Angst des Pädagogen zeigt, unerwartete und neue Situationen bewältigen zu wollen." (Heintel 1986:173)

Heintel setzt dem lerntheoretischen Modell den Begriff der „Systemfreiheit" entgegen. Diesen Schritt begründet er damit, daß „...heute pädagogisches Lernen hauptsächlich auf vorwegnehmender Theorie oder gestellten Experiment-situationen beruht; beide sind so angelegt, daß sie gerade der Individualität jeweiliger didaktischer Situation nicht habhaft werden...(und damit ist)...das Besondere dieser jeweils zukünftig auf sie zukommenden Situation ...unbegriffen und praktisch nicht zugänglich gemacht..." (Heintel 1986:69).

Im Gegensatz zu Heimann, der trotz „...betonter Singularität und Augenblicks-gebundenheit" behauptet, daß Lehr-/Lernprozesse „...einer bestimmbaren Strukturgesetzlichkeit gehorchen und deshalb auch manipulierbar sind..." (Heimann 1962:119), fokussiert Heintel auf die Individualität der didaktischen Situation. Die Bewertung dessen, was in der didaktischen Situation inhaltlich besonders ist, und was allgemeiner und vergleichbar, kann - so Heintel - erst in einer Exploration dieser Situation herausgefunden werden:

> „Natürlich finden sich in ihr Auswirkungen allgemeiner Elemente, die in der didaktischen Umgebung liegen bzw. mit dem zu vermittelnden Wissen zusammenhängen; natürlich sind auch die einzelnen Individuen allgemein (nach Geschlecht, Alter, Herkunft, Umwelt usw.) und besonders (in Übertragungen insbesondere) vergleichbar. Wie aber Umgebung, Situation, alles Allgemeine und Besondere sich jeweils im einzelnen Schüler zur Geltung bringt und welche Reaktionen es hervorruft, sowie welche soziale, kommunikative und kollektive Situation sich daraus ergibt, bleibt jeweils der didaktischen Situation vorbehalten und kann erst in ihr exploriert werden. **Gerade in einer gemeinsamen Exploration und Aufarbeitung dieser in Individuen sich äußernden Situation liegen Bildungs- und Erziehungsmöglichkeit sowie die Kombination dieser Situation mit dem zu vermittelnden Wissen und dem verlangten gesellschaftlichen Allgemeinen.** Für die gelungene Exploration ist diese dann gewonnene didaktische Situation durchaus nicht mehr bloß individuell; sie ist das Ergebnis eines gemeinsamen Lernprozesses und hat für die jeweilige, oft auch noch für kommende Situationen soziale und kommunikative Verbindlichkeit." (Hervorhebungen durch mich /F.G.) (Heintel 1986:77)

Aus den genannten Gründen der Einmaligkeit der didaktischen Situation kommt Heintel zu seinem Konstrukt der „Systemfreiheit", das er wie folgt beschreibt:

> „Während sich die klassische Pädagogik...mehr auf das Individuum bezog, vom Zögling, der mündig werden sollte, sprach, beziehe ich mich bewußt auf die gesamte didaktische Situation, mit allen ihren Momenten. Ich möchte daher auch nicht bloß von individueller Freiheit sprechen, sondern die Einmaligkeit der didaktischen Situation als Systemfreiheit bezeichnen. Dies will meinen, daß in der didaktischen Situation nicht einzelne, freie Individuen miteinander (...) lernen, sondern daß die gesamte Situation als Vermittlungssystem einzelner Freiheit und einzelner Individuen gedacht werden kann. Jede Schulklasse stellt z.B., als die kleinste Einheit der jeweils konkreten didaktischen Situation, eine derartige Systemfreiheit dar, die in ihrem Anspruch, für sich als Individuum genommen werden muß, weil in ihr Individuen sich aneinander unter vorgegebenen Bedingungen bilden. Diese Systemfreiheit ist auch die einzige Chance für das Individuum, im Allgemeinen zu sich zu kommen (für andere zu werden, Verantwortungsbewußtsein zu erwerben)." (Heintel 1986:78 f.)

Was Heintel hier beschreibt, ist die unbedingte Notwendigkeit der Gestaltung jeglicher didaktischen Situation als einzigartigen offenen sozialen Prozeß, wenn Mündigkeit, Selbstentfaltung, und alle anderen Aspekte „Sozialen und Personalen Lernens" intendiert sind.

Oder umgekehrt. In einem durch die Lehr-Intention der Wissensvermittlung dominierten, auf das jeweilige Lernindividuum zugeschnittenen didaktischen Grundmuster des Frontalunterrichts kann sich eine zirkuläre soziale Dynamik nicht entfalten und somit auch nicht lernträchtig für das Erlernen sozialer Kompetenzen fruchtbar gemacht werden. Heintel moniert denn auch diese Ignoranz der Pädagogik gegenüber der didaktischen Bedeutung der sozialen

Situation für den Erziehungs-, Lehr-, Lern-, oder Bildungsprozeß. Zu dieser Sicht gelangt Heintel im übrigen nach meiner Einschätzung nicht nur aufgrund seines sozial-anthropologischen Nach-Denkens als Hochschullehrer und „Didaktiker", sondern nicht zuletzt durch seine langjährigen praktischen Erfahrungen als Gruppendynamiker[55].

„Es ist der typische Kurzschluß der theoretischen Pädagogik, aus ihren allgemeinen Postulaten und Vorstellungen direkt zum Individuum überzugehen. Die vermittelnde Zwischeninstanz der didaktischen Situation als für sich zu nehmende Systemfreiheit ist ihr schon deshalb unbekannt, weil sie keine Fähigkeit hat, bzw. lehrt, diese Situation zu explorieren und zu verwenden. Auch die operationalisierende, subsummierende Didaktik braucht dieses wichtige Zwischenglied nicht, weil sie sich in ihrer Durchsetzung mehr an Individuen halten muß, um wirksam zu werden (...), und ein selbst Ansprüche regelndes Kollektiv nicht brauchen kann... (dabei geht es) mir nicht darum, die didaktische Situation in die Einmaligkeit der Individuuen abzuschieben und sie in ihnen zu isolieren, sondern sie auf die gesamte Lehr- und Lernsituation und die an ihr Beteiligten zu beziehen. Im Selbstbewußtsein der explorierten und kommunikativ erworbenen Systemfreiheit und ihrer Bestimmung erwirbt jedes beteiligte Individuum erst seine Identität, die nun keine isolierte, bloß für sich seiende ist, sondern über ein bestimmtes „Wir" vermittelt ist." (Heintel 1986:79)

Der Widerspruch zwischen Heintel und der lerntheoretischen Didaktik bleibt auch trotz deren Betonung von „Systemoffenheit und des Prozeßcharakters von Unterricht" (Schulz 1972:429f.), was Heintel „ als bloß reaktive Instanz" bezeichnet, die

„ ... nur das kontrolliert, was bereits vorweggenommen ist; er selbst (der Prozeßcharakter / Anmerkung von mir /F.G.) kann eigentlich weder aus sich selbst heraus neue Inhalte (gar Axiome), noch andere Konstruktionen entwickeln; Verfahrensstrategien entwickeln immer die anderen, die der naiven Meinung sind, es sei damit getan, „allgemeine Grundüberzeugungen" „semantisch eindeutig" zu formulieren, und vergessen, daß eben zum Unterschied von Mathematik und Naturwissenschaft Axiome im menschlichen Bereich und in den auf ihn bezüglichen Wissenschaften gerade nur dadurch semantisch bestimmen dürfen, die auch in ihnen und mit den gewonnenen Bestimmungen leben müssen. Insofern bedarf es eben der Verfahrensstrategie zur Selbstorganisation von Systemfreiheit, nicht aber solcher zur Durchsetzung semantischer Vorurteile." (Heintel 1986:185)

Auch der aktuelle didaktische Diskurs und die diesem zugrunde liegenden theoretischen Konstrukte der heute vorherrschenden Didaktik[56] sind ebenso wie auch

---

[55] Diesen praktischen Erfahrungshintergrund beschreibt Heintel auch im Vorwort von „Modellbildung in der Fachdidaktik", indem er ausführt, daß neben der von ihm vertretenen theoretischen Postulate „...deren Konkretisierung allerdings einer praktischen gruppendynamischen Erfahrung bedurfte, die mir vor allem die konstitutive Bedeutung der didaktischen Situation und Umgebung für Erziehungsaufgaben klargemacht hat; aus letzterer ist auch der Begriff der „Systemfreiheit" entstanden." (Heintel 1986:7)

[56] Den aktuellen didaktischen Diskurs Anfang der Neunziger Jahre beschreiben Werner Jank und Hilbert Meyer in ihrem Buch „Didaktische Modelle" : „Die Lerntheoretische Didaktik (...) war dem empirisch-analytischen Paradigma verpflichtet. Zur Lehrtheoretischen Didaktik gemausert, ist sie voll zum hermeneutischen Paradigma umgeschwenkt und deshalb in wissenschaftstheoretischer Sicht kaum mehr von der bildungstheoretischen Didaktik zu unterscheiden. Bleibt als letztes die Bildungstheoretische Didaktik (..) : Sie hat sich zur Kritisch-konstruktiven Didaktik weiterentwickelt

die praktische pädagogische Realität weit entfernt von dem von Heintel formulierten Anspruch der Systemfreiheit der didaktischen Situation. Der Gießener
Didaktiker Detlef Sembill beschreibt diese „pädagogische Realität" treffend
folgendermaßen:

> „Bisher vorliegende Forschungen zu Lehr-/Lern-Prozessen in der Schule und Hochschule
> zeigen überwiegend vergleichbare Befunde: Zum traditionellen Selbstverständnis von
> Lehrenden gehört, den Stoff zu vermitteln, gepaart mit der Überzeugung, daß eine
> „frontale" Lernorganisation nicht nur die am meisten ökonomische, sondern auch die beste
> Art des Unterrichtens sei (...). Das damit kompatible personenbezogene hierarchische
> Verständnis ist nicht allein fachlich motiviert (gegründet in der Sicherheit, über „objektive"
> Erkenntnisse einer Wissenschaft zu verfügen), sondern bezieht sich - über alle
> unterschiedlichen wissenschaftstheoretischen Auffassungen hinweg - auch auf das
> Verhältnis von Lehrenden und Lernenden, das für (...) pädagogische Forschung
> gleichzeitig auch ein Erkenntnisobjekt darstellt. Darin dokumentiert sich auch eine
> lehrerzentrierte Sicht von Didaktik, (Hochschul-) Unterricht als eine Veranstaltung zu
> sehen, in der es eher darum geht, jemanden zu unterrichten, als einen Lernprozeß zu
> organisieren, der Ziele, Interessen und emotionale Aspekte der Lernenden miteinbezieht."
> (Sembill 1992:10)

Ähnlich pointiert skizziert der Freiburger Didaktiker Edmund Kösel die pädagogische Landschaft :

> „ Bei den Pädagogen breitet sich Verwirrung aus, weil sie nicht mehr so recht wissen, was
> man von ihnen als Lehrer erwartet, und weil sie selbst in vielen Bereichen unserer
> komplexen Welt sowohl in den Methoden einer individuellen und sozialen Aneignung von
> Stoffgebieten, Themen und Problemen als auch in den Methoden der Verständigung mit
> der jungen Generation überfordert sind. Hinzu kommt noch, daß wir in den Lehrer-
> bildungsstätten immer noch die Prinzipien der „Schwarzen Pädagogik" versteckt oder
> offen antreffen, und daß von dort kaum Impulse für eine neue Lernkultur kommen.
> Schließlich hat auch die Unterrichtswissenschaft und -forschung zum Ausbau einer neuen
> Lern- und Lebenskultur an den Schulen und zum Erhalt einer förderlichen Kindheit und
> Jugend kaum etwas beigetragen." (Kösel 1993:21)

Ich will mich für meine Erörterung der den OE-Prozessen immanenten Lehr-
/Lernprozesse auf den von Heintel und ähnlich auch von Sembill und Kösel
vertretenen didaktischen Grundpostulaten anschließen und mich damit abgrenzen
von einem „mechanistischen" didaktischen Modell, demzufolge die Herstellung
einer maximalen Symmetrie von Lehrintention und Lernerfahrung anzustreben
sei. Diese - im Sinne Heinz von Foersters Modell der „Nichttrivialität lebender
Systeme" - „triviale" Input-Output-Logik hinsichtlich der didaktischen Situation,
daß die Lehrintention, die durch eine - in der lerntheoretischen Didaktik zugege-

---

und erfreut sich bei Praktikern und Theoretikern allgemeiner Beliebtheit, obwohl sie - vielleicht auch
gerade weil sie - sich in wesentlichen Punkten seit den ersten Versionen von 1960 nicht gewandelt hat.
Wir fassen zusammen: Die didaktische Landkarte vom Anfang der 90er Jahre ist unübersichtlich
geworden. Der akademische Streit zwischen den paradigmatischen Grundorientierungen hat
aufgehört. Seit der Beinahe-Fusion von Bildungstheoretischer und Lehrtheoretischer Didaktik herrscht
auf Kongressen und in Buchveröffentlichungen Langeweile vor. Neue pradigmatische
Grundorientierungen sind weder in den alten noch in den neuen Bundesländern in Sicht."
(Jank/Meyer 1991:127)

benermaßen differenzierten und elaborierten - Vorwegnahme der vielfältigen das Lehr-/Lerngeschehen determinierenden Kategorien, zu einer maximalen Entsprechung auf der „anderen Seite", bei der Lernerfahrung des Lernenden führe, ist nach meiner Ansicht kein geeignetes didaktisches Konzept für die Diskussion der (meta-)didaktischen Implikationen des Lehr-/Lerngeschehens im Rahmen von Organisationsentwicklung wie ich sie vorhabe.

Hier schließe ich mich Detlef Sembill an, der konstatiert:
> „Für die Wirkungen dieser Überzeugungen, Wahrnehmungen und Verhaltensweisen (der klassischen didaktischen Ansätze /Anmerkung von mir /F.G.) der Lehr-Lern-Prozesse ist nun typisch, daß sie auf überwiegend lineares, monokausales Denken in Wirkungsketten ausgerichtet und zudem auf einfacher Niveaustufe (Wissen reproduzieren) angesiedelt ist. Sofern nicht zufällig Interessen der Lernenden tangiert werden, muß die Vergessensrate als relativ hoch eingeschätzt werden...Möglicherweise ist diese doch sehr problematische Konstanz angesichts faktisch veränderter individueller und gesellschaftlicher Strukturen ja gerade darin begründet, daß die Emotionen - und damit die Bewertungsdimension und ihre Reflexion bezüglich Denken und Handeln - so konsequent ausgeblendet blieben." (Sembill 1992:10)

Mein didaktisches Verständnis geht somit - in Anlehnung an Heintels Modell der „Systemfreiheit" der didaktischen Situation - aus von der situativen prozessualen Offenheit der gesamten Konfiguration des jeweils individuellen Lehr-Lern-Geschehens.

Da die Lehrintention in den von mir gemeinten Entwicklungsprozessen vorwiegend auf der Absicht beruht, die individuellen und systembezogenen Problemlösungspotentiale durch reflexive Selbstaufklärung zu aktivieren (vgl. z.B. Seite 67 ff. und Seite 198) und eine Lehr-Lern-Komplementarität, wie sie von „traditionellen" Didaktikern vertreten wird (vgl. z.B. Jank/Meyer 1991:28) keine angemessene didaktische Konstruktion für diesen Ansatz bietet, möchte ich im folgenden nurmehr von *Lernprozessen* sprechen und damit auch die Lehr-Dimension als Teil des vielschichtigen und dynamischen Lernprozesses betrachten. Wo immer das Lehren eine explizite Bedeutung hat, die angesprochen werden soll, werde ich dies ausdrücklich vermerken.

„Zwar besteht innerhalb der Organisationsentwicklungsliteratur kaum ein Zweifel darüber, daß es sich bei den mit der Organisationsentwicklung verbundenen Veränderungen um Lernprozesse - nämlich um individuelles Lernen und um eine Veränderung der Organisationskultur - handelt, doch läßt sich dabei kaum eine begriffliche, geschweige denn eine theoretische Integration bzw. Differenzierung dieses doppelten Lerngeschehens finden." (Sievers 1977:21) Dieser duale Lernprozeß, der von mir als eine wesentliche Besonderheit des Lernens im Rahmen von Organisationsentwicklung postuliert wird, ist bereits in den „klassischen" gruppendynamisch geprägten OE-Konzepten - zu denen auch Sievers Ansatz von 1977 gehörte - angelegt; durch den systemischen Ansatz von Organisationsentwicklung hat diese Dualität noch weiteres Gewicht gewonnen. Sievers hat bereits 1977 diese Verzahnung des Lernens von Menschen und Systemen im OE-Prozeß differenziert beschrieben:

> „Um Lernen in Organisationen in dieser doppelten Weise als Lernen der individuellen Organisationsmitglieder einerseits und als Lernen des sozialen Systems andererseits problematisieren zu können, ist es erforderlich, den Begriff des Lernens nicht wie weithin üblich über bloße Verhaltensänderung zu bestimmen, sondern statt dessen auf die Veränderung von Verhaltenserwartungen als die dem konkreten Verhalten zugrundeliegenden Selektionen und Steuerungen zurückzugreifen. Auf der Ebene von Individuen, d.h. auf der Ebene personaler Systeme, bedeutet das, daß lernt, wer seine Erwartungen nicht kontrafaktisch aufrechterhält, sondern wer bereit ist, seine Erwartungen angesichts antizipierter Enttäuschungen zu verändern. Dementsprechend kann von einem Lernen sozialer Systeme gesprochen werden, wenn die dem jeweiligen Verhalten auf seiten des sozialen systems zugrunde liegenden Erwartungen nicht kontrafaktisch aufrechterhalten werden müssen, sondern änderbar sind...(damit)...wären Organisationen in der Lage zu lernen, wenn es angesichts realer oder antizipierbarer Enttäuschungen gelingt, nicht nur das jeweilige Verhalten der Mitglieder entsprechend zu korrigieren bzw. diese zu sanktionieren, sondern wenn darüberhinaus auch die diesem Verhalten in der Form von Verfahren, Prozessen und Regeln zugrunde liegenden Erwartungen bzw. Erwartungsgeneralisierungen entsprechend verändert werden können. (Sievers 1977:21)

Dieses im Sinne der Organisationsentwicklung als Optimierung des Problemlösepotentials verstandene Lernen „„...stellt von seiner logischen Struktur her ein Lernen höherer Ordnung dar. Organisationsentwicklung kann selbst nicht auf das bloße Lernen personaler und sozialer Systeme beschränkt bleiben, sondern muß darüber hinaus auch das Lernen des Lernens problematisieren." (Sievers 1977:21). Mit dieser Beschreibung der Lerndimensionen orientiert sich Sievers ganz bewußt an der „logischen Ordnung des Lernens", wie sie von Gregory Bateson entworfen wurde (Bateson 1964).

Sievers beschreibt die grundlegende und konstitutive Bedeutung des Lernens für Organisationsentwicklungsprozesse - und damit auch die Korrelation von Organisationsentwicklung und Lernen - so:

> „ Da sowohl die Lernfähigkeit von Organisationen selbst wie auch der jeweilige Anteil von Organisations- bzw. individuellem Lernen im Alltag in weiten Bereichen eher zufällig, beliebig , unberechenbar und nur schwer erwartbar ist, ist es für eine auf der Grundlage von Lernen konzipierte Organisationsentwicklung daher unumgänglich, daß das Lernen selbst an Kontingenz verliert, d.h. organisationsintern eine hohe Wahrscheinlichkeit, Erwartbarkeit und Verbindlichkeit erfährt... **Organisationsentwicklung kann somit als eine Strategie, bzw. ein Programm zur Initiierung, Steuerung und Garantierung der mit einer Systemveränderung und - entwicklung verbundenen komplexen Lernprozesse verstanden werden.** Als Institutionalisierung organisations-übergreifender Lernprozesse kann durch Organisationsentwicklung ein Lernen von Organisationen in dem Sinne ermöglicht werden, daß über unmittelbare Verhaltensänderungen einzelner Mitglieder und Subsysteme hinaus auch die Organisationsstrukturen sowie die ihnen zugrunde liegenden Selektionen und Generalisierungen verändert werden können." (Hervorhebungen durch mich /F.G.) (Sievers 1977:22)

212

Diese Beschreibung des Lernens von Menschen und Systemen als grundlegendem Konstitutivum für Organisationsentwicklung wird im systemischem Ansatz der Organisationsentwicklung sogar noch radikalisiert. Dort ist schlechterdings keine organisationale Entwicklung denkbar, die nicht die Zirkularität der Interaktion der Systemmitglieder - also die vernetzte Betrachtung von Individuen und sozialem System - als dyadisches Ganzes, das sich zudem durch „operationelle System-Geschlossenheit" auszeichnet, die die Produktion einer Eigen-Logik, auch hinsichtlich Lernen und Entwicklung, im Interaktionsprozeß des Systems zu einer nicht-trivialen „Black Box" macht, die im Sinne von Beratung oder „Lehren" im günstigsten Fall mit einer Entwicklung befördernden „konstruktiven Irritation" beeindruckt werden kann (vgl. dazu z.B. Wimmer 1990b:96 ff.).

Vor dem Hintergrund dieses Verständnisses von Lernen im Rahmen von Organisationsentwicklung möchte ich im folgenden einige Prinzipien, Formen und Beispiele für solches Lernen beschreiben.

4.2 Grundlagen für Lernen im OE-Prozeß

Grundlage des Lernens im OE-Prozeß ist die geradezu programmatische Betonung der Interdependenz des Lernens von Menschen und Systemen im  Rahmen der Organisationsentwicklung. Und trotzdem gibt es beim Lernen im Rahmen von Organisationsentwicklung Lerndimensionen, die eher personalen und andere, die eher systembezogenen Charakter haben. Wesentlich ist jedoch, daß personales Lernen im Sinne der OE-Theorie nur im Kontext des Systems stattfinden kann und umgekehrt, daß ein „Systemlernen" nur stattfinden kann, wenn sich auch die System-Mitglieder lernend entwickeln. Das Lernen von Menschen und Systemen im OE-Prozeß ist also ein dialektischer Prozeß, der die Interdependenz zwischen Individuum und System zum zentralen Lernthema macht. Ich will nun im folgenden versuchen, einige Lernfelder zu beschreiben, die im Rahmen von Organisationsentwicklung Bedeutung haben. Dabei gibt es durchaus eine unterschiedliche Gewichtung zwischen eher personalen und eher systembezogenen Lernfeldern. Das Grundprinzip bleibt jedoch: Lernen im Rahmen von Organisationsentwicklung heißt immer: Individuen und Systeme lernen gemeinsam und aneinander.

Doch vorab möchte ich die aus meiner Sicht zum Verständnis von Lernen im Rahmen von Organisationsentwicklung relevanten Gestaltungsmerkmale von OE-Prozessen beschreiben und mögliche Implikationen für eine metadidaktische Relevanz daraus ableiten.

4.2.1 Lernen im Rahmen von Organisationsentwicklung ist „Ganzheitliches" Lernen

Eine wesentliche Grundlage des Lernens von Menschen im OE-Prozeß ist die Tatsache, daß verschiedene Lern-Dimensionen verknüpft und integriert gefördert werden. Die klassische lernzielorientierte Didaktik spricht von drei Lernziel-Kategorien, die Hilbert Meyer (1974:80 f.) wie folgt definiert:

- **Kognitive Lernziele** beziehen sich auf Denken, Wissen, Problemlösung, auf Kenntnisse und intellektuelle Fähigkeiten.

- **Psycho-motorische Lernziele** beziehen sich auf die manipulativen und motorischen Fertigkeiten eines Schülers.

- **Affektive Lernziele** beziehen sich auf die Veränderung von Interessenlagen, auf die Bereitschaft, etwas zu tun oder zu denken, auf Einstellungen und Werte und die Entwicklung dauerhafter Werthaltungen.

Wilhelm Peterßen sieht hier eine Entsprechung zu den „...traditionellen Bezeichnungen deutschsprachiger Didaktik - Wissen, Können, Haltung..." (Peterßen 1991:121) und auch die Nähe zu Johann Heinrich Pestalozzis pädagogischer Formel vom „Lernen mit Kopf, Herz und Hand" ist deutlich.

In der betrieblichen Bildungsarbeit hat sich daraus abgeleitet ein Modell entwickelt, das als „ganzheitlich-integratives" Ausbildungskonzept, vor allem in der Berufsausbildung, aber auch in der betrieblichen Weiterbildung Eingang fand. Dieses Modell (vgl. Abbildung 39) habe ich zusammen mit einigen Kollegen (Butsch/Gairing/Riedl/Peterßen 1991:40 ff.) wie folgt definiert:

- „Als **Fachkompetenz** wird das Gesamt aller beruflich-spezifischen Qualifikationen, Fertigkeiten und Kenntnisse bezeichnet, also das, was jemand haben und können sollte, um einen bestimmten Beruf hinreichend ausüben zu können. Letzten Endes handelt es sich hier um jene Inhalte, die der Ausbildungsrahmenplan enthält und vorgibt.

- Als **Sozialkompetenz** wird das Gesamt aller Qualifikationen, Fertigkeiten und Kenntnisse bezeichnet, deren jemand bedarf, um mit anderen zusammenzuarbeiten und -leben zu können. Hierher gehören beispielsweise Fähigkeiten der Kommunikation ... soziale Beziehungen, Einstellungen wie Toleranz.

- Als **Methodenkompetenz** wird das Gesamt aller Qualifikationen, Kenntnisse und Fertigkeiten bezeichnet, die jemanden instand setzen, sich selbst alle benötigten Informationen zu beschaffen. Dazu gehören die Beherrschung von Lerntechniken, die Fähigkeit zur Lebensplanung, das Wissen um Informationszentren."

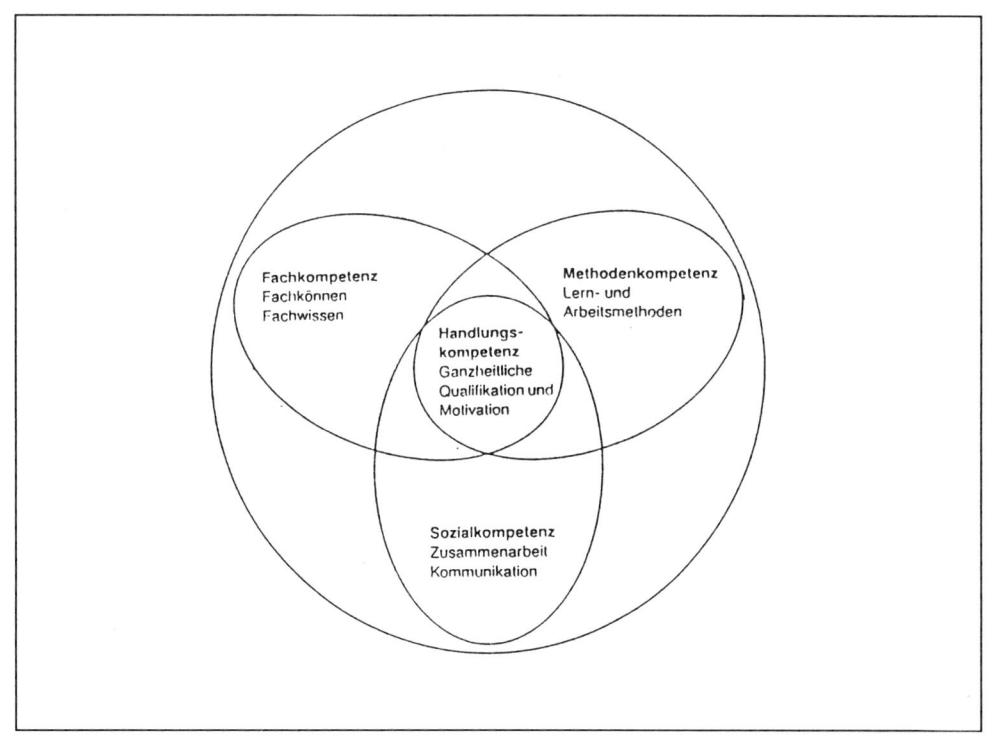

Fachkompetenz
Fachkönnen
Fachwissen

Methodenkompetenz
Lern- und
Arbeitsmethoden

Handlungs-
kompetenz
Ganzheitliche
Qualifikation und
Motivation

Sozialkompetenz
Zusammenarbeit
Kommunikation

Abbildung 39: Ganzheitlich-integratives Lernmodell

Ich möchte mich mit meinem didaktischen Verständnis auf diese integrative Sichtweise beziehen, weil ich dieses Modell von „ganzheitlichem Lernen" - im Anklang an die schon zweihundert Jahre alte Erkenntnis Pestalozzis - für eine nützliche und umfassende Beschreibung halte, um Menschen neben dem Er-Lernen von intellektuellem Wissen sowie kognitiven Kenntnissen und rationalen Fakten, auch soziale, kommunikative und personale, emotionale Kompetenzen, wie auch methodische Kompetenzen zur Reflexion und Gestaltung von Arbeits-/Lern- und Lebensprozessen zu ermöglichen.

Dies scheint mir ein nützliches Modell zu sein, um den „alten" humanistischen und bildungstheoretischen Anspruch „...Bildung und Erziehung haben die Aufgabe, dem unmündigen Menschen zur Mündigkeit zu verhelfen..." (Klafki 1986:461) einzulösen; auch im Sinne einer der Aufklärung[57] verpflichteten emanzipatorischen Erziehungstheorie (vgl. z.B. Mollenhauer 1968), die Theodor W. Adornos in seinem Aufsatz „Erziehung - wozu?" (Adorno 1971b) auf den Punkt bringt:

---

[57] Im Sinne Kants: „Aufklärung ist der Ausgang des Menschen aus seiner selbstverschuldeten Unmündigkeit. Unmündigkeit ist das Unvermögen, sich seines Verstandes ohne Leistung eines anderen zu bedienen." (Kant 1966: 53)

„Das heißt, eine Demokratie, die nicht nur funktionieren, sondern ihrem Begriff gemäß arbeiten soll, verlangt mündige Menschen. Man kann sich verwirklichte Demokratie nur als Gesellschaft von Mündigen vorstellen."

Dieser Anspruch, in der pädagogischen Literatur vielfach und wortreich formuliert, ist für mich letztlich die Grundlage jeder Form von Erziehung, Bildung oder Lehre, die tatsächlich mehr umfaßt als nur ein kognitives Rezipieren von theoretischem Wissen. Doch genau Letzteres scheint mir - entgegen allen anderslautenden Absichtserklärungen - heute vorrangige faktisch gelebte pädagogische Realität in nahezu allen relevanten Bildungseinrichtungen zu sein. (vgl. dazu Gairing 1993:149 /Sembill 1991:10). Die Amerikaner nennen dies etwas despektierlich „mind fucking".

Nach meiner Ansicht ermöglicht der personale Lernprozeß im Rahmen von Organisationsentwicklung ein Lernen in allen drei Dimensionen, in Sozial-, Fach- und Methodenkompetenz, und dies zudem nicht additiv oder summativ, sondern, und auch dies halte ich für eine besondere Qualität dieser Lernform, integrativ, d.h. als faktische „Ganzheit" verzahnt und integriert in den praktischen Alltags- vollzug der Teilnehmer. Ich bin also der Meinung, daß Lernprozesse im Rahmen von Organisationsentwicklung nicht nur per Intention, sondern auch per Funktion „ganzheitlich-integratives" Lernen in der Alltagspraxis der teilnehmenden System-Mitglieder ermöglichen. Eine Begründung dafür möchte ich in den folgenden Abschnitten liefern.

4.2.2 Lernen im Rahmen von Organisationsentwicklung ist Erfahrungs- und Handlungslernen

Schulisches Lernen und auch das Lernen im Hochschul-Studium, also das Lerngeschehen in den großen und institutionalisierten Lern-Organisationen, ist zum größten Teil Lernen (und damit auch Lehren) „auf Halde", will heißen: Es ist antizipierendes auf einen späteren Verwendungszweck vorbereitendes Lernen. (Außer man hat eine englische Brieffreundin...). Das Lernen im Rahmen von Organisationsentwicklung bezieht sich auf die tatsächliche, reale Situation, zumeist auf die Arbeitssituation in einer Organisation. Das heißt es geht nicht um in irgendeiner Form später oder an einem anderen Ort zu verwertende Einsichten und Erkenntnisse, sondern es geht um das „Hier und Jetzt" des Lernens. Dies gilt sowohl für die fachliche, als auch für die methodische und insbesondere die soziale Dimension des Lernens. Denn es geht in den Projekten, Workshops, Teamsitzungen und allen anderen methodischen Foren der Organisationsent- wicklung immer um Themen der konkreten Arbeitspraxis, die die Teilnehmer zumeist selbst als zu behandelnde Themen eingebracht haben. Und das Lernen findet immer im sozialen Austausch mit den konkreten Arbeits-Partnern und Kollegen statt (und nicht wie in herkömmlichen Fortbildungsveranstaltungen in einer bunt gemischten Gruppe von Teilnehmern aus den verschiedensten Herkunfts-Kontexten).

Diese Form des Lernens beschreibt John Dewey bereits 1916 in seinem Werk „Democracy and education" (Dewey 1916) als Erfahrungs- und Handlungslernen. Der Unterricht muß - so Dewey - von einer passiv-literarischen Denkschulung zu einer handlungsorientierten Gestaltung umgewandelt werden. Überraschend ist, daß diese Erkenntnis, die sich von John Dewey über die deutschen Reformpädagogen bis zu aktuellen didaktischen   Forderungen für „einen handlungsorientierten Unterricht" oder der „Förderung forschenden Lernens" mit einer deutlichen Konstanz feststellen läßt, bis dato eigentlich keine wirkliche Bedeutung in der praktischen pädagogischen Arbeit erlangt hat. Detlef Sembill nennt dafür folgende Gründe:

> „So betrachtet, verwundert auch die im Kern unveränderte Struktur aller in der Vergangenheit realisierten Veränderungen des Bildungssystems (...) nicht. Möglicherweise ist diese doch sehr problematische Konstanz angesichts faktisch veränderter individueller und gesellschaftlicher Strukturen ja gerade darin begründet, daß die Emotionen - und damit die Bewertungsdimension und ihre Reflexion bezüglich Denken und Handeln - so konsequent ausgeblendet blieben." (Sembill 1992:10)

Dörner und Kaminski beschreiben die Dimension des Handelns im Zusammenhang mit Handlungslernen wie folgt:

> „Wer handelt, verfügt über einen subjektiven Handlungsraum, eine innere Vorstellung von der Ausgangslage, in der sich der Handelnde befindet, wie auch vom Ziel, das er zu erreichen trachtet. Handeln stützt sich insofern immer auch auf Wissen. Der Akteur verfügt über einen großen Schatz an Kenntnissen und Fertigkeiten, auf den er nicht nur bei der Planung und Ausführung zurückgreift, sondern ebenso auch schon beim bloßen Wahrnehmen der Umwelt. Wissen ermöglicht es ihm, Gesehenes, Gehörtes, Geschmecktes einzuordnen und mit anderem in Verbindung zu bringen." (Dörner/ Kaminski 1987:75)

Erfahrungs- und Handlungslernen ermöglichen heißt also, den Handlungs-, Kommunikations- und Interaktionsprozeß der Gruppe so zu gestalten, daß bei größtmöglicher Selbstverantwortung der Gruppe weitgehende Lern-Erfahrungen - in einem günstigen Falle kognitive, psychomotorische und affektive - von den Individuen und dem sozialen System gemacht werden können. Denn „...durch die Rückmeldung über die Effekte eigenen Handelns erwirbt ein Individuum (und auch ein System/ Anmerkung von mir /F.G.) eine Einschätzung der eigenen Fähigkeit, Situationen zu bewältigen." (Sembill 1992:111)

Um diese Form des Lernens zu ermöglichen, bedarf es allerdings einer „Lehr-Haltung", die sich durch größtmögliche Zurückhaltung und behutsame Interventionen auszeichnet, damit die Verantwortung für das Lerngeschehen und damit auch für die Chance, an Erfahrungen zu lernen bei den Gruppen-Mitgliedern bleibt. Und dazu reicht eben eine „didaktische Technologie" nicht aus. Im Gegenteil: sie verhindert zumeist das, was sie vorgibt zu beabsichtigen:

Selbstgesteuerte Erfahrungen der Lernenden; weil „technokratisch" geplantes und durchgeführtes Lehren die forscherische Neugier der Lernenden und das kreative Lernen durch Erfahrung in zumeist rigide lehrerzentrierte Kanäle zwängt und dadurch unterminiert. Zur Gestaltung offener Lernprozesse scheint es mir vielmehr nötig zu sein, die Gruppe mit einer angemessenen Empathie für die reale Situation und die anwesenden Teilnehmer sensibel wahrzunehmen, den sozial-psychologischen Prozeß zu verstehen und zu begleiten und, wenn nötig, mit spar- und behutsamen Interventionen die Selbstreflexionsfähigkeit des Systems „kon-struktiv irritierend" anzuregen.

4.3 Die Lern-Landschaft im Rahmen von Organisationsentwicklung Prinzipien. Praxis. Workshops.

Ich kann an dieser Stelle nicht die umfassende Prozeß -"Architektur" und die methodische Gestaltung von OE-Prozessen im Detail beschreiben. Dies würde bei weitem den Rahmen dieser Arbeit sprengen. Zum Teil ist das Prinzip eines Prozeß-Designs auch bereits bei der Darstellung der aktuellen Konzepte und Modelle der ausgewählten nordamerikanischen und deutschsprachigen OE-Vertreter geschehen. Um den Kontext des Lernens im OE-Prozeß zu verdeutlichen, möchte ich noch einmal kurz einige zentrale Prinzipien und Grundlegungen und die sich daraus ableitenden „didaktischen" Gestaltungs-merkmale skizzieren:

- Als Grund-Ablaufschema für einen Entwicklungsprozeß kann das Lewinsche Modell der **Phasen eines Veränderungsprozesses** gelten. Lewin ging bei seinem Konzept von den drei Schritten „Unfreezing - Moving - Refreezing" (Lewin 1989a:87) aus.

- Wesentlich für die Planung und Durchführung ist die dezidierte **politische Unterstützung** des Entwicklungsprozesses **durch die Leitung oder das Management** der Organisation.

- Weitere zentrale Rahmenbedingung: **Aktive Beteiligung aller System-Mitglieder** im Entwicklungsprozeß. Diese aktiv-verantwortliche Beteiligung ist eine wesentliche Grundlage für Lernen im OE-Prozeß.

- **Aufgabe des Beraters: Prozeß-Beratung** und nicht Prozeß-Management. Letzteres muß im Sinne des OE-Konzeptes vom zu beratenden Organisa-tionssystem selbst verantwortet und gestaltet werden.

- Methodische Bausteine für Austausch, Planung, Lernen und Reflexion sind **Workshops**, in welchen Selbstdiagnose, Strategie, Teamkonflikte, Organisa-tionskultur, Kommunikation, aber auch die Planung und Gestaltung „harter"

Organisations-Themen (wie z.B. Technik, Ökonomie, Verwaltung, Logistik, Organisationsstruktur, Berichtswege etc.) je nach situativem Bedarf der Teilnehmer bearbeitet werden. Die Workshops sind operative Herzstücke des OE-Prozesses.

- Zur flankierenden und kontinuierlichen praktischen Begleitung des Prozesses und zum Transfer von den Workshops in die Praxis und damit zur Implementierung neuer Kultur- /Technik- oder auch politischer Elemente haben sich gemeinsam geplante und installierte **Projekte** und die dazugehörende Projekt-Gruppen als sehr nützlich erwiesen.

In der Summe ergibt dies eine Prozeß-Konstellation, die gleichzeitig zentrale didaktische Implikationen für Lernen im OE-Prozeß enthält.

Das Organisations-System und die in ihm tätigen Menschen sind für ihren Veränderungsprozeß **selbst verantwortlich**. Der Berater liefert „nur" das methodische Arrangement, innerhalb dessen eine Entwicklung stattfinden kann und bringt seine „Außensicht" als Rückmeldung und für mögliche hilfreiche Impulse in den Prozeß ein. Alle inhaltlichen und strategischen Themen werden dabei vom zu beratenden System selbst geplant, erarbeitet, umgesetzt und evaluiert.

Lernen vor diesem Hintergrund bedeutet also experimentelles Verändern des eigenen Kompetenz-Repertoires (fachlich, sozial, methodisch) durch eigenverantwortliche reflektierte „Schleifen"-Prozesse (vgl. Abbildung 40 und Abbildung 41) im Kontext der Organisations-Realität.

Der Organisationsentwicklungs-Prozeß hat im Prinzip zwei grundlegende „Aktions-Orte". Dies ist zum einen die „Meta-Ebene", wo geplant, diskutiert und reflektiert wird. Meist geschieht dies in Form eines „Workshops" (oder auch eines anderen Arrangements, das Austausch, Planung, Klärung und Prozeßreflexion ermöglicht). Zum anderen ist dies die „Arbeits-Ebene", eben die alltägliche Organisations-Arbeits-Praxis, wo die im Workshop beschlossenen Schritte umgesetzt, erprobt und überprüft werden. Besonders bedeutsam an diesem Dualismus ist, daß die technischen und fachlichen Transferschritte tatsächlich von der „Workshop-Theorie" in die „Arbeits-Praxis" übertragen werden müssen. Hier ist zumindest noch ein kleiner Schritt von der Theorie zur Praxis zu leisten.

Leit-Fragen im Entwicklungsprozeß

1. Ist-Situation (Diagnose)
Wo stehen wir?

3. Operative Schritte (Transfer)
Was ist zu tun?

2. Soll-Ziel (Strategie)
Wo wollen wir hin?

Abbildung 40: Fragestellungen im OE-Workshop

Die sozialen Lernerfahrungen und Planungsschritte werden jedoch bereits konkret und real in der Gruppendynamik der Planungssituation im Workshop - quasi simultan - entwickelt und in der realen sozialen Praxis der Workshop-Arbeit erprobt. Wenn also z.B. eine Veränderung der Kommunikations- und Konfliktkultur oder auch ein neues Führungsverständnis hier vereinbart werden, ist bereits der Entwicklungsprozeß dieser Ziele im Workshop ein reales Testfeld für genau diese angestrebten Ziele. Der begleitende Berater kann bereits - und genau dies ist die Chance des Erfahrungslernens auch im Sinne John Deweys „learning by doing" - durch entsprechende Rückmeldungen einen permanenten Abgleich zwischen angestrebtem Soll-Ziel und tatsächlicher Ist-Situation im Entwicklungsprozeß - quasi oszillierend - verdeutlichen, und den Teilnehmern damit sofort das Delta zwischen zwischen „Anspruch" und „Wirklichkeit" vor Augen führen. Der Lerngegenstand und die Lernmethode werden damit sehr praktisch und konkret verknüpft, da die selbstverantwortliche diskursive Entwicklung - um bei unserem Beispiel der Veränderung der Kommunikations- und Konfliktkultur zu bleiben - des Lernprozesses Weg und Ziel zugleich sind.

Das methodische Arrangement des Workshops bietet hier zweierlei: Zum einen die geschützte Situation des „Lern-Labors", wo Experimentieren und Fehlermachen möglich und erlaubt sind; zum anderen aber doch auch bereits die Echt-Situation durch die Notwendigkeit der sozialen Interaktion mit den „alltäglichen" Kollegen, Mitarbeitern und Vorgesetzten und der „Hypothek" der eingeschliffenen Kommunikationsmuster. Der Workshop ist methodisch also ein zwiefaches: „Lern-Labor" und zugleich „soziale Realität". Durch dieses doppelte Potential des Workshops wird geschütztes Lernen in praxisnaher Konkretion möglich. Diese im Workshop angestoßenen Entwicklungsschritte, gespeist aus einer Mischung von sozialen Erfahrungen, diskursiv geplanten und beabsichtigten Veränderungen und im günstigen Falle Klärungen und Entwicklungs-Impulsen, können und sollen dann in den Arbeits-Alltag transferiert werden.

In einem idealtypischen Fall kann dies so skizziert werden (vgl. dazu Abbildung 41): Eine Organisation (oder ein Team, eine Abteilung, ein Kollegium etc.) hat eine Arbeitssituation **A**. Im Rahmen eines beginnenden Organisationsentwicklungs-Prozesses wird ein Workshop durchgeführt, der zum Beispiel je nach Situation der Organisation in unterschiedlicher Gewichtung die in Abbildung 40 genannten Fragen thematisiert. Aus der Reflexion **R** der Arbeitssituation **A** entwickelt sich eine Idee für eine „veränderte" Arbeitssituation **A'**. Zur Erreichung dieser Situation werden notwendige Schritte (Projekte, Umstrukturierungen, konkrete Veränderungen im Arbeitsprozeß, Kontrollmechanismen etc.) beschlossen. Mit diesen Entwicklungs-Schritten gehen die Teilnehmer in die Praxis - und in einem günstigen Fall ergeben sich Veränderungen und es entwickelt sich eine Arbeitssituation **A'**. Nach einer definierten Zeitspanne wird erneut ein Workshop durchgeführt, der nun rückblickend auf die Arbeitsphase **A'** sich genau dieselben Fragen stellt wie im ersten Workshop, allerdings mit der Spezifizierung: Wie haben wir unsere beabsichtigten Schritte umgesetzt? Was hat sich verändert? Was ist im Alltag untergegangen? Dann ergibt sich - erneut günstige Entwicklungsverhältnisse unterstellt - die Arbeitsphase **A''** auf einem bewußt-reflektierten funktionaleren Arbeits-Niveau. Und so weiter - bis sich das Prinzip der permanenten Selbst-Reflexion als Reflexions- und Problemlösungsmechanismus verselbständigt und Teil des Arbeits-Systems wird.

Dieser wiederholte Schleifen-Prozeß zwischen Arbeits- und Meta-Reflexions-Ebene kann somit in einem günstigen Fall durch die Fähigkeit des Systems zur Selbstreflexion zum einen konkrete Veränderungen im Arbeitsprozeß der Organisation bewirken und zum anderen - und dies scheint mir besonders wichtig zu sein - gleichzeitig die Problemlösungsfähigkeit des Systems und der Individuen, also die Fähigkeit selbst Veränderung zu gestalten, bedeutsam erhöhen. Eben diesen zweiten Effekt - im Batesonschen Sinne „Lernen zwei" - halte ich für ein Lern-Phänomen, das in der klassichen pädagogischen Diskussion nach meiner Kenntnis kaum zur Kenntnis genommen und damit auch nicht diskutiert wird (vgl. dazu auch Kösel 1993:17 ff.).

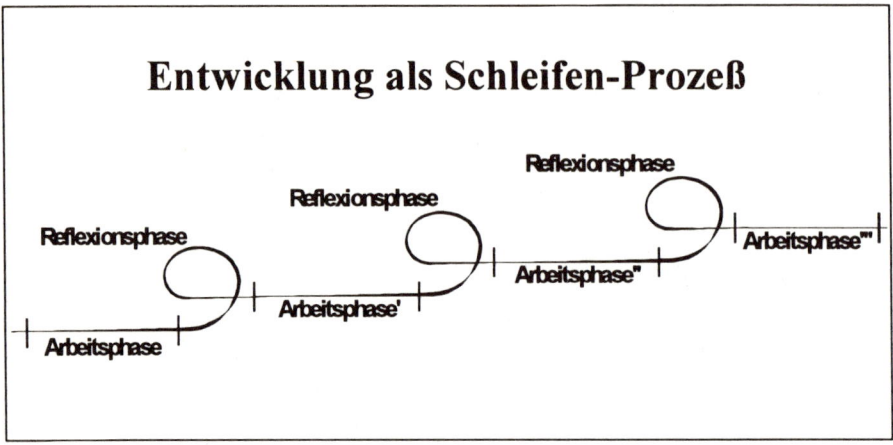

Abbildung 41: Entwicklung als Schleifen-Prozeß zwischen Arbeits- und Reflexionsphasen

Dabei ist der Schritt einer Institution „...sich über ihre Organisation auseinanderzusetzen..immer ein Schritt über den Rubikon. Es werden Entwicklungen in Gang gesetzt, über deren Konsequenzen und Auswirkungen man vorher prinzipiell nie exakte Prognosen abgeben kann..." (Heintel/Krainz 1988:151). Das Einlassen auf einen solchen unwägbaren offenen Entwicklungs- und Lernprozeß scheint mir eine zentrale Grund-Idee für ein neues metadidaktisches Denk-Modell zu sein.

4.4 Das Lernen von Menschen und Systemen im Rahmen von Organisationsentwicklung

Nach diesen grundsätzlichen Prämissen für Lernen im OE-Prozeß und der Skizzierung möglicher metadidaktischer Ableitungen, werde ich im folgenden einige Lern-Dimensionen beschreiben, die im Rahmen eines OE-Prozesses von Bedeutung sind. Dabei konzentriere ich mich vor allem auf Lern-Dimensionen, die sich insbesondere auf soziale, affektive und methodische Veränderungen auf der intra- und interpersonalen Ebene des Systems und seiner Mitglieder beziehen. Fachliche Lernfelder, die sich auf die Technologie, Ökonomie, Struktur und Politik einer Organisation beziehen werden dabei zwar ebenfalls berührt, sollen aber hier nicht explizit zur Sprache kommen.

Wie bereits angeführt, möchte ich bei der Beschreibung der Lern-Dimensionen - trotz der Betonung der Dialektik und Interdependenz des Lernens von Menschen und Systemen im Rahmen der Organisationsentwicklung - aus heuristischen Gründen zum besseren Verständnis eine Untergliederung in „Lernen von Menschen" und „Lernen von Systemen" machen - wohl wissend, daß der faktische Lernprozeß im Rahmen von Organisationsentwicklung seine Dynamik und Energie immer aus der dialektischen Korrelation von Mensch und System bezieht und daß - im Sinne einer metadidaktischen Grundlage „...eine Theorie der Subjektivität von der der Inter-Subjektivität auszugehen hat...." (Retzer /Fischer 1991:137). Das heißt, daß Lernen von Menschen immer in Beziehung zum System-Kontext des Individuums stattfinden muß - was nicht unbedingt bedeuten muß, daß der System-Kontext - in Form aller Beteiligten - immer real anwesend sein muß, aber er muß im Lerngeschehen „miteinbezogen" sein, und umgekehrt: Ein soziales System kann nur dann lernen, wenn auch die System-Mitglieder lernen. Von ganz besonderer Bedeutung für das Lernen im OE-Prozeß ist eben auch die Interdependenz zwischen Individuum und System: „Das was zwischen den an einer Beziehung beteiligten Subjekten liegt, tritt in den Blickpunkt: Die Beziehung und deren Bewegung über die Zeit" (Retzer /Fischer 1991:137).

Ich will nun im folgenden einige Lern-Dimensionen exemplarisch beschreiben, die im Rahmen von Organisationsentwicklung Bedeutung haben. Dabei ist es nicht meine Absicht, eine vollständige Beschreibung aller möglichen Lernfelder zu geben, sondern ich möchte anhand einiger - wie ich denke für Organisations-Veränderungs- und Entwicklungsprozesse besonders relevanter - Lern-Dimensionen verdeutlichen, was denn überhaupt im Rahmen von Organisationsentwicklung gelernt werden kann. Um die unterschiedlichen thematischen

Gewichtungen hinsichtlich der beiden Lern-Adressaten „Menschen" und „Systeme"- trotz ihrer dialektischen Verwobenheit - zu verdeutlichen werde ich zuerst einige Lern-Dimensionen von Menschen und dann im zweiten Schritt Lern-Dimensionen von Systemen beschreiben.

4.4.1 Was lernen Menschen im OE-Prozeß ?

4.4.1.1 Selbst-Verantwortung: Standpunkte klären und Interessen vertreten

„Standpunkte klären und deklarieren" ist aus meiner Sicht ein zentrales personales Lernfeld, das im Rahmen der OE-Arbeit angestoßen und gefördert wird. Im Rahmen eines OE-Prozesses sind die System-Mitglieder in vielfältiger Weise aufgefordert, ihre persönlichen Standpunkte immer wieder darzulegen, zu reflektieren, mit anderen zu kommunizieren. Durch die grundsätzliche didaktische Prämisse der Verantwortung der Teilnehmer für den Veränderungsprozeß als Grundvereinbarung des gesamten Organisationsentwicklungs-Prozesses und ins-besondere auch durch die methodische Gestaltung des Workshop-Arrangements *muß* jedes Systemmitglied in irgendeiner Form seine Interessen an diesem Prozeß veröffentlichen, dies kann auch dadurch geschehen, daß er „keine Interessen" deklariert, was grundsätzlich zu respektieren ist. Im Sinne des ersten Axioms der Kommunikationstheorie (Watzlawick et. al. 1969) ist aber auch „kein Standpunkt" ein zu verantwortendes Verhalten, das Auswirkungen auf einen sozialen Entwicklungsprozeß hat. Über diese Wirkung des jeweiligen Verhaltens (ob Reden oder Schweigen; ob Standpunkte vertreten oder nicht...) sollte das Individuum Erkenntnisse gewinnen, um damit mehr Einsicht in die Konsequenzen des eigenen Verhaltens - so oder so - zu gewinnen.

Das heißt, der Workshop-Prozeß lenkt die Verantwortung sehr radikal auf die anwesenden System-Mitglieder. Der Berater muß demgemäß seine Interven-t ionen so gestalten, daß er die Zirkularität des Diskussions-, Reflexions- und Entwicklungsprozesses im Organisations-System (Gruppe, Team, Kollegium, Bereich, Vorstand etc.) fördert und dadurch die interagierenden Personen dabei unterstützt, Stellung zu beziehen, Standpunkte zu deklarieren und Interessen zu verteten.

Ein schönes Konstrukt, das diese - in meinem Verständnis - metadidaktische Grundidee beschreibt, ist Ruth Cohns Postulat „Sei dein eigener Chairman". Cohn beschreibt dieses Postulat folgendermaßen:

> „Die Aussage „sei dein eigener Chairman" in interaktionellen Gruppen bedeutet: Übe dich, dich selbst und andere wahrzunehmen, schenke dir und anderen die gleiche menschliche Achtung, respektiere alle Tatsachen so, daß du den Freiheitsraum deiner Entscheidungen vergrößerst. Nimm dich selbst, deine Umgebung und deine Aufgabe ernst. Mein eigener Chairman zu sein, bedeutet, daß ich mich als einzigartiges psycho-biologisches autonomes

Wesen anerkenne - begrenzt in Körper und Seele, in Raum und Zeit und lebendig im lernenden schaffenden Prozeß. Ich bin verantwortlich für meine Anteilnahme und meine Haltungen, nicht aber für die des anderen." (Cohn 1986:121 f.)

Dabei scheinen mir zwei Dinge besonders bedeutsam zu sein. Zum einen geht es um die unmittelbare individuelle und nicht delegierbare Verantwortung des Einzelnen für sich und seine Interessen, die in der Workshoparbeit betont, gefördert und auch geschützt werden. Zum anderen wird in einem OE-Workshop eben nicht nur Selbst-Verantwortung als Selbsterfahrungs-Selbstzweck mit „klinischen Laborthemen" geübt, sondern es geht um das Befördern und Einüben von personaler Verantwortung im Entwicklungsprozeß des eigenen Arbeitsfeldes, um reale und konkrete Alltags-Themen. Die Tatsache, daß Selbst-Verantwortung im Kontext des realen Arbeitsalltags, mit den alltäglichen Themen und den alltäglichen Kollegen, Mitarbeitern und Vorgesetzten befördert wird, gibt der Cohnschen Chairman-Formel eine zusätzliche Bedeutung und eine neue Qualität.

4.4.1.2 Offene Kommunikation. Zusammenarbeit. Konfliktklärung.

Kommunikation bedeutet in diesem Zusammenhang insbesondere die Fähigkeit, offen und klar im interpersonalen Diskurs zu interagieren. In Anlehnung an die Kommunikationstheorie Watzlawicks bin ich der Meinung, daß Kommunikation, verbale und nonverbale, das zentrale und essentielle Medium menschlicher Interaktion ist. Aus diesem Grund kommt der menschlichen Kommunikation - weit jenseits rhetorischer Finesse oder semantischer Zweckrationalität - eine einzigartige Bedeutung in der sozialpsychologischen Arbeit zu. Dies haben bereits die frühen gruppendynamischen Laboratorien erkannt und genutzt, indem sie der offenen Diskussion und dem sich daraus ergebenden Interaktionsprozeß eine zentrale Bedeutung in ihrem methodischen Arrangement zuschrieben. Durch die Erkenntnisse der Kommunikationstheorie hat sich diese Erkenntnis noch einmal verstärkt. Ich will dies an einem Beispiel verdeutlichen. Das zweite Axiom der Kommunikationstheorie von Watzlawick, Beaver und Jackson (1969) lautet: Jede Kommunikation hat einen Inhalts- und Beziehungsaspekt. Der letztere bestimmt den ersteren und stellt daher eine Metakommunikation her.

Sehr häufig wird in OE-Workshops heftig und leidenschaftlich diskutiert. Dabei geht es um den „richtigen" Entwicklungsweg oder die Frage der „richtigen" Entscheidungen oder auch um sachliche Probleme des Arbeitsalltags. Folgt man nun dem zweiten kommunikationstheoretischen Axiom, kann man vermuten, daß hinter diesen Debatten - wie im übrigen in allen anderen vermeintlich sachorientierten Gesprächsszenarien - zumeist andere sozialpsychologische Motive und Antriebe liegen. So sehr auch die sachlich-rationale Dimension der Diskussion betont wird, so sehr kann davon ausgegangen werden, daß es tiefere Motiv-Schichten gibt, die zur Leidenschaft und Beharrlichkeit in der Diskussion führen.

Dies ist nun nicht per se problematisch oder gar verwerflich. Wichtig ist vielmehr, daß die Teilnehmer ein Verständnis für einen solchen Mechanismus entwickeln. Denn die Problematik liegt in der Verwechslung und Verwicklung dieser beiden Dimensionen. Ergibt sich nämlich aus einem solchen „sachlichen" Disput ein Konflikt, der zu grundlegenden Meinungsverschiedenheiten und eventuell sogar zum Beziehungsabbruch führt, dann wäre es höchst naiv zu glauben, man könne durch eine sachliche Klärung der „Meinungsverschiedenheit" das Kommunikationsproblem und damit den Konflikt klären. Stimmt hingegen das Kommunikationsaxiom, daß letztlich die Beziehungsebene die Sachebene determiniert, ist eine Klärung nur möglich, wenn zuallererst die Beziehungs-Themen zwischen den Gesprächspartnern geklärt werden. Ist dies passiert, kann eine sachliche Klärung oder auch ein „Stehenlassen von Unterschieden" meist einigermaßen problemlos erfolgen.

Damit dies geschehen kann, reicht nicht die intellektuelle Kenntnis eines zweidimensionalen Kommunikationsmechanismus', sondern es braucht eine emotionale Haltung der Beteiligten, die ihrer sachlichen Argumentation zugrundeliegende Beziehungsdimension zu thematisieren. Dabei geht es nicht um eine „weinerliche Beziehungsduselei" im Stil studentischer Selbsterfahrungsgruppen der siebziger Jahre (was auch häufig als treffsicheres Vermeidungsargument zur Diffamierung solcher Prozesse benutzt wird), sondern es geht um das Verstehen und Erfahren nützlicher Kommunikationsformen, die Mißverständnisse, Destruktion und Beziehungsabbruch minimieren oder daraus entstandene Konflikte im Sinne einer aufgeklärten Streitkultur konstruktiv zu bearbeiten in der Lage sind.

Auch hier ist die Nähe zur Organisationspraxis und die Anwesenheit der Praxis in Form der realen Kollegen und Vorgesetzten ein gutes Korrektiv, daß der Prozeß nicht in einen „emotionalen Betroffenheits-Sog" gerät. Falls die Gruppe tatsächlich Verantwortung für ihren Organisationsentwicklungs-Prozeß übernommen hat, wird sie sich an dieser Stelle selbst korrigieren. Falls sie dies nicht tut, kann der Berater genau auf diese Selbst-Verantwortung hinweisen.

Besondere Bedeutung für das Thema Kommunikation, Zusammenarbeit und Konflikte hat natürlich die Methode des „Feedback", die ich an dieser Stelle aber nicht mehr weiter ausführen möchte. Wichtig scheint mir nur der Hinweis zu sein, daß sowohl interpersonales Feedback als auch Feedback zum Entwicklungsprozeß zentrale methodische Arbeitsformen sind, um gemeinsame Transparenz über den eigenen sozialen Interaktions- und Kommunikationsprozeß - im Sinne von aufklärender Vergemeinschaftung - herzustellen.

4.4.1.3 Lernen als permanente Selbstreflexion

Selbstreflexion ist „...ein sowohl mächtiges wie einfach zu erlernendes Instrument zur Verbesserung der Problemlösefähigkeit." (Dörner 1982:145) Im Sinn des Deutero-Lernens Gregory Batesons ist das „Lernen zwei" die Fähigkeit, „Lernen zu lernen", das heißt auf einer Meta-Ebene des Lernens wird jenseits der durch Lernen erreichten Veränderungen nach den Mechanismen des Lernprozesses gefragt. Wer förderliche oder hinderliche Bedingungen für den eigenen Lernprozeß kritisch reflektiert, kann zukünftig den eigenen Lernprozeß bewußt wirksamer gestalten (Bateson 1988:362 ff.). Die Qualität des Lernens ist also nicht nur an der Fähigkeit zu messen, Veränderungen im kognitiven, psychomotorischen und affektiven Bereich zu erreichen, sondern den Prozeß des Veränderns bewußt zu reflektieren und sich dadurch selbstverantwortlich lernfähig zu halten. Dieses Lernen auf einer höheren Stufe ist eine zentrale Intention der Organisationsentwicklung, die ja insgesamt zum Ziel hat, die Problemlösefähigkeit des Systems und seiner Mitglieder maßgeblich zu stärken. „Denn von Erfolg kann dann gesprochen werden, wenn die bestehenden Problemlösungs-Routinen durch neue Verhaltensweisen ersetzt worden sind." (Wimmer 1992a:80) Damit sich diese Problemlösungs-Routinen des Gesamt-Systems verändern, ist es nötig, daß sich auch die personalen Problemlösungs-Routinen verändern. Nach meiner Einschätzung ermöglicht diese erworbene „Selbstreflexionsfähigkeit" sowohl des einzelnen als auch des Systems eine entscheidende Entwicklung zu einer bewußteren und meist konstruktiveren Gestaltung der sozialen Interaktionen.

4.4.2 Was lernen Systeme im OE-Prozeß ?

Das Lernen von Systemen ist mehr als die Summe des Lernens der ihm angehörenden Individuen. Auf diese These würde ich, in Anlehnung an die Heisenbergsche Formel über das Ganze und seine Teile, die Beziehung des Lernens von Menschen und Systemen bringen. In der gruppendynamischen Arbeit hat diese Erkenntnis bereits in den vierziger Jahren die spezielle Arbeitsform der Trainingsgruppen und der Laboratorien begründet. Es war Lewin und seinen Mitarbeitern deutlich, daß erst in der Dynamik der Gruppe Verhaltensweisen Raum greifen konnten, die als Summe individuellen Verhaltens zu einer „Gruppen-Kultur" und einer „Gruppen-Dynamik" führt, welche wiederum eine von eigenen sozialpsychologischen Gesetzmäßigkeiten determinierte Eigen-Dynamiken entwickeln. Die Systemtheoretiker haben - übrigens von der gleichen Quelle inspiriert wie auch die Gruppendynamiker, der Berliner Schule der Gestaltpsychologie - diesen Ansatz noch weiter radikalisiert, wenn sie den Freiraum der individuellen Verhaltensoptionen im Geflecht eines sozialen Systems als beinahe marionettenhaft gering ansetzen. Sie betonen, daß das soziale System einem geheimen Kodex von Spielregeln - die das System in seiner Geschichte selbst entwickelt hat - gehorche, was zu einer eng begrenzten Verhaltens-Dramaturgie der System-Mitglieder führe. Nach der Theorie der „operationellen Geschlossenheit lebender Systeme" betonen systemische Berater denn auch die begrenzte Möglichkeit, Systeme in der Eigendynamik ihrer eigenen Entwicklung zu beeindrucken. Das heißt, wer den sozialen Prozeß eines Systems inklusive des Sozialverhaltens der darin agierenden Menschen in irgendeiner Form beeinflussen oder entwickeln will, muß sich der komplexen und „nichttrivialen" Eigen-Dynamik des Systems bewußt sein.

4.4.2.1 Systemlernen als Entwicklung der Organisationskultur

Beim Systemlernen geht es demgemäß nicht nur - wie oben bereits mehrfach erwähnt - um die Entwicklung der Organisation und der in ihr tätigen Menschen. Es geht auch und besonders - in Anlehnung an das OE-Konzept Edgar Scheins - um die kritische und bewußte Reflexion und Weiterentwicklung der gewachsenen Organisationskultur. Unter Organisationskultur versteht Schein: „...Ein Muster gemeinsamer Grundprämissen, das die Gruppe bei der Bewältigung ihrer Probleme externer Anpassung und interner Integration erlernt hat, das sich bewährt hat und somit als bindend gilt; und das daher an neue Mitglieder als rational und emotional korrekter Ansatz für den Umgang mit diesen Problemen weitergegeben wird." (Schein 1995:25) Dazu gehört ein komplexes Bündel von Verhaltensweisen, Gruppennormen, auch bewußte und unbewußte Werte, die „offizielle" Philosophie, die offenen und geheimen Spielregeln, das Klima, Denk-, Wahrnehmungs- und Handlungsmuster etc. Für Schein ist die Fähigkeit, aus der ursprünglich initiierten Kultur auszubrechen und evolutionäre Veränderungsprozesse einzuleiten, die Herausforderung schlechthin. Um sich nun dieser Herausforderung zu stellen, muß die veränderungsbereite Organisation zuallererst die Dynamiken und die Macht der Organisationskultur begreifen. Dafür ist es notwendig, Selbst-Reflexions-Prozesse zu initiieren und die Fähigkeit zu Prozeß-Feedbacks im System zu befördern.

Ein früher und im Sinn einer „didaktischen Weichenstellung" entscheidender Schritt im OE-Prozeß und bereits eine sehr gute Möglichkeit Selbst-Reflexion anzuregen, ist die gemeinsame Systemdiagnose und Kontextanalyse der Organisation. Diese Diagnose umfaßt sowohl die Organisationskultur als auch die technischen, ökonomischen, strukturellen und politischen Dimensionen der Organisation. Bei dieser ersten Diagnose ist es wichtig, die Systemmitglieder sehr eng und verantwortlich in die Diagnosearbeit einzubeziehen. Sie haben zum einen die entscheidenden intimen Detailkenntnisse und wissen, wo die „heißen Eisen" lodern, und zum anderen ist es eine zentrale Absicht des OE-Lernens, die systemeigenen Potentiale zu wecken, zu stärken und damit dem System die Verantwortung für den eigenen Veränderungs- und Entwicklungsprozeß zu überlassen. Nur dadurch kann die eigene Prozeßkompetenz und die Fähigkeit zur Selbstreflexion angestoßen und entwickelt werden. Im sozialen und kommunikativen Lernprozeß des Organisationssystems gilt es also, die herrschende Organisationskultur „zur Sprache" zu bringen, deren weitreichende Konsequenzen für die Zusammenarbeit, das Arbeitsklima, die Führungskultur, zu verdeutlichen und eventuell mögliche Kultur-Entwicklungsschritte zu planen.

4.4.2.2 Macht. Spielregeln. Rituale. Tabus.

Essentielles Thema in Organisationen und damit auch in OE-Prozessen ist das Thema Macht. Dabei geht es zum einen um Hierarchie und Macht qua offizieller  Stellung im politischen Gefüge der Organisation. Es geht aber zum anderen und insbesondere auch um „die im Untergrund" tätige Macht im System. Aus sozial-psychologischer Sicht ist der „Wille zur Macht" eines der vitalsten und beherrschendsten Motive im Interaktionsprozeß der Organisation. Es kann nun überhaupt nicht darum gehen, das Machtstreben als solches moralisch zu diffamieren, vielmehr ist es wichtig das Machtstreben als eine essentielle Dimension in der Sozio-Dynamik zu begreifen. Allerdings ist es auch hier notwendig und wichtig, durch kritische Selbst-Reflexion von Individuen und System, die schwierige Dynamik und Energie eines nicht-reflektierten und diffusen Macht-Gerangels zu erkennen und Konsequenzen und Risiken einer solchen Dynamik für den Gesamtprozeß der Organisation zu thematisieren, zu reflektieren und gegebenenfalls Veränderungen zu veranlassen. Was allerdings in der Praxis-Realität - und ich spreche hier aus eigener Erfahrung - ein langwieriges und mühsames Unterfangen ist, weil die Aufgabe von Macht, das Loslassen von „alten" Macht-Attitüden offensichtlich ein tief archaisches Verhaltensmuster, das zudem in einer Aura zwischen Mythos und Tabu beheimatet ist, berührt. Auch führt der vermeintliche Verlust von Macht auf einer tiefenpsychologischen Ebene zu irrationalen Panik-Phantasien, die nur sehr schwierig im interpersonalen Diskurs zu klären sind. Hier liegen im Verständnis der systemischen Organisa-tionsentwicklung die mächtigen Phänomene einer „operationellen Geschlossen-heit des Systems". Denn hier kann mit Engelszungen ein partizipativer Führungs- stil postuliert werden, wenn ja die eigene Macht-Sphäre davon unberührt bleibt. Am Thema Macht wird auch deutlich, wie sehr modische Liberalität und sonstiger schicker Management-Tand postuliert werden kann, ohne daß sich in der System-Realität irgendetwas ändern muß. Die wohlfeilen Worthülsen gepaart mit einschlägigen PR- und CI-Programmen gaukeln eine „andere" Kultur vor, man merkt jedoch beim Blick - aus einer notwendigen System-Distanz (!)- „hinter die Kulissen der Organisation" (Selvini et. al. 1985) an zentralen Kultur-Parame-tern wie Macht, Wertschätzung und Karriere, daß die Bereitschaft zur Verände-rung dort aufhört, wo es ans Eingemachte geht. Dazu wird im Abschnitt „Grenzen, Risiken, Mißverständnisse und Verführungen" zu berichten sein.

Mara Selvini Palazzoli ist überzeugt davon, daß letztlich „... die Macht... weder beim einen noch beim anderen (liegt). Die Macht liegt in den Spielregeln, die sich in dem pragmatischen Zusammenspiel aller Beteiligten im Laufe der Zeit herausgebildet haben." (Selvini et. al. 1981:15) Das heißt entsprechend dem Konzept der systemischen Beratung, daß es nicht darum geht, die Verhal-tensweisen von Einzelnen zu verändern, sondern darum, das Zusammenspiel aller Beteiligten zu analysieren und in bezug auf seine Funktionalität hinsichtlich des angestrebten Organisationsziels zu hinterfragen. Die geheimen Spielregeln sind deshalb besonders bedeutsam, weil sie ihre Kraft im Nebel der Intransparenz entfalten. Sie sind damit nicht an der Oberfläche greifbar und dem rationalen Diskurs zugänglich, sondern sie sind unter der Oberfläche aktiv. Dort, im Bereich der blinden Flecke des Systems entfalten die geheimen Spielregeln ihre Macht als zuverlässige „ungeschriebene" und unhinterfragte und unhinterfragbare Gesetzmäßigkeiten der Organisationskultur, vom System im Laufe seiner Geschichte meist unbewußt entwickelt. Diese Spielregeln, die als „under-cover"-Dynamik wesentlich zum Klima und zur Kultur einer Organisation beitragen, sind häufig ganz entscheidende Stellhebel für Entwicklungs- und Veränderungsprozesse. Denn sie regeln das eigentliche Leben der Organisation jenseits von offiziellen „Kultur"- Absichtserklärungen und jenseits aller Image- und CI-Kampagnen. Meist auch jenseits von technokratischen Reorganisationsprozessen. Denn in den Spielregeln des Systems manifestieren sich die Sozialisations- und Verhaltensmuster des Organisationssystems und die sind - aus Gründen, die in der Theorie von der „operationellen Geschlossenheit lebender Systeme" bestechend verdeutlicht werden - weitgehend resistent gegen sozialtherapeutische Veränderungs- und Entwicklungsabsichten. Viele Prozesse einer geplanten Organisations-Veränderung scheitern an der Hartnäckigkeit und am selbst-referentiellen Eigen-Sinn dieser Spielregeln.

Wenn es gelingt, im Rahmen eines Organisationsentwicklungs-Prozesses diese Spielregeln, etwa in Form von Gegenparadoxien oder paradoxen Interventionen, in den Fokus des Systems zu rücken und eine kritische Betrachtung und Bearbeitung anzustoßen, kann sich aus der Veränderung der Organisations-Spielregeln eine breite Veränderung der gesamten Organisations-Kultur ergeben. Die Kunst des Beraters muß hier sein, die unbewußten und kulturprägenden Spielregeln einer Organisation zu identifizieren und geeignete Formen zu finden, diese dem System „lernträchtig" zurückzuspielen. Welche Form der Berater dazu wählt, hängt - im Sinne der Nichttrivialität lebender Systeme - von seiner situativen Einschätzung ab, welche Intervention die besten Chancen hat, das System an dieser Stelle zu beeindrucken. Mit Sicherheit kann davon ausgegangen werden, daß die Arbeit an einer solchen Selbst-Aufklärung als längerfristiger Prozeß angelegt sein muß, so daß die Organisationsmitglieder ausreichend Zeit und Raum haben, die Konsequenzen bereits geringfügiger Modifikationen bei den Spielregeln zu erfahren und dabei unterstützt werden, selbst bei der Ent-Schleierung solcher Spielregeln aktiv zu werden. Auch hier gilt erneut die Batesonsche Erkenntnis des Deutero-Lernens: Es kommt zum einen darauf an, diese Spielregeln, Tabus, Rituale und Kultur-Gesetze der sozialen Interaktion zu erkennen, zu verstehen, zu akzeptieren und sie falls für notwendig erachtet, in nutzbringender Weise zu verändern. Es ist zweitens jedoch mindestens genauso wichtig, den Prozeß dieser Entschleierung und Enttabuisierung als Lernprozeß zu reflektieren, um damit zumindest in gewisser Weise, die Fähigkeit des Systems zu stärken, neue Spielregeln nicht völlig einer unreflektierten Eigen-Dynamik zu überlassen.

4.4.2.3 Systemlernen als Prozeß der Selbst-Aufklärung

Die Fähigkeit des Systems zur Selbstreflexion - entprechend der je eigenen Möglich-keiten und Dispositionen des Systems - ist entsprechend den Ausführungen in den vorhergehenden Abschnitten das zentrale System-Lernziel, denn „...Inzwischen ist es wohl unbestritten, daß die Fähigkeit zur Selbstreflexion und das Verfügenkönnen über metakommunikative Kompetenzen als konstitutive Elemente jener Qualifika-tionsbereiche angesprochen werden können, die ...unter dem Begriff der „sozialen Kompetenz" zusammengefaßt werden." (Wimmer 1993b:113) Dies gilt sowohl für Individuen wie auch für Systeme.

Im gesamten OE-Prozeß geht es vordringlich um diese „Selbst-Aufklärung" des Einzelnen, aber vor allem auch des Systems. Durch die eigenen Erfahrungen mit dem Veränderungs- und Entwicklungsprozeß, durch die individuell erlernte Fähigkeit zur persönlichen Selbstreflexion, durch geschickte Interventionen und Hinweise des Beraters, soll das Organisationssystem ein zunehmendes Selbst-Verständnis über die eigene Organisationskultur, über die „geheimen Spielregeln", über Kommunikations- und Konfliktmuster und über die verdeckten und offenen Unternehmensziele, über Tabus und Rituale bekommen - und natürlich auch über technische, ökonomische, strukturelle und politische Parameter der Organisation.

Ob diese „Selbst-Aufklärung" durch aufwendige gruppendynamische Prozesse geschieht oder durch direkte und tabulose „survey-feedbacks" externer Berater oder wie im Fall der systemischen Organisationsberatung durch geschickte Gegenpara-doxien, die die beinahe in trancehaften Automatismen verlaufenden Paradoxien im Organisations-Verhalten unterbrechen und damit das System „konstruktiv irritieren", scheint mir letztlich zweitrangig zu sein und ist vor allem auch aufgrund der jewei-ligen individuellen Situation vom Organisationsberater auch entsprechend seines Auftrages, den ihm das System gegeben hat[58] zu entscheiden. Wichtig ist, daß das generelle Doppel-Ziel der Organisations-entwicklung, aktuelle Probleme zu bearbei-ten und wenn möglich zu lösen **und** die eigene Problemlösefähigkeit des Systems langfristig zu stärken nur dann erreicht werden kann, wenn die Selbstreflexions-kompetenz des Systems und der Systemmitglieder faktisch und nachhaltig entwickelt werden konnte.

„Systemreflexion war die längste Zeit in der Menschheitsgeschichte zwecklos, verboten oder in der Utopie verbannt. Erst die Neuzeit begann über Gesellschaft, Organisation, Struktur nachzudenken, zunächst allerdings mehr theoretisch, von außen, etwa aus soziologischer Beobachterperspektive. Erst neuerdings kommt es unter Veränderung von klassischen Wissenschaftsparadigmen zu „praktischen Systemreflexionen", das heißt zu

---

[58] Zum Thema Auftrag und Auftragsklärung im Rahmen eines OE-Prozesses wäre noch viel zu sagen, da der Auftrag den grundlegenden Kontrakt - auch bezüglich der didaktischen Implikationen - zwischen Berater und System regelt. In der Beratungstheorie wird der Auftragsklärung eine besonders entscheidende Bedeutung für die Anlage und Weichenstellung eines OE-Prozesses beigemessen, bei der immer auch die - meist problematischen - Lösungs-Suggestionen des Systems zu beachten sind.

solchen, an denen die im System, in der Organisation Lebenden selbst beteiligt sind; sie werden meist mit dem Ziel durchgeführt, etwas zu verändern oder zu verbessern." (Heintel/Krainz 1988:143)

Wird die Fähigkeit zur Systemreflexion entwickelt, kann aus meiner Sicht von Selbst-Aufklärung, von Entwicklung in Richtung Mündigkeit und Emanzipation gesprochen werden. Und zwar sowohl beogen auf Individuen wie auch in einem systemischen Verständnis. Theodor W. Adorno beschreibt dies - in einem Interview - so:

> „Die Herstellung der Erfahrungsfähigkeit bestünde sehr wesentlich im Bewußtmachen und damit im Abbau dieser Verdrängungsmechanismen und Reaktionsbildungen, die in den Menschen selber ihre Erfahrungsfähigkeit verkrüppeln... Gerade in der Berufsbildung ... sind eine gesteigerte Erfahrungsfähigkeit und ein erhöhtes Reflexionsniveau notwendig, um im ständigen Wechsel der Verhältnisse zu bestehen und das, was Sie den „Druck der verwalteten Welt" genannt haben, auszuhalten...Insofern sind Erziehung zur Erfahrung und Erziehung zur Mündigkeit...miteinander identisch." (Adorno 1971b:115 f.)

Aus diesen genannten Gründen halte ich eine metadidaktische Konzeption, die „selbst-aufklärende" Lernprozesse bewirken kann, für sinnvoll und rezeptions-würdig. Daß die Organisationsentwicklung grundlegende und „neue" Erkenntnisse zum menschlichen Lernen und zur individuellen und sozialen Entwicklung liefert ist m.E. unbestreitbar, denn „...In prinzipieller Hinsicht scheint sich in der menschlichen Organisationsentwicklung damit etwas Epochales zu ereignen: Erstmals dürfte es möglich und notwendig sein, die Organisationserfahrung einzelner zum gemeinsamen Reflexionsgegenstand zu machen und aus dieser Reflexion heraus Organisation zu bestimmen und zu verändern. Die Organisation als Ganzes gesehen ist nicht mehr tabu, sondern der würdigste aller „Gegenstände". In Arrangements, in denen sich alle betroffenen Mitglieder zu ihr äußern dürfen und in denen ein gemeinsames Verständnis der Situation erreichbar wird, tritt zusätzlich noch dreierlei auf: Erstens, man kommt Vorstellungen von Demokratie einen Schritt näher, zweitens, schöpft man aus der Erfahrung aller (eine reichere Quelle als viele glauben) und drittens, wird Reflexion damit „organischer". Sie steht nicht mehr theoretisch der Organisation gegenüber (...), denkt nicht mehr nur „über" sie nach, sondern denkt in ihr, womit sich eine Chance eröffnet, Organisationen von über-flüssiger Künstlichkeit zu befreien." Heintel/ Krainz 1988:152 f.)

4.5 Vier Postulate zur metadidaktischen Relevanz

Ich will im folgenden vier Postulate formulieren, die mögliche metadidaktische Impulse für den erziehungswissenschaftlichen Diskurs skizzieren.

1. Wenn Lernen neben kognitiven und psychomotorischen Zielen auch oder insbesondere affektive Ziele erreichen soll, wenn neben fachlichen Kompeten-

zen auch oder insbesondere soziale und methodische Kompetenzen entwickelt werden sollen, dann muß nach meiner Überzeugung ein Lernprozeß so gestaltet werden, daß es dem (oder besser den) Lernenden ermöglicht wird durch selbständiges Handeln Lern-Erfahrungen zu machen. Dazu ist es notwendig, daß individuelle und soziale Lern-Dimensionen in einem offenen, d.h. vom Lehrenden weitgehend unstrukturierten und auf die aktuellen Interessen und Bedürfnisse der Teilnehmer ausgerichteten Lernprozeß verzahnt werden und sich dadurch eine zirkuläre Sozio-Dynamik entwickeln kann, die erst das individuelle soziale und affektive Handeln im Sozial-System in der Interdependenz zwischen Individuum und Gruppe ermöglicht. Dabei muß den „Spielregeln" der Interaktion sowie der Gruppendynamik besondere Beachtung geschenkt werden.

2. Wirklich wesentliche Lern-Dimensionen werden erst durch das berührt, was Gregory Bateson „Lernen zwei" nennt. Vokabeln lernen ist ein repetitiver Kognitionsvorgang. Zu lernen wie man Vokabeln lernt, ist auf einer Meta-Ebene eine Kognition der Kognition und damit das Lernen der Fähigkeit zur „Selbst- und Prozeß-Reflexion". Dieses Lernen zweiter Ordnung ist „aufklärerisch" und zielt auf ein bewußteres, reflektierteres und damit letztlich mündigeres Verhalten.[59]

3. Didaktische Arbeit kann nur so gut (oder so schlecht) sein, wie die sie umgebende Organisations-Kultur dies zuläßt, weil in jeglicher pädagogischer Arbeit die soziale Kultur der Kultur-Mitglieder (Pädagogen, Lehrer oder Helfer) eine zentrale didaktische Funktion hat (und zwar unabhängig davon, ob dies die Kultur-Mitglieder wollen oder nicht). Die Organisationskultur der pädagogischen Institution determiniert von daher die didaktische Arbeit essentiell. Dies gilt insbesondere, wenn verhaltensbezogene, soziale und/oder affektive Lernziele ange-strebt werden. Eine entscheidende Veränderung der didaktischen Prinzipien bedarf also vorweg einer kritischen Reflexion der Organisationskultur, der System-Spielregeln, der Tabus und Rituale durch die Systemmitglieder, denn „...die Institution Schule ist nicht aus dem Zweck des Unterrichts gedacht und nicht als Verwirk-lichung solcher Gedanken entstanden, sondern ist da, vor der Didaktik und gegen sie." (Bernfeld zitiert in: Müller, C.W. 1982:15)

4. Wer als BeraterIn, HelferIn oder LehrerIn andere zu Sozialkompetenz, Deutero-Lernen, Selbst-Reflexion und Mündigkeit befördern will, braucht selbst die Fähigkeit zur Selbst-Reflexion. Er/sie muß in der Lage sein, die Determinanten seiner eigenen „subjektiven Didaktik" kritisch zu reflektieren, die eigenen Wert-haltungen, Lebensmuster, Verhaltensrituale, Wahrnehmungsraster und die eigenen Wirklichkeitskonstrukte. Denn in allen Konfliktsituationen pädagogischen Handelns „...tritt die in der allgemein- und

---

[59] Vgl. dazu auch Th.W. Adornos Beschreibung von Lernen und Mündigkeit (1971b).

fachdidaktischen Literatur für sinnvoll gehaltene unterrichtliche Intervention hinter der in uns vorgeprägten Erfahrung zurück...der Pädagoge (greift) beim Handeln unter Druck auf die als komprimierte Kognition eingeschliffene Routine zurück." (Wahl zitiert in: Lindemann 1991:21) Aus diesem Grund bedarf eine metadidaktische Theorie nicht zuvorderst eine ausgefeilte Unterrichtstechnologie, sondern die kritische Selbst-Reflexion des Arrangeurs von Lernprozessen.

4.6 Grenzen. Risiken. Verführungen.

In diesem Abschnitt werde ich mich mit den Grenzen, Risiken und Verführungen im Rahmen der Arbeit der Organisationsentwicklung auseinandersetzen und damit auch mögliche Forschungsfelder umreißen, die für die praktische und theoretische Weiterentwicklung der Organisationsentwicklung bedeutsam sein könnten.

4.6.1 Die „lern-unwillige" Organisation: Widerstand. Macht. Hierarchie.

In seinem Aufsatz „Lernende oder lernunwillige Organisation" postuliert Jürgen Boss (1993:29) zwei Thesen, die Grenzen im Rahmen der OE-Arbeit markieren:

- „Lernen im hierarchischen Kontext ist auf hierarchiekonforme Inhalte begrenzt.

- Wissen, das die Hierarchie in Frage stellt, (wird) neutralisiert."

Boss postuliert diese Thesen als Fazit seiner mehrjährigen Erfahrungen als unterneh-mensinterner Organisationsberater in einem umfassenden Entwicklungsprojekt. Er beschreibt, wie die „selbst-reflexiven" Erkenntnisse der beteiligten Mitarbeiter, die letztendlich eine Ent-Hierarchisierung der Organisation als Konsequenz ihrer Projekterfahrungen forderten, von den Projektleitern und Linien-Managern konsequent abgebogen wurden, indem sie die „hierarchische Notbremse" zogen. Das heißt, sie zensierten die gemeinsamen Erkenntnisse und Schlüsse aus der Projekterfahrung in der Veröffentlichung der Ergebnisse an das Top-Management mit dem Hinweis „...was hier veröffentlicht wird bestimmen wir. Ober sticht Unter..." (Zitat eines Projektleiters/ in: Boss 1993:33).

Grenzen der System-Reflexion und der System-Aufklärung sind häufig dann erreicht, wenn etablierte Machtpositionen und Hierarchiekonstellationen bedroht sind. Wenn die - ungeschriebenen - Grundsätze des Systems in Gefahr scheinen, werden alle zur Verfügung stehenden Widerstandspotentiale mobilisiert und die Gefährdung durch Aufklärung und Mündigkeit relativiert, neutralisiert oder ganz offen mit aller Macht der hierarchischen Autorität niedergeschlagen. Die Mittel für solchen Widerstand sind vielfältig. Überhaupt ist es für einen Organisationsberater - selbst für altgediente und abgebrühte, wie mir viele Beraterkollegen berichteten - immer wieder überraschend, welches kreative Feuerwerk an Widerstand bei einer vermeintlichen Bedrohung organisations-archaischer Macht-Bastionen abgebrannt werden kann. Ich will einige Widerstandsformen - aus meiner eigenen Erfahrung aus dem industriellen Kontext - anhand einiger einschlägiger „Reaktionen" skizzieren.

- **Diffamierung**
  - „Wir müssen hier Maschinen bauen und keine albernen Psychospiele machen...."
  - „Dieses Rumdiskutieren nutzt doch eh nichts, jetzt sollten wir endlich wieder an unsere Arbeit gehen ..."

- **Rationalisierung**
  - „Ich halte diesen Prozeß schon für wichtig, aber die Vorstandsentscheidung über die Einführung von EDV-Vernetzung im Entwicklungsbereich hat im Moment einfach Vorrang ..."

- **Verzögerung**
  - „Können Sie nicht noch einmal ein Gutachten über die Notwendigkeit eines neuen Arbeitsplatzbewertungssystems in diesem Prozeß erstellen lassen. Wenn wir das haben, können wir ja noch einmal ..."

- **Nebenkriegsschauplätze eröffnen**
  - „Wissen Sie, die eigentlichen Probleme liegen ja darin, daß der Vertrieb es bis heute nicht geschafft hat, wirklich effiziente Marktstrategien zu entwickeln. Und solange dies nicht geschieht, können wir auch beim besten Willen nichts verändern ..."

- **Autoritäre Unterdrückung**
  „Die Berater haben versagt. Der Veränderungs-Prozeß ist mißlungen. Wir kehren zu unseren bewährten Verhaltensweisen zurück. Management heißt nicht basis-demokratisches Herumdiskutieren, sondern ich entscheide, daß in Zukunft ..."

Diese Beispiele aus der Industrie ließen sich mit genau den gleichen Grundmechanismen auch auf Verwaltung, Hochschule, soziale Institutionen etc. übertragen. Dort sind dann - bedingt durch andere Organisations-Spielregeln - entsprechend der spezifischen „kulturellen" Schlagkraft - andere Abwehr-Muster gängig.

Nun ist Widerstand in OE-Prozessen alles andere als ungewöhnlich. Im Gegenteil, sowohl die gruppendynamisch als auch die systemisch geprägte Organisationsentwicklung messen dem individuellen wie auch dem System-Widerstand eine große und notwendige Bedeutung im Rahmen von Veränderungsprozessen bei. So muß man bei jeglicher Entwicklungsarbeit in Organisationen grundsätzlich „...damit rechnen, daß Widerstand gegen Veränderung wahrscheinlicher ist als kein Widerstand. Alle Beratungserfahrung erzeugt diesen Eindruck. Das Grundproblem von Steuerungsbemühungen ist daher, wie man in den Selbstlauf von Systemen eingreifen kann." (Heintel/Krainz 1994:165)

Heintel und Krainz beschreiben vier grundlegende Abwehr- und Widerstands-Muster: „Die Manöver der Systemabwehr sind beim ersten Hinblick vielgestaltig, dennoch scheint es im Verhaltensrepertoire von Menschen und Menschengruppen in Organisationen vier Hauptmuster zu geben, die einen hohen Prozentsatz der Erscheinungsformen von Systemabwehr abdecken - Verleugnung (1), die Suche nach Schuldigen (2), die Berufung auf Schicksal (3) und Aktionismus (4). Die hauptsächliche Gemeinsamkeit dieser vier Erscheinungsformen von Systemabwehr besteht darin, daß auf der Basis inadäquater Problemwahrnehmungen inadäquate Lösungen produziert werden. Da Systemabwehr jedoch ein dialektischer Vorgang ist, erhalten sich die abwehrenden Systeme damit auch - und zwar suboptimal, aber immerhin - ihre Handlungsfähigkeit." (Heintel / Krainz 1993:173)

Damit gehört es zur professionellen Kompetenz des OE-Beraters, geeignete Interventionsformen zu finden, um den Widerstand „lernträchtig" und „selbstaufklärerisch" an das Organisations-System „zurückzugeben". Hier sind je nach Situation und Konstellation erstaunliche „Aha-Erkenntnisse" auf der Seite der Organisation möglich, aber auch hier gilt prinzipiell die These von der „operationellen System-Geschlossenheit", d.h. wo die Wirklichkeitskonstruktion des Systems in ihren Grundfesten erschüttert wird und das System sich „an Leib und Leben" existentiell bedroht fühlt, kann auch eine ausgefeilte Interventionsmethodik nichts ausrichten. Dort wird - und das hat letztendlich auch „seine Ordnung" - das System seinem Eigen-Sinn gemäße Überlebensstrategien entwickeln und die störenden Außen-Reize abschütteln. Und Organisationsentwicklung kommt immer „...von außen, ist ein Eingriff (...), und es führt nach außen, zum Beispiel indem man über sich selber hinauswächst". Reflexion als „transzendentaler Ort" von Selbstrelativierung ist aber nicht „beliebt". Unklugerweise, denn Eigenmotivation zur Veränderung gewinnen Systeme nur über Formen der Selbstreflexion, in denen Ihnen die „Not" zur Veränderung bewußt wird und sie damit aufhören können, den Status quo zu verteidigen." (Heintel/Krainz 1993:166)

Abwehr, Widerstand und Verteidigung werden bei OE-Prozessen, wie Jürgen Boss zurecht konstatiert, besonders dann aktiviert, wenn vermeintlich fundamentale Organisations-Prinzipien wie Macht und Hierarchie plötzlich ins Wanken geraten, weil dort neben der Eigen-Logik des Systems auch und insbesondere die Eigen-Logik der Macht-Träger bedroht scheint. Und hier entwickeln sich nun (von außen betrachtet) „wahnwitzige" Überlebens-Strategien, die mit aller zur Verfügung stehenden Energie diese Bedrohung abzuwenden suchen.

Wenn es um solche vermeintlichen - im Sinne subjektiver Wirklichkeits-konstrukte - „Lebens-Bedrohungen" des Systems oder auch von Individuen geht, oder auch um die Gefährdung zentraler individueller oder systembezogener Interessen (Macht, Prestige, Herrschaft, ...), dann gerät Organisationsentwicklung faktisch an Grenzen.

„Verändern bedeutet immer sich mit „Machtkartellen" anzulegen. Der Erfolg von Veränderungskonzepten ist deshalb im Prinzip immer gefährdet. Veränderungs-strategien können bis zum letzten Augenblick der nicht mehr umkehrbaren Umsetzung von Entscheidungen zum Scheitern gebracht werden, wenn kunstvoll aufgebaute, clever stabilisierte und immer verteidigungsbereite Machtkartelle ihre Inter-essen gefährdet sehen." (Doppler/Lauterburg 1994:125)

Allerdings betrifft diese potentielle Be-Grenzung des OE-Prozesses durch „Macht" nur die gesteuerte und zielgerichtete System-Veränderung. Denn: Es bleibt die Frage, was mit dem im Entwicklungsprozeß erworbenen Wissen und der Reflexions-Fähigkeit der Beteiligten passiert. Boss sieht in solcher Unter-dückung von Mitarbeiter-Kompetenz eine zunehmende Vergrößerung der Differenz zwischen informellem Wissen und formalem Handeln. Und das „... hat einen Wissens-Stau zur Folge. Dieser Wissens-Stau (wiederum) bedeutet latente Veränderungsenergie..." (Boss 1993:34). Das heißt, der systeminterne Gärprozeß geht weiter. Allerdings hat der OE-Prozeß darauf keinen direkten Einfluß mehr.

Macht und Herrschaft setzen also eindeutig Grenzen für Organisations-entwicklung und es wäre töricht und unprofessionelle Überheblichkeit, diese Grenze als OE-Berater nicht zur Kenntnis zu nehmen und zu respektieren. Allerdings muß jeder individuelle OE-Prozeß genau an dieser Grenze entlang arbeiten, wenn er denn etwas bewegen will. Denn Lernen heißt letztlich auch Grenzen überschreiten, denn - so Paul Tillich - „...die Grenze ist der einzig fruchtbare Ort der Erkenntnis." (Tillich 1987:13)

4.6.2 Allmachts-Phantasien: Patentrezepte, Allheilmittel. Missionare.

Die Grundmuster des Vorgehens in OE-Prozessen - orientiert an Lewins Drei-Phasen-Konzept - sind in den meisten OE-Konzepten systematisch strukturiert. Vor allem die nordamerikanischen OE-Vertreter haben hier sehr präzise durchge-taktete Prozeß-Phasen-Konzepte und in ihrer pragmatischen Systematik beinahe an Koch-Rezepte erinnernde Prozeß-Landkarten.[60]

Dies ist zum einen eine hilfreiche, der Praxistauglichkeit nutzende Pragmatik in der Konzeption, zum anderen wird damit allerdings auch ein Machbarkeits-

---

[60] Vgl. hierzu z.B. das Konzept von Noel M. Tichy/ Seite 83ff. und als deutschsprachige Variante den Ansatz von Doppler/Lauterburg / Seite 110 ff.

Mythos suggeriert, der trotz Betonung der Notwendigkeit situativer Prozeß-
planung und Beachtung der individuellen Gegebenheiten sowie den Bedürfnissen
und Anliegen des Systems, dazu verführt zu glauben, daß dieses Konzept immer
und überall zum gewünschten Veränderungserfolg führe: „satisfaction guaran-
teed".

Dieser suggerierte Machbarkeits-Mythos hat aus meiner Sicht folgenden Grund:
OE-Forscher (und damit auch die meisten Autoren zum Thema Organisationsentwicklung) sind zumeist nicht nur Sozialwissenschaftler und/oder Hochschullehrer, sondern sie sind allesamt auch - mehr oder weniger begehrte - Organisationsberater. Und die OE-Konzepte und Bücher, die sie veröffentlichen sind
eben nicht nur wissenschaftliche Ergebnisse zum erlauchten Diskurs im closed
shop der scientific community, sondern sie sind ganz banal Akquisitions-
Broschüren für weitere potentielle Kunden. Je überzeugender das Veränderungs-
konzept dargeboten wird, desto erfolgreicher sind die Marktchancen. Dies ist per
se nichts Unseriöses. Nur muß mit Kenntnis dieser „geheimen" Intention die
Darstellungsform der Konzeption, zumindest was die konzeptkritischen Teile
angeht, daraufhin etwas kritischer betrachtet werden.

Die Verführung ist hier, die Organisationsentwicklung, und zwar jeweils die
eigene Version, als Allheilmittel für beinahe alle Veränderungsabsichten in
unterschiedlichsten Welt- und Organisationskulturen zu empfehlen. Dabei geraten
dann notwendige Differenzierungen und Kulturspezifika in den Hintergrund
zugunsten eines pragmatisch-strukturalistischen Entwicklungs-Rezeptes. Hier
sehe ich eine Verführbarkeit bei vielen OE-Beratern/Forschern und Autoren. Und
diese Verführbarkeit hat eine Quelle in einer prinzipiell lobenswerten Form des
Grenzgängertums, das seine Wurzeln im nordamerikanischen Hochschulsystem
hat: Während deutsche Hochschulen immer noch das Prinzip der „Handlungs-
abstinenz" pflegen, waren nordamerikanische Universitäten „...von vornherein
berufsqualifizierende Ausbildungs-stätten" (C.W. Müller 1992:90), die Hand-
lungs- und Berufsorientierung im akademischen Studium zum zentralen Anliegen
machen. So sind vor allem nordamerikanische OE-Forscher und Berater - und
glücklicherweise zunehmend auch deutschsprachige OE-Experten - immer gleichzeitig Wissenschaftler und Unternehmer, was eine prinzipiell sehr zu schätzende
Theorie-Praxis-Verzahnung in Forschung und Lehre ermöglicht. Eine schlei-
chende Gefahr dieser Verzahnung besteht nach meiner Einschätzung allerdings
darin, daß die unterschiedlichen Rollen in diesem Theorie-Praxis-Szenario nicht
mehr ausreichend auseinandergehalten werden. Wenn der OE-Forscher/Berater
gleichzeitig Wissenschaftler, Hochschullehrer und Beratungs-Unternehmer ist,
steht er in der Gefahr, bei der Veröffentlichung seiner theoretischen und
praxeologischen Erkenntnisse in einen Rollen-konflikt zu geraten. Ich persönlich
halte dieses Grenzgängertum von angewandten Sozialwissenschaftlern -
insbesondere im Beratungsbereich - für eine höchst fruchtbare und letztlich
notwendige Arbeitsform. Die Realität an deutschen Hochschulen beschreibt C.W.
Müller am Beispiel der Sozialpädagogik: „...Dort verwalten Soziologen, Psycho-

logen, Philosophen und Politologen sozialpädagogische „Inhalte", auch wenn sie diese Inhalte und deren problemhaltige Implikationen nur vom Hörensagen kennen." (C.W. Müller 1992:90)

Es braucht also dringend solche Praxis-Wissenschaftler, auch und insbesondere in der Organisationsentwicklung.[61] Allerdings bedarf dieses Grenzgängertum einer sehr präzisen Rollendifferenzierung. Als Wissenschaftler und Forscher hat ein angewandter Sozialwissenschaftler andere Fragestellungen und Erkenntnis-Ziele wie als unternehmerisch tätiger Organisationsberater, der dem „Markt" und seinen ökonomischen Dynamiken ausgesetzt ist. Dabei verschieben sich die Erkenntnis-interessen - in Anklang an Habermas - doch deutlich. Dieser Verführung durch die ökonomischen Möglichkeiten des Marktes scheinen einige OE-Vertreter durch eine allzu süffige und werbewirksame Darstellung ihrer Konzepte und einer „das kriegen wir schon hin"- Allzweck-Attitüde zu erliegen. Hier geraten manche OE-Forscher /Berater durch allzu anbiedernde Angebote von „Allzweck-Lösungs-Modellen" in die Gefahr, zu Mit-Spielern zu werden im „Spiel des Systems", dessen Spiel-Ziel es häufig ist, möglichst schnell effiziente, „technokratische" Lösungen zu finden.

Doch dieses Spiel als Berater mitzuspielen könnte unterm Strich fatale Folgen haben, wie einige prominente Organisationsberater zurecht konstatieren, denn „...Der leichte Ausweg führt gewöhnlich zurück ins Problem." (Peter Senge 1990:57 f.) Und: „Die suggerierten Lösungsvorschläge des Systems sind Teil seines Problems." (Fritz B. Simon 1991)

Um diesen Suggestionen und Verführungen nicht zu erliegen, scheint mir eine notwendige professionelle - und auch wissenschaftliche - Distanz zum Forschungs- und Beratungs-"Gegenstand" angezeigt, und deshalb ist Organisationsentwicklung aus meiner Sicht auch kein Konzept, das sich für ein offensives und aggressives Marketing eignet.

4.6.3 Die schleichende Versuchung:
Organisationsentwicklung als trojanisches Pferd

Im Zuge der wirtschaftlichen Rezession Anfang der neunziger Jahre und der daraus resultierenden betriebswirtschaftlichen Konsequenzen ist vor allem im Bereich der Industrie-Organisationen, aber auch zunehmend in Verwaltung, Kirchen, Hochschulen und sozialen Institutionen die Situation entstanden, daß das Management unter dem heftigen Kostendruck der Organisation neue - meist „schlank"[62] genannte - Organisations- und Kommunikationsstrukturen einführen

---

[61] Vgl. dazu auch die Aussagen von Rudolf Wimmer/ Seite 201.

[62] In Anlehnung an die aus der japanischen KAIZEN- Management- und Produktionsphilosophie übernommenen Schlagworte lean-management und lean-production (vgl. dazu Imai 1992)

will, und zur Realisie-rung dieser „neuen" Strukturen wurden vielerorts umfang-reiche Reorganisierungs-Maßnahmen gestartet.

Durch den hohen wirtschaftlichen Druck dieser Maßnahmen - es sollten meist zweistellige Prozentquoten an Kosteneinsparungen und Produktivitätssprüngen geschafft werden - gab es und gibt es noch immer eine Sonder-Konjunktur für zum Teil weitreichende Organisations-Veränderungs-Vorhaben.[63]

Das Problem solcher Veränderungs- und Restrukturierungsprozesse ist jedoch, daß beim „Handeln unter Druck"[64] ein prinzipiell für sinnvoll und notwendig gehaltener Organisations-Entwicklungsprozeß hinter den vorgeprägten Kultur-Erfahrungen der Organisation zurückbleibt. Oder mit Peter Heintel anders ausge-drückt: „Allerdings müssen wir zur Kenntnis nehmen, daß eine häufige Reaktionsform der Menschen angesichts von Krisen, Unübersichtlichkeiten und dementsprechenden Verunsicherungen die „Flucht nach vorne" ist. Sie äußert sich meist in Hektik, Hyperaktivität, Aktionismus..." (Heintel 1995:7) und dieser „technomorph" orientierte Aktionismus führt meist - wie aktuell in vielen Reorganisations-Vorhaben feststellbar ist - zu einer betriebswirtschaftlichen Radikalkur; d.h. radikaler Personalabbau, radikale Kostensparprogramme („Sparen um jeden Preis, koste es was es wolle..."), vehemente Anstrengungen zur Produktivitätssteigerung etc..

Nun sind diese betriebswirtschaftlichen Strategien und Programme nicht per se falsch - wobei man über den langfristigen Erfolg durchaus streiten könnte, aber das wäre ein anderes Thema - ; problematisch wird nur eine fragwürdige Verkleidung von radikalen Restrukturierungsprogrammen im Schafspelz eines Organisationsentwicklungsprozesses. Dabei ist nicht die Problematik die, daß „harte" betriebswirtschaftliche Einschnitte durchgeführt werden müssen, sondern daß die „harten" Schnitte verschleiert werden und durch „Pseudo-Betroffene-zu-Beteiligten-machen-Prozesse" ein sozialpsychologisches Alibi-Arrangement für harte und im Grunde „technokratische" Restrukturierungsprozesse geschaffen wird. Damit wird Organisa-tionsentwicklung zum Valium fürs Organisations-Volk.

Die wirkliche Grenze für OE-Prozesse ist dabei vor allem die Tatsache, daß sie in solchen Fällen nur als Medium des Managements benutzt wird, um längst beschlossene Restrukturierungs-Maßnahmen sozialverträglich zu implementieren.

---

[63] Ich nenne hier als Beispiele die neue Arbeitszeitregelung bei Volkswagen, die Verflachung der Hierarchie bei Mercedes-Benz von ursprünglich sechs auf vier Hierarchiestufen, radikalen Personalabbau im Maschinenbau und der Luftfahrtindustrie, Einführung von „Gruppenarbeit" in der Metall- und Elektro-Industrie, umfassende Restrukturierungsprozesse in der Computerbranche und bei Banken sowie erste Ansätze einer Verwaltungsreform, z.B.in der Sozialverwaltung von Berlin etc.

[64] Die Parallele zur Analyse des Lehrerverhaltens in der gleichlautenden Untersuchung von Diethelm Wahl (1991) ist hier durchaus angezeigt.

Dies bedeutet allerdings nicht, daß Organisationsentwicklung nicht auch dort möglich wäre, wo solche betriebswirtschaftlich „harten" Einschnitte bevorstünden. Nur: Im Sinne eines OE-Konzeptes kann dies nur geschehen, wenn die politischen Fakten und Rahmenbedingungen tabulos veröffentlicht und kommuniziert sind und im Veränderungsprozeß als reale Fakten miteinbezogen und offen diskutiert werden können.

Wird von vornherein oder im Laufe des Entwicklungsprozesses deutlich, daß relevante organisationspolitische Rahmenbedingungen von den Verantwortlichen verschwiegen, zensiert oder verfälscht werden, so ist das Prinzip der Vergemeinschaftung der Veränderung und der Beteiligung der Betroffenen pervertiert und das Vorgehen in großer Gefahr, unglaubwürdig und vor allem auch ineffizient im Sinne einer echten sozialen Entwicklung zu werden.

Diese aus meinen eigenen Erfahrungen im Rahmen eines OE-Prozesses häufige und gefährliche Prozeß-Konstellation wird in den theoretischen Konzepten meines Erachtens kaum beachtet und diskutiert. Im Gegenteil: Einige OE-Konzepte kokettieren gar durch die Betonung ihrer stringenten Prozeß-Struktur mit einer „mecha-nistischen" Restrukturierungskonzeption (vgl. z.B. Hammer /Champy 1994), was angesichts der wirtschaftlichen Situation vieler Organisationen zwar sehr verständlich ist; allerdings in der theoretischen wie praktischen Plausibilität hinter dem Anspruch der Notwendigkeit eines „ganzheitlichen" sozio-techno-ökonomischen Prozesses zurückbleibt, der nach meinem Ermessen dringend die sozialen und sozialpsychologischen Gesetzmäßigkeiten beachten muß, wenn die Veränderung längerfristig tragfähig und auch integrativer Bestandteil der Organisations-Kultur sein soll und nicht bloß marketingträchtiger Aktionismus mit kurzfristigen (und meist kurzsichtigen) ökonomischen Verbesserungen.

Dabei wird von OE-Beratern - meist aus Gründen einer besseren Vermarktung ihrer Fähigkeiten - die Grenze der Komplementarität zwischen Berater und Organisations-System aus meiner Sicht überschritten, und es werden die klassischen betriebswirtschaftlich-monokausalen Lösungssuggestionen der Organisation übernommen. Und - noch heikler - der OE-Prozeß wird als trojanisches Pferd benutzt und der OE-Berater zum Handlanger der - vielleicht fatalen - Lösungssuggestionen des Systems gemacht.

Neben den ethischen und politischen Implikationen dieser Problematik, die hier gar nicht verhandelt werden sollen, ist mit solchem Verhalten vor allem ein prinzipielles Risiko, eine Verführung und letztlich eine Be-Grenzung der Konzeption der Organisationsentwicklung beschrieben.

4.6.4 Denk- und Handlungs-Grenze: Die ökonomische Eigen-Logik

Jede Form von Organisationsberatung hat letztendlich die Steigerung der Leistungsfähigkeit der Organisation zum Ziel. Aber nicht nur: Die Gesellschaft für Organisationsentwicklung (GOE) nennt folgendes Ziel eines Organisationsentwicklungsprozesses: „Sein Ziel besteht in der gleichzeitigen Verbesserung der Leistungsfähigkeit der Organisation (Effektivität) und der Qualität des Arbeitslebens (Humanität)." (GOE 1980) Doch bereits hier werden zwei grundsätzliche Dilemmata der Organisationsentwicklung deutlich. Zum ersten spricht die GOE von Verbesserung der Effektivität, die Auftraggeber des Beraters wollen jedoch zumeist eine Steigerung der Effizienz erreichen. Unter Effizienz, versteht man in der Betriebswirtschaft den „...Grad der Zielerreichung (Ergebnisausmaß) im Gegensatz zur Effektivität, d.h. der Prozeßeffizienz (Vorteilhaftigkeit des Weges zur Erreichung der Ergebniseffizienz)." (Schneck 1994:172 f.) Schon hier scheint mir bei der Zieldefinition von Organisationsentwicklung eine symbolträchtige Unklarheit angelegt: Während die „Kunden" häufig nach schnellen Instrumenten suchen, um die wirtschaftliche *Effizienz* zu steigern, bieten die „Berater" umfassende Methoden an, um die grundlegende *Effektivität* der Organisation zu verbessern. Aber neben dieser ersten Unklarheit hinsichtlich der Steigerung von Effizienz/Effektivität kommt ein weiterer brisanter Anspruch hinzu. Denn zusätzlich beabsichtigt Organisationsentwicklung auch noch, die Qualität des Arbeitslebens zu steigern, und damit die Entwicklung von mehr Humanität im Arbeitsbereich zu befördern. Dieser Anspruch bezieht sich in einem kapitalistischen Gesellschafts- und Wirtschaftssystem auf eine geradezu archaische Polarität. Und wenn diese beiden Zielformulierungen nicht schon gar einen antagonistischen Gegensatz markieren, so sind sie doch in ihrem Handlungs- und Zielhorizont zumindest sehr unterschiedlichen Interessen verpflichtet. Dieser schier anmaßende Anspruch, Effektivität und Humanität als Doppel-Ziel der Organisationsentwicklung unter einen Hut bringen zu wollen, ist häufig schon heftig und kontrovers diskutiert worden (vgl. dazu Becker/Langosch 1984:14 ff.; Comelli 1985: 15 ff.; Doppler 1986). Nun geht es dabei gar nicht so sehr um den historischen Kraftakt ökonomische und humane Interessen auf Biegen und Brechen zusammenzuführen. Der Ursprung dieser zweifachen - und so heteronom erscheinenden - Zielsetzung hat einen pragmatisch schlichteren Hintergrund:

> „Arbeitshypothese der Organisationsentwicklung ist **die (nicht bewiesene und nicht widerlegte) Annahme, daß Leistungsoptimierung und Humanisierung einander nicht ausschließen, sondern sich wechselseitig bedingen** und in engem Zusammenhang mit bestimmten (gegenwärtigen und zukünftigen) Veränderungen der gesamtgesellschaftlichen Umwelt stehen." (Hervorhebungen durch mich /F.G.) (Becker/Langosch 1984:14)

Eine Grundprämisse der Organisationsentwicklung ist also - der Tradition der Hawthorne-Erkenntnisse folgend -, daß die Entwicklung der sozialen Rahmenbedingungen der Arbeit einen signifikant positiven Einfluß auf die Produktivität und damit letztlich auf die ökonomische Bilanz der Organisation habe. Die OE-

242

Berater haben diese Kausalität je nach gesellschaftspolitischer Großwetterlage für ihre Konzepte und ihre Beratungspraxis unterschiedlich interpretiert. In den siebziger Jahren stand die Humanisierung der Arbeit als emanzipatorische Mission im Vordergrund, daß sich dabei auch und gleichzeitig ein Produktivitätszuwachs erreichen ließ, wurde wohlwollend zur Kenntnis genommen. In den späten achtziger und in der Krise der neunziger Jahre hat sich die Gewichtung diametral gedreht. Inzwischen propagieren nahezu alle OE-Berater (viele davon, die in den Siebzigern den Primat der Humanisierung postulierten), die dringliche und absolut vorrangige Bedeutung der Produktivitätssteigerung und distanzieren sich gar vor den naiven Entgleisungen einer verirrten Softy-Generation von Psycho-Beratern (vgl. dazu z.B. Trebesch 1994:23 und Doppler/Lauterburg 1994:131 f.). Der Münchener Arbeits- und Organisationspsychologe Lutz von Rosenstiel beschreibt die Problematik dieser Phase der OE-Arbeit treffend folgendermaßen:

> „ In der relativ unverbindlichen Pflege zwischenmenschlicher Beziehungen im Betrieb ohne gleichlaufende Bemühungen darum, den Arbeitsinhalt und die Arbeitsumgebung zu ändern und die Herrschaftsverhältnisse im Betrieb neu zu strukturieren, wurde zunehmend eine Beschwichtigungsstrategie erkannt, mit deren Hilfe die Bereitschaft reduziert wird, um mehr Selbstbestimmung, Qualifizierungschancen und menschenwürdige Arbeitsumgebung zu kämpfen." (Rosenstiel 1991:130)

Heute wird - dem allgemeinen Trend zur Produktivität[65] entsprechend - hingegen den menschlichen Beziehungen eher eine nachgeordnete Bedeutung beigemessen. Oberste Priorität haben Effektivität, Produktivität und die ökonomischen Dimensionen Gewinn, Return-on-Investment, Umsatz, Cash-flow, Wettbewerb, Markt und Kunden. Dies ist angesichts einer Situation eines radikalen marktwirtschaftlichen Prinzips im Sinne einer ökonomischen Überlebensstrategie auch plausibel und nachvollziehbar. Es besteht in einer solchen Situation allerdings die Gefahr, daß Menschen - wie in frühen Zeiten des tayloristischen Management-Modells - im Arbeitsprozeß allein zu organisationsstrukturellen Stellgrößen degradiert werden und die anspruchsvolle Formel der Entwicklung von „Produktivität und Menschlichkeit" (Becker/Langosch 1984) nurmehr hohle Phrase bleibt.

Auch hier geht es mir - zumindest in diesem Argumentationskontext - nicht um eine ethische Kritik, sondern um eine kritische - und tabulose - Reflexion des Erkenntnis- und Praxis-Interesses des Konzeptes der Organisationsentwicklung. Hier sehe ich jedoch die Gefahr, daß Organisationsentwicklung im Rahmen von Organisationen, die unter starken ökonomischem Erfolgsdruck stehen, sich zuvorderst und hand-lungsleitend - von einer ökonomischen Eigen-Logik verpflichten lassen.

---

[65] Vgl. hierzu auch die Diskussionen um den Wirtschafts-Standort Deutschland sowie die zunehmende Bedeutung von vergleichenden Produktivitäts-Studien (z.B. Womack et. al. 1992)

Dies macht durchaus Sinn vor dem Hintergrund der systemtheoretischen Prämisse, Organisationsberatung solle durch „konstruktive Irritationen" im System Handlungsoptionen entwickeln, die das Überleben des Systems sichern, entsprechend seiner je spezifischen Wirklichkeitskonstruktion und Eigenlogik.

Allerdings gerät Organisationsentwicklung dann an ihre Grenze, wenn sich die Frage stellt, ob das Überleben des Organisationssystems tatsächlich ausschließlich oder auch zuallererst von ökonomischen Grundparametern abhängt. Der momentanen Eigen-Logik unseres Wirtschaftssystems gemäß scheint dies zu stimmen[66]. Die Frage ist jedoch, ob das Überleben des Teil-Systems „Organisation XY" nicht auch eingebettet ist in das „sinnvolle" Überleben des Gesamt-Systems „Menschheit". Und solange diese Frage tabuisiert ausgeblendet bleibt, oder gar als öko-spiritistische Weltverbesserer-Thematik diffamiert wird, bleibt eine Organisationsentwicklung, die sich ausschließlich an ökonomischen Maßstäben orientiert, eine einem aktuellen gesellschaftspolitischen Wirklichkeitskonstrukt hörige Disziplin, die ihre eigenen Ansprüche zu systemischem Denken und Handeln und zur Notwendigkeit der adäquaten Kontext-Diagnose dort beendet, wo die ökonomische Eigen-Logik die Grenzen zieht. Würde Organisationsentwicklung ihre eigenen Ansprüche ernst nehmen, müßte sie die ökonomische Eigen-Logik transzendieren und Menschen und Systeme dazu befähigen, Strategien und Wege zu suchen und möglicherweise auch zu finden, die das Überleben von Organisationen in einer (über-) lebensfähigen Welt ermöglichen. Denn ohne den Erhalt dieser Kontext-Bedingung bleibt die Entwicklung von einzelnen Organisationen eine partikulare und unsystemische Entwicklungsdimension. Die monopolistische Determinierung des Organisations-Denkens und -Handelns durch die ökonomische Eigen-Logik birgt aus meiner Sicht die große Gefahr, (über-) lebensnotwendige Systemzusammenhänge, etwa ökologische, kulturelle und soziale Dimensionen nicht nur hartnäckig und quasi programmatisch zu vernachlässigen, sondern diese in einschneidender Art und Weise zu beeinträchtigen und einzuengen, sie existentiell zu bedrohen und letztlich gar zu zerstören.

Dabei ist der menschliche Machbarkeitswahn eine zentrale Wurzel dieser Gefährdung. Grundlage dieser zweckrationalen Omnipotenz-Manie ist „... die Trennung in ein handelndes Subjekt und einen objektiven Bereich, der durch das Subjekt erkannt und „festgestellt" wird. Die Kritik an der Machbarkeit zielt in erster Linie

---

[66] Vgl. hierzu den Band „Der verlorene Glanz der Ökonomie" (Berger/Pellert 1993), der die Macht und Dynamik der ökonomischen Eigen-Logik aus unterschiedlichen Wissenschaftsperspektiven beschreibt und Ideen für eine „alternative Ökonomie" entwickelt. Die Herausgeber beschreiben dies im Vorwort: „ Die bisherige Aufwärtsentwicklung des Lebensstandards in den industrialisierten Ländern ist einem bestimmten Typus von Wirtschaft zu verdanken, der sich durch seinen Erfolg immer mehr verallgemeinert und in alle Lebensbereiche hineinwirkt. Gerade dieser Erfolg erzeugt heute eine Eigendynamik und Sachzwänge, die von einzelnen kaum mehr beeinflußt werden können. Je stärker sich die Charakteristika dieses Wirtschaftens in anderen Teilbereichen durchsetzen, desto problematischer werden ihre praktischen Anwendungen. Ressourcenmangel, Energieprobleme, drohende ökologische Selbstzerstörung, neue Armut, Zweidrittelgesellschaft, etc. sind hier nur einige Schlagworte." ((Berger/Pellert 1993:9)

auf diese Eingriffsmacht des Menschen und ihre neuzeitliche „Totalisierung". Das Paradoxon ist nur, daß wir diese Kritik zu einem Zeitpunkt formulieren, wo es uns ohnehin schwer möglich ist, in ein eigendynamisches Geschehen effizient einzugreifen. Zugleich ist der „Ausstieg" unmöglich, im Gegenteil scheint eine weit größere kollektive Anstrengung von uns verlangt, wenn wir den kritischen Zustand der Welt und die damit verbundenen Gefahren steuern wollen. Wir müssen etwas tun, aber offensichtlich etwas qualitativ anderes als bisher, wir müssen uns eine neue Ebene „der Machbarkeit" eröffnen." (Heintel 1995:288 f.)

Wenn Organisationsentwicklung ihren Anspruch ernst nehmen wollte, systemische Kontext-Bedingungen angemessen zu beachten, umfassende interdependente Vernetzungen im Denken und Handeln zu berücksichtigen und Entwicklungsprozesse in diesem Sinne zu befördern, wenn sie den Anspruch auf „Selbst-Reflexion" auch auf das eigene Konzept der Organisationsentwicklung anwenden wollte, dann müßte sie die Überlebensfähigkeit des Teil-Systems „Organisation" im Zusammenhang mit dem Überleben des Gesamt-Systems „Erde" - in der Theorieentwicklung der Organisationsentwicklung wie auch in der praktischen Beratungs-Arbeit - konsequenterweise mitbedenken. Diese Teil-Optimierung auf Kosten der schleichenden Zerstörung des Ganzen müßte Organisationsentwicklung zumindest in den Blickpunkt ihrer „System-Beratung" stellen und wo möglich mit den zur Verfügung stehenden methodischen Möglichkeiten eine Entwicklung anregen, die ein Überleben des „Ganzen" zum Ziel hat. Doch dafür scheinen im Augenblick weder potente Auftraggeber noch die marktgängig opulenten Honorare vorhanden zu sein. Somit endet auch für systemische Organisationsentwicklung der Denk- und Handlungshorizont offensichtlich dort, wo die Ware „systemische Beratung" keine Käufer mehr findet. So beschränkt sich auch ein „ganzheitlicher Entwicklungsansatz" auf eine Wirklichkeitskonstruktion, die der eigenen ökonomischen Selbst-Referentialität der OE-Experten dienlich ist. Erst eine theoretische und praktische Transzendierung dieser Handlungs- und Denkbegrenzung durch die Eigendynamik der ökonomischen Logik würde wirklich systemische Perspektiven eröffnen. Und die Konzepte der Organisationsentwicklung könnten nach meiner Einschätzung auch methodische Möglichkeiten beisteuern, um Handlungsoptionen auch in diesem Feld zu entwickeln. Ohne Garantie und Rückgaberecht. Aber auch ohne echte Alternative. Bislang ist der OE-Horizont am Schlagbaum der ökonomischen Eigen-Logik zu Ende. Aus meiner Sicht die konsequenzenreichste Be-Grenzung des OE-Denkens und -Handelns und ein Beispiel für die System-Blindheit des systemischen Berater-Systems.

Peter Heintel hat in seinem Aufsatz „Götterdämmerung" (Heintel 1995) einige Denkanstöße vorgelegt, die ein mögliches Vorgehen - auch im Rahmen von Organisationsentwicklung - beschreiben:

> „Wir müssen lernen unsere Abstraktionen der Vernunft zugleich mehr zu „lieben", als sie ebenso durch Liebe in ihrer Machteinseitigkeit zu relativieren. Der dafür geeignete Ort

scheint mir besonders jene Organisationseinrichtung zu sein, in der sich Organisation selbst zum Thema macht. Bezogen auf die „systemische Großwetterlage" scheint mir ohnehin kein anderer Weg gangbar. Der „Selbstlauf" der dominanten Systeme hat Macht und Gewalt an sich, aber keine Liebe (Solidarität). Die kann zum „schleichenden" Untergang der Gattung führen. Man muß Menschen „lieben", d.h. organisatorisch, sie insgesamt als Gattung anerkennen (und d.h. auch zukünftig Abwesende mitdenken), um für ihr Überleben etwas tun zu können.. In diesem Zusammenhang ist auch die „Sinnfrage" zu sehen. Es ist uns gelungen, viel an funktionalem „Einzelsinn" zu verwirklichen; alles hat seinen Zweck und Nutzen. Die Frage nach einem Gesamtsinn ist uns aber in diesem ökonomischen Funktionalismus abhanden gekommen...Was Sinn überhaupt ist, wissen wir so wenig, wie was das Nichts ist. Was wir aber können, ist, Differenzen und Widersprüche zu einzelnen Sinngebungen und Nützlichkeiten zu organisieren und dort zu sehen, was wir (...) wollen, was uns guttut. Ohne „abstrakt-allgemeine" Liebe zu dem Gattungswesen Mensch wird es allerdings schwierig sein, dafür Energie aufzubringen". (Heintel 1995:291 f.)

Notwendig wäre eine kritische Selbstreflexion der OE-Forscher/Berater hinsichtlich der eigenen System-Blindheit in Bezug auf die ökonomische Abhängigkeit der Zunft von Auftrags-Systemen, deren Organisations-Entwicklung aufs engste verzahnt ist mit der schleichenden Zerstörung unserer Lebensgrundlagen. Da scheint die „Liebe zum Mammon" doch bedeutend mehr denk- und handlungsleitend zu sein als die „Liebe zum Menschen".

4.7 Resümee

Es war meine Absicht mit dieser Untersuchung, das Beratungs- und Forschungskonzept der Organisationsentwicklung anhand einschlägiger Quellen und Konzepte zu rekonstruieren und mögliche Impulse für eine metadidaktische Relevanz dieses Ansatzes aufzuzeigen.

Zum Abschluß möchte ich folgende Erkenntnisse festhalten:
Das Konzept der Organisationsentwicklung hat eine Forschungstradition, die bis in die ersten Jahrzehnte dieses Jahrhunderts zurückgeht. Wichtige Quellen waren die Erkenntnisse und Erfahrungen zur Bedeutung der menschlichen Beziehungen für den Arbeitsprozeß der Hawthorne-Untersuchungen von Mayo, Roethlisberger und Dickson. Das Feld-Forschungs-Projekt über die „Arbeitslosen von Marienthal" von Jahoda und Lazarsfeld hat wichtige sozialwissenschaftliche und für die Feldforschung bedeutsame methodische Impulse geliefert. Auf der Grundlage der Gestalttheorie und -psychologie der Berliner Gestalt-Gruppe um Koffka, Köhler und Wertheimer hat sich Kurt Lewin durch seine sozialpsychologische Arbeit als Begründer der Organisationsentwicklung seinen Ruf erworben. Dabei waren das pädagogisch-politische Werk John Deweys, der als Vertreter des Pragmatismus' für eine Anwendungsorientierung der Sozialwissenschaften eintrat, und Jakob L.

Morenos beeindruckende gruppenpsychologische Erkenntnisse wichtige und grundlegende Impulse für Lewin und seine Konzeption.

Lewin entwickelte zusammen mit seinen Kollegen und Mitarbeitern mit der Gruppendynamik und der Aktionsforschung sowohl die sozialpsychologische wie auch die wissenschaftstheoretische Basis für die Organisationsentwicklung. Nach der Erfahrung der Grenzen der Laboratoriumsmethode wurde in konsequenter Weiterentwicklung der Lewinschen Prämissen in den vierziger und fünfziger Jahre die ersten Entwürfe einer OE-Konzeption erarbeitet. Dabei waren vor allem die Lewin-Schüler Lippitt, Benne, Bennis, Beckhard, Bradford und Likert sowie Chris Argyris, Douglas McGregor und der Esso- Human-Relations-Manager Herbert Shepard an der Entwicklung der OE-Konzeption beteiligt.

Eine bedeutende und flankierende Rolle bei der Entstehung der Organisationsentwicklung spielte auch die Arbeit von Trist und Bion am Tavistock-Institut in London. Trist betonte schon sehr früh den heute aktuellen systemischen Ansatz. Vor allem die Entwicklung von den gruppendynamischen Labortrainings zur Organisationsentwicklung war ein theoretisch und praktisch bedeutsamer Schritt. So erklärte Ronald Lippitt in einem Interview, „...daß die alte Gruppenforschung, an der er beteiligt war... für ihn wissenschaftlich ausgelutscht sei und daß er sich seit längerer Zeit der Organisationsentwicklung, d.h. der gruppenpädagogischen und gruppendynamischen Arbeit mit Erwachsenen in ernsthaften Arbeitszusammenhängen...zugewandt habe...“ (Lippitt zitiert bei / C.W. Müller 1994).

Inzwischen gehen die stärksten Theorie-Impulse für die Organisationsentwicklung von systemtheoretischen Konzepten, etwa der Neuro-Biologie und der systemischen Familientherapie aus. Hier sind sowohl im wissenschaftstheoretischen Bereich - insbesondere dem radikalen Konstruktivismus - als auch bezogen auf den Entwurf einer Beratungstheorie - etwa der klinischen Epistemologie Fritz Simons oder auch dem Konstrukt einer systemischen Organisationsberatung von Rudolf Wimmer - wirkliche theoretische und praktische Innovationen und Schubkraft zu entdecken.

Interessanterweise muß die Forschungsgeschichte der Organisationsentwicklung auch bei der Weiterentwicklung von der gruppendynamisch geprägten zur systemisch orientierten Organisationsentwicklung nicht einen wirklichen Bruch verzeichnen. Auch wenn die systemische Organisationsberatung von anderen epistemologischen Parametern ausgeht als die klassische Organisationsentwicklung, so sind die Vorstellungen bezogen auf das Forschungsinteresse wie auch das praktische Beratungsziel sehr ähnlich. Roswitha Königswieser und Jürgen Pelikan haben diese grundlegende Ähnlichkeit trotz der wissenschaftstheoretischen und methodologischen Unterschiede in ihrem Aufsatz „Andersgleich-beides zugleich. Unterschiede und Gemeinsamkeiten in Gruppendynamik und Systemansatz“ (Königswieser/Pelikan 1990) sehr treffend beschrieben.

Ich sehe in der Forschungsgeschichte der Organisationsentwicklung eine aus unterschiedlichen Entwicklungssträngen gespeiste Entwicklung - auch heterogen und sprunghaft, aber auch in vielen Punkten von gemeinsamen Überzeugungen getragen, was die Betrachtung der Interaktion von Person und Gruppe, die Korrelation von System-Mitglied und System, was Feld-Dynamik und System-Logik angeht und auch was die Notwendigkeit der Befähigung zur „Selbst-Aufklärung" von Menschen und Systemen angeht. Ich mache diese Entwicklung exemplarisch fest an Personen und ihren Konzepten, beginnend bei Mayo und Wertheimer über Lewin und seine Mitarbeiter zu Watzlawick, Bateson und zu Selvini, Stierlin, Simon und letztlich Wimmer als Stellvertreter einer Gruppe von OE-Wissenschafts-Praktikern, die heute die Praxeologie der Organisationsentwicklung in wahrhafter Aktionsforschung weiterführen.

Es gibt somit also nach meiner Einschätzung zwei bedeutende Entwicklungs-phasen der Organisationsentwicklung. Die erste Phase, die Begründung und Entwicklung der Organisationsentwicklung durch Kurt Lewin und seine Schüler und die zweite Phase, die ich aktuell konstatiere, die Weiterentwicklung der Organisationsentwicklung durch systemtheoretische Forschungs- und Beratungs-konstrukte. Beide Phasen mit ihren jeweiligen spezifischen Erkenntnissen zur Organisationspsychologie und -dynamik ergeben den aktuellen Stand, den Status Quo der Theorie und Praxis der Organisationsentwicklung. Dabei sind die beiden Konzepte nur gemeinsam als Organisationsentwicklung zu denken. Denn: Die systemische Organisationsberatung wäre undenkbar ohne die Lewinschen OE-Grundlagen. Und andersherum: Ohne den theoretischen und praktischen Entwick-ungsschub der Systemtheorie ist die Organisationsentwicklung heute als Beratungs-Theorie und -Praxis kaum vorstellbar.

Die Forschungsgeschichte der Organisationsentwicklung ist - trotz unterschied-lichster Quellen - nach meiner Erkenntnis durchaus als **eine** Geschichte zu fassen, der Geschichte eines Forschungs- und Beratungsansatzes, der sich aus unter-schiedlichsten Ansätzen und Konstrukten der angewandten Sozialwissenschaften entwickelt hat und weiter entwickeln wird. Ein Forschungs- und Beratungsansatz, der es sich zum Ziel gemacht, hat die sozialpsychologischen Dynamiken und Gesetzmäßigkeiten in lebenden sozialen Systemen zu erforschen und durch adäquate Interventionsmethoden die „konstruktive" Entwicklung dieses Systems zu befördern. Und in diesem Ziel verbinden sich gruppendynamische und systemische Konzeptionen von Organisationsentwicklung.

4.8 Ausblick

Meine Ausgangsthese war, daß die vielfältigen Elemente der methodischen und theoretischen Konstrukte der Organisationsentwicklung grundlegende und fruchtbare Impulse für die erziehungswissenschaftliche Diskussion und Praxis bieten. Ich behauptete eine „metadidaktische Relevanz" dieser Konzepte, die ich durch meine Untersuchung begründen wollte.

Wenn nun, wie ich allenthalben feststelle[67], in der aktuellen erziehungswissenschaftlichen Diskussion wie auch in den Entwicklungen der pädagogischen Praxis didaktische Parameter wie „soziales Lernen" (vgl. dazu von Hentig 1994; von Rosenstiel 1995) oder „Schlüsselqualifiaktionen" (vgl. dazu Mertens 1975; Butsch et. al. 1991) und auch „ganzheitliches Lernen" (vgl. dazu Fatzer 1990) zunehmend an Bedeutung gewinnen, dann bedarf es aus meiner Sicht auch adäquater didaktischer Modelle und geeigneter Instrumente, um solche Ansprüche methodisch einzulösen.

Dazu bedarf es, und das war Teil meiner Argumentation in dieser Untersuchung, eines metadidaktischen Nachdenkens, das die Wirklichkeitskonstruktionen, die sich in den didaktischen Konzepten über Bildung, Lehren und Lernen, über Unterricht, Methodik etc. etabliert haben, im Sinne dieser „ganzheitlichen" Lernziele kritisch reflektiert. Und eine solche Meta-Didaktik müßte sich in einem permanenten Rückkopplungsverhältnis zu ihrem „Gegenstand" befindet. Dabei müßte sie neben den didaktischen Grundelementen, die Heimann sehr präzise in seiner „Strukturanalyse" beschreibt, auch den Lehr-/Lern-Prozeß, die Interaktion zwischen Lehrenden und Lernenden und die Rolle des Lehrenden - vor allem vor dem Hintergrund der Lernziele „Sozialkompetenz" und „Selbst-Reflexion" - bewußt thematisieren. Weiterhin müßten auch der Organisations-Rahmen des Lernens und die Kultur der Lern-Organisation als zentrale Einflußgrößen mit in die Reflexion miteinbezogen und deren lernen-fördernde oder lernen-hindernde Funktion kritisch ausgewertet werden.

---

[67] Heftig diskutiert wurde das Thema „Schlüsselqualifikationen" bei der Neuordnung der Metall- und Elektroberufe 1987 und der entsprechenden neuen Ausbildungsrahmenpläne sowie die Frage nach der Umsetzung dieser Ausbildungsrahmenpläne. Aktuell wird vor allem im Bereich der allgemeinbildenden Schulen das Thema „soziales Lernen" aufgegriffen. So wurde z.B. in Baden-Württemberg zum Beginn des Schuljahres 1994/95 die Förderung von Schlüsselqualifikationen als explizite didaktische Aufgabe in die Präambeln der Lehrpläne aller allgemeinbildenden Schule festgeschrieben. (Wobei offensichtlich, wie ich aus eigener Erfahrung in der Lehrer-Fortbildung in Baden-Württemberg erfahren habe, noch viele Fragen offen geblieben sind, die die Lehrplankommission nicht, oder zumindest nicht hinreichend bedacht hat. Zum Beispiel: *Wie* sollen „Schlüsselqualifikationen" im Rahmen der Schul-Arbeit vermittelt werden? Und: Sind die Lehrer in der Lage dazu? Und: Was passiert mit der bisherigen Masse an den in den Lehrplänen festgeschriebenen Unterrichsstoffes? Und: Ermöglicht der Organisations-Rahmen und die Organisations-Kultur der Organisation „Schule" überhaupt die Vermittlung von „Schlüsselqualifikationen"?)

Dieses Konzept einer Meta-Didaktik in Gestalt einer sich selbst reflektierenden anwendungsbezogenen Sozialwissenschaft wäre in sich selbst Lehr-/Lernforschung. „...Sie stellt sich selbst mit ihren Verfahrenstechniken, Modellen, Hypothesen, Vorurteilen einfach zur Verfügung, nicht aber um sich zu bestätigen, sondern um daran mitzuarbeiten, daß sich ihr „Gegenstand" begreifen lernt, erst dann hat auch sie ihn erst wirklich begriffen." (Heintel 1979:958) Eine solche „selbst-reflexive" Meta-Didaktik könnte eine systemisch-komplexe Hintergrundfolie für Lehr-/Lernprozesse entwickeln, aus der sich - den sozialen Herausforderungen gemäß - adäquate didaktische Implikationen für die pädagogische Praxis ableiten ließen. Hier könnte eine interdisziplinäre Forschung in Zukunft weitreichende Möglichkeiten entwickeln.

Zum Abschluß meines Ausblicks möchte ich einige Ideen skizzieren, wie das von mir begründete aus der OE-Arbeit abgeleitete Lern-Konzept in der pädagogischen Praxis Anwendung finden könnte.

Reflexion des Lern-Ziels

Während die heute gelebte didaktische Praxis an Schulen und Hochschulen vorwiegend die Vermittlung kognitiver Lerninhalte betont, steht im hier vorgestellten Lernverständnis das affektive und psychomotorische Lernen in einer integrativen Balance mit kognitiven Inhalten im Mittelpunkt. Um diese oben mehrfach beschriebene Balance zu erreichen, ist es aus meiner Sicht unsinnig, den bisherigen Lehrplänen an Schulen oder auch Hochschulen einfach additiv nun auch noch soziale und methodische Dimensionen hinzuzufügen, wie es in mehreren Versuchen zur Lehrplanänderung im Augenblick geschieht.[68] Dabei werden Schlüsselqualifikationen und Vermittlung von Sozialkompetenz zwar als neuer Vermittlungsanspruch formuliert, die „alten" kognitiven Lehrplaninhalte wurden jedoch weitgehend unverändert beibehalten. Diese wahrscheinlich gut gemeinte Neuorientierung durch zusätzliche methodische und soziale Lernziele ist meines Erachtens in der Arbeits-Realität der pädagogischen Praxis schlechterdings nicht leistbar, da weder die Rahmenbedingungen, noch die didaktische Kompetenz der Lehrenden diesem Anspruch Rechnung tragen.

Aus diesem Grund hielte ich es für angezeigt, das Ziel einer Schul- oder auch Hochschulausbildung grundsätzlich neu zu überdenken - quasi eine meta-didaktische Revision zu machen. Dies würde bedeuten, nicht einfach immer mehr und in ihrem Gehalt völlig heterogene Teildisziplinen, Inhalte und Methoden zu neuen Lehrplan-Konglomeraten zu aggregieren, sondern eine angemessene Diskussion und Reflexion über ein neu zu definierendes integratives Gesamt-Lehr-/Lernziel zu führen und von diesem „neuen" Lehr-/Lernziel - quasi

---

[68] Vgl. dazu z.B. die neuen Lehrpläne zum Schuljahr 94/95 für alle allgemeinbildenden Schulen des Landes Baden-Württemberg.

prospektiv retrospektiv - die entsprechenden didaktischen Konsequenzen für die pädagogische Arbeit abzuleiten.

Projektarbeit und Prozeßreflexion

Eine weitere Idee für die Umsetzung der von mir vorgetragenen Argumente wäre eine spezifische Form der pädagogischen Projektarbeit. Die Projekt-Methode ist als Lehr-/Lernmethode durchaus in der Literatur und der pädagogischen Praxis etabliert. Es gibt etliche pädagogische Institutionen, die Projekte als didaktisches Medium nutzen.[69]

Nach meiner Einschätzung wird dabei jedoch - sowohl beim Initiieren wie auch bei der Auswertung der Projekte - weitgehend auf das Produkt, auf die Ergebnisse des Projektes abgehoben. Das heißt, Projekte werden vorwiegend als „modernes" (oder „modisches"?) Vehikel für die Vermittlung von fachlichen und kognitiven Lerninhalten benutzt. Mir scheint die eigentliche Bedeutung und der Nutzen von projektorientierter Arbeit jedoch vielmehr in der Chance zu liegen, daß eine Gruppe von Lernenden *gemeinsam* (soziale Dimension) durch *ein selbstgewähltes, selbstverantwortetes und vielleicht sogar selbstentwickeltes Vorgehen* (methodische Dimension) zu einem bestimmten Ergebnis oder „Produkt" gelangt.

Um nun den Primat der Ergebnis- oder „Produkt"-Orientierung zu verlassen, halte ich es für nützlich, den Arbeits-Prozeß des Projektes in einer methodisch angemessenen Form zu reflektieren. Das heißt, das Augenmerk des Lehrenden sollte nicht vorrangig oder gar ausschließlich auf dem Projekt-Ergebnis liegen, sondern die Zusammenarbeit der Projektgruppe, die verwendeten Arbeitsmethoden sowie die Auswahl oder Entwicklung dieser Methoden müssen als relevante Lernfaktoren beleuchtet und bearbeitet werden. Die Gesamtanlage eines Lern-Projektes macht somit sowohl den „Prozeß" als auch das „Produkt" gleichsam und ausgewogen zum Lern-Thema (vgl. Abbildung 42). Während das Projekt-Produkt zumeist die fachlichen und intellektuellen Lern-Dimensionen repräsentiert, bietet die Auseinandersetzung mit dem Projekt-Prozeß die Möglichkeit, die sozialen und methodischen Dimensionen des Lernens - im Sinne Batesons „Lernen zwei" - zu fördern. Die Reflexion der Zusammenarbeit in der Gruppe, die Frage nach Impulsgebern, nach dem Umgang mit Ideen, nach Konflikten, letztlich nach den gruppendynamischen Interaktionen in der Arbeitsgruppe bieten hervorragende Möglichkeiten, um das soziale Verhalten des Einzelnen in einem „realen" Gruppen-Projekt-Prozeß zu reflektieren und lernträchtig zu thematisieren. Ebenso ist die experimentelle Möglichkeit des Erprobens von unter-

---

[69] So zum Beispiel einige Hochschulen, die sogenannte mehrsemestrige Theorie-Praxis-Seminare im Hauptstudium als projektorientiertes Studium anbieten. Und auch in Schulen wird zunehmend mit kleineren Projektaufgaben im sogenannten „fächerübergreifenden Unterricht"gearbeitet.

schiedlichen methodischen Vorgehensweisen zur Erreichung eines Projektziels sowie ihrer möglichen (Dys-) Funktionalität eine günstige Form von Erfahrungslernen. Ich sehe in der Projektmethode eine ausgesprochen fruchtbare Möglichkeit für „ganzheitliches" Lernen, wenn denn die Balance von Prozeß und Produkt bei der pädagogischen Anlage und Auswertung des Projektes angemessen berücksichtigt wird.

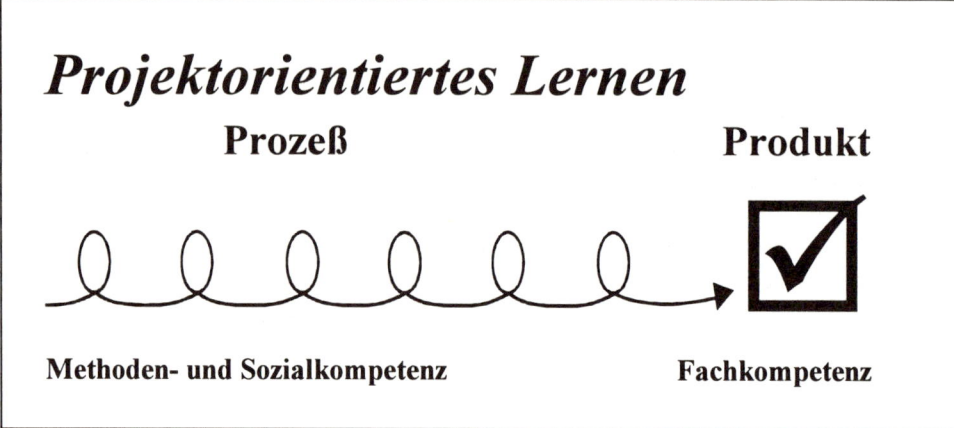

Abbildung 42. Projektorientiertes Lernen

Aus- und Weiterbildung von Lehrern

Die letzte Ideen-Skizze meines Ausblicks gilt der Aus- und Weiterbildung von Lehrern [70]. Bislang ist das didaktische Modell der Lehrerausbildung geprägt von der Idee, wissenschaftlich ausgebildete Fach-Experten durch eine fachdidaktische Qualifizierung zu geeigneten und funktionalen Lehr-Medien zur Vermittlung der jeweiligen Fach-Inhalte zu machen. Dieses „Ausbildungs"-Modell und das zu erreichende Berufs-Bild sind geprägt von einem technischen, linear-kausalen Verständnis des Lehr-/Lernprozesses.

Wenn, wie ich vorschlage, Lehren und Lernen nicht nur ein funktionales Zusammenspiel zur Vermittlung kognitiver Lehr-Inhalten sein soll, sondern Lernen mit „Hirn, Herz und Hand" ermöglicht werden soll, dann muß bereits das Ausbildungskonzept für zukünftige Lehrer diesem Anspruch Rechnung tragen. Dazu wäre es nötig, in der Hochschulausbildung ebenfalls Methoden zu implementieren, die nicht nur kognitiv-fachliche Inhalte zu vermitteln in der Lage sind, sondern die ebenfalls die Reflexion der eigenen Sozial- und Methoden-

---

[70] Die in diesem Abschnitt gemachten Aussagen über „Lehrer" gelten entprechend auch für alle anderen pädagogischen Berufs-Bilder.

kompetenz adäquat zum Lern-Thema machen. Dabei halte ich es für besonders wichtig, daß dabei nicht nur über soziale und methodische Lern-Dimensionen in kognitiv orientierter Methodenform diskutiert wird, sondern, daß Methoden zur Anwendung kommen, die soziales und metho-disches Lernen durch Handeln und Erfahrung tatsächlich sinnlich erfahr- und erlebbar machen.[71]

Meine Idee hieße also, die Aus- und Weiterbildung von Lehrern bereits methodisch und auch inhaltlich so anzulegen, daß eine Reflexion der handlungs-leitenden didaktischen Wirklichkeitskonstruktionen - also eine meta-didaktische Reflexion - konstitutiver Bestandteil der Ausbildung von Lehrern wäre. Dies würde bedeuten, daß Selbstreflexion, Sozialkompetenz, Konfliktfähigkeit, Metho-denkompetenz, prozessuales Denken und Handeln, Erfahrungslernen usw. nicht nur wortreich debattierte Themen von Seminararbeiten, sondern im Lehr-/Lern-Vollzug der Lehrer-Ausbildung - im Sinne der Kongruenz von Form und Inhalt - Realität wären.

Entsprechendes gilt genauso auch für die Lehrer-Fortbildung. Dabei könnte zum Beispiel die Reflexion der Ablauf-Strukturen in einer (Hoch-) Schul-Organisation und der Zusammenarbeit des (Hochschul-) Lehrer-Kollegiums im Sinne von Team-Supervision und Team-Entwicklung interessante Entwicklungsprozesse initiieren, die die sozialen und methodischen aber auch fachlich-inhaltlichen Muster und Standards der gemeinsamen Lehr-Arbeit untersuchen - auch im Sinne einer meta-didaktischen Reflexion - und entsprechende Entwicklungsperspektiven für ein konsensfähiges Professions-Verständnis liefern könnte. Solche selbst-reflexiv-diskursiv entwickelten pädagogischen Arbeits-Perspektiven wären meines Erachtens langfristig sehr fruchtbare Handlungsfelder für Lern-Impulse aus dem Konzept der Organisationsentwicklung.

Neben den oben skizzierten möglichen Ideen für die pädagogische Praxis, könnte ich mir - wie bereits erwähnt- für die wissenschaftliche Arbeit einen transdisziplinären Dialog vorstellen. Sollte es gelingen, einen solchen Dialog zwischen Organisationsentwicklung und Erziehungswissenschaften in Gang zu bringen, der zudem dazu beitragen könnte, die jeweilige Systemblindheit nützlich und selbstreflexiv lernend zu enttrüben, dann könnte sich dieser Dialog über den organisations-kulturellen Tellerrand zu einem sehr fruchtbaren Diskurs zweier angewandter Sozialwissenschaften entwickeln.

---

[71] Sonst könnte die Systemblindheit der Organisation „Schule/Hochschule/Schulverwaltung" dazu führen, daß eine Lehrer-Fortbildungs-Veranstaltung mit dem Titel „Chancen der Kleingruppenarbeit im Unterricht" mit einem zweistündigen Referat über das Thema eröffnet und mit einer anschließenden Plenardiskussion beendet wird (dieses Beispiel ist natürlich erfunden !!).

Literaturverzeichnis

ADL-AMINI, Bijan / KÜNZLI, Rudolf (Hrsg.): Didaktische Modelle und Unterrichtsplanung. München 1980

ADORNO, T.W.: Erziehung nach Auschwitz./ in: ADORNO, T.W.: Erziehung zur Mündigkeit. Frankfurt 1971a, S. 88-104

ADORNO, T.W.: Erziehung - wozu?/ in: ADORNO, T.W.: Erziehung zur Mündigkeit. Frankfurt 1971b, S. 105-119

ADORNO, T.W.: Erziehung zur Mündigkeit. Frankfurt 1971c

ALDERFER, C.P.: Tavistock Conferences / in: FRENCH W.L. / BELL jr C.W. / ZAWACKI, R.A. Organization development. New York 1989

ANTONS, Klaus.: Praxis der Gruppendynamik. Göttingen, 1976[4]

AREGGER, Kurt (Hrsg.): Lehrerfortbildung. Praxisorientierte Konzepte und neue Bereiche. Weinheim 1976

ARGYRIS, C. / SCHÖN D.: Organizational learning. A theory of action perspective. Reading 1978

ARGYRIS, Chris: Die Zukunft des gruppendynamischen Laboratoriums / in: Gruppendynamik 1/1970

ARGYRIS, Chris: Double-Loop learning in organizations. Harvard Business Review, Sept./Okt. 1977, S. 115-125

ARGYRIS, Chris: Reasoning, learning and action. San Francisco 1982

ARGYRIS, Chris: Teaching smart people how to learn./in Harvard Business Review. 3/1991

ARGYRIS, Chris: Defensive Routinen / in : FATZER, Gerhard: Organisationsentwicklung für die Zukunft .Köln 1993, S. 179-226

BAECKER, Dirk: Kalkül der Form. Frankfurt / Main 1993a

BAECKER, Dirk: Probleme der Form. Frankfurt / Main 1993b

BANDURA, A.: Sozial-kognitive Lerntheorie. Stuttgart 1979

BATESON, Gregory/BATESON M.C.: Wo Engel zögern. Unterwegs zu einer Epistemologie des Heiligen. Frankfurt / Main 1993

BATESON, Gregory/JACKSON, Don D./HALEY, Jay/WEAKLAND, John H.: Vorstudien zu einer Theorie der Schizophrenie 1956 / in: BATESON, Gregory: Ökologie des Geistes. Frankfurt/Main 1988[2], S.270-301

BATESON, Gregory: Kulturberührung und Schismogenese 1935./ in: BATESON, Gregory.: Ökologie des Geistes. Frankfurt/Main 1988[2], S. 99-113

BATESON, Gregory: Sozialplanung und der Begriff des Deutero-Lernens 1942./ in: BATESON, Gregory.: Ökologie des Geistes. Frankfurt/Main 1988[2], S. 219-240

BATESON, Gregory: Eine Theorie des Spiels und der Phantasie 1954 / In: BATESON, Gregory: Ökologie des Geistes. Frankfurt/Main 1988[2], S. 241-261

BATESON, Gregory: Epidemologie einer Schizophrenie 1955 / in: BATESON, Gregory: Ökologie des Geistes. Frankfurt/Main1988[2], S. 262-269

BATESON, Gregory: Die logischen Kategorien von Lernen und Kommunikation 1964 / in: BATESON, Gregory: Ökologie des Geistes. Frankfurt/Main 1988², S. 362-399

BATESON, Gregory: „Double Bind" 1969./ in: BATESON, Gregory: Ökologie des Geistes. Frankfurt/Main 1988², S. 353-361

BATESON, Gregory: Geist und Natur. Frankfurt /Main 1987

BATESON, Gregory: Ökologie des Geistes. Frankfurt/Main 1988²

BATESON, M.C.: Mit den Augen einer Tochter. Meine Erinnerungen an Margaret Mead und Gregory Bateson. Reinbek 1986

BECKER, H./ LANGOSCH, I.: Produktivität und Menschlichkeit. Stuttgart 1984

BECKHARD, R.: Die Konfrontationssitzung / in: BENNIS, .W/ BENNE, K./ CHIN, R. (Hrsg.): Änderung des Sozialverhaltens, Stuttgart 1975

BECKHARD, R. Strategien zur Veränderung großer Systeme / in: SIEVERS, Burkhard (Hrsg.): Organisationsentwicklung als Problem. Stuttgart 1977

BECKHARD, R./PRITCHARD, W. Changing the essence. San Francisco 1992

BEER, M./ HUSE E.: Ein Systemansatz zur Organisationsentwicklung / in: SIEVERS, Burk-hard (Hrsg.): Organisationsentwicklung als Problem.Stuttgart 1977

BEER, M.: The technology of organization development / in: DUNETTE, Marvin / HOUGH, Leatta M. (Hrsg.) Handbook of industrial and organizational psychology. Palo Alto 1992

BEISEL, Ruth: Synergetik und Organisationsentwicklung. München und Mering 1994

BENDIXEN, P.: Der theoretische und pragmatische Anspruch der Organisationsent-wicklung. Die Betriebswirtschaft 40 / 1980, S.187-203

BENNIS, .W/BENNE, K./CHIN, R. (Hrsg.): Änderung des Sozialverhaltens, Stuttgart 1975

BENNIS, W.: Changing organizations. New York 1966

BENNIS, W.: Organization development, New York 1969

BERTALANFFY, L. von: Theoretische Biologie. Berlin 1932

BERTALANFFY, L. von.: The theory of open systems in physics and biology / in: Science (3) 1950

BERTALANFFY, L von: Biophysik des Fließgleichgewichts. Braunschweig 1953

BERTALANFFY, L. von: General systems theory. New York 1968

BLAKE, R.R./MOUTON, J.S.: Verhaltenspsychologie im Betrieb, Düsseldorf, 1980

BLEICHER, Knut: Unternehmensentwicklung und organisatorische Gestaltung. Stutt-gart 1979

BLEICHER, Knut: Das Konzept Integriertes Management. Frankfurt/Main und New York 1991

BÖDIKER / LANGE : Gruppendynamische Trainingsformen. Hamburg 1975

BÖHM, J.: Einführung in die Organisationsentwicklung, Heidelberg 1981

BOSCOLO, Luigi: Familientherapie - Systemtherapie. Das Mailänder Modell. Dort-mund 1990

BOSCOLO, Luigi: Persönliche Mitteilung 1991

BOSS, Jürgen: Lernende oder lernunwillige Organisation./ in: Organisationsent-
                       wicklung, 4/1993, S. 29 - 34

BRADFORD, L.P. / GIBB, J.R. / BENNE K.D.: T-Gruppentheorie und Laboratoriums-
                       methode. Stuttgart 1972

BRADFORD, L.P. :   Biography of an Institution / in: Journal of Applied Behavioural
                       Science 3 (3). 1967

BRÄUTIGAM, Walter: 40 Jahre Freundschaft mit einem unruhigen Geist. Helm Stierlin zum
                       65. Geburtstag./in: Familiendynamik 2/1991, S.121-125

BROCHER, Tobias: Gruppendynamik und Erwachsenenbildung. Braunschweig 1967

BROCHER, Tobias: Methodische Entwicklungsprobleme der Gruppendynamik / in:
                       Gruppendynamik 2/1971, S. 128-141

BUCHANAN, David/BOODY, David: The expertise of the change agent. New York 1992

BURISCH, Wolfram: Industrie- und Betriebssoziologie. Berlin 1971

BUTSCH W./GAIRING F./RIEDL A./PETERSSEN W.: Ausbildung im Wandel:
                       Konsequenzen für Selbstverständnis und Aufgabe des Ausbilders.
                       Weinheim 1991

CHERNS, Alfred: Die Tavistock-Untersuchungen und ihre Auswirkungen / in: GREIF,
                       S./HOLLING, H./NICHOLSON, N.: Arbeits- und Organisations-
                       psychologie. München 1989

COLE, D. et. al. (Hrsg.): What is new in organization development? Chesterland 1994

COMELLI, Gerhard: Training als Beitrag zur Organisationsentwicklung. München und
                       Wien 1985

CONGER, J. A. AND ASSOCIATES (Hrsg.): Spirit at work. San Francisco 1994

CORSINI. R.J. (Hrsg.): Handbuch der Psychotherapie. Weinheim 1983

DE SHAZER, Steve: Patterns of brief family therapy: An ecosystemic approach.New
                       York und London 1982

DE SHAZER; Steve: Der Dreh. Überraschende Wendungen und Lösungen in der
                       Kurzzeit-therapie. Heidelberg 1989

DECLARATION OF THE AMERICAN SOCIETY FOR CYBERNETICS (written by Ernst
                       von GLASERSFELD) September 1983

DEWEY, John: Democracy and education. New York 1916

DEWEY, John: Demokratie und Erziehung. Breslau 1930

DIFF(Hrsg.):   Konstruktionen von Wirklichkeit. Funkkolleg Studienbrief 2.
                       Weinheim und Basel 1990

DOBISCHAT, R./WASSMANN, H.: Berufliche Weiterbildung, Arbeitsmarkt und Region.
                       Frank-furt/Main 1985

DOLLASE, R.:   Soziometrie als Interventions- und Meßinstrument, in: Gruppen-
                       dynamik 2/1975

DOPPLER, K./LAUTERBURG, Ch.: Change Management.Frankfurt/Main und New York
                       1994

256

DOPPLER, K./VOIGT B.:Entwicklung und Tendenzen angewandter Gruppendynamik in Deutschland. / in: Gruppenpsychotherapie und Gruppendynamik, (12) 1977, S.34-48

DOPPLER, Klaus et.al. Orientierungsrahmen für die Qualifizierung in Organisationsentwicklung. / in: Organisationsentwicklungm 4/1982

DOPPLER, Klaus: Zur Zusammenarbeit zwischen Betriebsrat und Management. Einige persönliche Anmerkungen und Perspektiven. / in Organisationsentwicklung, 2/1985

DOPPLER, Klaus: Organisationsentwicklung als Führungsaufgabe - Eine kritische Bestandsaufnahme, Anregungen und Perspektiven / in: Organisationsentwicklung, 2/1986

DOPPLER, Klaus: Kommunikation als Schlüsselfaktor der Unternehmensentwicklung. / in: Organisationsentwicklung, 3/1992

DÖRNER, Dietrich: (1982) Lernen des Wissens- und Kompetenzerwerbs./ in: TREIBER, B. / WEINERT, F.E. (Hrsg.): Lehr-/Lern-Forschung. München, Wien, Baltimore 1982, S. 134-148

DÖRNER,D./KAMINSKI, G.: Handeln-Problemlösen-Entscheiden./in: Funkkolleg Psychobiologie. Verhalten bei Mensch und Tier, Studienbegleitbrief 6. Weinheim und Basel 1987, S.69-128

DUNNETTE, Marvin D. / HOUGH, Leatta M. (Hrsg.): Handbook of industrial and organizational psychology, Vol. 1-3. Palo Alto 1992

EDDING, Cornelia: Persönliche Mitteilung 1995

ERICKSON, M.H. / ROSSI, E. / ROSSI, S.: Hypnose. Induktion - Psychotherapeutische Anwendung - Beispiele. München 1978

ERICKSON, M.H. / ROSSI, E.: Hypnotherapie. Aufbau - Beispiele - Forschungen. München 1981

FATZER, Gerhard/ ECK, Claus D.(Hrsg.): Supervision und Beratung. Ein Handbuch. Köln 1990

FATZER, Gerhard: Ganzheitliches Lernen. Humanistische Pädagogik und Organisationsentwicklung. Paderborn 1990[3]

FATZER, Gerhard (Hrsg.): Organisationsentwicklung für die Zukunft. Köln 1993

FENGLER, J.: Die Geschichte der Gruppendynamik in Deutschland / in: HEIGL-EVERS/STRECK (Hrsg.): Die Psychologie des Jahrhunderts Bd. VII. München 1978

FISCHER, H.R./RETZER, A./SCHWEITZER, J.(Hrsg.) :Das Ende der großen Entwürfe. Frankfurt/Main 1992

FLICK,U./KARDOFF, E. von/ KEUPP, H./ROSENSTIEL, L. von/ WOLFF, S.(Hrsg.): Handbuch Qualitative Sozialforschung. München 1991

FOERSTER, Heinz von: Thoughts and notes on cognition./in: GARVIN, P.L.(Hrsg.): Cognition: a multiple view. New York 1970

FOERSTER , Heinz von: Das Konstruieren einer Wirklichkeit. / in : WATZLAWICK, Paul (Hrsg.). Die erfundene Wirklichkeit. Wie wissen wir, was wir zu wissen glauben? Beiträge zum Konstruktivismus. München und Zürich 1985a, S. 39 - 60

FOERSTER, Heinz von: Sicht und Einsicht. Braunschweig 1985b

FOERSTER, Heinz von: Abbau und Aufbau. /in: SIMON, Fritz (Hrsg.): Lebende Systeme. Wirklichkeitskonstruktionen in der systemischen Therapie und New York 1988a , S.19-33

FOERSTER, Heinz von: Konstruktivismus versus Solipsismus - Fragen an Heinz von Foerster./in: SIMON, Fritz (Hrsg.): Lebende Systeme. Wirklichkeitskonstruktionen in der systemischen Therapie und New York 1988b, S. 121-123

FOERSTER, Heinz von: Kybernetische Reflexionen. /in: FISCHER, H.R. / RETZER,A. / SCHWEITZER, J.(Hrsg.): Das Ende der großen Entwürfe. Frankfurt / Main 1992, S. 132-139

FOERSTER, Heinz von: Wissen und Gewissen. Frankfurt / Main 1993

FOPPA, K.: Lernen, Gedächtnis, Verhalten. Köln und Berlin 1965

FRENCH, W./ BELL jr.C.H.: Zur Geschichte der Organisationsentwicklung / in: SIEVERS, Burkhard (Hrsg.): Organisationsentwicklung als Problem. Stuttgart 1977

FRENCH W.L. / BELL jr C.H.: Organisationsentwicklung. Stuttgart-Bern 1990[3]

FRENCH W.L./BELL jr C.H./ZAWACKI,R.A.: Organization development.New York 1989

FRYER, David: Die Arbeitslosenforschung in Marienthal /in: GREIF, S./HOLLING, H./ NICHOLSON, N.: Arbeits- und Organisationspsychologie. München 1989

FÜRSTENAU, Peter: Institutionsberatung/ in: Gruppendynamik 3/1970, S. 219-233

FÜRSTENAU, Peter: Zur Theorie psychoanalytischer Praxis. Stuttgart 1979

FÜRSTENAU, Peter: Warum braucht der Organisationsberater eine mit der systemischen kompatible ich-psychologische Orientierung? / in: WIMMER, Rudolf (Hrsg.): Organisationsberatung. Neue Wege und Konzepte. Wiesbaden 1992

GAIRING, Fritz: Leittext bei Mercedes-Benz. / in: LUMMA, Klaus: Teamfibel oder Das Einmaleins der Team- & Gruppenqualifizierung im sozialen und betrieblichen Bereich. Ein Lehrbuch zum lebendigen Lernen. Hamburg 1994, S. 146-153

GARVIN, P.L.(Hrsg.): Cognition: a multiple view. New York 1970

GEBERT, D. Organisationsentwicklung. Stuttgart 1974

GEBHARDT, W.: Organisationsentwicklung am Scheideweg / in: Gruppendynamik 2/1989, S.191-208

GLASERSFELD, Ernst von: Einführung in den radikalen Konstruktivismus./in: WATZLAWICK, Paul (Hrsg.).Die erfundene Wirklichkeit. Wie wissen wir, was wir zu wissen glauben? Beiträge zum Konstruktivismus. München und Zürich 1985, S.16-38

GLASL, F./de la HOUSSAYE, L.: Das OE-Modell des NPI. Stuttgart 1975

GLASL,F./LIEVEGOED B.: Dynamische Unternehmensentwicklung. Bern/Stuttgart 1993

GÖBEL, U./SCHLAFFKE, W.: Die Zukunftsformel.Technik-Qualifikation-Kreativität. Köln 1987

GOE: Gesellschaft für Organisationsentwicklung (GOE) e.V., Satzung, Köln 1980

GOE: Leitlinien und Grundsätze der Gesellschaft für Organisationsentwicklung (GOE) e.V. Köln 1980

GOMEZ, P./ZIMMERMANN, T.: Unternehmensorganisation; Frankfurt/New York, 1993

GORDON, Thomas: Managerkonferenz. Hamburg 1977

GÖTZ, Klaus (Hrsg.):   Theoretische Zumutungen - Vom Nutzen der Systemischen Theorie für die Managementpraxis. Heidelberg 1994

GÖTZ, Klaus/BRUNNER, Peter/GAIRING, Fritz/SCHUH Sebastian (Hrsg.):Umbrüche-Aufbrüche. Menschen und Organisationen im Wandel. Würzburg 1994

GÖTZ, Klaus/GAIRING, Fritz/SCHUH Sebastian (Hrsg.): Krise - Welche Krise? Herausforderungen für Menschen und Organisationen. Würzburg 1995

GREIF, S./HOLLING, H./NICHOLSON, N.: Arbeits- und Organisationspsychologie. München 1989

HABERMAS, Jürgen: Erkenntnis und Interesse: Frankfurt/Main 1973

HAHN, O.:   Allgemeine Betriebswirtschaftslehre; München/Wien, 1990

HAMEL, G./PRAHALAD, C.K.: Competing for the future. Boston 1995

HAMMER, M./CHAMPY, J.: Reengineering the Corporation. New York 1993

HAMMER, M./CHAMPY, J.: Business Reengineering. Frankfurt/Main / New York 1994

HANDY, C.:   Im Bauch der Organisation, Frankfurt/Main / New York, 1993

HEGEL, G. W. F.:   Phänomenologie des Geistes. Frankfurt/Main 1973

HEIGL-EVERS / STRECK (Hrsg.): Die Psychologie des 20. Jahrhunderts Bände 1-15. Zürich 1979

HEIMANN, P./OTTO,G./SCHULZ, W.: Unterricht, Analyse und Planung. Hannover 1972[6]

HEIMANN, Paul: Didaktik als Unterrichtswissenschaft. Stuttgart 1962

HEINER, Maja (Hrsg.): Praxisforschung in der Sozialarbeit. Freiburg 1988

HEINTEL, P. / HUBER, J.: Aktionsforschung - Theorieaspekte und Anwendungsprobleme / in Gruppendynamik - Sonderdruck 1978

HEINTEL, Peter / KRAINZ, Ewald E.: Projektmanagement -eine Antwort auf die Hierarchiekrise?. Wiesbaden 1988

HEINTEL, Peter / KRAINZ, Ewald E.: Was bedeutet „Systemabwehr"? / in: GÖTZ, Klaus (Hrsg.): Theoretische Zumutungen - Vom Nutzen der Systemischen Theorie für die Managementpraxis. Heidelberg 1994, S.160-193

HEINTEL, Peter: Das ist Gruppendynamik. München 1974

HEINTEL, Peter: Institutions- und Organisationsberatung./in: HEIGL-EWERS / STRECK (Hrsg.): Die Psychologie des 20. Jahrhunderts, Band VIII - Lewin und die Folgen. Zürich 1979, S. 956-965

HEINTEL, Peter: Modellbildung in der Fachdidaktik. Wien 1986[2]

HEINTEL, Peter: Läßt sich Beratung erlernen? Perspektiven für die Aus- und Weiterbildung von Organisationsberatern./in: WIMMER, R. (Hrsg.): Organisationsberatung - Neue Wege und Konzepte. Wiesbaden 1992

HEINTEL, Peter: Beschleunigung und Verzögerung. Positionspapier.Klagenfurt 1995a

HEINTEL, Peter: Götterdämmerung. Vom Ende der Machbarkeit./in: GROSSMANN, Ralph/KRAINZ, Ewald E./OSWALD, Margit: Veränderung in Organisationen. Wiesbaden 1995b, S. 273-292

HENTIG, Hartmut von: Die Schule neu denken. München und Wien 1993[3]

HOFMANN, Lynn: Grundlagen der Familientherapie. Hamburg 1982

HOFMANN, M./ROSENSTIEL L.v./ZAPOTOCZKY,K.(Hrsg.): Die sozio-kulturellen Rahmenbedingungen für Unternehmensberater. Stuttgart 1991

HOLL, Hans-Günter   Batesons Theorie des Lernens und der wissenschaftlichen Erkenntnis./in: 2. Theorieforum `Systemtheorien und Systemisches Denken´ des Zentralen Bildungswesens der Mercedes-Benz AG. Forums-Reader. Stuttgart 1990a, S.96-112

HOLL, Hans-Günter   Über Gregory Bateson. Aufzeichnung und Redeskript eines Vortrags beim 2. Theorieforum `Systemtheorien und Systemisches Denken´ des Zentralen Bildungswesens der Mercedes- Benz AG. Forums-Reader. Stuttgart1990b, S.115-134

HÖRMANN, G./LANGER,K.: Psychodrama / in ZYGOWSKI,H.(Hrsg.) Psychotherapie und Gesellschaft. Hamburg 1987, S.182-204

IMAI, Masaaki: Kaizen. Der Schlüssel zum Erfolg der Japaner im Wettbewerb. München 1992[3]

JAHODA, M./LAZARSFELD, P.F./ZEISEL, H.: Marienthal: The sociography of an unemployed community. London 1972

JAHODA, Maria: Marie Jahoda, Paul F. Lazarsfeld & Hans Zeisel: „Die Arbeitslosen von Marienthal"./in: FLICK,U./ KARDOFF V., E./ KEUPP, H./ROSENSTIEL v., L./WOLFF, S.(Hrsg.): Handbuch Qualitative Sozialforschung. München 1991, S. 119-122

JANK,W./MEYER, H.:   Didaktische Modelle. Bielefeld 1991

KAHN, Robert L.:   Organisationsentwicklung: Einige Probleme und Vorschläge.../ in: SIEVERS, Burkhard (Hrsg.): Organisationsentwicklung als Problem. Stuttgart 1977, S. 281-301

KAISER, Jana: Eine Reise in die Systemtheorie./in: VOGEL, H.C./ BÜRGER B./NEBEL, G./ KERSTING, H.J.: Werkbuch für Organisationsberater. Aachen 1994, S.257-270

KANT, Immanuel: Beantwortung der Frage: Was ist Aufklärung? Werke Band VI. Darmstadt 1966

KATZ, Daniel / KAHN, Robert L.: The social psychology of organizations. New York 1966

KEARNS, D.T., NADLER, D.A.: Xerox aus der Asche; Frankfurt/Main / New York 1993

KEIDEL, Robert: Rethinking organizational Design / in: The Academy of Management Executive 4/1994

KEMM, R.: Arbeitspapier des Instituts für Management- und Organisationsentwicklung, Bern 1981

KERN, H. et.al: Neue Formen betrieblicher Arbeitsgestaltung, Bonn 1976

KEYNES, John Maynard: Allgemeine Theorie der Beschäftigung, des Zinses und des Geldes. Berlin 1974[5]

KIESER, A. /KUBICEK, H.: Organisationstheorien Band I. Stuttgart 1978

KIESER, A. /KUBICEK, H.: Organisationstheorien Band II. Stuttgart 1978

KIESER, Alfred: Organisationen und Organisationsgestaltung./in: GREIF, S./HOLLING, H./ NICHOLSON, N.: Arbeits- und Organisationspsychologie. München 1989, S. 327-349

KLAFKI, Wolfgang: Die Bedeutung der klassischen Bildungstheorien für ein zeitgemäßes Konzept allgemeiner Bildung./in: Zeitschrift für Pädagogik 4/1986, S. 455-476

KOCHAN, D.C. (Hrsg.): Allgemeine Didaktik - Fachdidaktik - Fachwissenschaft. Ausgewählte Beiträge aus den Jahren 1953-1969. Darmstadt 1972

KÖNIGSWIESER, R./PELIKAN, J.: Anders- gleich - beides zugleich. Unterschiede und Gemeinsamkeiten in Gruppendynamik und Systemansatz. / in: Gruppendynamik 1/1990, S. 69-94

KÖSEL, Edmund: Die Modellierung von Lernwelten. Ein Handbuch zur Subjektiven Didaktik. Elstal-Dallau 1993

KOSIOL, E.: Die Unternehmung als wirtschaftliches Aktionszentrum.Reinbek 1966

KRAINZ, Ewald: Alter Wein in neuen Schläuchen. Zum Verhältnis von Gruppendynamik und Systemtheorie./ in Gruppendynamik 1/1990, S. 29-44

KREFT, Dieter/ MIELENZ, Ingrid (Hrsg.): Wörterbuch Soziale Arbeit. Weinheim/Basel 1980

KRUSE,P./STADLER, M.: Wahrnehmen, Verstehen, Erinnern. Der Aufbau des psychischen Apparates./in: DIFF(Hrsg.): Konstruktionen von Wirklichkeit. Funkkolleg Studienbrief 2. Weinheim/Basel 1990, S. 19-30

KUHN, Thomas: Die Struktur wissenschaftlicher Revolutionen. Frankfurt 1967

LANG, A.: Die Feldtheorie von Kurt LEWIN / in: HEIGL-EVERS/STRECK (Hrsg.): Die Psychologie des 20. Jahrhunderts- Bd. VII - Lewin und die Folgen. Zürich 1979

LANGE, Elmar / BÜSCHGES, Günter (Hrsg.): Aspekte der Berufswahl in der modernen Gesellschaft. Frankfurt/Main 1975

LAUTERBURG, Christoph: Organisationsentwicklung in einer zentralen Dienstleistungsabteilung. Protokoll einer Reorganisation / in: Zeitschrift für Organisation 2 /1980a

LAUTERBURG, Christoph: Vor dem Ende der Hierarchie. Düsseldorf 1980b

LAZARSFELD, Paul: An unemployed village. Character and Personality 1/1932.

LEUTZ, G.A./ENGELKE E.: Psychodrama / in: CORSINI. R.J. (Hrsg.): Handbuch der Psychotherapie. Weinheim 1983, S.1008-1031

LEUTZ,G.A.: Das klassische Psychodrama nach J.L. MORENO. Berlin 1974

LEUTZ, G.A.: Das Triadische System von J.L. MORENO / in: Heigl-Evers/Streck (Hrsg.): Die Psychologie des Jahrhunderts Bd. VII. München 1978

LEWIN, Kurt: Der Sonderfall Deutschland. Bern 1953/ in: LEWIN, Kurt Werksausgabe, Band VII, Stuttgart 1983

LEWIN, Kurt: Das Forschungszentrum für Gruppendynamik am Institut für Technologie von Massachusetts. In Gruppendynamik 6/1978

LEWIN, Kurt: Der Begriff der Genese in Physik, Biologie und Entwicklungsgeschichte (1922) / in: LEWIN, Kurt Werksausgabe, Band II, Stuttgart 1981

LEWIN, Kurt: Vorsatz, Wille und Bedürfnis (1926) / in:LEWIN, Kurt Werksausgabe, Band Bd.V, Stuttgart 1982

LEWIN, Kurt: Principles of Topological Psychology. New York 1936

LEWIN, Kurt: Feldtheorie des Lernens (1942) / in:: LEWIN, Kurt Werksausgabe, Band IV, Stuttgart 1981

LEWIN, Kurt: Feldtheorie in den Sozialwissenschaften. Bern 1963

LEWIN, Kurt: Die Lösung sozialer Konflikte. Bern 1968[3]

LEWIN, Kurt: Grundzüge der topologischen Psychologie, Bern 1969

LEWIN, Kurt: Die Erziehung der Versuchsperson zur richtigen Selbstbeobachtung und die Kontrolle psychologischer Beschreibungsangaben / in: LEWIN, Kurt Werksausgabe, Band I, Stuttgart 1981

LEWIN, Kurt Werksausgabe, Bände I-VII. Stuttgart 1981-1983

LEWIN, Kurt: Changing as three steps: Unfreezing, moving, and freezing of group standards./in: FRENCH W.L. / BELL jr C.W. / ZAWACKI, R.A.: Organization development. New York 1989a

LEWIN, Kurt: The field approach: Culture and group life as quasi-stationary processes./in: FRENCH W.L. / BELL jr C.W. / Zawacki, R.A.: Organization development. New York 1989b

LINDEMANN, H.-J.: Berufsschule und Jugendarbeit. Wie Lernbarrieren durch außerschulische politische Bildung überwunden werden können. Diss. TU Berlin 1991

LINDNER, Traugott: Gruppendynamik in der berufsbegleitenden Fortbildung von Angehörigen der Wirtschaft / in: HEIGL-EVERS/STRECK (Hrsg.): Die Psychologie des 20. Jahrhunderts Bd. VII - Lewin und die Folgen. Zürich 1979

LINDNER, Traugott: Organisationsentwicklung/ in Gruppendynamik 4/1981, S. 283 f.

LIPPITT, R./ LIPPITT G.: Der Beratungsprozeß in der Praxis. Untersuchung zur Dynamik der Arbeitsbeziehung zwischen Klient und Berater./ in: SIEVERS, Burkhard (Hrsg.): Organisationsentwicklung als Problem.Stuttgart 1977

LIPPITT, R.: Von der T-Gruppe zur Organisationsentwicklung oder wie verändert die Mikrodynamik die Makrostruktur? / in: Gruppendynamik 4/1974, S. 270-282

LUFT, Joseph: Einführung in die Gruppendynamik. Stuttgart 1971

LUHMANN, Niklas: Funktionen und Folgen formaler Organisation. Berlin 1972²

LUHMANN, Niklas: Soziale Systeme - Grundriß einer allgemeinen Theorie. Frankfurt / Main 1984

LUHMANN, Niklas: Autopoiesis als soziologischer Begriff./ in: HAFERKAMP / SCHMID (Hrsg.): Sinn, Kommunikation und soziale Differenzierung. Frankfurt/Main 1987

LUHMANN, Niklas: Was ist Kommunikation? / in: SIMON, Fritz (Hrsg.): Lebende Systeme. Wirklichkeitskonstruktionen in der systemischen Therapie.Berlin und New York 1988a , S.10-18

LUHMANN, Niklas: Selbstreferentielle Systeme. / in: SIMON, Fritz (Hrsg.): Lebende Systeme. Wirklichkeitskonstruktionen in der systemischen Therapie.Berlin und New York 1988b , S. 47-53

LUHMANN, Niklas: Operationale Geschlossenheit psychischer und sozialer Systeme. /In: FISCHER, H.R./RETZER, A./SCHWEITZER, J.(Hrsg.):Das Ende der großen Entwürfe. Frankfurt/Main 1992

LUMMA, Klaus: Teamfibel oder Das Einmaleins der Team- & Gruppenqualifizierung im sozialen und betrieblichen Bereich. Ein Lehrbuch zum lebendigen Lernen. Hamburg 1994

MACHARZINA, Klaus: Unternehmensführung. Das internationale Managementwissen. Konzepte-Methoden-Praxis. Wiesbaden 1993

MALIK, Fredmund: Das Management komplexer Systeme. Bern und Stuttgart 1986

MALIK, Fredmund: Evolutionäres Management. Eine Replik zur Kritik von Karl Sandner. Die Unternehmung, 2/1982, S.91-106.

MALIK, Fredmund: Systemisches Management, Evolutionen, Selbstorganisation - Grundprobleme, Funktionsmechanismen und Lösungsansätze für komplexe Systeme. Bern/Stuttgart 1993

MANN, F.C.: Studying and creating change: a means to understanding social organizations / in: ARENSBERG, G.M. et al. (Hrsg.): Research in industrial human relations. New York 1957

MARROW, Alfred: Kurt Lewin - Leben und Werk. Stuttgart 1977

MARTENS, E.: Amerikanische Pragmatisten/ in: HÖFFE, O.(Hrsg.:) Klassiker der Philosophie, Bd.II, Von Kant bis Sartre.

MATURANA, H.R. / VARELA F.J.:Autopoiesis and cognition. Boston 1979

MATURANA, H.R. / VARELA F.J.: Der Baum der Erkenntnis: Die biologischen Wurzeln des menschlichen Erkennens. Bern/München/Wien 1987

MATURANA, Humberto: The neurophysiology of cognition./in GARVIN, P. (Hrsg.) Cognition: a multiple view. New York 1970, S. 2-23

MATURANA, Humberto: Erkennen: Die Organisation und Verkörperung von Wirklichkeit. Braunschweig 1982

MAYNTZ; R.: Die soziale Organisation des Industriebetriebs, Stuttgart, 1958

MC KENNA, Douglas D./WRIGHT, Patrick M.:Alternative metaphors for organization design./ in: DUNNETTE, Marvin D. / HOUGH, Leatta M. (Hrsg.): Handbook of industrial and organizational psychology, Vol. 1-3. Palo Alto 1992, S.901-961

MERCEDES-BENZ INTERN: Mitarbeiter-Zeitschrift der Mercedes-Benz AG, 3/1995

MERTENS, Dieter: Thesen zur Schulung für eine moderne Gesellschaft. In: Mitteilung aus der Arbeitsmarkt- und Berufsforschung, 7.Jg.(1974), H.1, S.36-43. /Wiederabdruck in: LANGE, Elmar / BÜSCHGES, Günter (Hrsg.): Aspekte der Berufswahl in der modernen Gesellschaft. Frankfurt/Main 1975. S.403-429

METZEN, H.: Schlankheitskur für den Staat, Frankfurt/Main / New York 1994

MEYER, Hilbert: Trainingsprogramm zur Lernzielanalyse. Frankfurt/Main 1974

MOLLENHAUER; Klaus: Erziehung und Emanzipation. Polemische Skizzen. München 1968

MORENO, Jakob L.: Das Stegreiftheater. Berlin 1924

MORENO, Jakob L.: Preludes to my autobiographie. Beacon, N.Y. 1955

MORENO, Jakob L.: Gruppentherapie und Psychodrama. Stuttgart 1959

MÜLLER, C. Wolfgang/ MAASCH, Hans: Gruppen in Bewegung. Fünf Berichte aus der Praxis. München 1962

MÜLLER, C. Wolfgang: Gruppenpädagogik. Auswahl an Schriften und Dokumenten. Weinheim 1970

MÜLLER, C. Wolfgang: Begleitforschung in der Sozialpädagogik. Weinheim 1978

MÜLLER, C. Wolfgang: Evaluierung. / in: KREFT, Dieter/MIELENZ, Ingrid (Hrsg.): Wörterbuch Soziale Arbeit. Weinheim und Basel 1980

MÜLLER, C. Wolfgang: Wie Helfen zum Beruf wurde; Band 1. Weinheim und Basel 1982

MÜLLER, C. Wolfgang: Einführung in die Soziale Arbeit. Weinheim und Basel 1985

MÜLLER, C. Wolfgang: Wie Helfen zum Beruf wurde; Band 2. Weinheim und Basel 1988

MÜLLER, C. Wolfgang: Achtbare Versuche. Zur Geschichte der Praxisforschung in der Sozialen Arbeit. / in: HEINER, Maja (Hrsg.) Praxisforschung in der Sozialarbeit. Freiburg 1988b

MÜLLER, C. Wolfgang: Von der wohltätigen Wirkung didaktischen Handelns. /in: REICHERT, W./SCHUPPAN, M.-S. (Hrsg.): Möglichkeiten menschlichen Seins. Festschrift zum 80. Geburtstag von Walter Heistermann. Rheinfelden und Berlin 1992, S.87-95

MÜLLER; C. Wolfgang: Persönliche Mitteilung vom 8.3.1994

NELLESEN, L./ SCHMIDT, J.: Kein Anschluß unter dieser Nummer? Erfahrungen mit Trainings in einer Institution. Gruppendynamik 6 /1975, S. 276-294

NELLESEN, Lothar: Organisationsentwicklung: Stein des Weisen oder Stein des Anstoßes / in: FATZER, Gerhard (Hrsg.): Organisationsentwicklung für die Zukunft .Köln 1993, S. 309-324

NOWAK, P./ PELIKAN J.M./ LOBNIG. H.: Organisationsentwicklung einer Krankenhausstation, in: Organisationsentwicklung 3/1994

ÖGGO: Ausschreibung für das Internationale Symposium der Österreichischen Gesellschaft für Gruppendynamik und Organisationsberatung (ÖGGO) vom 26.-29.Oktober 1995

PAUCHANT, Thierry C. and Associates (Hrsg.): In Search of meaning. Managing for the health of our organizations, our communities, and the natural world. San Francisco 1995

PETERSSEN, Wilhelm H.: Handbuch Unterrichtsplanung. Grundfragen, Modelle, Stufen, Dimensionen. München 1991[4]

PETZOLD, Hilarion: Lewin und Moreno. Bemerkungen anläßlich des Erscheinens der Lewin- Biographie von Alfred Marrow auf Deutsch / in: Gruppendynamik 3/1978, S. 208-211

PETZOLD, Hilarion: Moreno und Lewin und die Anfänge psychologischer Gruppenarbeit/ in: Zeitschrift für Gruppenpädagogik 1/1980a, S. 1-18

PETZOLD, Hilarion: Moreno - nicht Lewin - der Begründer der Aktionsforschung/ in: Gruppendynamik 2 /1980b, S. 142-166

PORTELE, G.:   Gestalttheorie, Theorie der Autopoiese und Gestalttherapie. Gestalt Theory, 7/1984 , 245-259

PROBST, Gilbert: Selbstorganisation. Berlin-Hamburg 1987

PROBST, Gilbert/GOMEZ, Peter.(Hrsg.): Vernetztes Denken. Wiesbaden 1989

REESE-SCHÄFER, W.:   Luhmann. Zur Einführung. Hamburg 1992

REFA: Methodenlehre des Arbeitsstudiums Teile 1 - 6, München 1978

RETZER, A./FISCHER, R.:Verstehen, Sprache und Konsens - Der lange Abschied vom Prinzipiellen. Helm Stierlin zum 65. Geburtstag./ in: Familiendynamik 2/1991, S.134-144

RETZER, A./SIMON F.B.: Das Hellinger-Phänomen./in: Psychologie heute Juni/1995

RICHTER, Mark: Organsiationsentwicklung. Bern 1994.

RIECKMANN, Heijo/ SIEVERS, Burkhard: Lernende Organisation - Organisiertes Lernen. Systemveränderung und Lernen in sozialen Organisationen / in: BARTÖLKE, Klaus / KAPPELER, Ekkehard / LASKE, Stephan/ NIEDER, Peter (Hrsg.): Arbeitsqualität in Organisationen. Wiesbaden 1977

RIECKMANN, Heijo: Organisationsentwicklung - von der Euphorie zu den Grenzen./in: SATTELBERGER,Thomas (Hrsg.): Die lernende Organisation. Konzepte für eine neue Qualität der Unternehmensentwicklung. Wiesbaden 1991, S. 125-144

ROETHLISBERGER, F.J./ DICKSON, W.: Management and the worker. Cambridge, Mass. 1966

ROGERS, Carl: Die nichtdirektive Beratung. München 1972

ROGERS, Carl: Interpersonal relationship USA / in: Journal of Applied Behavioural Science 4 (3). 1968

ROMMEL, G./BRÜCK, F./ DIEDERICHS, R./ KEMPIS, R.-D./ KLUGE, J. (McKinsey): Einfach, Überlegen: Das Unternehmenskonzept, das die Schlanken schlank und die Schnellen schnell macht, Stuttgart, 1993

ROSENSTIEL, Lutz von: Grundlagen der Organisationspsychologie. München 1980

ROSENSTIEL, Lutz von: Die organisationspsychologische Perspektive in der Beratung./in: HOFMANN, M./ROSENSTIEL L.v./ZAPOTOCZKY,K.(Hrsg.): Die sozio-kulturellen Rahmenbedingungen für Unternehmensberater. Stuttgart 1991a, S.67-278

ROSENSTIEL, Lutz von: Fritz J. Roethlisberger & William J. Dickson: „Management and the worker"./in: FLICK,U./ von KARDOFF , E./ KEUPP, H./ von ROSENSTIEL, L./ WOLFF, S.(Hrsg.): Handbuch Qualitative Sozialforschung. München 1991b, S.126-130

ROSENSTIEL, Lutz von: Soziale Kompetenz. /in: Allgemeiner Hochschulanzeiger 26/1995, S.1 ff.

ROSNAY, J. de: Das Makroskop: Systemdenken als Werkzeug der Ökogesellschaft. Hamburg 1979

RUSSELL, B./WHITEHEAD A.N.: Principa Mathematica, 3 Bände, Cambridge 1910-1913[2]

SACKMANN, Sonja: Die lernfähige Organisation - Theoretische Überlegungen, gelebte und reflektierte Praxis. / in: FATZER, Gerhard (Hrsg.): Organisationsentwicklung für die Zukunft. Köln 1993

SANDNER, K.:   Evolutionäres Management. Voraussetzungen und Konsequenz eines Ansatzes der Steuerung sozialer Systeme. Die Unternehmung, 29/1982, S.77-90

SATTELBERGER,Thomas (Hrsg.): Innovative Personalentwicklung. Grundlagen, Konzepte, Erfahrungen. Wiesbaden 1990

SATTELBERGER,Thomas (Hrsg.): Die lernende Organisation. Konzepte für eine neue Qualität der Unternehmensentwicklung. Wiesbaden 1991

SCHARDT, Christa: Transformationsprozeß der Mercedes-Benz AG. Unveröffentlichtes Manuskript. Stuttgart 1995

SCHEIN, Edgar H.:   Organisationsberatung für die neunziger Jahre./ in: FATZER, Gerhard: Organisationsentwicklung für die Zukunft. Köln 1993

SCHEIN, Edgar H.:   Unternehmenskultur- Ein Handbuch für Führungskräfte. Frankfurt /Main / New York 1995

SCHEIN, Edgar H.:   Überleben im Wandel. Frankfurt/Main 1994

SCHEIN, Edgar W.:   Process consultation. Its role in organization development. Reading /Mass. 1969

SCHMID, Bernd: Menschen, Rollen und Systeme - Professionsentwicklung aus systemi-scher Sicht./ in: Organisationsentwicklung 4/1993, S. 18-27

SCHMIDT, Gunther:	„Wer einigermaßen der Gleiche bleiben will, muß sich ständig verändern" oder: Die Metamorphose der Heidelberger Familientherapiegruppe als Beispiel für die Entwicklung eines kooperativen Nicht-Nullsummenspiels. / in:Familiendynamik 2/1991, S. 145-163
SCHMIDT, Jochen:	Systemisch denken lernen...Oder: Lernprozesse rekonstruieren, Lernprozesse konstruieren./in: Organisationsentwicklung 4/1989,S. 1-16
SCHMIDT, Jochen:	Über „Gregory Bateson" Oder: Vorarbeiten zu einer künftigen Humanwissenschaft. Gruppendynamik 2/1994, S. 203-226
SCHMIDT, Siegfried J.:	Der radikale Konstruktivismus: Ein neues Paradigma im interdisziplinären Diskurs. / in: SCHMIDT, Siegfried J. (Hrsg.): Der Diskurs des Radikalen Konstruktivismus. Frankfurt / Main 1994[6], S. 11-88
SCHMIDT, Siegfried J. (Hrsg.): Der Diskurs des Radikalen Konstruktivismus. Frankfurt/Main 1994[6]	
SCHMITZ, C./ GESTER, W./ HEITGER, B.(Hrsg.): Managerie. Systemisches Denken und Handeln im Management. Heidelberg 1992	
SCHNECK,Ottmar:	Lexikon der Betriebswirtschaft. München[2] 1994
SCHULZ, Wolfgang:	Die Schule als Gegenstand der Pädagogik./ in Deutsche Schule 1965
SCHULZ, Wolfgang:	Ein Hamburger Modell der Unterrichtsplanung - seine Funktion in der Alltagssprache./ in: ADL-AMINI, Bijan/KÜNZLI, Rudolf (Hrsg.): Didaktische Modelle und Unterrichtsplanung. München 1980, S.49-87
SCHULZ, Wolfgang:	Aufgaben der Dialektik / in: KOCHAN, D.C. (Hrsg.):Allgemeine Didaktik - Fachdidaktik - Fachwissenschaft. Ausgewählte Beiträge aus den Jahren 1953-1969. Darmstadt 1972, S.403 ff.
SCHUTZ, Will:	The human element. San Francisco 1994
SCHWARZ,G. / HEINTEL,P. / WEYRER,M. / STATTLER,H.(Hrsg.): Gruppendynamik. Geschichte und Zukunft. Wien 1993	
SELVINI-PALAZZOLI, M. /BOSCOLO, L./CECCHIN G./PRATA G.: Hypothetisieren-Zirkularität - Neutralität: drei Richtlinien für den Leiter der Sitzung. Familiendynamik, 6/1981, S. 123 - 139	
SELVINI-PALAZZOLI, M./BOSCOLO, L./CECCHIN G./PRATA G.: Paradoxien und Gegen-paradoxien. Stuttgart 1988[3]	
SELVINI-PALAZZOLI, M./ANOLLI, L./ DI BLASIO P./GIOSSI L./PISANO J./RICCI C./SACCHI M./ UGAZIO V.: Hinter den Kulissen der Organisation. Stuttgart 1985	
SEMBILL, Detlef:	Problemlösefähigkeit, Handlungskompetenz und Emotionale Befindlichkeit. Göttingen/Toronto/Zürich 1992
SENGE, Peter M .:	The Fifth Discipline: The art and practice of the learning organization. New York 1990
SENGE, Peter:	Die fünfte Disziplin - die lernfähige Organisation / in : FATZER, Gerhard: Organisationsentwicklung für die Zukunft. Köln 1993

SIEVERS, Burkhard (Hrsg.): Organisationsentwicklung als Problem. Stuttgart 1977

SIEVERS, Burkhard: Organisationsentwicklung als Problem/in: SIEVERS, Burkhard (Hrsg.): Organisationsentwicklung als Problem.Stuttgart 1977, S. 10-31

SIEVERS, Burkhard: Organisationsentwicklung als Strategie der Integration von Schulreform und Lehrerfortbildung./ in: AREGGER, Kurt (Hrsg.): Lehrerfortbildung. Praxisorientierte Konzepte und neue Bereiche. Weinheim 1976

SIEVERS, W./ SLESINA W. (Hrsg.) Organisationsentwicklung in der Diskussion: Offene Systemplanung und partizipative Organisationsforschung. Arbeitspapiere des Fachbereichs Wirtschaftswissenschaften an der Gesamthochschule Wuppertal, Wuppertal 1980

SIMON, Fritz B./ JANES, Alfred: Radikale Marktwirtschaft. / in: SCHMITZ, C./ GESTER, W./ HEITGER, B.(Hrsg.): Managerie. Systemisches Denken und Handeln im Management. Heidelberg 1992, S. 245-257

SIMON, Fritz B./ STIERLIN, Helm: Die Sprache der Familientherapie. Stuttgart 1984

SIMON, Fritz B.: Unterschiede, die Unterschiede machen. Berlin 1988a

SIMON, Fritz B. (Hrsg.): Lebende Systeme. Wirklichkeitskonstruktionen in der systemischen Therapie. Berlin/New York 1988b

SIMON, Fritz B.: Wirklichkeitskonstruktionen in der Systemischen Therapie. / in: SIMON, Fritz (Hrsg.): Lebende Systeme. Wirklichkeitskonstruktionen in der systemischen Therapie.Berlin/New York 1988c, S. 1-9

SIMON, Fritz B.: Meine Psychose, mein Fahrrad und ich. Zur Selbstorganisation der Verrücktheit. Heidelberg 1990a

SIMON, Fritz B.: „Harte" und „weiche" Wirklichkeiten./ in: KÖNIGSWIESER, R./ LUTZ C. (Hrsg.): Das Systemisch-evolutionäre Management. Wien 1990b, S. 85-94

SIMON, Fritz B.: Die andere Seite der Gesundheit. Ansätze einer systemischen Krankheits- und Therapietheorie. Heidelberg 1995

SIMON, Fritz B.: Persönliche Mitteilung 1994

SPENCER BROWN, George: Laws of form. New York 1979

STIEFEL, Rolf: Das Ende der Technokraten: Eine Renaissance der Humanistischen Psychologie in der Kosmologie des Managements? /In: Management-Andragogik und Organisationsentwicklung.(MAO) 1/1995

STIERLIN, Helm: Prinzipien der systemischen Therapie. / in: SIMON, Fritz (Hrsg.):Lebende Systeme. Wirklichkeitskonstruktionen in der systemischen Therapie.Berlin/New York 1988, S.54-65

STIERLIN, Helm: Das Tun des Einen ist das Tun des Andern. Frankfurt/Main 1971

STIERLIN, Helm: Von der Psychoanalyse zur Familientherapie. Stuttgart 1975

TANNEBAUM, R./ WESCHLER, I.R./ MASSARIK, F.: Leadership and organization: A bevioral science approach. New York 1961

TICHY, Noel M.:	Managing stratetic change - technical, political and cultural dynamics. New York/Chichester 1982
TICHY, Noel M.:	Regieanweisung für Revolutionäre. Frankfurt/Main 1995
TILLICH, Paul:	Auf der Grenze. München 1987
TREBESCH, Karsten:	Organisationsentwicklung in Europa. Band 1 A: Konzeptionen. Stutt gart/Bern 1980a
TREBESCH, Karsten:	Organisationsentwicklung in Europa. Band 1 B: Fälle. Stuttgart-/Bern 1980b
TREBESCH, Karsten:	50 Definitionen der Organisationsentwicklung - und kein Ende. Oder: Würde Einigkeit stark machen?/ in: Organisationsentwicklung 2/1982
TREBESCH, Karsten:	Unternehmensentwicklung - Ein Konzept für die Praxis / in: Organisationsentwicklung, 2/1994

TREUDE, Burkhard (Hrsg.): Organisationsentwicklung. Hamburg 1981

TRIST, E.L et al.:	Organizational choice. London 1963
TRIST, E.L. :	The evolution of sociotechnical systems. Occassional paper No.2, June 19th of the Ontario Quality of Working Life Centre 1972
TRIST, E.L.:	Sozio-Technische Systeme/ in: BENNIS, .W/ BENNE, K./CHIN, R. (Hrsg.): Änderung des Sozialverhaltens, Stuttgart 1975
TROPITZSCH, Heiner:	Lernende Menschen, unser Erfolgsfaktor./ in: Mercedes-Benz-Intern 3/95, S.2

ULRICH, H. /PROBST, G.J.B (Hrsg.): Self-organization and management of social systems. Insights, promises, doubts and questions. Berlin 1984

ULRICH, H. /PROBST, G.J.B.: Anleitung zum ganzheitlichen Denken und Handeln. Bern 1990

VARELA, F./ MATURANA H./URIBE R.: Autopoiesie: Die Organisation lebender Systeme, ihre nähere Bestimmung und ein Modell./in: MATURANA: Erkennen: Die Verkörperung von Wirklichkeit. Braunschweig 1982 S. 157-169

VARELA, F.J.:	Two priciples of self organization./ in: ULRICH, H. /PROBST, G.J.B (Hrsg.): Self-organization and management of social systems. Insights, promises, doubts and questions. Berlin 1984, S. 25-32

VDI (Verein Deutscher Ingenieure): Handbuch der Arbeitsgestaltung und Arbeitsorganisation; Düsseldorf, 1980

VESTER, Frederic:	Neuland des Denkens. München 1984

VOGEL, H.C./ BÜRGER B./NEBEL, G./ KERSTING, H.J.: Werkbuch für Organisations-berater. Aachen 1994

WALTER-BUSCH, Emil: Das Auge der Firma. Stuttgart 1989

WATZLAWICK, Paul (Hrsg.).Die erfundene Wirklichkeit. Wie wissen wir, was wir zu wissen glauben? Beiträge zum Konstruktivismus. München/Zürich 1985

WATZLAWICK, Paul/BEAVER, Janet H./JACKSON Don. D.: Menschliche Kommunikation. Formen, Störungen, Paradoxien. Bern/Stuttgart 1969

WATZLAWICK, Paul: Wie wirklich ist die Wirklichkeit? München/Zürich[12] 1984

WATZLAWICK, Paul: Bausteine ideologischer „Wirklichkeiten". / in: WATZLAWICK, Paul (Hrsg.). Die erfundene Wirklichkeit. Wie wissen wir, was wir zu wissen glauben? Beiträge zum Konstruktivismus. München/ Zürich 1985a, S. 192 - 228

WATZLAWICK, Paul: Selbsterfüllende Prophezeiungen./in: WATZLAWICK, Paul (Hrsg.). Die erfundene Wirklichkeit. Wie wissen wir, was wir zu wissen glauben? Beiträge zum Konstruktivismus.München/Zürich 1985b, S. 91 - 110

WATZLAWICK, Paul (Hrsg.): Die erfundene Wirklichkeit. Wie wissen wir, was wir zu wissen glauben? Beiträge zum Konstruktivismus. München/ Zürich 1985c

WIENER, Norbert: Cybernetics or control and communication in the animal or machine. New York 1948

WILDEMANN, Horst: Die modulare Fabrik - Kundennahe Produktion durch Fertigungssegmentierung. München und St. Gallen 1992

WILDEN, A.:   System and structure. London 1972

WILLKE, Helmut: Die Dynamik entwickelter Gesellschaften. Dynamik und Riskanz moderner gesellschaftlicher Selbstorganisation. Weinheim/New York 1989

WILLKE, Helmut: Systemtheorie I. Stuttgart/Jena 1993[4]

WILLKE, Helmut: Systemtheorie II: Interventionstheorie. Stuttgart/Jena 1994

WIMMER, Rudolf (Hrsg.): Organisationsberatung. Neue Wege und Konzepte. Wiesbaden 1992

WIMMER, Rudolf: Wozu noch Gruppendynamik? Eine systemtheoretische Reflexion gruppendynamischer Arbeit./in: Gruppendynamik 1/1990, S. 5-28

WIMMER, Rudolf: Was kann Beratung leisten? Zum Interventionsrepertoire und Interventionsverständnis der systemischen Organisationsberatung. / in WIMMER, Rudolf (Hrsg.): Organisationsberatung. Neue Wege und Konzepte. Wiesbaden 1992a, S. 59-112

WIMMER, Rudolf: Der Systemische Ansatz - mehr als eine Modeerscheinung. Zur professionellen Orientierung von internen Experten für Organisations- und Personalentwicklung. / in: SCHMITZ, C./ GESTER, W./ HEITGER, B.(Hrsg.):Managerie. Systemisches Denken und Handeln im Management. Heidelberg 1992b , S. 70-104

WIMMER, Rudolf: Zur Eigendynamik komplexer Organisationen. /in: FATZER, Gerhard (Hrsg.): Organisationsentwicklung für die Zukunft.Köln 1993a, S. 255-308

WIMMER, Rudolf: Erlebt die Gruppendynamik eine Renaissance? Eine systemtheoretische Reflexion gruppendynamischer Arbeit am Beispiel der Trainingsgruppe ./in: SCHWARZ,G./HEINTEL,P./ WEYRER, M./STATTLER, H. (Hrsg.): Gruppendynamik. Geschichte und Zukunft. Wien 1993b, S.111-140

WIMMER, Rudolf: Die permanente Revolution. Aktuelle Trends in der Gestaltung von Organisationen. /in: GROSSMANN, R./KRAINZ, E.E./ OSWALD, M.: Veränderung in Organisationen. Management und Beratung. Wiesbaden 1995, S. 21-42

WOLTMANN-ZINGSHEIM, Bernd: Konstruktivistische Denk-Weisen. / in: VOGEL, H.C./ BÜRGER B./NEBEL, G./ KERSTING, H.J.: Werkbuch für Organisationsberater. Aachen 1994, S. 71-95

WOMACK, J.P./ JONES, D.T./ ROOS, D.: Die zweite Revolution in der Autoindustrie. Frankfurt /Main / New York 1992[7]

WUNDERER, R (Hrsg.).: Humane Personal- und Organisationsentwicklung. Berlin/New York 1979

WUNDERER, R./ KUHN, T.: Unternehmerisches Personalmanagement. Frankfurt/Main / New York 1993

WUNDERER, R./ GRÜNWALD, W.: Führungslehre. Band 1. Berlin/New York 1980a

WUNDERER, R./ GRÜNWALD, W.: Führungslehre. Band 2. Berlin/New York 1980b

ZELBER, Siegfried: Unternehmensentwicklung als pädagogischer Prozeß. - Ein Problemaufriß zur Klärung von Bildungs- und Sozialisationszusammenhängen im beruflichen Handlungsfeld Frankfurt/Main / Bern / New York / Paris 1991

ZYGOWSKI, H. (Hrsg.)   Psychotherapie und Gesellschaft. Hamburg 1987

Harald Geißler

Grundlagen des Organisationslernens

(System und Organisation, Bd. 2)
2., durchges. Auflage 1995.
309 S. Geb.
DM 68,– / öS 496,– / sFr 62,–
(3 89271 473 8)

Das Geschehen in unserer Welt wird zunehmend von Organisationen verschiedenster Art bestimmt. Das hat dazu geführt, daß Lernen nicht mehr nur eine Aufgabe des je Einzelnen, sondern auch der gesamten Organisation ist. Diese Erkenntnis ist von größter praktischer Bedeutung: Denn nur diejenigen Organisationen werden in Zukunft überleben, die in der Lage sind, schnell und gründlich zu lernen. Dieser Praxisdruck, den wir bereits erfahren, darf aber nicht zu vorschnellen Rezepten verführen. Die Lösungen, nach denen gesucht wird, müssen begründet sein, und zwar durch eine interdisziplinäre Grundlagenforschung zum Organisationslernen.

Mit den »Grundlagen des Organisationslernens« liegt ein erstes Lehrbuch vor, das die wichtigsten Modelle und die konzeptionellen Grundlagen des Organisationslernens übersichtlich darstellt. Es wendet sich an Studierende der Organisations- und Managementwissenschaft, der Erziehungswissenschaft und der Psychologie sowie an wissenschaftlich interessierte Praktiker im Bereich der Organisations- und Unternehmensberatung.

»Der besondere Wert dieses Buches liegt darin, dass der Autor die wichtigen theoretischen Konzepte aufarbeitet und in den Bezug zur Anwendung in Institutionen stellt. Es ist meines Wissens nach das erste deutliche Buch, das eine systematische Darstellung der verschiedenen Ansätze leistet und diskutiert. Kritisch anzumerken ist nur, dass die Prozesse individuellen Lernens noch zu sehr hervorgehoben werden, da sie m.E. nur teilweise relevant sind, aber das ist vielleicht eine Bindung an die traditionellen Weiterbildungskonzepte, an die der Autor anknüpfen will. Insgesamt ein empfehlenswertes, weil konzeptionell wichtiges Buch.«
(Organisationsentwicklung 2/95)

DEUTSCHER STUDIEN VERLAG

Postfach 100154
69441 Weinheim

Preisänderungen vorbehalten / D0238

Harald Geißler (Hrsg.)

Arbeit, Lernen und Organisation

Ein Handbuch.
Mit Beiträgen von Conny Antoni,
Rolf Arnold, Christof Baitsch,
Hans G. Bauer, Walter Bauer,
Christoph Clases, Egon Endres,
Harald Geißler, Bernd Helbich,
Gerhard Herz, Lutz Koch, Dieter
Lenzen, Antonius Lipsmeier,
Ingrid Lisop, Sibylle Peters,
Eckart Severing, Wolfgang Skell,
Gerald A. Straka und Theo
Wehner.
1996. 345 S. Geb.
DM 64,– / öS 467,– / sFr 58,–
(3 89271 650 1)

Arbeiten, Lernen und Organisieren sind Fähigkeiten, die traditionell von verschiedenen wissenschaftlichen Disziplinen bearbeitet werden, ohne daß es zwischen
ihnen bisher zu weitergehenden
Kontakten und integralen Quer-
verbindungen gekommen ist. Dieses Defizit soll der vorliegende
Sammelband mindern. Im ersten
Teil wird versucht, den Aufbau
und die Logik von Arbeiten und
Lernen unter arbeitswissen-
schaftlichen, psychologischen, be-
rufspädagogischen und erkenntnistheoretischen Aspekten zu rekonstruieren. Die so gewonnenen
Erkenntnisse werden im zweiten
Teil einer kritischen Revision unterzogen, indem sie mit anthro-
pologischen Überlegungen eines
japanisch-deutschen Kulturver-
gleichs gesellschaftlicher und betrieblicher Arbeit und mit bildungstheoretischen Kriterien zum
einen der Allgemeinen Pädagogik
und zum anderen der Arbeitspäd-
agogik konfrontiert werden. Auf
dieser Grundlage wendet sich der
dritte Teil ausgehend vom Standpunkt der Organisationstheorie
der Frage zu, wie Organisationen,
und hier v.a. Wirtschaftsunternehmen, sich so organisieren können, daß sie nicht nur Arbeiten,
sondern auch Lernen optimieren.
Diese Fragestellung wird im vierten Teil weitergeführt, indem Vorschläge und Überlegungen präsentiert und diskutiert werden,
wie Arbeiten und Lernen – in Betrieb und Schule – berufs- und
erwachsenenpädagogisch sinnvoll
organisiert werden kann.

DEUTSCHER
STUDIEN
VERLAG

Postfach 100154
69441 Weinheim

Preisänderungen vorbehalten / D0304